教育的根是苦的，但其果实是甜的。

——亚里士多德

朗朗書房

Long-Long Book House

北京朗朗书房出版顾问有限公司
荣誉出品

Pursuing
High-Quality Education

追求优质教育
我在北大附中当校长

赵钰琳■著

中国人民大学出版社
·北京·

图书在版编目(CIP)数据

追求优质教育:我在北大附中当校长/赵钰琳著.
北京:中国人民大学出版社,2010
ISBN 978-7-300-12761-3

Ⅰ.①追…
Ⅱ.①赵…
Ⅲ.①中学—校长—学校管理
Ⅳ.①G637.1

中国版本图书馆 CIP 数据核字(2010)第 188900 号

朗朗書房

追求优质教育——我在北大附中当校长

赵钰琳　著

Zhuiqiu Youzhi Jiaoyu

出版发行	中国人民大学出版社			
社　　址	北京中关村大街 31 号		**邮政编码**	100080
电　　话	发行热线:010-51502011			
	编辑热线:010-51502017			
网　　址	http://www.longlongbook.com(朗朗书房网)			
	http://www.crup.com.cn(人大出版社网)			
	http://www.ttrnet.com(人大教研网)			
经　　销	新华书店			
印　　刷	北京盛兰兄弟印刷装订有限公司			
规　　格	165 mm×230 mm　16 开本	**版　　次**	2010 年 10 月第 1 版	
印　　张	28　插页 4	**印　　次**	2010 年 10 月第 1 次印刷	
字　　数	339 000	**定　　价**	39.80 元	

1　在北大附中校长室

2　参加全国高级中学校长委员会理事会，与教育部领导在一起

1、2　和北大附中老师在一起

1 参加中国教育技术协会中学远程教育技术专业委员会理事会，
  并当选为理事长
2 在德国签订校际文化交流协议

1　在加拿大考察基础教育
2　主持世界著名中学校长论坛，接受赠书
3　在哈佛大学会见哈佛国际交流部教授

目　录

第三篇　创新

第四篇　论文选

第五篇　媒体报道选

第六篇　出访报告

第七篇　大事记

序　言

　　亲爱的读者，展示在您面前的是一部用心灵、热情和智慧铸就的书，闪烁着一行锐意改革者的足迹，演绎了一段平凡而杰出的人生，具有极高的学习、参考价值。本书不可多得！

　　一向以北大人自豪的赵钰琳校长，用他朴实、执著的言行诠释着"爱国、进步、民主、科学"的北大精神；而座落在中关村的北大附中，也自然而然地浸染、默化着当代科学进步的气息，二者相映成辉。可以说，北大附中就是北大的影子。

　　本书属叙事研究，没有说教而平易近人。前三篇在娓娓道来中展示出赵校长其人其事，朴实、细腻、生动，可以直接拿来操作、运用。第四篇是赵校长的部分论文，或一针见血地鞭挞传统教育的弊端，或切实可行地提供了改革的途径和办法，或情通理达地阐述出基础教育的愿景。第五篇媒体报道、第六篇出访报告和第七篇大事记，则是对前四篇的有力印证。

　　毋庸讳言，这仅是一段历史，不可用今天乃至未来的眼光去苛求，但是我们可以以史为鉴，学习赵校长在当时社会背景下的务实、开拓和创新精神。

　　值得一提的是，赵校长那广博的知识、丰富的阅历、特殊的经验，可令一般读者耳目一新、获益匪浅。

　　还有，书中不乏真知灼见，堪称格言警句，诸如"避短比补短更有利于成功"，"创新的实质是一种超越，超越自我，超越他人，超越时代都是创新"等，俯拾即是。

　　最后，我们要不无钦佩地说：历史给赵校长一个舞台，赵校长则还历史一道靓丽的风景。阅读本书，似能看到一个朴实、平和、睿智的形象亲切地向我们走来。

"名校长建设工程"课题组

2010 年 2 月

自 序

我在北京大学从事教学、科研、管理及党务工作多年，对大学的各方面都比较熟悉，算是一个老北大人了。正当我要从大学管理岗位上退下来的时候，一个偶然的机会让我到北大附中当了校长，退休后又到北京欧美外语中学担任校长。前后近八年的中学校长生涯，让我体会到当一名中学校长的不易和艰辛。但是，我并不后悔。因为，这近八年的中学校长经历，不仅使我学到了许多东西，丰富了我的人生，更使我全面了解了中国教育，特别是基础教育的现状和问题。应当说，我国的教育改革，特别是基础教育的改革，取得了很大的成绩，但由于历史的和现实的原因，许多带有根本性和深层次的问题并没有真正解决，导致"素质教育轰轰烈烈，应试教育扎扎实实"的局面未根本改变，我们的学生、教师、家长和教育专家都对教育有一大堆意见，但都似乎又无能力改变。面对这种现状，我陷入了思考。可以说，我在中学担任校长的八年是我对教育反思的八年，也是追求优质教育的八年。我企图在我主持工作的地方进行一些大胆的改革尝试，并在实践中有了一些体验，应当说有成功，有失败，有经验，有教训。无论是成功还是失败，无论是经验还是教训，我认为都是宝贵的财富，我通过这本书反映出来，其目的是给广大校长和广大教育工作者一些启示；如果您看过这本书后，真有所启迪和借鉴的话，我的目的就达到了。作为一名老教育工作者，一位在大学和中学都工作过的教师，我衷心地祝愿我国的教育事业蓬勃发展，期盼我们的教育培养出更多符合社会需要的优秀人才来！

在教育成为焦点的今天，我愿意把这本书奉献给从事教育和关心教育的人们！

第一篇 感悟

引　言

　　要做一名成功的校长，首先要正确认识校长的角色。如果说校长的教育者角色是成功校长的基本条件，校长的管理者角色是成功校长的重要条件，那么，校长的领导者角色则是成功校长的关键条件。一名成功的校长，要懂得教育的规律，包括认知规律、青少年成长规律和人的发展规律。一名成功的校长，还要不断提升校长领导能力、管理能力和经营能力。我们的校长，真正做到有广博的知识、卓越的见识，再加上有敢作敢为的胆识，那么事业成功就大有希望了。

　　一般说来扬长避短要比取长补短更有成效，因为长好取、短难补。大量事实表明，一个人成才、发展和成功主要是在他的长处和优势得到充分发挥的时候，也是在他的短处和劣势得到有效回避的时候。高明的领导，不在于自己有多聪明、多能干，而在于对团队成员真正做到知人善任、扬长避短。

　　如果只看到别人的短处和缺点而忽略了别人的长处和优点，那是不全面的看法，严重了就成为偏见；如果既看到别人的长处和优点，又看到别人的短处和缺点，却要求人家去长补短，那是短视，说严重点那是愚蠢；只有那种不仅看到别人的长处和优点，又看到别人的短处和缺点而使其扬长避短的人，才是有远见的高明人。

　　校园文化的实质是学校教育文化，代表的是学校教育的一种精神、一种观念、一种价值追求。在校园文化建设中，校长文化的建设十分重要。校长文化实际上是学校文化的灵魂。

　　宽容是校长的重要品质和智慧，是校长人格魅力的体现。一个平庸的校长，总是在埋怨教师的不足和问题，而一个智慧的校长，总是在发现教师的优点和长处。宽容产生凝聚力，宽容产生向心力。对人的宽容，实际上是对人尊重的一种表现。

一、感悟校长角色 提升领导能力

　　时光飞逝，斗转星移，转眼间日历已翻到了公元2001年7月4日。就是在四年前的今天，我走马上任，坐上了北大附中校长这把"交椅"，按当初的约定，四年任期已满，该着手准备换届工作了。我现在的主要任务就是站好最后一班岗，协助北大党委做好换届工作。经过北大党委组织部几个月的工作，新校长于2001年11月底到任了。根据北大党委的意见，我又协助新校长工作了几个月，到2002年5月，正好我年满63岁，办理了退休手续。

　　在北大附中4年零9个月，共计1730天，我可以问心无愧地说，自己是全力以赴、兢兢业业工作的。在北京大学的关心支持下，在北大附中全体师生员工的共同努力下，学校的硬件建设和软件提升都取得了较大的发展，在各项工作中所取得的成绩也是有目共睹的，得到了老师、学生、家长、同行们的首肯。

　　在北大及北大附中工作了将近四十年，退休了，一是想可以好好休息身心，另外也想把这么多年来的工作，尤其是从事中学教育这几年的工作作一反思和总结，为我的同行——年轻的中学校长们提供些启迪和经验。可谁料到，我要退休的消息不胫而走，几所民办中学负责人纷纷来邀我加盟他们的事业，有的是让我去当校长，有的是让我去当顾问，我都婉言谢绝了。2002年6月，北京吉利大学的两位校长又找上门来，而且不止一次、两次，甚至是三次。我真的被他们的真诚、期盼、热情所感动，于是到校区看了看，确实学校几年来发展很快，教学设施、在校生人数以及学校较好的管理体制，在民办大学中条件还是比较好的，又恰逢他们准备筹办一所附属中学（北京欧美外语中学），真是盛情难却，于是我又去做了几年民办中学的校长，直到 2004 年底。

从校长的岗位上下来以后，真是如释重负，浑身觉得轻松了许多，能有时间让我思考一些问题。我经常想，我做了将近八年的中学校长，我是一个成功的中学校长吗？做一名成功的中学校长要具备怎样的领导能力？具备怎样的专业素养？校长在学校中到底应该扮演何等角色？思考、总结、学习、交流，我悟出了一些道理，并逐渐形成了十个专题：

1. 树立教育新观念，构建发展新思路；

2. 提升校长领导力，做一名成功校长；

3. 提高校长经营力，实现学校快速发展；

4. 加强师德教育，加速名师成长；

5. 比较中外教育，改革育人模式；

6. 选择"扬长教育"，走向成功人生；

7. 学校育人为本，学生重在发展；

8. 构建最好教育，为学生成才奠基；

9. 坚持学用结合，改革英语教学；

10. 放飞金色梦想，为成功作准备。

以上专题许多在部分市、区教委或教育局举办的中学校长培训和教师培训班上讲述，都收到较好的效果，而且反响强烈，于是我想何不将我研究、总结的经验、收获与更多的校长分享呢？经过酝酿和准备，并与北京大学培训中心合作，旨在提高全国中（小）学校长专业化素养和领导能力的"北京大学中（小）学校长专业化高级研修班"于 2006 年 4 月正式开班了，每月一期连续举办了几期，在研修班上，除了我主讲外，还请了北大经济学院、光华管理学院、政府管理学院、哲学系、物理系等教授以及美籍华人学者作专题报告，与会者反映收获不少。

下面我将专题报告中"提高校长领导力，做一名成功校长"中"感悟校长角色，提升领导能力"的有关问题作一简单介绍。

要做一名成功的校长，我认为首先要正确认识校长的角色及定位。根据专业化要求，校长应具有三重角色：**教育者角色，管理者角色，领导者角色**。

教育者角色要求校长必须懂得教育的本质、任务和规律。许多中（小）学校长是从教师岗位上转过来的，他们具有多年的教育教学经验，但并不等于对教育的本质、任务和规律有了全面、深刻的理解。要弄清教育的本质和任务，就要弄清人的本质和特点，特别是青少年这一特殊群体的特点。时下，许多教育界人士在文章中常常提到青少年学生是一个个鲜活的生命体。我认为青少年学生虽然也是生命体，但他们又是一特殊的生命体，那么，他们的特殊在哪里呢？

他们不仅具有丰富的思维能力和情感，而且更具有亟待开发的多种潜能。

现代"脑科学"和"基因论"等科学技术已经证明人的丰富思维能力、情感和多种潜能是与生俱来的，是几百万年进化的结果。人的脑重量（1500克）比猩猩（500克）和猴子（100克）要大得多，人的脑神经也相当发达，是其他任何动物都不能比拟的，具有很大的潜能，被称为具有丰富资源的"脑矿"。

正因为如此，他们不仅需要尊重和关爱，还需要培养和开发。教育的本质和任务在于发展人的思维，开发人的多种潜能，使其为社会创造文明和财富，推动社会进步和发展。

在这个问题上，许多专家、教授都有非常精辟的见解。如教育专家、原上海市教育局局长吕型伟就明确指出："教育的基本目标是充分开发每一个人的潜能，即开发人的脑矿。"教育专家、上海华东师范大学原副校长叶澜教授也指出："教育是面向生命，提高生命价值的事业。"被英国诺丁汉大学聘为校长的原复旦大学校长杨福家教授特别强调："学生的头脑好比是一支需要点燃的火把，基础教育的目的就是使这支火把点燃，而不是熄灭。"世界著名教育改革教育家艾伦·得瓦艾特从实用教育角度指出："教育有两个目的，一是要使学生变得聪明，二是要使学生做有道德的人。"哈佛大学明确把"造就聪明而有道德的人"作为学校的办学目标。

一名成功的校长，在对教育的本质和任务有明确认识的基础上，还要懂得教育的规律。教育的规律包括认知规律、青少年成长规律和人的发展规律。校长只有真正认识和把握了教育规律，才具备校长的教育者角色条件。这样，校长在确定学校办学理念和把握学校办学方向上就有了思想高度，在指导教师教育教学及其对教师的要求上就有工作深度，在对教育教学中出现问题的处理上就能做到恰到好处。学校在教育教学中，最突出的问题之一是如何对待"问题生"、"差生"，这往往也是检验校长、教师是否真正懂得教育的试金石。当代最伟大的科学家爱因斯坦，由于他提出的狭义相对论和广义相对论等重大理论，为当代物理学、天文学等科学的发展奠定了理论基础，并获得诺贝尔奖。可是，爱因斯坦小的时候却是一个"问题生"或"差生"。由于爱因斯坦学习不太好，说话表现迟钝，又少言寡语，经常独来独往，不太合群，经常受到老师的责备，说他"不守纪律，心不在焉，想入非非"，甚至说："爱因斯坦你永远也不会有什么出息，如果我们学校谁应当离开学校的话，我第一个就建议是你，因为你出现在教室里有损于学校的尊严。"有一次爱因斯坦的父亲到学校去征求老师的意见，问老师将来爱因斯坦能做什么，校训导主任说："你的儿子做什么都没有关系，因为都将一事无成。" 15岁那一年，爱因斯坦由于语文、历史、地理成绩太差，未得（初中毕业）文凭而离开了这所学校。如果不离开这所学校，爱因斯坦这个天才，将被扼杀在摇篮里。在许多学校，不尊重学生人格，不重视学生个性，对学习成绩差的学生给以冷眼，对犯错误的学生给以歧视，以及以是否"听话"、分数高低来评价学生等现象还不同程度地存在着，作为具有教育者角色的校长就应当旗帜鲜明、理直气壮地加以引导并采取措施改变这种现状，真正营造一种学生健康成长，教师愉悦施教，师生平等、教学相长、和谐发展的新局面。

作为管理者角色的校长，要懂得管理的基本职能是决策和协调。管理大师西蒙认为："管理就是决策。"管理工作首先面临的是对许多事情的处理，处理就需要决策。根据我的经验，正确的决策来源于正确的判断，正确的判断的前提是对情况的真正了解。毛主席说"没有调查研究就没有发言权"，是千真万确的真理。没有发言权就丧失了决策权。我在附中当校长期间，就有过这样的教训。到附中不久，我就听到有的老师反映，北大附中教师的工资比学校汽车司机还低，于是我就到财务室把全校教职工每月发的薪酬表调出来看，果然不假。记得当时三位司机每月平均在2500元以上，而教师平均还不到1700元，难怪教师有意见，甚至个别教师还讽刺地说："我们附中干脆变成车队得了，我们教师都去当司机！"为了解决这一问题，首先应知道问题出在什么地方。于是我召开司机座谈会，经了解，司机的基本工资其实并不高，由于他们工作的特殊性而享有安全奖、节油奖、加班费、误餐费等，这样一来，出车多的司机待遇会稍高些。显然，对这个问题不能用降低司机待遇的简单做法去找平衡，否则会引起教职工之间的矛盾。后来，我们通过适当提高教师的课时费、班主任费的方法较好地解决了教师待遇偏低的问题。

　　管理学家认为管理作为一种社会职能，其实质就是要协调各方面的关系，尤其是协调人与人之间的关系，以保证组织工作和谐、有序、有保障地进行。可见协调能力是管理工作的核心能力。从一定意义上讲，管理的水平就是协调的水平。校长作为管理者角色，其协调能力十分重要。良好的协调能力是实现学校全体师生员工统一思想、统一行动的具体途径；也是在学校内部建立良好的人际关系的重要条件；还是帮助学校与社会之间建立和谐关系的重要保证。

　　作为管理者角色的校长还要懂得，管理是一门实践科学，管理坚持实践意识第一的原则，管理的本质在于实践。因此，管理大师邓肯认为：严格地说，管理没有原理。管理是将大量的管理经验与技巧，和一定程度的管理艺术及一些科学的方法（如分析方法）结合在一起。因此要充分地理解决策和协调两大职能，并在实践中不断反思和积累，不断丰富和完善。离开实践，谈不上管理；只有在科学方法指导下的管理，才是科学和有效的管理。

　　校长不同于副校长、各处室主任，除了教育者角色、管理者角色外，作为一校的最高领导，更应具有突出的领导者角色。管理学定义领导是"影响和推动一个群体或多个群体的人们朝着某个方向和目标努力的过程"；领导行为的核心"在于影响和推动"；其特征在于"能够担负目标使命，并让其他成员贯彻实施"；领导者的主要职责在于"预测和把握方向，包括发现并提出理念，倡导并形成行动，观察并解决冲突，调整并防止偏颇"。领导者与管理者的主要区别在于前者是"做正确的事"，后者是"正确地做事"。所以作为领导者角色的校长来讲，最重要的要把"事"做正确，这些"事"包括学校的办学理念、办学规划、办学思路和办学方略等。北大一位经济学教授在给校长们讲课时，提出校长们要学习"懒蚂蚁"的远见。他说：人们发现绝大多数蚂蚁成天都在忙碌地干活，不停地将食物往蚂蚁洞里搬，但有少数蚂蚁不怎么干活，而是东张张西望望，这些蚂蚁被称为"懒蚂蚁"，一旦干活的蚂蚁把食物搬完后，不知道下一步怎么办时，这些"懒蚂蚁"立即跑出来，指引它们去新的地方搬食物。当然，校长领导一个学校，事情要比蚂蚁搬食物复杂得多，但作为领导者的校长具备战略的远见则是必需的，包括在教育观念上要有远见，在学校发展规划上要有远见，在办学目标上要有远见，在师资队伍建设上要有远见，在教学改革、办学教学特色上要有远见……正因为如此，许多教育专家把"远见卓识"作为校长领导者角色的能力特征和认知特征。

如果说校长的教育者角色是成功校长的基本条件，校长的管理者角色是成功校长的重要条件，那么，校长的领导者角色则是成功校长的关键条件。除此之外，对成功校长在综合素养上还有很高的要求，根据调查，成功校长应当具备以下七种素养：

1. 品德修养——良好的个人品德和修养；

2. 理论素养——先进的教育理念和素养；

3. 文化素养——深厚的文化底蕴和素养；

4. 学科素养——学科知识和学科能力；

5. 专业素养——专业化管理和职业精神；

6. 身心素养——健康的身体和良好的心理素养；

7. 创新品质——开拓进取和创新精神。

一名成功校长除了把握好三个角色定位，努力修炼七种素养外，还要不断提升校长领导能力、管理能力和经营能力。

校长领导力主要体现在：以提出教育理念和办学思想为代表的思想领导；制定以办学目标、办学思路和规划、学校发展远景为重要内容的发展战略；校长的人格魅力，这是一种非权利力，是一种无形的文化影响力。原苏联教育家苏霍姆林斯基指出，"校长首先是一个思想的领导者"，要统一和引领全校师生的思想。在这方面蔡元培校长为我们树立了一个光辉的形象。蔡元培先生于1907年到德国莱比锡大学留学，由于受著名的心理学家、哲学家、生理学家冯德教授和著名历史学家兰普来西教授的影响，他从历史发展的连续性上考察了西方文明的内涵和基本问题，即西方文明精神，提出"在改革世界过程中，应该重视人的自由和独立精神"的见解。1917年他担任北大校长后，提出了"思想自由、兼容并包"、"囊括大典、网络人才"的办学思想，大胆进行教育改革，引进一大批人才，包括具有先进思想的李大钊、陈独秀、鲁迅、刘半农等和个性突出、确有专长的胡适、梁漱溟、沈从文等到北大任教，积极营造民主、自由、宽松、和谐的教学氛围，遵循"涵养人格、发展个性"的原则培养学生，使北京大学发生了巨大变化，成为享誉中外的名校。蔡元培思想的博大精深，奠定了北大的基本品格，一位学者指出："蔡元培将一个人的学识才情与时代的要求竟配合得如此默契，真是千载难求，不可复得。"所以蔡元培被称为北大"永远的校长"。美国教育家杜威是这样来评价蔡元培的："拿世界各国的大学校长来比较一下，牛津、剑桥、巴黎、柏林、哈佛、哥伦比亚等等，这些校长中，在某些学科上有卓越贡献的，固不乏其人。但是，以一个校长身份，而能领导那所大学对一个民族、一个时代起到转折作用的，除了蔡元培外，恐怕找不到第二个。"蔡元培校长领导北京大学的成功，正是他具有很强领导力的体现，他不仅为北京大学确立了科学的办学理念，树立了优良的办学传统，而且以他的人格魅力吸引和引进了一大批优秀师资，感染和培养了一大批人才，为中国的教育和民族解放事业作出了突出的贡献，蔡元培是我们每一位校长永远的学习榜样。

在我接触到的校长中，许多校长的领导力是比较强的，正是由于这些校长的有力领导，使这些学校发生了巨大的变化，成为成功的校长，验证了那句流行的话："一个好校长就是一所好学校。"但是，也有一些校长，虽是学校领导，但缺乏强的领导力，导致学校发展缓慢、矛盾重重，甚至岌岌可危。在这里需要澄清一个误区，那就是领导不等于具有领导力。当领导是职务上的变动，或被任命，或被聘用即可成为领导；而领导力是需要通过知识的积累、性格的修炼、思维的拓展、技能的提高和在实践中的感悟，逐步炼就出来的。只有那些勤于学习、勇于反思、善于总结的领导，才能具有强大的领导力，才能成为真正具有领导力的领导。

校长的管理力主要体现在学校的人力资源管理，特别是教师队伍的管理；公共关系管理，包括校内校外关系的处理；科学制度管理，这是依法治校的基础；心理健康管理，现代社会变化快、节奏快，导致教职工、学生以及家长都需要调整心态，适应社会发展的需要。管理力强的校长，犹如"一个优秀的钢琴家，不仅能熟悉每一颗琴键，而且能拨好每一个音符，弹奏出美妙无穷的乐曲"；管理力强的校长，还犹如"一个优秀的棋手，用高超的棋艺摆好每一粒棋子，下出一盘好棋和妙棋来"。

强调校长的经营力与教育面临市场需求考验和激烈的竞争是有联系的。2002 年 6 月，北京吉利大学一位校长来邀请我去担任北京吉利大学附中——北京欧美外语中学校长时，我曾问："你们为什么要聘请我去担任中学校长呢？"这位校长说："我们聘请校长有三个条件：第一是善于管理学校，一般说来在公办重点中学担任过几年校长的，都具备这个条件；第二是善于经营一个学校，真正能经营好一个学校的就不多了；第三是能善于合作共事，这对一些校长来说是不容易做到的。我们以这三个条件来选择校长，也选了好几位，都不够理想。后来，我们听说您退下来了，经过我们调查了解，认为您是比较理想的校长。"这位校长对我可能是高估了，但从他的谈话中，已经把校长的经营能力作为衡量当代校长的一项重要条件，则是不言而喻的了。

经营是企业面对市场的一种管理模式。校长真正要具备经营管理的能力，必须要树立先进的经营理念，建立科学的经营思路，实施有效的经营举措。俗话说："理念决定思路，思路决定出路，出路决定财路。"那么校长应当树立哪些经营理念呢？根据我的体会，其中重要的是要树立三个意识，即品牌意识、成本意识和开发意识。

品牌是质量的体现，教育品牌是优质教育的代表，是经营好学校的基础。品牌意识，是一种市场意识，是学校适应市场需求的体现。社会上的"择校热"，实际上是家长和学生看重名校名师代表的优质教育品牌。一位优秀的校长，可以通过资源整合，深化教育教学改革，练好内功，提高学校教育教学质量，形成或强化优质教育品牌，打造出特色教育品质。

成本意识，主要强调要控制教育成本。校长要懂得有效地控制教育成本，提高办学效益，这是经营好学校的重要途径。成本意识也是一种市场意识，只有高质量、低成本才能在市场中有竞争力。校长可以通过加强成本核算，将有限的人力、物力、财力等教育资源进行合理调配、使用，使其产生更大的办学效益。

开发意识是充分利用学校的资源优势，开发一些有效益的教育项目，作为经营好学校的一种重要手段。开发意识实际上也是一种市场意识，凡是有市场效益的项目都是开发出来的，而不是自然产生的。在保证学校教育教学质量的前提下，开发出适应市场需求的教育服务项目，不仅可以满足社会的需要，而且也能增加一定经济效益，缓解学校经费的困难。

过去我在大学从事行政管理和后勤党委工作时，就针对经费短缺，师生员工对行政、后勤服务意见比较大的现状，在经过调查研究的基础上，提出一系列改进经营、改进服务的举措，如"加强车队成本核算，改善司机服务态度"，"设立义务监督员，树立后勤服务形象"等等，这些举措的实施都取得了明显的效益。所以，到了北大附中后，面对教学质量滑坡，经费严重短缺，办学条件亟待改善等问题，我提升经营理念，经过认真思考后提出了三步走的经营思路。

首先是要练好内功，抓好质量，重树北大附中品牌。我们每一位校长都知道，提高教学质量有三个基本因素：一是生源要好，这是提高教学质量的基本条件；二是师资要强，这是提高教学质量的基础；三是经费要够，这是提高教学质量的保证。我历来反对有些学校不择手段挖好生源的做法，这不仅导致生源的不正常竞争，而且违背了教育应当严守的诚信为本和"三公"（公正、公开、公平）原则。好的生源是靠好的师资和好的办学质量来吸引，因此把功夫放在加强师资队伍建设和提高课堂教学质量上是最重要的。于是，我在北大附中和主管教学校长一起制定了一系列相关的措施，如"教学质量责任制度"、"提高优质课率试行办法"、"开展评教评学活动"、"分层次教学试行方案"、"高三年级领导小组工作职责"等，利用我担任全国中学教育科研联合体理事长的机会，开展"精品课展示与研讨"……真是功夫不负有心人，两年工夫，北大附中教学质量显著提高，升入北大、清华的"两校率"几乎翻一番，不仅师生高兴，增强了办好北大附中的信心，而且市、区教委领导也多次肯定和表扬北大附中的变化。我经营学校的第一步计划提前圆满实现。

第二步推出的"改革机制，控制成本，提高办学效益"的一系列措施，也都收到明显效果。北大附中一方面经费十分短缺，另一方面资金使用的浪费现象也十分严重。比如，学校复印室里轻印机和复印机不停地工作，每年要"吃掉"近一间库房的纸张，过去学校也有过许多规定，但都控制不住。根据我的经验，如果是个别现象，一般属于工作中的问题，如果是普遍现象，准是机制上出了问题。经调查纸张大量使用等经费浪费现象出在缺少有效管理机制上。于是，经研究我提出了实行"经费分配，包干使用，节约有奖"的管理办法。根据三年经费使用情况，按80％比例分配给教研组和各处室，并发一个"收支本"作为使用记录凭证。任何一位老师要打印或复印复习资料、考题等，均经本教研组组长审查批准，拿着"收支本"去复印室登记，并扣除印刷经费。由于这种经费管理的透明，各教研组长成了"当家人"，严格把关。学年结束时，纸张使用量下降50％，也就是说原来一年的库存量，足够两年使用。一天，数学教研组长找到我说："校长，我们组经费节约了两千多元，能否给每个教师买一件白大褂？"我问这位组长："为什么要买白大褂呢？"他说："理、化、生、信息这些理科学科老师每人都有一件白大褂，上课时穿上不怕粉笔灰。我们数学也是理科，过去说没有实验不买，现在，我们用自己节约的经费买，总算可以了吧！"我当即就说："节约经费本来就该有奖，我同意你们买。"老师们皆大欢喜。在食堂管理上，我制定了"食堂单独核算管理办法"，也收到了十分明显的效果。原来食堂由总务处管理，未单独核算，食堂经理没有财权和人权，导致吃大锅饭现象严重，教职工对饭菜质量也有不少意见。为此，大家也提出了不少解决方案，如交给大学饮食中心来负责，但是某附中的经验告诉我们，一开始大家很满意，时间长了，大学饮食中心要考虑盈利了，饭菜质量就下降了，这也不是好办法。根据我的经验，如果把食堂的管理权交给食堂经理，总务处主要负责监督，情况会好得多。在单独核算管理办法中规定，教师所交饭费必须用在直接成本上，按教师饭费20％的比例，由学校付给食堂管理费，用于人员工资及奖励等。学生就餐费中85％为直接成本，15％为管理成本，学校承担5％的管理成本。同时，允许食堂对外来用餐及周六、周日各种外来上课人员用餐收取25％的利润。该办法实行一年，效果十分明显，虽然学校为此每年要付出20万元的管理费，但饭菜质量好，服务态度好，师生都很满意。由于食堂人员的努力和开源节流，年底食堂账上结余50万元，按规定上交40万元给学校，留下10万元作为食堂的奖金，由食堂经理安排使用。2002年我退休的时候，食堂账上仍有15万元未发完的奖金，他们一致决定要给我发几千元的奖金，我当然不能要。但是，食堂经理带着会计把钱放到我桌上说："赵校长，食堂今天有这么大的变化，我们结余这么多奖金，都是您制订的好办法，您当校长期间，不拿食堂奖金我们理解，但现在您退休了，可以拿了吧？您一定要体谅我们感激的心情，您无论如何要收下这笔奖金。"听他们这么一说，我心里也很感动，于是我说："你们的心意我领了，但钱无论如何不能收。"他们仍然坚持要给，我看到这样僵持下去也不是办法，于是说："我收好了，谢谢全体炊事人员的心意了！"。他们走后，我把这笔钱交到学校财务室，作为学校校长基金处理了。

如何解决学校经费短缺问题，是每一位校长都不可回避的问题，也是我经管学校第三步重点要解决的问题。由于我国是穷国办大教育，政府对教育的投入不足将是长期的现象，在这种情况下，我们每个校长在经管学校中，除了节流外更要开源。北京市许多重点学校，除了出租周边屋房外，主要靠收"高价生"来解决经费问题。"高价生"中除了政府规定的按"三限"要求（限招生人数、限录取分数和限收取钱数）收取部分"择校生"外，主要是招外地户口的"借读生"。但由于多数"借读生"学习和纪律都比较差，"借读生"多了会给学校的教学和管理带来许多麻烦，所以教师们普遍持反对态度。同时，学校也易背上"乱收费"之名，故也不是长久之计。慢慢地校长们开始用学校的品牌和教育资源进行教育项目开发，并获得较好的经济效益。其中典型的有北京四中的教育培训中心和北大附中的教育投资有限公司。教育培训中心主要使用名校教师资源举办各种补习班，特别是高考补习班，通过收取补习费来获得经济效益。这种办法的好处是投资少，效益好，问题是容易造成教师精力外流，影响学校正常教学质量。通过成立教育投资有限公司，在外地举办民营机制的分校（或实验学校）、网校等教育机构，学校通过输出品牌、教育理念、教学模式、培训师资等软实力，收取一定的教育资源使用费用。这种办法的好处是不影响学校的正常教学，回报效益稳定，问题是需要较大启动资金。我们通过引入资金，组成股份制企业，较好地解决了这个问题。由于经营管理思路明确，北大附中通过教育投资有限公司举办的许多分校（或实验学校）在当地都成了一流学校，享有很高的声誉，北大附中网校也办得红红火火，在全国产生了良好的影响。事实证明，北大附中选择的经营思路和采取的举措，为经费不足问题找到了一个长期出路，而且形成了总校带分校，分校促进总校的良性互动效益。北大附中和其他许多学校发展的例子都说明：校长具有经营力，学校发展有活力。

反思校长角色，更加感到校长正确认识和把握校长三重角色的重要性；面对教育的快速发展，更加觉得提升校长领导力等三种能力的紧迫感；从校长的专业化发展考虑，修炼校长应具有的七种素养更是每一位校长走向成功之路的根本。北大一位经济学教授，在授课中给出了一个事业成功的公式：**成功＝知识＋见识＋胆识**。

"知识决定高度，见识决定广度，胆识决定力度"我看是有道理的。我们的校长，真正做到有广博的知识、卓越的见识，再加上有敢作敢为的胆识，那么事业成功就大有希望了。

我在每一次给校长们的报告最后，都送给校长们一首美国道尔顿中学的校歌和我的座右铭。美国道尔顿中学的校歌歌词是这样写的：

如果你认为自己会被打败，

不错，你一定会被打败；

如果你认为自己不会被打败，

你就不会被打败！

如果你希望胜利，却又不努力争取，

可以肯定，你一定不会胜利；

生活的战斗并不一定由强壮和速度快的人获胜，

但是，最后胜利的，

一定是自信必然胜利的人！

这首歌词告诉我们自信的重要性。哈佛大学把"自信"作为学校的灵魂，他们说："我们哈佛大学获得最有价值的财富，就是对事业成功的自信。"著名法国教育家卢梭说："自信心对于事业简直是一种奇迹，有了它你的才干便可以取之不尽，用之不竭。一个没有自信心的人，无论他有多少才能，也不会抓住一个机会。"自信心是我们每一位校长事业成功的通行证。

我的座右铭是：

目标引导人生，

教育改变命运，

能力创造财富，

诚信铸造成功。

一个人的人生走向靠什么来引导呢？大量的事实说明是靠你最初确定的目标来引导的。下面这个故事很好地说明了这个问题。有一名记者到一个工地去探访三个人，问的是同一个问题。他问第一个人："你在做什么？"这个人回答说："你不是看见了吗？我在砌砖。"问第二个人，第二个人回答："我在建设大楼！"问第三个人，第三个人回答："我在建设这座城市。"若干年后，这位记者去追踪这三个人。第一个人仍在砌砖，因为他的目标是做一名建筑工人，当然如果成为一名优秀的建筑工人也是不错的；第二个人已经成了建筑工程师；第三个人成了这个城市的主管，可见不同的人生目标造就不同的人生追求。哈佛大学对在校生确定的人生目标及其30年后的人生状况做了跟踪调查，其结果更是有力地说明了目标对人生的重要引导作用（见下表）。

哈佛大学对大学生人生目标调查结果表

	在校生人生目标	比例	30年后跟踪调查结果
1	没有目标	27%	几乎生活在最底层，经常在失败阴影里挣扎
2	目标模糊	60%	基本生活在中下层，整日为生存奔波
3	短期目标清晰	10%	大多数进入白领阶层，生活处于中上层水平
4	长期目标清晰	3%	经过几十年拼搏，成了百万富翁，成为行业领袖或精英人物

"教育改变命运"说的是一个未成年孩子的性格和命运，往往由于所接受的教育的不同（包括教育理念和教育方式）而被改变。也

有一个故事说明这个问题：有一次，一个孩子在拿花瓶时不小心把花瓶掉在地上打坏了，他母亲见后非常生气地骂他："你这么笨，连一个花瓶都拿不好，还能干什么？"并且还打了这个孩子，孩子在这种责怪和惩罚教育下形成了唯唯诺诺、胆小怕事的性格，长大后也没有大的作为。同样地打坏一个花瓶的事，也发生在另一孩子身上，他母亲用溺爱的态度对孩子说："儿子，花瓶打坏了没有关系，咱们家有钱，妈妈给你买一个更好的。"这个孩子长大后，挥金如土，把百万家产全部挥霍掉了。但是，也有用启发引导的教育方式来教育孩子的母亲，这位母亲对打坏花瓶的孩子说："儿子，打坏花瓶确实可惜，不过你可以想想是怎么打坏的？也可以看看花瓶被打坏后是什么样子？"这个孩子在母亲的启发引导下仔细观察花瓶被打坏后的状况，并用木棍拨弄大小不同的碎片，突然发现一个现象：大、中、小三类碎片数之间的比例都是 16：1，这就是著名的博尔定律，博尔长大后成了著名的物理学家。

"能力创造财富"最典型的例子是世界首富比尔·盖茨的成功。比尔·盖茨认为成功主要靠创造能力，包括兴趣、执著、冒险和创新精神。

"诚信铸造成功"，我认为诚信是一个人品质的灵魂，失掉灵魂就失去了事业成功的基础。不诚信的人，可以得势于一时，但最终是要失败的，正如美国人常说的一句话："你只能骗我一次。"现代社会就是一个讲诚信的社会，只有人人讲诚信，社会才能稳定，社会才能和谐，社会才能发展。信誉重于生命，诚信待人，诚信为本，始终是我坚持的原则。

我愿每一位校长都成为诚实守信的校长，成为事业成功的校长！

二、学校育人为本 重在学生发展

原苏联教育家苏霍姆林斯基曾经说过："校长首先是一个思想的领导者。"作为思想领导者的校长应当具备什么样的办学思想和办学理念呢？这是我们每一位校长必须明确也必须回答的问题，否则就难以成为真正的思想领导者。到北大附中担任校长以后，我也在不停地思考这个问题，随着工作的深入，更加感到亟须提出一个明确的、科学的、大家都能接受的办学理念和办学思想来统一大家的意志，明确办学任务和办学目标。为此，我认真地看书学习，请教专家，和北大附中许多老师深入交谈和探讨，其中最核心的问题是要回答学校办学要以什么为本。

"以知识为本"曾经是风行一时的一种提法，培根的名言"知识就是力量"强调了知识的重要性。特别是到了 21 世纪，人们快步跨入知识经济时代，更加感到应该突出知识的地位。但是把"知识为本"作为学校、特别是从事基础教育的学校的办学理念和办学思想，也有负面的作用，那就是容易忽视学生的全面发展，包括对学生能力和品德的培养。后来，随着落实、贯彻第三次全国教育工作会议精神，强调素质教育要重点培养学生的创新精神和实践能力的呼声越来越高，"以能力为本"的提法也流行起来。如果以"能力为本"作为学校的办学理念和办学思想，尽管比"知识为本"进了一步，突出了知识转化为能力的重要性，但是对于基础教育全面发展的要求而言，"以能力为本"的提法忽略了人格的培养和发展，仍缺乏全面性、准确性，也就是缺少科学性。后来又有人提出"人格为本"或"人格本位"的理念，该理论强调指出，只要一个人的人格得到净化和完善，他就有强大动力去获取知识、提升能力，最终成为真正对社会有用的人。对"人格为本"或"人格本位"的提法，我不过多加以评论，但作为基础教育阶段，特别是针对这些未成年人的培养来讲，到底以什么为根本才更准确、更科学，从而更有指导作用呢？

经过较长时间的深入思考和征求意见，最后，我比较慎重地提出了"育人为本，重在发展"的办学理念和办学思想。"育人为本"强调了学校的根本任务是培养人，特别是针对未成年人的教育，要重在他们的发展，包括重在每一个学生的发展——发展的全体性；重在学生的全面发展——发展的全面性；重在学生的个性发展——发展的差异性；重在学生的主动发展——发展的自主性；重在学生的可持续发展——发展的可持续性。"育人为本，重在发展"言简意赅，但不太具体，特别是给操作上带来不好检验的问题，为此我又提出"四重一主"的原则，作为"育人为本，重在发展"办学思想的一个补充。

"四重一主"是：一要重基础，主要强调在中学阶段要重视学生对基础知识、基本技能的掌握；二要重能力，强调重视对学生学习能力、动手能力、思维能力和创造能力的提高；三要重个性，强调重视学生个人的特长、兴趣、禀赋等个性的培养；四要重发展，强调重视学生德、智、体、美、心等综合素质的全面发展和可持续发展。"一主"是强调要充分尊重和发挥学生的主体性，使学生生动、活泼、主动地学习和成长。

2000年8月，我带着电视台记者到教育部请时任基础教育司司长的李连宁为北大附中校庆四十周年讲一些寄语，以便做一个纪念光盘。在讲话前的准备阶段，我向李司长汇报了北大附中近来的发展情况，特别提到我将北大附中的办学理念和办学思想概括为"育人为本，重在发展"，李连宁司长听了非常高兴。他说："赵校长你提出的'育人为本，重在发展'的办学理念和办学思想我很赞同，也解决了我长时间以来思考的基础教育阶段的学校以什么为本的问题，什么知识为本，什么能力为本，我都感到不太全面，也不太准确。但是今天听了你的谈话，我很受启发。学校以育人为本，教师教书育人、干部管理育人、员工服务育人，学校一切工作都是为了育人、为了培养学生。这不仅指出了基础教育的根本任务，而且也明确了发展方向，所以我赞同。"后来，在正式的电视录像谈话中，李连宁司长也把这些话的基本意思讲了，成为北大附中校庆的重要资料。

2000年底，北京市海淀区教委召开全区中小学校长大会，总结2000年工作，布置2001年工作任务。为了集中精力开好大会，把校长们全部集中在郊区一个度假村，在第一天大会后的晚上，我到区教委主任的宿舍拜访，并听取区教委对北大附中工作的意见和要求。当主任问起我学校的工作情况时，我将与李连宁司长就学校办学思想和办学理念的那一次谈话给主任作了介绍，主任详细地问了我"育人为本，重在发展"涵盖的内容及有关情况，听完我的介绍和说明后，他很有感慨地说："赵校长，今晚上和你谈话，我很有启发，过去我也在思考学校以什么为本的问题，通过你的分析，我完全赞同育人为本的提法。"并表示将来要更多地与我讨论这些问题。第二天，他在作大会总结时，特地提到他与北大附中校长就学校办学思想讨论一个晚上的事情。出乎我意料的是，主任在讲话的最后提到："我很赞同北大附中赵校长概括并提出的以'育人为本，重在发展'作为学校办学思想的提法。"并建议各学校参考"育人为本，重在发展"的办学思想。事后，不少中学校长特地找我咨询和了解办学思想问题。我还应各地教育局和中学校长的邀请先后在三十多个城市以"学校育人为本，重在学生发展"为题，给上千名校长、上万名教师作了报告，宣传和介绍这种办学理念和办学思想。

校长有了明确的、科学的办学理念和办学思想，就为校长真正成为思想的领导者奠定了基础。但是校长要从思想上引领学校的发展，还必须在正确办学思想的指导下，对学校的发展进行战略思考，并结合学校实际提出学校办学思路。学校的办学思路就是学校的办学纲领，如果校长能提出符合学校实际发展的办学思路，那么学校的发展就有了航标和路线，校长作为思想的领导者角色的任务才能完成。

校长要比较准确地提出学校的办学思路，除了有正确的办学思想，还必须要明确学校的定位，也就是学校的发展目标；要了解学校的办学优势，要分析学校存在的主要问题和困难；要提出实现发展目标、发展办学优势的主要策略。下面列出的是我任校长期间为北大附中发展提出的办学思路：

在"育人为本，重在发展"的办学理念指导下，认真贯彻落实"四重一主"的办学原则，通过狠抓两支队伍建设（师资队伍和管理队伍），狠抓课堂教学质量的提高，狠抓全面育人工作的落实，实施人事制度为重点的管理改革，充分发挥师资和学风的优势，克服优质生源和办学经费方面存在的困难，提高整体办学质量和水平，真正培养出高能力、高分数的优秀中学毕业生，把北大附中办成特色突出、国内外有较大影响力的一流名校。

从上述我为北大附中发展提出的办学思路中，我们可以看到，它明确地回答了以下几个问题：

1. 办学思想——以"育人为本，重在发展"为指导；

2. 办学目标——成为特色突出的一流名校；

3. 办学定位——培养高能力、高分数的优秀毕业生；

4. 办学优势——师资和学风；

5. 办学困难——优质生源和办学经费；

6. 办学重点——提高整体办学质量和水平；

7. 办学策略——三个"狠抓"和管理改革。

我再根据这个办学思路，定出每个学年度的工作思路和主要工作要点，然后各位副校长及各处室主任，在这个总体框架下制订出分管工作的学年度和每学期的工作计划。这些工作思路、工作要点及学年度、学期工作计划经认真讨论确定后，在每学年及每学期全校大会及相关会议上由校长及分管负责人向大家报告和说明，这样学校各级干部和全校教职工都对学校的办学思路、办学目标、办学举措和要求做到了然于心，有利于统一全校干部和教职员工的认识，调动其工作积极性和主动性。我担任校长这几年，每年都坚持这么做，得到了大家的肯定，也收到了良好的效果。这样，校长作为思想领导者的任务才算真正落实。

2002 年我从北大附中退休后，应北京吉利大学的邀请，在吉利大学附属中学——北京欧美外语中学担任校长。我根据在北大附中的经验，首先构建先进的办学理念，再在先进的办学理念指导下形成清晰的办学思路，并统一全校教职工的思想、认识，制订各项办学举措，形成了鲜明的办学特色，使学校很快走上健康轨道，获得了专家们的认可，取得了可喜的成绩，再一次显示了校长作为思想领导者的重要性。不过，我并没有照搬北大附中的办学理念和办学思路，因为无论从办学性质、办学条件、办学优势等方面来比较两者都有很大的不同，但是构建过程和构建方法都有相同之处。针对北京欧美外语中学是新建校、民办校以及面临激烈的生源竞争，学生整体层次偏低的情况，我提出了新的教育理念和打外语改革牌及创办特色学校的思路，具体表述如下：

"在适合学生发展的教育是最好的教育，扬长避短的教育是成功

的教育的教育理念指导下，认真贯彻'三要一突出'（指要创造适合
学生发展的环境和条件；要大力发展学生的品德、个性和特长；要
培养学生终身学习和可持续发展的能力；突出发现和激活学生的优
势和长处，在扬长教育中增强学生的自信心和健康成长的主动性）
和从严治校的办学方针，认真抓好师资队伍的建设，认真抓好课堂
教学质量，特别是要认真抓好学生管理工作，实施以外语教学为重
点的教学改革，充分发挥民办校机制和背靠大学的优势，解决初创
期生源数量和质量以及校园文化建设方面的问题，培养外语能力
突出、综合素质高的中学毕业生，把学校办成外语教改突出的特
色学校。"

从上面表述的我为北京欧美外语中学设计和构建的办学思路中
可以看出，除了提出新的教育理念外，还明确了办学中的以下几个
问题：

1. 办学思想——适合学生健康成长，扬长避短发展；

2. 办学目标——以外语教改为特色的学校；

3. 办学优势——民办校用人机制和吉利大学的支持；

4. 办学困难——生源的数量和质量、优良校风和学风的树立；

5. 办学基础——师资队伍建设；

6. 办学特色——培养外语能力突出、综合素质高的中学生；

7. 工作重点——抓好课堂教学和学生管理工作。

后来，我在全国各地举办的许多校长培训班上谈到成功校长要
具有先进办学思想，要构建科学的办学思路时，我都将北大附中的
"育人为本，重在发展"和欧美外语中学的"适合发展，扬长避短"
的办学思想及办学思路作为典型案例供校长们参考。

三、用人知人善任　发挥专长特长

北大附中校级领导班子由六人组成，除了党委书记、副书记外，正副校长为四人。由于中学实行校长负责制，故校长成为校级领导班子的班长。如何当好这个班长，如何发挥班子里每一个成员的作用是我经常要考虑的问题。除了明确分工，落实工作责任制，加强学习，提高自律意识和决策管理能力外，我认为还有一个重要的原则要考虑，那就是要看工作的安排是否适合本人的特点。由于先天的、后天的及环境的因素，造成每个人身上都有自己的长处和短处，这些长处和短处就构成人与人之间的差异性，那种所谓"十全十美"的完人是不存在的，那种不顾差异性而提出的工作要求，往往也是要失败的。正确的思路应当是在了解每个人的长处和短处的基础上尽量发挥他的长处优势，避免他的短处劣势。一般说来，扬长避短要比取长补短更有成效，因为长好取、短难补啊！当然作为个体来讲，取别人之长补自己之短则是应提倡的，不过那是属于另一个范畴的问题了。要在领导班子中真正做到扬长避短，关键要做到知人善任。

我刚进北大附中时宣布的校级领导班子成员的分工，是在不完全了解每个成员的情况下进行的。随着时间的推移、工作的深入、情况的了解，慢慢就感觉到校级领导班子成员的分工并不是最好的，在我征求教职工意见过程中，发现大家更是有这种看法，其中最突出的是对主管教学工作的副校长张思明的分工安排问题。

我通过观察和了解，认为张思明是一位非常优秀的中学教师，特别是他自学成材，至今坚持每天早晨四点半钟起床就开始学习、备课，他在数学课中的创新精神更令我十分敬佩。张思明荣获的

"北京市十大杰出青年"、"师德标兵"、"优秀教师"等荣誉称号都是当之无愧的。但张思明在教学、教研、教改中的强项和优势,并不代表他就适合从事行政管理,由于他的主要精力和思维兴奋点都集中在业务上,故在行政管理中出现投入不足、工作不力的现象。对此,在干部和教职工中也有许多看法,一种认为作为主管教学的副校长,就应当少搞点业务,多抓点教学管理工作,否则干脆不要当副校长;另一种认为,张思明是专家、学者型教师,应当主要从事教学和教研工作,不应当把精力放在行政管理上。我认真分析大家的意见,并按照扬长避短的理念,提出了对张思明工作安排及长远发展的意见。

首先是定位。根据张思明勤奋好学、刻苦钻研、大胆创新、酷爱数学,以及突出的教学、教研业绩,我认为应当做这样的定位:近期为优秀的学者型、研究型教师,远期为基础教育教学专家。

其次是安排。为了发挥张思明肯动脑筋、思维清晰的特长及名师的影响力,让他继续留在校级领导班子内是有利的,但不需要他投入很大精力去从事压力很大的分管教学的副校长工作,而适合分管他擅长的科技教育及青年教师培训工作,这个工作在时间投入上有弹性,在精力分配上有主动性。这样安排既有利于他长处和优势的发挥,为他今后的发展创造条件,又避免了他花大量精力去处理日常行政事务性工作和解决各种矛盾。

我的这种安排思路和意见经与各位校级干部商量后,得到大家的认同。于是,我就找张思明来谈话,我说:"思明,我想为了更好地发挥你的作用,同时又为了你今后在教学、教研、教改方面的发展,想把你的工作安排作个调整,想听听你的意见。"当我把调整思路及安排意见说完后,张思明高兴地说:"赵校长您为我考虑得很细致、很长远,我十分感谢,我完全同意您的意见。"我看大家意见比较一致，张思明本人也表示同意了，于是就召开校长办公会形成正式决议，并在全校教职工大会上正式宣布。后来的发展及事实证明，这是一个正确的决策，不仅对于张思明本人的发展，而且对于扩大附中的影响力都起到了积极的作用。

张思明虽然是北大附中副校长，但由于有精力、有时间从事数学教研和教改的工作，加上他那种执著和开拓进取的精神，他为教育、教学、教改作出了一系列突出的贡献，取得了骄人的业绩。1998年他被评为北京市特级教师，1999年荣获中学数学教学最高奖——苏步青数学教育一等奖，2000年获"全国优秀教师"称号，2001年成为"教育部素质教育观念更新报告团"第一报告人，2002年获得国务院专家政府津贴，2003年他和高三老师合作带出北京市理科状元，2004年北京市和海淀区相继召开"张思明教学思想研讨会"，2005年被评为"全国十杰优秀教师"，电台、报纸等多种媒体都连续报道北大附中副校长、数学特级教师张思明的事迹和教学思想。一时间，"张思明现象"成了我国基础教育的一朵奇葩。

我听过张思明的许多课，其中印象最深的是1999年召开全国数学年会期间，北大附中作为一个分会场，张思明上了高中数学"不等式定理"一节课。张思明上课一定要先创设引发问题的情景，他认为问题是思考的起点，学生没有带着问题来上课是上不好的。这堂"不等式定理"课学生的问题从哪里来呢？张思明引导学生从书中去找，给学生五分钟时间看完这节内容并提出问题。我记得五分钟后，一个学生站起来说："张老师，我认为不等式四个定理中有一个不准确。"并说了理由，张老师马上就表扬说："这位同学提得好，敢于向教科书挑战。"接着学生又提出不等式应有第六、第七、第八定理……张思明把学生提出的问题进行梳理后，不采取传统的教学方法，不由老师一一回答，而把学生临时分成若干小组，每组一题，给 15 分钟时间自主地去探究解决这些问题。15 分钟后，每组派代表来汇报、补充，张思明进行引导……整个教室虽然坐了 300 多名参会代表，但学生争先恐后地发言，师生之间的积极互动、讨论问题，令每一位在场者为之兴奋和鼓舞，似乎看见了师生思维碰撞的火花，听见了师生心灵与心灵的对话。许多现场的数学教学专家说："张老师的课不仅生动、活泼，而且信息量大，特别是启发学生创造性思维活动的做法，令人耳目一新，真是一堂好课、优质课。"正好有三名哈佛大学数学教授随参会人员来听课，课后，他们十分激动地对我说："赵校长，张老师的课上得非常好，在美国这么好的课也不多，我们能不能邀请张老师去美国讲学呢？"我当场表示："如果美方邀请，我同意张老师去美国讲课，进行交流。"2000 年初，张思明应邀去美国访问两周，先后在五个州讲学，受到当地教育界的好评和听课学生的热烈欢迎。

我先后在全国几十个城市讲学，重点是给当地的校长、教师们就办学理念、教育改革、学校管理、师德建设、教师培养等作系列报告，几乎在每一次报告中，我都把张思明作为一个典型，并作为北大附中实施名师工程的一个成功案例来介绍，每一次介绍完后都引起很大的反响。许多校长找我探讨，如何才能培养出像张思明这样优秀的名师，许多教师询问我张思明成功的秘诀，他们都纷纷希望有幸能见见张思明，能听听张思明的课。通过电话、信件来邀请张思明去讲学、讲课的中学和教育局不计其数。为了保证张思明在校教学和工作的时间，我通常是婉言谢绝他们的邀请，只能保证教育部组织的活动及少数难以拒绝的邀请。北大附中培养了张思明这颗教育之星，张思明也为北大附中赢得了许多荣誉，为北大附中争了光。

如果当初我采纳要张思明把主要精力放在教学管理上的意见，

或不让他进入学校领导班子，情况将怎么样？我想至少比现在这种安排要逊色得多吧！很有可能我们就会在一种貌似正确的说法中，限制了这颗教育之星的成长和发展，受损失的就不单单是北大附中了。

扬长避短是一种理念，是培养一个人成才、发展和成功的指导思想。大量事实表明，一个人成才、发展和成功主要是在他的长处和优势得到充分发挥的时候，也是在他短处和劣势得到有效回避的时候。

知人善任是在扬长避短理念指导下对人才的一种使用方法，在充分了解一个人的长处和短处后，就要尽量地用其所长，让他发挥更大的作用。千万不要用其所短，用其所短不仅不能发挥人才的作用，很有可能造成人才浪费，产生一系列不利的影响，甚至扼杀掉一个优秀人才。高明的领导，不在于自己有多聪明、多能干，而在于对团队成员真正做到知人善任、扬长避短。

"知人善任、扬长避短"用在教师的使用和安排上同样能产生良好的效果。北大附中的数学学科教学师资力量雄厚、教学质量突出，在海淀区乃至北京市都很有影响力，海淀区进修学校就特别重视北大附中的数学组，许多重要学术活动，包括中考试题都要事先和北大附中数学组有关老师进行商讨。就是这样强的学科的老师每个人的特长也是不一样的，有的老师教学能力强，基本功扎实，特别是解题思路清晰，对于中考或高考有独到理解，我称其为"高考数学"；而有的老师思维敏捷，擅长解各种难题，擅长指导学生参加数学竞赛摘金夺银，我称其为"竞赛数学"；还有的数学老师思维活跃，能结合实际应用数学知识，构建数学模型，培养创造性思维，我称其为"创新数学"。无论是"高考数学"、"竞赛数学"，还是"创新数学"，对于像北大附中这样的名校来讲都是需要的，对于培养学生的数学能力和特长来讲也是需要的。作为校长就要为他们的发展创造条件、搭建平台，使他们分别成为各方面的专家。千万不要用一个标准去要求他们，特别是在听到一些不同意见的时候，校长更要有远见卓识，排除干扰，做到知人善任、扬长避短，以发挥其长处。我在学校里就听到过这样一种舆论，对那位擅长数学竞赛，并指导中学生在中学数学国际奥林匹克竞赛中摘金夺银的数学教师，有些老师认为其高考成绩不理想，在国外活动时间过长，还享受专家待遇，因而有不满的意见。这位教师对此也有所察觉，就主动联系一所中学想离开北大附中，当这位教师找我谈起这件事时，我就旗帜鲜明地说："你为北大附中作出了贡献，是竞赛数学方面的专家，北大附中需要你，并愿意为你特长的发挥提供发展的平台。"当然，我也提出了要减少校外过多活动，把主要精力放在校内，搞好教学的要求，这位教师对我的态度感到满意，并表示要安心校内教学，谢绝了外校调他的邀请。

人无完人。一个正常的人，经常是长处伴随着短处，优点的背后有缺点。如果只看到别人的短处和缺点而忽略了别人的长处和优点，那是不全面的看法，严重了就成为偏见；如果既看到别人的长处和优点，又看到别人的短处和缺点，却要求人家去长补短，那是短视，说严重点那是愚蠢；只有那种不仅看到别人的长处和优点，又看到别人的短处和缺点而使其扬长避短的人，才是有远见的高明人。我愿我们的每一位校长、每一位领导都成为高明的领导者，我们的每一位教师、每一位家长也能在培养学生和孩子过程中成为高明的教师、高明的家长。

四、建设校园文化　营造精神家园

2001 年 11 月 20 日海淀区教委组织的"校园环境建设检查组"来北大附中进行检查，这是继 2000 年 6 月 16 日海淀区"校园文化建设评价组"来北大附中进行检查、评价后的又一次较大规模的校园文化建设检查活动。对于海淀区连续两年进行内容相近的检查活动，学校部分干部和教师中出现了一些微词，有人说："教育教学那么忙，还要花那么多时间和精力去迎接检查值得吗？"作为校长当然希望上级的检查要少，但是教委既然已决定来检查，我们只能采取积极面对的态度。一方面统一干部、教师的认识，提高对校园文化建设重要性的认识，真正将检查变为推动校园文化建设的动力；另一方面确实要认认真真地进行自检，找出在校园文化建设上存在的问题和不足，以便更好地改进和加强校园文化建设。按照学校领导的分工，校园环境建设中硬环境建设由主管基建后勤的副校长负责，软环境建设即校园文化建设应由主管德育工作的副校长负责，我主要是协调这两方面的工作。但是，由于主管德育工作的副校长在 2000 年 5 月临时到北大附中深圳分校任校长，只好由我"临时"负责学校德育工作，因此 2000 年 6 月那次检查主要是我抓的，这次自然也是我负责了。通过这两次关于校园文化建设的检查、评估，使我受益匪浅，不仅全面了解了北大附中在校园文化建设方面的成绩和经验、创造的特色和存在的问题，而且使我更加深刻地认识了校园文化的实质和内涵，以及在推进素质教育、全面提高教育教学质量方面的巨大作用。值得高兴的是，由于全校师生员工的努力，检查组对北大附中校园文化建设给予很高的评价，授予"海淀区校园文化建设先进学校"的称号和牌匾,而且还请我到区教委召开的"校园文化建设检查、验收、总结大会"上作了题为"强化校园文化育人功能,着力培养高素质高能力人才——北大附中校园文化建设特色"的报告。会后,区教委又组织多批主管校长和德育主任到北大附中参观取经。

校园文化的实质是学校教育文化。学校教育文化代表的是学校教育的一种精神、一种观念、一种价值追求。有一次在中央电视台《对话》节目中,主持人让中美优秀高中毕业生(各5名)就以下五个项目"智慧、权力、真理、财富、美"进行选择,出现了如下结果:美国学生一致选"真理"和"智慧",而中国学生除一人选"美"外,其他人均选"财富"和"权力"。美国学生在解释为什么这样选择时说:"如果我有智慧,我掌握了真理,我就会拥有财富和其他东西。"而中国学生的选项则反映了追逐财富、权力的思想,忽视了拥有智慧、掌握真理的重要性。中美学生上述选择的差异,在一定程度上反映了学校教育文化的差异。这个差异值得我们每一位中国教师和校长深思!

校园文化不是口号,不是标语,而是一种氛围、一种无形的精神力量,是一种价值取向,具有很强的育人功能。在一次校友座谈会上,我听到一位校友谈起了他在北大附中学习期间印象最深的一件事:"北大附中的'体育文化节'给我的印象最深,我还在辩论赛中获了奖。"这位校友说的"体育文化节"是北大附中体育老师创造性地将体育与文化结合在一起的一次大规模的校园文化活动。北大附中每年春季,即4月底举办为期两天的田径运动会,在冬季即11—12月则举办为期一个月的"体育文化节"。"体育文化节"开展一系列丰富多彩的活动,包括美术、棋类、演讲、辩论、自行车慢骑等趣味运动、集体活动……"体育文化节"的开幕式更是别具一格，是各班才艺、智慧及团队精神的一种展示。在"体育文化节"中，学生的个性、特长得到充分发挥，创新精神得到了很好的激活，学生异常活跃，他们在活动中获得成功的喜悦，在体验中增强了对集体的热爱。难怪学生在毕业后，仍然怀念那一年一度的北大附中"体育文化节"。

北大附中的校园文化建设始终是"以活动为载体，以育人为主线"，并且通过多年探索总结，形成了带有规律性的系列主题教育活动。比如，高一年级围绕"爱我附中"主题，在进行入学教育和军训的基础上，开展"发扬北京大学优良传统，争做自豪文明的附中人"的活动，激励学生热爱北大和北大附中的情感；学生们通过参与校园文化设计、互相交流切磋高中学习方法，突出自主发展和自强自立的精神；通过建立高一学生健康成长心理档案，更清楚了解学生的需求，并引导他们健康成长。这一系列有针对性的教育活动，为高一学生尽快适应高中学习生活创造了良好的环境条件。高二年级围绕"理想、目标、成才"主题，通过学习英雄模范人物和著名科学家事迹，树立远大理想和成才目标；通过参加学农、学军及社会调查实践活动，使同学们逐步了解社会；开展"营造我们的精神家园"活动，提高同学们的精神境界和对自身的要求；开设专家教授系列讲座，进行"小论文"训练，培养学生对科学的好奇心，树立科学精神，促进高二学生心理成熟和健康成长。高三年级围绕"拼搏、冲刺、成人"主题，树立"高三意识"，进行毕业教育和心理健康调节教育，既要求同学们面对高考树立目标，敢于拼搏，又要同学们学会自我调节，适当放松；举行隆重的成人仪式，进行公民教育，培养青年学生的社会责任感；举办"自信来自实力"、"毕业会考——高考激励大会"、"生存斗争锻炼活动"等系列年级主题会，帮助同学们树立起科学的理想目标和必胜的信念，在紧张有序的高三备考复习中磨炼坚强的意志。强有力的思想政治教育和育人功能很强的校园文化，使高三学生真正理解"机遇与挑战并存，希望与困难同在"的内涵，并把建立在科学预测基础上的高考升学目标转化为鼓舞和激励同学们"拼搏、冲刺、立志成才"的自主追求，在这里德育工作和校园文化发挥了导向、动力的重要作用。

丰富多彩的第二课堂活动和综合实践活动，也是北大附中校园文化建设的重要组成部分。北大附中有每年参加人次超过两千的学科兴趣小组、科技俱乐部、文学社、时事评论组、通讯社、美术社、围棋社、管乐团、合唱团、舞蹈团、体育训练队等40多个社团。这些社团，犹如一个个舞台，成为学生们特长、天赋发展的天地。结合各个学科教学的综合实践活动，更让学生学到了课堂上学不到的知识，拓宽了他们的视野，增长了见识。最典型的一个例子是当学生们学到计算体积公式后，老师叫大家制作一个120抽（17cm×21cm）的抽取式纸巾盒。学生们按照计算结果，设计并用纸板制作了纸巾盒，但当纸巾放进去后，却怎么抽也抽不出来，原来学生们没有考虑到摩擦力在作怪。后来把纸巾盒放大一些减少摩擦力后，纸巾才抽了出来。但当学生们把自制的纸巾盒拿到超市去征求营业员的意见时，遭到了否决。营业员告诉他们，从顾客购物心理需求考虑，要把盒做得大一些、漂亮一些，同学们又学到了心理学和美学知识。一个纸巾盒的制作包括了数学、物理学、心理学、美学的知识，综合实践活动丰富了学生的思维，培养了他们的综合能力。

加强心理健康教育，提高学生身心健康水平是北大附中校园文化建设的重要方面。随着社会的发展，科技的进步，特别是独生子女增多，家庭生活富裕等，带来了许多新的生理和心理问题，例如网瘾、早恋、孤独情绪等。学校配备专、兼职心理教师，设立心理咨询室，进行心理健康调查与指导，通过"青春期心理卫生健康教育"、"性生理健康教育"等活动以及教师对学生的关心、关怀，引导青少年正确认识自己，正确了解他人和社会的规范性。北大附中校园文化活动具有外延上的广泛性和内涵上的科学性及深刻性，达到了活动育人的目的。北大附中的学生既是校园文化活动的直接设计者和参与者，也是校园文化的最大、最直接的受益者。学生们说："我们生活在我们自己营造的'精神家园'里，感到舒心、感到快乐！"

校园文化是学校办学特色的主要体现，是学校生存的根基，也是学校可持续发展的动力。我们在总结北大附中校园文化建设特点时，大家一致认为可以用"五个一"来概括。

1. **突出一种精神**——"爱国、进步、民主、科学"的传统精神。北大附中的校园文化精神源自于北大的传统精神，北大"五四精神"被历史地承袭下来，并随着学校的发展而不断得到丰富与充实，成为全体师生员工在实践基础上形成的共同价值观和行为方式。它鼓励着全体师生奋发向上，使全体师生焕发出振兴中华的巨大热情，对学校各方面工作和每个学生的发展起到无形的指导作用。

2001年10月，日本早稻田大学附中——本庄高等学院300名师生来北大附中进行第17次交流活动，由于当时日本的新任首相小泉纯一郎对中国的不友好态度，特别是发生歪曲历史的"教科书事件"后，北大附中师生非常气愤，有的教师提出不要接待日本师生的意见。我经过慎重考虑，认为日本政府伤害中国人民感情导致全校师生愤怒，这正是北大附中传统精神的体现，但为了更好地反对小泉政府的言行，我们更应该做好日本师生的工作，特别是了解到本庄高等学院也在抵制日本新修订的历史教科书后，我认为北大附中师生们一定会以大局为重，做好接待工作。经过动员和说明，全校师生积极行动起来，把接待日本师生访问看成是对日本政府的一次抗议。北大附中师生以强烈的爱国热情圆满地完成了接待任务，当听到日本校长高呼"日中人民友好万岁"时，大家无不沉浸在兴奋激动之情中。

2. **强化一种校风**——"勤奋、严谨、求实、创新"的校风。优良的校风是一座巨大的熔炉，可以熔化不良思想、作风、习惯等各种杂质，培育出优秀人才。北大附中建校初期，从北京大学派来四十多名优秀的教师和干部，带来了北京大学"勤奋、严谨、求实、创新"的校风，在几代师生的共同努力下，使它逐步成为一种规范、一种导向、一种陶冶，有效地促进了学生勤奋学习、勇于创新，并向更高层次的"真、善、美"境界进取，有助于学生形成科学的世界观、人生观和价值观。

3. **营造一种环境**——宽松、活泼、健康、向上的环境。北大附中始终坚持"双百"方针，积极营造宽松活泼的校园学术氛围，给教师的教育、教学、教研提供了更为广阔的发展空间，使学生的发展更具有全面与个性化的特点，构成了北大附中重视特长、个性、素质培养的教育特色。我曾经问过一位学生："你喜欢北大附中吗？"他说："喜欢。"我又问："喜欢北大附中什么呢？"他回答说："我喜欢北大附中有一个宽松活跃的环境。"北大附中形成的健康向上的校园文化环境得到了全校师生们的首肯，也进一步增强了全校师生的凝聚力和向心力，使全体师生产生一种"以附中为荣，为附中增光"的情感，从而为学校的快速发展奠定了基础。

4. **建设一支队伍**——高层次、高水平、高素质的教师队伍。北大附中通过实施"名师优师工程"（简称"名师工程"）、"岗级目标责任制"（简称"岗级制"）等一系列旨在加强教师队伍建设的举措，不断提高教职工的自身素质，使每一位教师成为校园文化的创造者和德育工作的实施者。一位优秀的数学教师说："作为一个数学教师，我教给学生的不仅是数学知识，而且是做人的道理。"长期以来，北大附中形成了一支以名师优师为骨干，年龄结构合理，热爱教育事业、热爱学生，层次高、思想活、教法精，具有创新精神的教师队伍，并以此为基础建立了一支以优秀班主任、年级主任为骨干的学生工作队伍，这不仅从根本上保证了校园文化建设具有坚实的基础，而且教师高尚的品德、深厚的学识、创新的精神、学者的风范，在学校校园文化建设中起着示范作用、激励作用和凝聚作用，使校园文化的育人功能通过教师的教书育人、管理育人、服务育人落到实处。

5. **构建一种模式**——德育为首，能力为重，知识为基础，高素质为目标的育人模式。学校的校园文化实际是学校育人模式的体现，也为学校育人模式的实现提供了环境条件。北大附中育人模式突出德育为首，要求培养的学生热爱祖国、热爱人民，成为人格健全、品德高尚的"有骨气"的人；北大附中育人模式强调能力为重，要求重点培养学生的创造能力、学习能力、合作能力、实践能力，使学生成为"有能力"的人；北大附中育人模式中指出了知识的重要性，它是学生成长、成才、成功的基础，要求学生成为"有知识"的人，不仅知其然，更要知其所以然；北大附中育人模式把培养目标定为既重视培养学生德、智、体、美综合素质的提高，又重视培养学生个性、特长素质的发展，成为"有素养"的人。培养学生成为"有骨气、有能力、有知识、有素养"的人是北大附中育人模式的目标，也是校园文化育人的要求。围绕育人模式建设校园文化，不仅使校园文化建设具有更深刻的内涵和更明确的目标，而且把校园文化建设提升到更高层次、更高水平。

在校园文化建设中，校长文化的建设十分重要。校长文化实际上是学校文化的灵魂，不仅体现在校长的办学理念、办学思路、战略规划、发展远景上，而且体现在校长的精神面貌、人格魅力、育人取向及日常言行中。我在担任北大附中校长的实践中深深地体会到，要建设好校长文化，校长除了要严格要求、以身作则外，还必须高举四面大旗。第一面大旗是**责任**大旗——对教育事业的高度责任感。作为校长不仅要懂得"教育是太阳下最光辉的事业"，而且还要懂得"教育是不允许失败再重来的事业"。许多家长把孩子送到学校来是对我们寄予莫大的期望，如果孩子没有培养好，不仅给国家带来损失，而且可能毁掉一个家庭。国家的希望、家长的托付都突显出学校教育的责任。校长只有具备高度责任感才能担负此重任，完成好此重任。因为，只有高度的责任感才能产生工作激情，促使校长斗志昂扬、勤奋工作；只有高度的责任感才能产生工作智慧，使校长精心谋划、善于思考；只有高度的责任感才能产生工作毅力，使校长知难而进、百折不挠。第二面大旗是**和谐**大旗——积极营造宽松和谐的校园氛围。孔子讲："君子和而不同。"聪明的校长要大力提倡大家敢讲话、讲真话、讲实话，只有这样，校长才能知道师生员工在想什么，他们有什么需求，才能作思想沟通，而思想沟通是情感沟通的基础，也是营造和谐氛围的条件；聪明的校长还要善于听取不同的意见和建议，特别是那些反对你的意见，只有这样才能做到"兼听则明"，产生思维碰撞，促使决策正确，减少大的失误，使学校环境真正宽松；聪明的校长更要积极构建公平竞争和激励争先创优的目标和机制，使和谐宽松氛围有机制和制度的保证，使全校师生员工都可以在这种和谐宽松的环境里成长发展。在这方面，北大附中有很好的传统。第三面大旗是**宽容**的大旗——博大的宽容心。校长的宽容是校长的重要品质和智慧。一个平庸的校长，总是在埋怨教师的不足和问题，而一个智慧的校长，总是在发现教师的优点和长处。宽容产生凝聚力，宽容产生向心力。宽容从尊重开始，宽容从信任开始，宽容从理解开始。我的校长经历告诉我，真正做到宽容并非易事，它是校长修炼的结果，是校长境界提升的结果。第四面大旗是**创新**的大旗——超越自我的大旗。创新的实质是一种超越。超越自我，超越他人，超越时代都是创新。但首先要超越自我，因为这是创新的基础。只有超越自己原来的思想束缚，才能走出创新的第一步。北大附中副校长张思明说得好："没有教师的创造力，难以培养学生的创造欲。"同样，没有校长的创新品质，难以激励教师的创新精神。校长的创新品质来自对事业的远大目标，来自对事物的洞察能力，来自对工作的敢作敢为。我在工作实践中感到，只要校长解放思想，有开拓进取精神，创新将是处处可见、事事具有，包括教育理念和办学思想的创新，办学思路和办学特色的创新，管理体制和管理机制的创新，教学方式和教学方法的创新，等等。校长只要高举起创新的大旗，实施激励创新的机制和方法，全校师生员工的创新欲望一定能激发出来，形成一个人人创新、事事创新的生动活泼的局面。北大附中新教学实验楼建成以后，楼前小花园如何改造，我和几位学校主管一时拿不定主意，后来交给全校师生员工来设计方案，并提出被采用的方案有奖。不到一个月，几十个方案包括多个模型送到校长办公室，其中五个方案很有参考价值，然后进行第二次设计竞赛，从中选择了最佳方案。我后来制定的"教师岗级聘任制试行办法"和"食堂独立核算办法"也是在接受了教师们的创造性建议后修改制定的。学生们在综合实践活动和"小论文"写作中、在体育文化节中、在40多个社团活动中，都展示出他们的创新欲望和创造能力；教师们在教学方式和教学方法改革中、在学生工作和德育教育中，也有许多可圈可点的创造活动。

北大附中的校园是青春的校园、民主的校园、开放的校园。北大附中的校园文化是充满传统文化特征和时代科学精神的文化，是着力培养高能力、高素质人才和积极激励学生品质的文化，是具有鲜明育人功能和营造精神家园的文化。抓好校园文化建设，特别是要抓好校长文化建设，积极营造精神家园是校长工作的重要组成部分，也是校长一种义不容辞的责任。

五、面对各种误会　宽容冷静对待

　　校长作为一校之长，每周都要处理不少事情，在处理这些事情中，由于多方面的原因，甚至是料想不到的原因，都会导致当事人的误解和误会，有的误解和误会还会引发激烈的情绪和冲突，在这种情况下应当如何面对和处理呢？我的经验告诉我，宽容大度和冷处理是最好的办法。下面我举几个例子。

　　北大附中十分重视国际交流活动，每年都要派教师出国访问、考察或学习进修，这对开阔教师眼界、增强对西方教育的了解和观念更新都有着积极的促进作用。但在实施中，由于外语教师具有语言优势，自然经常是优先安排，时间长了，其他学科教师的意见就多了起来。为了解决这个问题，一方面要统筹规划，派出时尽量兼顾各学科教师的比例，另一方面要创造更多的出国机会来满足教师的需求。有一次我通过外交部地方外事办争取到一个去日本大学当汉语教师助理的名额，派了一位年轻、语言功底不错的地理骨干教师去工作一年，效果很好。于是第二年经过努力又争取了一个去韩国从事汉语教学工作的名额，经研究决定派一名年龄较大一些的语文骨干教师去，并由我和这位教师谈话，叫她作好准备，这位教师也非常高兴地感谢学校对她的安排。由于第一次派出很顺利，故这一次我对派出过程就有一些掉以轻心，没有仔细过问。等了两个多月，已经快开学了，邀请函尚未寄来，派人到北大外事处催了几次也没有结果，导致这次派出未成功，我只好给这位老师解释，并表示要调查原因。过了一段时间后，这位教师怒气冲冲地到我办公室很不客气地说："赵校长，您说由于邀请函未到，我出国事未办成，为什么北校区 ××× 都去韩国了？这不是在蒙我吗？"我忙解释说："××× 去韩国是一个短期考察，这是教委组织的一次活动，我考虑到 ××× 是北达资源中学的副校长，这次就派他去了，与原来对你的安排是两回事。"由于现实是 ××× 去了韩国，而这位教师未去成，故她对我的解释就是不相信。看来，这位教师是误会了，再说什么都难以说服她，我只好把这个问题搁置起来，让事实来证明我对这位教师是真诚的。一方面，我到北大外事处做了认真的调查，根据过去曾经出现过由于工作人员的马虎而把邀请函压下来的现象，我请外事处的主管认真帮我再查一遍，果然对方的邀请函被压在一个工作人员的文件柜下面几个月，导致对方误认为我们不去而取消了这一名额，真是很遗憾。另一方面，我又将刚刚决定去法国访问的名额给了这位教师，并决定让她当领队率团访问。这一下，误会算解开了。这位骨干教师高兴地对教研组的老师说："赵校长这个人还是说话算话的，看来我以前是误解他了。"当然，也有人不理解地说："开始她对赵校长那么不客气，现在赵校长还对她那么宽容、信任，真是难以理解。"是的，校长是教师的教师，我们要求每一位教师要尊重学生，对学生一时的任性甚至缺点要包容、要理解、要给以改进的机会，而教师也是人，也有任性、说话伤人的时候，作为校长，胸怀应该更宽阔一些，也要给教师一个认识和反省的机会。

我是教师出身，多年的大学教学体验使我认识到，一位好教师首先要把课上好，要充分保证课堂的教学质量。一个中学，有十多个学科，上百位教师同时在上课，谁来抓学科课堂教学质量呢？显然只靠校长、主管教学副校长、教学处主任是不够的，必须充分发挥学科教研组组长的作用。于是，我给学科教研组组长明确提出"一个中心，三个基本任务"的要求，一个中心是以提高学科课堂教学质量为中心，三个基本任务是指—要抓好备课组的集体备课，保证学科教学质量；二要抓好教师进修，特别是青年教师培养，提高教师教学能力和水平；三要抓好教学科研工作，用科研促教学。过了一段时间，我和主管教学的副校长共同检查各教研组落实"一个中心，三个基本任务"的情况，并召开了学科教研组组长工作汇报会，在听取各学科教研组组长汇报后，我作了一个讲话，我在讲话中指出有的教研组长工作抓得紧，落实也很有成效，应当肯定和表扬，也有的工作比较拖拉，工作成效不大，甚至有的教研组内还存在团结问题，希望认真地把工作抓起来。这次教研组长会后的第二天上午刚一上班，我在办公室里就接到一位老教师的电话说："赵校长，×××老师在校门口篮球场边大声说校长批评不公，要不然，他就要调走。"这位老教师还特地叮嘱我说："赵校长，×××老师是骨干教师，千万不能放他走啊！"我真是一头雾水，不知是怎么一回事。于是，我派办公室主任去把情况了解一下，并做工作，让这位老师尽快回教研组去。过了一会儿，办公室主任回来说："×××老师说，赵校长在昨天教研组长会议上点名批评他，说他工作没有做好，教研组内也很乱。他说：既然我没有能力，我就不干了，我就申请调走。"我听了，先是大吃一惊，接着心里感到真是太误会我了。后来经过了解，才知道那天教研组长会上我讲话的时候，那位教研组长因事先离开了会场，压根儿就没有听见我讲什么，而是在晚上他听另一个参会的教研组长告诉他的，而告诉他的这位教研组长断章取义，酿成了这场不小的误会。我冷静地分析了这位嚷嚷要调走的教研组长的个性特点，他教学能力很强，个性也很突出，工作责任心很强，路见不平事也敢说，是一位不留私心、敢说敢为的优秀教师，也是我多次在全校大会上公开表扬的把关骨干教师，可是这位教师也经常犯不冷静、点火就着的毛病。所以，也有的干部劝我："赵校长，×××老师的老毛病犯了，嚷几句就没事，不要放在心里。"但是，我不完全同意这种看法。我认为事出有因，只有从因入手，事才能顺。既然这个教研组长个性这么突出，我找他解释，恐怕效果不大。于是，我找了一位与他关系特别好的教研组长来商量怎么做工作。我跟这位教研组长说："×××老师听了不准确的传达，误会我讲话的内容，请你如实地把那天我讲话的内容讲给他以消除这场误会。"这位教研组长说："赵校长，您放心，其实那天您根本就没有点名批评谁，我还认为在对教研组工作的表扬中肯定包括他，因为他的教研组长工作做得不错。"这位教研组长后来告诉我说："×××老师说，他听了误传，也误会了您的意思，所以瞎嚷嚷了一顿，请谅解。"听了这位教研组长的话后，我心情突然激动起来，这是多么好的教师啊，真是真情换真诚，真诚换真心！

在北大附中实施岗级聘任制的最初阶段，由于操作上的原因，引起一位语文骨干教师的不满和气愤，当面把我和学校党委书记狠狠地骂了一通。那情景至今仍记忆犹新。事情是这样引起的：按操作程序确定的全校关注的 A_2 级 18 名教师名单，得到了全校的认可，所以反映比较好。这时，一位语文骨干教师对于自己没有聘上 A_2 级有意见并提出申述，希望聘任小组认真考虑她的意见。聘任小组为此专门开会，认真地听取并分析了这位教师的意见，从教学水平和能力上看，这位教师确实够 A_2 级条件，但是前几年由于她身体有病，只上一个班的课，从工作量上讲是不够的，故一开始没有聘上 A_2 级是有道理的，但考虑到这两年这位教师虽然仍上一个班的课，可是她担任了年级组长的工作，工作量也很大，特别是今年又面临高考，无论从工作的要求还是工作的难度看，在北大附中教师岗位上都是至关重要的，经过全面分析和衡量后，决定同意她本人的申述，并确定其为 A_2 级岗位。故在正式公布的教师岗级聘任名单中，

A_2 级变成了 19 名。正式公布后，全校反映较好也比较平静，我们以为大功告成。可是，没有想到的事情发生了。那是一个周五的下午，一位语文骨干教师气势汹汹地走进我办公室，正好我和学校党委书记在商量下一步工作安排，这位教师气不打一处来地说："正好你们两位都在，我对公布的 A_2 级名单有意见。"我说："×××老师请坐下来，慢慢谈你的意见。"她说："我不坐，我说完就走。"她说："你们搞两面派，原来确定 A_2 级是 18 名，趁我出差，变成了 19 名，这是耍了不公正手段……"说话的语调越来越重，内容也越来越难听，大概足足说了十多分钟，把她的气、她的怨、她想要说的话通通倒了个干干净净，然后把手一甩，把门"嘭"的一声关上，大摇大摆地走了。党委书记望着我，我也望着党委书记，对这突如其来的"袭击"，我们真是束手无策，显得十分尴尬，愣了好长时间。事后，我和书记作了一个分析，认为这位教师态度是不好，说话也难听，但她对我们在操作过程中出现的问题提出严厉批评和意见是合理和正确的。本来，这位教师与那位新确定为 A_2 的教师就有些不合，相互间也有点"相轻"，再加上在重新讨论那位教师申述期间，这位教师正好外出不在校，对这些过程也不清楚，自然就会产生较大误会，误认为后来的操作是趁她不在时进行的。其实，这位教师的敬业精神和教学责任感及对教学的投入都是公认不错的，只是教学能力和业绩有待进一步展现。虽然，这位教师大发脾气骂了我们一通，但后来，在教育教学上却是更加努力了。一年后，经考评，各方面都比较优秀，在一年一度的微调中，她经评审确定为 A_2 级，实现了她的愿望。误会本身不是件好事，如果处理不好，采取对抗的办法，将演化成矛盾，甚至成为难以解开的疙瘩。如果慎重处理，采取宽容的态度，误解或误会终将化为和解与理解。

对人的宽容，实际上是对人尊重的一种表现。人不是神，难免有缺点或犯错误，更是难免出现误解或误会的现象。允许别人犯错误，允许别人发生误会，这就是把真正的相信人、尊重人落实到了具体的人上。

对人的宽容，也是对人心境的一种检验。人们常说一个人的心境有多大，人的舞台就有多大，人的事业就有多大，"宰相肚里能撑船"也是这个道理。心境宽阔的人才能做到宽容大度，才能不计较别人的态度，不计较自己的面子和得失。

对人的宽容，及对误解的冷处理，还是一种有效的工作方法或为人处世艺术。对人宽容，可以有效地淡化情绪，缓解矛盾，为较好地解决矛盾创造条件。人与人之间可以在宽容中化解情绪，在宽容中增进了解，在宽容中增加信任。

宽容是校长的美德，宽容是校长的修养，宽容是校长人格魅力的体现。对不涉及原则问题的人和事采取宽容大度来处理，不仅能改变校长的心境，更能提高校长的领导水平。难怪北大附中副校长、著名数学特级教师张思明曾经说过："我和赵校长在一起工作几年，从他那里学到许多东西，其中最突出的一条，那就是对人宽容的度量及对事的冷处理。"

度量也是一种力量！

第二篇　开拓

引　言

　　抓学校工作不抓教学工作不行，抓教学工作不抓课堂教学不行。课堂教学除了反映一位教师的能力、实力外，还反映了一位教师的师德、师风和对教学的投入。课堂教学，不单是知识对知识的传递，更是心灵对心灵的碰撞与交流。

　　选择干部的标准是：一是好人，人品好，愿意为大家服务，而且是认真负责做工作的人；二是能人，是有能力办成事、办成好事的人。"尊重民意，择优聘任"是安排干部工作遵循的原则，是科学管理的重要组成部分。

　　名师是名校的基础，没有名师就难以成为名校。通过实施"名师工程"，不仅要造就一批名师，更重要的是为了加强教师队伍建设，提高整体师资水平。

　　困难不可怕，可怕的是缺乏自信心和百折不挠的斗志。办法总比困难多，希望也总是和困难并存。有了坚定的自信心，又有了坚强的意志，就会从困难中看到希望，什么困难都可以克服。

　　什么样的教师培养什么样的学生。学生的思想和个性，是教师思想和个性潜移默化的结果。把附中办成一流的中学，最终还要看你培养的学生是否具有鲜明的个性和创新精神，因为这正是一流学校最根本的标志。

　　耐心是对人的一种尊重，有能力的人个性都比较突出，对个性突出的人，只要对他尊重、宽容，他就会发挥作用，做出成绩。

　　教育改革只能在迂回、妥协中推进，这也正是考量中学校长领导艺术的地方。

　　只要树立起爱惜人才、尊重人才的思想，并认真去做，坚持去做，把对人才的关心关怀落到实处，人才引进的一个个困难总是可以克服的，问题也总是可以解决的。

一、一次机会偶然　接任附中校长

在人生路程中，难免会遇到一些偶然情况，而这些偶然情况往往就改变了你的人生轨迹，这恐怕就是人们常说的机遇改变人生。

1997 年 7 月 3 日上午，时任北京大学后勤党委书记的我，在办公室已经工作了近三个小时，快到中午 11 点了，这时突然想起北大党委副书记岳素兰曾托人给我带话，让我抽空找她研究一下后勤党委改选的事情。北大后勤党委管理下属七个分总支和四个直属党支部，共 300 多名党员。按北大党委规定，院、系、机关、后勤党委四年一届，到期党委要举行换届选举。后勤党委已快到期，并已列入北大党委组织部"换届党委"名单。换届前有许多工作需要与大学党委商量，特别是新班子中主要人选的摸底、考察等。根据北大党委"七上八不上"的规定，即年满 58 岁不进新班子，不足 58 岁，如 57 岁，可以进，我已满 58 岁，显然不能再进新的党委班子，这就需要在"人选"上做更多准备工作。于是，我骑上自行车，从总务楼到大学办公楼。北大党委在办公楼二层办公，我很快到了二层党委办公室，推门见了办公室主任，问一声："小岳在吗？"（小岳即北大党委分管组织工作的副书记岳素兰，由于她是化学系毕业的，她念书时，我们这些老师都称她为小岳，一直到留校工作，后来我主讲生物系基础化学课时，她又当我的助教。）主任回答说："她到林校长办公室去了。"林校长是北大分管学生工作和附中、附小工作的林均敬副校长。于是，我又下楼到林校长办公室。林校长办公室坐着三个人，除了小岳外，还有一位是马校长。马校长就是北大分管基建、后勤和街道工作的马树孚副校长。当我进办公室时，他们三人正热烈地商量什么事情。我叫了一声："小岳，我找你想商量一下后勤党委改选的事情。"小岳说："赵老师，真对不起，我们这里正商量一件急事，换个时间研究你们后勤党委的事好吗？"我回答说："既然你们有急事，那就换个时间。"于是，我从办公室出来后又返回总务楼。

我刚到后勤党委办公室坐下，突然电话铃响了，我拿起电话一听，是马校长打来的，我问："马校长有什么事吗？"他说："你立即来办公楼一趟！"我说："我不是刚从办公楼出来嘛，又有什么事？"他说："是好事。"我问："什么好事？"他说："你来就知道了。"这时，我看时间是上午 11 点半。

我骑上自行车，又去了办公楼。北大总务楼到办公楼约 500 米左右的距离，骑自行车也只需几分钟。我边骑车边想："有什么好事找我？不会是抽调我帮组织部或北大党校做事吧？"因为北大组织部经常将那些即将离任或退职的院系书记抽去帮助做一些工作。我很快到了林校长办公室，小岳立即说："赵老师，您先请坐下！"我急切地问："找我来有什么事？"小岳说："赵老师，我们三个人商量，请您去北大附中当校长！"我当时听了，真吃了一惊。我做梦都没有想到要到中学当校长，于是我说："我已 58 岁了，新一届后勤党委我都不进了，怎么还要去一个新的单位当一把手呢？我看不行。"小岳说："赵老师，您先听我把我们三个人商量的意见讲一讲，然后，请您再考虑。"她接着说："根据北大党委和校长办公会的意见，北大一附中和二附中已经正式合并，新的领导班子也基本确定，就只差校长人选未定。我们也在附中和大学范围筛选，一直没有找到适合的人选，眼看附中快要放假，按照附中的惯例，新学年教师工作安排和暑期工作（包括招生、教师培训等），都必须在放假前宣布，但没有校长、没有人主持工作，许多事情就很难做。为了这件事，我们几位已研究好长时间了，也急得我们都快上火了。"小岳望了望我后，又接着说："赵老师，您刚才来了一趟，我突然感到：踏破铁鞋无觅处，得来全不费工夫。您有多年的教学经验，又有从事行政、党务管理的能力，是北大附中两校合并后再适合不过的校长人选了。"我说："我没有在中学待过，对附中情况一点儿也不了解，年龄又大，恐怕没有精力和能力当好中学校长。"小岳说："那么，这样安排行不行：您主要的任务是从校级班子中物色、培养一名校长，目前确定的四位副校长、副书记都很年轻，而且能力都很强，您去工作一年、两年都行，不一定要任满一届四年。这一次，就算是救火吧！"看我犹豫，马校长接过话茬说："我看老赵没有问题，据我所了解，老赵历来都是顾全大局，服从组织安排，党性很强，这次也一定会认真考虑的。"我说："既然工作这么急，你们又把话说到这个份儿上了，那我就考虑考虑吧！回家也和老伴商量商量。"小岳接着说："我说嘛，赵老师会认真考虑的，不过，您无论如何在今天以内要告诉我们结果，因为明天党委常委开会，审批附中班子事项已列入议程。"我从办公楼出来，已经是 12 点半了。

我心事重重地回到家，对老伴王连波（同班同学，北大化学学院教师）说："有一件事要与你商量。"老伴说："什么事，吃了饭再说。"我说："是急事！"老伴说："是急事就快说。"我说："党委让我去附中当校长。"老伴吃了一惊，说："什么？到北大附中当校长？你多大年纪了？还有精力去当校长？再说，听别人讲北大附中也不是好搞的，我的意见是不去。"她是急脾气，说话倒是干脆利落，不留余地。我对老伴慢慢说："我一开始，也与你的想法一样。但是，认真听了小岳的话，我不得不考虑了。"老伴说："北大那么多中层干部，找一个校长还不好找。"我说："他们已经选了好几个人都不太理想，现在又急，只好让我去救火了。"老伴说："你每一次调动，都考虑学校的利益，他们抓住你这个弱点，这次又要顾全大局了。"我接着说："马校长也是这样说的，马校长说我党性很强，不会拒绝，使我左右为难。"老伴说："我这头不要为难，你就想想工作难不难吧！"我接着说："既然学校领导有困难，我又是一名受党教育多年的老党员，不能只考虑自身的困难。虽然年纪大了，我自信我是有能力做好的。"我用商量的口气说："不然我去试试看？"老伴说："这是你的事，我不管！""我不管"，这是老伴表示不反对的态度，在过去几次工作调动中，她都是用这种语言来表明自己的态度的。

当我们吃完饭时，已经快下午 2 点，到上班时间了，于是我给小岳打了一个电话说："我和王老师已商量过了，她表示不反对，就试试看吧！"

第二天下午，北大党委常委开会，一致通过北大附中新班子人选，由大学任命赵钰琳为北大附中校长。第三天关于任命北大附中校长、副校长、书记、副书记、新领导班子的"校发〔1997〕80 号文件"，就发到了全校各院系、各机关。老伴从化学学院回来对我说："今天到院里去，好多人都说：你们老赵到附中当校长了，以后可要多多关照我们的孩子啊！好了，这下生米煮成熟饭了，你可别后悔啊！"

是的，人生选择不能后悔，只能把这种选择当成新的征程的开始，尽自己的能力把它走好。我的校长人生从此开始，这是在我年过半百、接近退休时开始的。

二、工作千头万绪　首抓班子建设

1997 年 7 月 5 日，北大党委副书记岳素兰主持召集原北大一附中、二附中领导班子成员和合并后新班子成员会。会议是在北大办公楼会议室举行的，这也是我第一次和附中干部接触。小岳首先代表北京大学宣读了关于合并后北大附中领导班子名单，并简要介绍了新校长。她说："新任校长赵钰琳是我的老师，原来在化学系主讲生物系无机化学课，我给他当过几年助手，后来因工作需要调任北大事务行政管理处处长，后又任后勤党委书记。赵老师最大的优点是顾全大局、服从调动、严于律己、清正廉洁，教学和行政能力都很强。虽然年龄已经到 58 岁，又服从调动任附中校长，我们相信他一定能带领北大附中全体教职工把北大附中办好。"马校长、林校长也都先后讲了话。最后，小岳要我讲几句话，我讲什么呢？我对附中情况不了解，只能简单表个态，我说："北大附中是个名校，培养了许多优秀学生，要当好这个学校的校长是不容易的，但我会充分地依靠全体班子成员，依靠全体教职工，竭尽全力把工作做好，希望大家多支持！"

1997 年 7 月 12 日，原北大一附中、二附中全体教职工 200 多人齐聚北大办公楼礼堂，这是两校合并后的第一次大会，也是宣布新班子的大会。大会由大学林均敬副校长主持，大学党委副书记岳素兰代表北大党委和大学校长宣布关于任命新校长及领导班子成员的决定。在介绍新校长时，她特别强调："赵校长不仅教学能力强、管理能力强，而且党性也很强。"她举了一个例子："在他担任北大事务行政管理处处长期间，拥有近百台车辆的北大汽车队归他管，但是他买的电冰箱却是自己用三轮车拉回家的。甚至连汽车队司机都很受感动，说：'赵处长要求自己真严啊！'"小岳接着说："赵校长虽然年纪大了一些，但是他精力充沛，做事如拼命三郎。我们相信，在赵校长领导下，合并后的北大附中工作一定会取得好成绩。"林校长也在会上说："赵校长也是我的老师，当年我在数学力学系念书时，赵老师就教过我，我们都很敬佩赵老师教书育人的精神。这次两个附中合并，又请赵老师出马，任命他为校长。我认为大学党委的决策是正确的。我代表大学表示，今后工作中，大学一定坚决支持以赵校长为首的新领导班子的工作。同时，我也希望附中全体教职工支持新班子的工作。我相信，在赵校长的领导下，北大附中的工作会更上一层楼。"林校长讲完话后，接着说："现在请赵校长讲话。"我走到讲台前，面对我不熟悉的、将要一起工作的北大附中全体教职工，开始了第一次讲话。

从 7 月 5 日我和新班子见面，算是走马上任，到这次召开全校大会一周时间，我先后召开了三次班子全体会，也算是办一个学习班吧。根据我多年的管理经验，一个单位、一个集体，领导班子的团结和相互之间的信任、配合是十分重要的。抓工作先抓班子，抓班子先抓思想，这是我的工作思路。我给新班子学习班提了三项任务，一是在统一认识的基础上，初步形成合并后学校的工作思路；二是明确班子成员的分工；三是制定领导班子的工作原则和纪律。这次班子成员学习班办得很成功。大家畅所欲言，出谋划策，围绕主题积极发言，展现了班子成员良好的素质，也增强了进一步办好北大附中的决心和信心。最后我作总结，并将三项任务形成了文字结论，这也是我的工作风格：凡事要"议而有决，决而有行，行而有果"。学习班上，还研究了新学年教师安排及暑假和开学初工作计划，并责成主管教学的副校长张思明负责落实。尽管在班子学习班上有了一定的交流，但我对北大附中的情况还是不太了解，因此，要提出校长的施政纲领还不成熟，在 7 月 12 日，面对全体教职工的讲话，还只能是表态性质的。我的讲话如下。

各位领导、各位老师、同志们：

刚才大学领导已经宣布了两校合并后新一届领导班子的名单，并提出了新的要求和希望。现在让我代表新班子讲几句话。由于我对附中情况还不太了解，只能作表态性质的发言。至于对附中的整个工作，还要允许我做一定的调查研究后，才能作出计划和安排，到时候，我再给大家汇报。

我想简要讲几点：

一、两校合并后的附中，面临着艰巨的任务，有许多工作需要去处理。我和我们这个班子一定要尽最大努力去工作，我们将充分依靠附中全体教师、干部、职工，调动各方面积极因素，在大学的领导下，特别是在附中工作指导小组的支持、帮助下，我们有信心、有决心把附中的工作做好，把合并后的附中办得更好。

二、两个附中在过去工作中都取得了很大的成绩，这里有广大教职工的辛苦和贡献，也有两个附中领导班子作出的努力和贡献，这些成绩也为进一步办好合并后的附中奠定了良好的基础。我和我们这个新班子一定要虚心地向广大教职工学习，向原有班子领导学习；要把两个附中好的作风和传统发扬下去，并在此基础上，通过我们大家的共同努力，把附中办得更有特色。我们要把我们的主要精力用于抓好教育教学，全面提高教学质量。教学是学校的中心工作，教学质量是学校生存和发展的基础，也是我们学校适应市场经济需要，迎接挑战，参与竞争的基础。在这里，我们真诚地希望并欢迎全校教师和职工，为提高教育教学质量、加强学科课程建设、提高办学效益，提出积极的建议。我们一定要认真地听取并研究大家的意见和建议，努力改进工作。

三、我们这个班子已经作了分工，并开了第一次工作会议。在会上，我们确定了几项原则和工作纪律，其中特别强调，新班子中的每一个成员，一定要从附中整体工作和整体利益出发来考虑问题，要树立全局观念；在工作中一定要一碗水端平，对附中每一位成员都要一视同仁，在人事安排上做到任人唯贤；班子成员既要有明确分工、各负其责，又要加强协作，互相支持，互相补台；要改进作风，深入实际，多听取大家的意见，鼓励讲真话；要关心教职工的工作和生活，加强对青年教工的培养；要加强科学管理，提高办事效率和办学效益。新一届班子，要用自己的行动来树立良好的形象，为附中新的发展作出贡献。

四、全校教职工要加强团结，多做有利于团结稳定的工作。两校合并后需要有一个磨合的过程，新的班子也需要有一个摸索的过程。在这个时期加强团结尤为重要。我们希望全校教职工都要以工作为重，以团结为重。无论是分配做班主任，还是安排新的教学任务或其他工作，希望都能克服困难，积极承担和相互配合。待稳定一段时间以后，我们再根据需要与可能慢慢进行调整。在稳定教学的基础上，我们会按照改革的精神，提出有关教学、人事、干部、分配制度等方面的改革意见，在取得多数同志认可后，再进行必要的调整。

最后，我还要说明的是，由于我对许多情况还不熟悉，可能有些事情处理不当，希望大家谅解，并欢迎提出批评，我会认真听取意见并积极改进的。但我也要说一句话，对于经打招呼、做工作，仍不合作、仍不以工作为重的人，我们也要按有关原则和规定坚决进行处理。

暑假即将开始，暑期中还有许多工作和活动要开展。一方面我预祝大家过一个愉快的暑假，进行必要的休息；另一方面希望按照要求，认真做好开学前的各项准备工作。让我们以新的姿态，来迎接两校合并后的第一个新学年吧！

谢谢！

当我结束讲话时，全场报以热烈的掌声。我知道，这是老师们对我的支持，也是对我的期盼。接着，我又向全体教职工公布了《北大附中校级班子的工作原则》和《北大附中校级班子的工作要求》。

北大附中校级班子的工作原则

1. 整体工作原则

班子成员要从附中整体工作出发来考虑问题，要树立全局观念。一切以全局利益为重，为全面贯彻党的教育方针、全面提高教育教学质量作出自己的努力和贡献。

2. 分工协作原则

班子成员既要有明确的分工，落实责任制，各负其责，认真做好负责及分管的工作，又要充分协作，加强团结，互相支持，互相体谅，互相补台。

3. 民主集中制原则

重大问题提交领导班子讨论，班子成员要充分发表意见，形成决议；或由主管负责人拍板后，要认真贯彻执行，个人不同意的可以保留意见，但对外保持一致。

4. 保密原则

领导班子会上讨论或议论的人和事，班子成员不得向外泄露，未授权公布的事，个人不得擅自讲出去，若违反，要承担责任。

5. 效率原则

领导班子开会要有准备，讲究效率，每次会要集中解决一两个问题，形成的决议要落实负责人。工作做到有计划、有要求、有布置、有检查、有结果、有讲评。

北大附中校级班子的工作要求

1. 对所负责的工作，每学年初要提出工作思路和工作计划及要求，每阶段要通报执行情况，期末及学年结束要有工作总结和汇报。重要问题、重要成果及重大事故要及时通报和汇报。

2. 要深入抓好分管单位的工作，重点抓好单位负责人的工作。既要严格要求，又要帮助解决有关困难和问题，使这些单位成为人员精干、办事效率高、工作态度好的文明服务窗口（单位）。

3. 班子成员要分别联系一个教研组、一个年级（或班），及有关单位。多听取大家的意见，帮助解决有关问题。

4. 班子成员要关心教职工的思想、工作和生活，特别是对有困难的教职工要多给些帮助。要发挥工会、教代会及民主党派在民主管理、民主监督及联系广大教职工方面的作用。

5. 班子成员要为政清廉，严格执行有关廉洁自律的规定及有关财务制度。个人不得擅自决定有关招生、转学、借读及工程项目任务，不得接受有关馈赠及财物等。

我宣读完这两项决定后，全场再一次响起掌声，这掌声给我传递了这样一个信息：这两项决定制定得好，大家认同，但可要执行和落实啊！于是，在掌声之后，我又强调一句："我们一定要认真执行，请大家监督我们！"掌声又再次响起。大会最后，由分管教学的副校长张思明代表学校宣布了新学年度教师工作安排及暑期和开学初的一些工作。应当说这次大会开得成功，大家也给足了我面子，就看我怎么开展工作了。

三、认真调查研究　开拓办学思路

大会开完以后，北大附中进入暑期。暑期主要工作是高中招生、教育教学工作研讨、开学准备工作（包括军训和开学课程安排等），其中很重要的是在新学年开学的全校教职工大会上，校长要作关于工作思路和工作计划的报告，这项工作由我来负责，其他工作分别由分管校长负责。

为了准备开学初的工作报告，更是为了明确我到北大附中后的工作思路和工作重点，必须清楚地知道北大附中的优势、劣势、问题，以及重点抓什么、怎么抓，这就需要做大量调查工作，因为没有调查研究就没有发言权，这恐怕是我在这个为期一个多月的暑期中最重要的工作。我采取了走访交谈、召开座谈会、认真听取研讨会发言以及个别谈话等多种形式了解第一手真实的情况。

首先，我分别找了前任校长和分管教学的副校长了解北大附中的基本情况及存在的主要问题。我已听说了由于这两位校长之间从有矛盾发展到对立，最后导致发生分管教学副校长及教务主任等集体辞职一事，在北大附中及社会上产生了很大的负面影响，也直接和间接影响了学校的发展，我作为新任校长，这是必须首先要弄清的问题。于是，我用了整整半天时间分别倾听他们讲述事情的始末，我也不时提出一些问题让他们解释。通过了解和交谈，我开始明白，北大附中这几年工作有所滑坡，班子的矛盾、主要干部之间的不团结是重要原因。从他们各自的看法中，我进一步深思这样一个问题：两位校长个人素质都很高，能力也很强，也都是为了工作，为了办好北大附中，但为什么就闹僵到解不开结的程度呢？恐怕是互相间都缺乏尊重和宽容吧！尊重和宽容是团结的润滑剂，有了它机器就能正常运转，缺了它机器就会增加摩擦力，甚至烧坏整个机器。在领导班子中提倡相互尊重和宽容，就能增进团结、形成合力；在教职工中提倡相互尊重和宽容，就能增强凝聚力和向心力。真是多一分尊重、多一分宽容，就多一分团结、多一分合力。

北大附中老教师群体是北大附中宝贵的资源财富，我一定要多听听他们的意见。尽管已是炎热的 7 月，气温高达 37 度以上，我仍然抓紧时间骑着自行车登门拜访。我第一个去的是住在北大燕北园的董世奎老师家。董老师是北大附中数学"四大金刚"之一，号称"董三角"。学生说董老师讲三角、几何，真正讲出三角味来了。当我抱着一个大西瓜，走进董老师家门时，董老师惊讶地说："赵校长，天气这么热，还跑这么远来看我，真过意不去。"我说："董老师，您对北大附中有功，我应当来看您，况且，我还有事情要向您请教呢！"董老师客气地说："说请教不敢当，不过你问什么，只要我知道的，我都会讲。"董老师快人快语，是个敢说敢当的人，这也是北大附中老教师的风格。从董老师那里，我比较全面地了解了北大附中的资源状况，了解了这几年北大附中教育质量滑坡的原因，以及老教师们的意见和要求等。从董老师家出来，我的心情一直不平静。董老师说："北大附中的优势是什么？不是硬件。北大附中的优势是师资，有一批教学经验丰富、教学能力强的优秀教师，就是这些教师创造了北大附中的辉煌。但是这几年来，老教师一批批退下来，补充、培养跟不上，造成北大附中的优势正在失去啊！"是的，"国家大计，教育为本，教育大计，教师为本"。教师是学校最重要的资源财富，教书育人靠教师，学校发展靠教师。北大附中正面临着优秀教师短缺，教师梯队青黄不接的困难，作为新任校长担子不轻啊！

我又先后召开了骨干教师座谈会、青年教师座谈会、中层干部座谈会、教辅人员座谈会，认真听取大家的发言，记录他们的意见，有些问题还展开了讨论和研究。北大附中的老师敢说敢做，在座谈会上从学校领导工作作风到学校教学质量，从老教师传、帮、带到加速培养青年教师，从学生管理到德育工作，从学校条件到工资待遇……真是无所不谈。但是谈得最多的还是教育教学质量滑坡的问题。质量是学校的生命，一流的学校必须要有一流的质量。北大附中曾经是高质量的象征，现在要真正做到名副其实，还有差距，还要努力啊！这恐怕就是新任校长的责任吧！

为了学习北大附中前任校长们的管理经验，我特地把健在的历任校长、书记都请回来，开了一个参谋座谈会。在座谈会上，我首先说："各位老校长、老书记、老领导，你们对北大附中是有贡献的，你们都有丰富的管理经验和治校思路，今天请你们回来，是向你们请教高招，是听取你们的意见和建议的。我虽然在教育战线工作多年，但主要在大学，我也教了几十年书，但教的是大学生。对于中学管理和教中学生，我还是一个新兵。因此，特别需要你们指教。"大概是由于我的诚恳态度和谦虚精神感动了到会的老校长、老书记、老领导吧，他们是争先恐后地发言，滔滔不绝地发表高论。北大附中教师敢说敢为的风格在老校长、老书记、老领导身上更是体现得十分充分。"校长应当抓什么？我认为应当抓教师，抓住教师，就抓住教学；抓住教学，就抓住学校工作的中心。"这位老校长的发言真是言简意赅、切中要害。另一位老校长说："校长应当抓住什么，我看应当重点抓教育教学质量，教育教学质量是学校工作的生命线。"是的，教育教学质量是学校生存和发展的基础。"抓好招生，争取更好的生源"，"加强和大学的沟通，争取大学更多的支持"，"抓好财源，北大附中既缺优秀教师，也缺经费，没有钱，新教学楼建不起来，教学设备不能更新，老师待遇也提不高，吸引人才就难了"……一个个老校长、老书记的发言，犹如智慧的火花在闪烁，使我的眼睛明亮起来，工作思路清晰起来。在他们的发言中，还有许多带有个性的见解，也使人颇受启发，至今我仍记忆犹新。第四任校长孟广平对我说："老赵，你怎么来当校长？你要知道北大附中的校长不是人干的活！"我知道，孟校长是想告诉我，北大附中校长这个活不好干。由于太受社会关注，又受教育部和市、区教委及北京大学各方面的制约，学生、家长又寄予很高希望，老师们也敢说、敢为、敢提意见，北大附中无小事，一举一动都会引起很大反响。这对校长的要求是很高的，只有不怕吃苦受累的精神是不够的，还要有遭埋怨、受责备的思想准备和博大胸怀。其实，孟校长就是一个活榜样，他是北大附中口碑最好的校长之一，正是因为他具有开朗的性格和广阔的胸襟，团结全校教职工克服"文化大革命"后的许多困难，使北大附中开始释放自己的能量，在全区和全市普通中学中崭露头角，受人关注。也正是由于他在北大附中做出了骄人的业绩，在他担任 9 年校长后，调到教育部任司长。第五任校长夏学之对我这个第八任校长直言不讳地说："老赵，我告诉你一个绝招，不要唯书，也不要唯上，凡事从北大附中实际出发，不管东西南北中，咬住青松不放松，这叫做以不变应万变。"夏校长的话是经验之谈，更是真知灼见，这叫做实事求是，按教育规律办事！北大附中正是实事求是，按教育规律办事，不是风来跟风走，雨来跟雨跑，才使得学校教师稳定，教学中心突出，教育特色鲜明，取得了一个又一个辉煌的成绩。夏校长领导的 13 年，北大附中处于黄金时期：高考成绩和入北大、清华的学生比例名列全区乃至全市第一，获得中学生奥林匹克学科竞赛金牌数占全市三分之二，数、理、化、生、信息技术等课程在全国、全市竞赛中获得的一等奖占三分之一以上，各种先进荣誉一个接一个飞进北大附中。一时间，北大附中成了教育教学高质量的象征，青少年以进北大附中为荣，家长把孩子送入北大附中就觉得放心，就感到有希望。名校是名校长领导的结果，名校是名教师汗水的结晶。老校长、老书记、老领导参谋座谈会开得生动活泼、很有特色，对我这位新任校长不仅很有启发，也增强了我进一步办好北大附中的信心和决心。

随着对北大附中的深入了解，我的工作思路也开始清晰起来，并形成这样的认识：教学是学校的中心，质量是学校的生命，师资是学校的基础，育人是学校的根本。于是，我开始梳理思路，分析每个问题的现状、发展和工作要求，初步形成一个工作计划，并在暑期后期召开的中层干部和教研组长、年级组长参加的教育教学研讨会上谈了初步意见，并征求大家的建议和意见。会后，又在大家讨论的基础上，进行认真的修改，并发给每一位校级领导班子成员征求意见，然后再进行汇总修改。当我完成这一任务的时候，已临近开学，该是我发表施政演说的时候了。

四、发表施政演讲 突出学校发展

1997 年 8 月 27 日上午 8 点，北大附中 1997—1998 学年度第一次全校教职工大会在学校大阶梯教室举行。大会由学校党委书记董灵生主持，由我作题为"振奋精神，群策群力，增强信心，进一步办好北大附中——北大一附中、二附中合并后的办学思路和工作重点"的报告。

我一开始就说："两校合并后，大家最关心的问题是北大附中怎么办？怎么进一步办好？最近一个多月以来，我们新班子通过调查研究，认真听取大家的意见，初步形成了今后的办学思路，以及进一步办好附中的一些意见和工作重点，下面就分四个问题谈。"这时，我停下来看看大家，真是全神贯注、鸦雀无声，人们好像在说：赵校长你讲吧，我们在听着呢。

我讲的第一个问题是：统一认识，明确办学思路，增强主动迎接挑战的自觉性。我说："我们首先要清醒地看到严峻的办学形势向我们提出的挑战。"我列举了我们面临的一些情况。

一是国家教育政策的变化——规定示范性高中要初高中分离，停止招初中生，这样我们高中的优秀生源将受到严重的影响；

二是今年高考，我校高分段学生数偏低——北大附中高考生中 600 分以上的学生数，过去占海淀区的 1/2 左右，今年还不到 1/3，在社会上产生了一定的不利影响；

三是两校合并后还需要一个磨合期——两部分老师的相互尊重和团结尤为重要，如果关系处理不好，将影响学校的教育教学；

四是学校硬件条件亟须改善——初中楼已经拆了，但缺乏资金建设，初三 8 个班的学生全部在木板房（临建房）上课，家长意见比较大。

接着，我说："我们面临的困难不少，现实形势向我们提出严峻的挑战，可以说，北大附中现在到了生存和发展的关键时期。但同时，我们也要看到希望，因为希望和困难并存；要抓住机遇，机遇和挑战总是相随。关键是我们要统一认识，统一认识才能有统一行动；要明确办学思路，思路就是出路。"下面我列出几个需要统一认识和明确的问题，并谈了自己的看法：

一是北大附中的定位问题：北大附中的高中应成为国家级示范高中，为重点大学输送大批优秀学生，为学生继续学习打下坚实的基础，成为办学特色突出、具有一定影响力的全国一流名校。

二是北大附中的办学特色问题：北大附中的办学特色要从两个层面来看。教师及教学层面：功底扎实、教学民主、注重能力、个性突出；学生及学习层面：基础厚实、学会学习、全面发展、能力突出。

三是关于考试与素质教育关系的问题：考试不等于应试教育，科学的考试也是一种素质的培养；要在全面提高学生素质的基础上，努力提高学生的学习成绩；提高学生成绩，不是靠题海战术，而要靠提高思维能力、举一反三。

我强调指出，对这三个问题有了统一认识，北大附中的办学思路也就清楚了，那就是：打好基础，培养能力，发展个性，提高素质；这是办一流名校的思路，也是北大附中今后要向高水平发展的思路。

我讲的第二个问题是：突出重点，抓好师资队伍建设，切实提高教育教学质量。我说："许多教师，特别是一些老教师语重心长地向我提出警告：北大附中的师资队伍建设已经成为当务之急，成为重中之重的大问题了。""因为教师是北大附中的重要基石，基石不牢，附中的优势就会丧失，教育教学质量就难以提高。"那么，如何来加强教师队伍建设呢？我在报告中提出以下措施：

1. 摸清教师队伍现有状况，制定三年师资规划；

2. 抓好师德、师风教育，严格教师行为规范；

3. 抓好教学评估检查，引导教师将主要精力用于教学；

4. 多种形式引进和培养教师，提高教师的能力水平。

在谈到如何提高教育教学质量时，我在报告中提出：

1. 加强教研组的建设，实行学科质量责任制；

2. 加强年级组的建设，实行年级管理责任制；

3. 加强教科研的管理，促进教育教学水平提高；

4. 加强班主任工作，提高德育工作实效性；

5. 加强集体备课，提高课堂教学质量；

6. 抓好体育文化活动，促进学生全面发展；

7. 抓好电教、图书、后勤，为教育教学提供优质服务。

我讲的第三个问题是：加强科学管理，改善办学条件，提高办事效率和办学效益。我强调指出："管理是一门科学，也是一门艺术。科学的管理才能将有限的人力、物力、财力发挥出最大的效益，形成强大的凝聚力和生产力。管理不善，不仅造成人力、物力、财力的浪费，而且导致纪律松懈、人心涣散、正不压邪。要进一步办好附中，提高教育教学质量，不加强管理，没有科学管理，只能是一句空话。"那么如何加强管理呢？我在报告中提出如下措施：

1. 建章立制，依"法"治校，实行规范化管理；

2. 精兵简政，压缩非教学人员编制，实行择优上岗聘任制；

3. 对中层干部进行考核，择优聘用，提高办事效率；

4. 深化后勤管理改革，强化服务意识，强化成本核算；

5.增收节支，开源节流，多渠道筹集资金，改善办学条件。

我特别提到：我到附中后才知道附中经费缺口太大，73%的经费靠自筹。新教学楼需要3500万资金才能盖起来，而教育部和北京市只给700万元，目前2800万元还无落处，因此"筹资"变成了"愁资"。我对大家说："困难很大，希望也很大，我们一定下决心，用最快的速度启动新教学楼建设，让在临建房上课的同学早日搬进新楼。"这时，全场响起热烈的掌声，这掌声告诉我：校长加油呀，我们相信你能把新教学楼盖起来。

我讲的第四个问题是：加强领导，振奋精神，群策群力，进一步办好附中。我在报告中提出了加强领导的六项措施：

1.明确分工，落实责任，切实加强新一届领导班子的作风建设；

2.加强党政协商，充分发挥党委组织的政治核心作用；

3.创造条件，充分发挥团委团结教育青年的作用；

4.发挥工会、教代会民主管理、民主监督和团结、关心教职工的作用；

5.充分听取附中民主党派的意见，发挥其在办好附中和监督党员方面的作用；

6.干部深入一线，关心群众工作、生活，增强附中的凝聚力。

讲话的最后，我向全体教、职工提出树立三个意识：

1.全员育人意识；

2.全员质量意识；

3.主动服务意识。

我说："只要我们全体教职工树立起这三个意识，坚定奋斗目标——把北大附中办成具有高质量、高品位的国内一流名校，大家振奋精神，加强团结，群策群力，北大附中一定能办好，一定能办得更好！"我的话音刚一落，全场再次爆发长时间热烈的掌声。会后，老师们说："这次大会有四个最：教职工来得最齐，全场最安静，大家最聚精会神，掌声最热烈。"有的教师说："我看到了北大附中的希望。"有的说："北大附中将再度辉煌。"有的老师给我打电话说："赵校长，放开干，我们坚决支持您！"还有一些老师给我写信提出办好北大附中的建议和意见。看来，这次"施政演讲"反映了民意，表达了大家的心声，取得了良好的效果。这是一个好的开端，也给我一个极大的鼓励。我现在要做的事情是，要把讲的内容落实到行动中去，把好的势头保持下去，把大家的希望真正变成现实。

五、深入课堂听课　关注教学质量

1997 年 8 月 31 日，北大附中举行"1997—1998 年度开学典礼暨军训汇报表演"。参加开学典礼的有北京市教工委书记陈大白，北京大学党委书记任彦申、副书记岳素兰，北大副校长林均敬、马树孚等领导。我面对全校师生发表了热情洋溢的讲话。北大附中的开学典礼暨军训汇报表演在当晚北京电视台新闻节目中还作为新闻播放。第二天，即 9 月 1 日，一个在北京的老同学从电视上看到我后，就给我打了电话，祝贺我到北大附中当校长。我说："当什么校长，去干活去了。"是的，到北大附中是去干活的。"要有吃苦受累的准备"，这是我的老伴王老师对我的忠告。

说干就干。9 月 1 日，是新学年上课的第一天。我早晨 7 点 15 分就到了学校，把提包放到办公室后，就赶到教学楼，看着各班学生进教室和课前准备的情况。7 点 20 分，几乎所有的班主任到了班级，大部分同学都已在座位上准备上课，分管教学的副校长和教务主任及负责教育、教学检查的学生处、教学处专职干事也在教学区巡视，进行检查。7 点 25 分，第一遍预备铃响了，一些刚到学校的学生，以快跑的速度进了教室。这时候，任课教师拿上教材、教具和教案从教师办公室出来往所在班级走去。7 点 29 分第二遍预备铃响了，几乎所有的任课教师都站在教室门口静候上课。7 点 30 分，上课铃响了，老师走进教室，同学们站起来，齐声说："老师好！"老师在讲台上回敬："同学们好！请坐！"这就是开学第一天、第一节课的开始，那么守时、那么有序、那么整齐，我看在眼里，喜在心里，北大附中有多好的老师、多好的学生、多好的教学氛围啊！

想到这里，更增强了我办好北大附中的信心和决心。

教学工作是学校的中心工作，课堂教学是教学工作的主渠道和主要环节。课堂教学质量反映教师的教学水平，也决定了学校的教学质量。因此，抓学校工作不抓教学工作不行，抓教学工作不抓课堂教学不行。虽然，学校设有分管教学的副校长，但是，关注和抓好教学工作也是校长当仁不让的责任。作为负责全校工作的校长，必须了解教学的真实情况，了解教师的真实水平，了解学生对教学的反映，这样在研究教学工作、进行工作决策时才能心中有数，作出科学正确的判断和决策。为了使整个班子都来关注教学，围绕教学这个中心来开展工作，也为了创造条件深入课堂，在第一次校长办公会上，我就建议并作出了"学校党政班子成员主要精力用在校内工作上"的规定：

1. 中青年干部要兼课，成为双肩挑干部，业务上要努力成为尖子；

2. 年纪大的干部有条件的要兼课，不能兼课要多听课，努力成为评课专家；

3. 为保证教育教学工作，原则上上午不开会，干部要尽可能地深入教育教学一线。

根据这个规定，我早就准备了一个听课本，每天上午都坚持要听1~2节课。在我和学校党委书记的带动下，其他干部及教研组长都积极地参加到听课、评课、研究课堂教学的活动中来。学校教学处范主任曾对来校参观考察的校长们说："我们赵校长有一个好习惯，几乎每天都去听课，并和教师们交谈。在赵校长的带动下，我们许多干部只要有空都去听课，这对我们教学处工作是最大的支持。校长听课关注教学，让全校教职员工明白，学校的中心工作是教学，也让老师们明白，课堂教学是中心的中心、重点的重点，提高教学质量课堂教学是关键。"

　　我在听课中经常是边听边记边评。在点评中对教师教学基本功、讲课思路、教材把握、教学方法、教学艺术、课堂管理、学生反应、师生互动等环节都写上我的看法。课后，在与教师交谈中，我把最值得肯定和欣赏的地方以及应注意的问题都给老师指出来，所以许多老师也非常乐意我去听课。北大附中有一个好传统，校长听课从不打招呼，推门就进，这样了解的是真实情况，不是刻意准备的。海淀区教委有一个规定，校长每学期听课不得少于40课时，分管教学副校长不得少于60课时。我实际上的听课时数都在规定的两倍以上，因为我已不把听课看成是按规定完成任务，而是作为校长的重要工作之一。

　　我听的第一课是高中一个班的数学课，是翁立强老师的课。翁老师是数学教研组组长，听说讲课很受学生欢迎，是学校骨干教师。当我走进教室的时候，翁老师会意地点一下头，表示欢迎。上课开始了，翁老师用他那大嗓门一下就把我镇住了。教室里很安静，只听得翁老师用他清晰的思路引导学生去理解新的数学概念和公式，在证明定理时，逻辑推理引人入胜，讲解例题思维清晰，讨论问题时学生异常活跃。真是一堂好课，从教师讲解到师生互动，从公式推导到学生练习，都是那么自然、那么水到渠成，没有对教材的独到把握和精心准备，没有自己的认真钻研和多年教学积累是很难做到的，我非常佩服翁老师。课后，我对翁老师讲："听你的课，简直是一种享受，可以说，我挑了半天毛病，也没有找到一条。我只是提一条建议：对那些一时跟不上的学生，不要太急。"翁老师有一个特点，他不怕学生提问题，就怕学生提太浅的、不是问题的问题，遇到这种情况时，他就有点急，这也算是一个缺欠吧！翁老师的课是北大附中优质课的代表之一，许多骨干教师的课都有他们的特色和效果，这是北大附中教学质量的保证，也是核心竞争力。但是，也有许多遗憾的地方。我在初中部连续听了两位物理老师的课，课的内容都是讲水的浮力。一位老师从学生学过的压强知识入手，结合物体在水中的受力情况，经过分析很自然地获得了浮力的概念和计算方法。另一位老师直接从概念定义入手，讲了半天，一些学生还是不太理解。听完课后，我除了分别与他们交流外，突然想到最好能开展教师相互间的观摩课，这样可以相互间取长补短，相互促进。我与分管教学的副校长交换意见后，由他负责，并通过教研组开展了教师上公开课，教研组组织同一学科的老师听课、评课的活动。由于上公开课提前有公示，也吸引了不少不同学科老师来参加，这样就使教师公开课成了学校教学的一道风景线，也使公开课走上规范化、制度化的轨道，对于加强教学交流、提高课堂教学质量有明显的效果。公开课活动结束后，各教研组要进行总结，分管教学的副校长要在全体教职工大会上表扬那些特色突出、教学效果好的老师。

我在大学教书多年，对课堂教学是深有体会和体验的。课堂好比战场，讲台好比舞台，一位教师的能力、水平、实力、风格都会表现得十分充分。根据素质教育要求，教师在备课时不仅要备教，更要备学；教师不仅要传授知识和技能，还要注重学生主体参与的过程和教师"导"的方法，培养学生热爱学习的情感、不怕困难的态度及独立思考能力等。过去，我们把基础教育的教学目标定为"双基"，即基础知识和基本技能，现在提高到"三基（或四基）"，即基础知识、基本能力、基本情感（或加上基本态度和价值观）。素质教育对课堂教学要求更高了，我们许多老师还有明显的差距，需要培训、补课啊！

课堂教学除了反映一位教师的能力、实力外，还反映了一位教师的师德、师风和对教学的投入。俗话说一分耕耘，一分收获，那些讲课利落、教学效果好的老师，是经过精心备课和付出的，这点我有同样的体会。我在大学上课时，尽管我已讲了多年，早已作好准备，在上课前，仍然还要再认真准备一遍，即使有再好的电视节目也要免看。老师有病或身体不舒服，甚至还在服药，但一到课堂上精神马上就振奋起来，学生恐怕一点也看不出来。对学生负责，不能耽误学生的学习，这是每一位具有良好师德的教师都应做到的，也是能做到的。那种在课堂上马虎应付的人，不是投入不足、精力不集中，就是师德中最核心的事业心和责任感欠缺。

课堂教学还是教师学生观的反映。一个教学班有几十名学生，每个学生的情况都不尽相同，有的基础好，有的基础差；有的学习很认真，有的学习马虎；有的与老师配合得好，有的就爱给老师找麻烦。作为老师，你是关注全体，还是关注部分？特别是对"麻烦生"持什么态度？对课堂中突发事件怎么处理？这些都是对一名教师是否具有正确学生观的一种检验。

有这样一个例子。语文特级教师程翔，在一次作文讲评课中，被学生的一篇题为"一块手帕"的作文深深吸引，文章构思精巧、立意极好，读后令人回味无穷，于是就把这篇文章作为范文推荐给全班同学。谁知程翔老师刚刚读完，一位男同学立即举手，说："老师，这篇文章是抄来的！"他的话音刚落，全班立即哗然。同学们议论纷纷，并把目光投向那位抄袭作文的同学，那位同学羞愧得低下了头。面对这样的场面怎么办？对这件事的处理方式不仅仅是作文课的问题，而且反映了教师的教育思想、学生观的问题——它让教师回答一个不能回避的问题：如何对待学生的缺点、错误。

经过短暂的思考后，程老师说："同学们，这篇文章写得好不好？""好是好，可是……"学生回答。程老师又说："我问的是这篇文章写得好不好，不管其他。"大家齐声说："太好了。"程老师接着说:"那就请同学们说说这篇文章好在哪里。请发言的同学到讲台上来说。"于是一位、两位、三位……共有八位同学发了言。大家高度评价了这篇文章。程老师看到同学们的注意力已经顺利转移了,而且发言水平也很高,趁机说:"同学们,这样好的文章我以前读得不多,可能同学们读得也不多。以后多给同学们推荐一些优秀文章,在班上宣读,你们认为如何?"大家众口一词地说:"太好了。"程老师接着说:"那么,对今天第一个给我们推荐优秀文章的同学,大家说怎么办?"同学们似乎一下子明白了程老师的用意,齐声说:"谢谢。"程老师看了看大家,感到火候到了,说:"从今天开始,每周推荐一篇优秀作文,全班同学轮流推荐。可以拿原文来读,也可以抄写到自己作文本上。不过,抄写时别忘记注明作者和出处。"程老师说到这里时同学们会心地笑了,那位抄袭作文的同学也舒心地笑了。几天以后,程老师收到那位抄袭作文的女生的信,信中说:"程老师:当我听到同学指出我的作文是抄袭的时候,我的头'轰'的一声,我立即陷入极度的后悔之中,我的脸'腾'地一下烧了起来,火辣辣的难受。我想这下全完了,我把脸丢尽了。当时的我,恨不得从地上找个缝钻进去。后来,老师并没有批评我,而是引导同学们感谢我推荐了一篇优秀的文章。我的天哪!老师救了我一命,替我挽回了面子。我不知道该怎么感谢您。我将永远记住这次教训。"如果程老师换个做法,把那位女生叫起来询问一下、批评一顿,同学们很可能就会取笑她,甚至给她取一个外号:抄袭能手。这样一来,那位同学可能就从此抬不起头来,毁了自尊心。两种做法,反映了教师的两种思想境界和两种学生观,一种是爱护、尊重、理解、宽容和引导;另一种则简单地责怪、批评,不允许犯错误,不给改正错误的机会。程老师在总结这堂课时说:"一个优秀的老师在课堂上不仅是传授知识，而且是学生心灵的引路人。"是的，一位优秀的教师不单是学生的知识导师，更是学生的精神导师。课堂教学，不单是知识对知识的传递，更是心灵对心灵的碰撞与交流。（此案例引自程翔著《播种爱心》）

六、中日文化交流 引发感慨颇深

转眼就到了 1997 年 10 月。10 月 7 日是北大附中与日本早稻田大学附中——本庄高等学院进行文化交流的日子。13 年前，两校本着相互友好、促进中日文化交流的目的，结成友好学校，开展双方教师和学生间的交流活动。每年的 10 月初，由日方校长带队组成访华修学旅行团，通过中国青旅社安排，在北大附中活动一天，然后参观北京的故宫、颐和园、八达岭长城及卢沟桥抗日战争纪念馆等。我校教师也于 1986 年专程访问过本庄高等学院。10 月 7 日一大早，后勤职工就在北大附中校门上挂起了"热烈欢迎日本早稻田本庄高等学院第十三次访华修学旅行团"的大型横幅，校园内道路两旁挂上彩旗。上午 7 点 55 分，我和党委书记及其他副校长、副书记已站立在校门口等候，北大附中全部高三学生及部分老师站在从校门至体育馆马路两侧，同学们手中拿着中日两国国旗及花束。8 点整，本庄高等学院访华修学旅行团的车队到达，从第一辆车上走下来的第一个人就是本庄高等学院校长夏本隆司，这是一位身材不高、年龄在 60 岁左右的典型日本人，我迎上去和他握手后，北大附中学生代表向他献了鲜花，这时北大附中学生队伍中传来了"欢迎"的声音。然后，我陪同夏本隆司校长一起走在夹道欢迎的队伍中，本庄高等学院的学生和教师跟随其后，从校门到体育馆一百多米的距离，同学们手拿国旗和花束，不停地喊"欢迎"、"欢迎"，日本同学也异常兴奋地挥手回敬，整个校园充满着热情、友好的气氛。当中日两校同学和老师队伍全部进入体育馆后，交流活动仪式正式开始。首先，我代表北大附中致欢迎词，我在欢迎词中说："中日两国是一衣带水的友好邻邦，两国人民的友好交流源远流长，由于众所周知的原因，中日两国也曾中断过交流。我们两校师生开展的文化交流活动，对于加强中日友好，特别是中日青年的友谊具有重要的意义。我希望我们大家都做到以史为镜，面向未来，共创我们两校合作交流的新篇章，为促进两国人民的友谊作出贡献。"最后，我代表北大附中，祝贺访问活动取得圆满成功。接着本庄高等学院校长致答词，他说："我们257名师生来贵校交流访问，受到贵校校长和师生的热烈欢迎，深为感动。我们访问的目的就是为了增进友谊，我相信在相互交流中，双方都会受益。"随后，他代表日方学校向北大附中捐赠10万元日元（相当于人民币1万元），然后是双方校长互赠礼品。根据惯例，在主席台上，双方各自介绍参加活动的年级主任和班主任。由于本庄高等学院每年来的都是高三毕业生，因此，我校参加交流活动的也全部是高三学生及相应的班主任。每年的交流活动从学生进入高三时就开始了，双方学生先按班级与对方学生通过写英文信件进行笔会，对方收到信件后就开始回信交流，前后要进行大半年，双方可能已通过信件交流了好多次，但因未见过面，只能算是笔友，这一次笔友要见面，同学们都感到既兴奋又激动。

按照活动程序，接下来是同学间的面对面交流。双方学校每个班的学生一分为二，重新组成新的中日交流班，并带回教室进行活动。首先是上具有中国传统文化特色的课，比如：中国语文、中国历史、中国书法、中国绘画、中国剪纸、中国武术、中国音乐……然后是学生之间一对一、面对面地交流。由于双方都不太懂对方的语言，只能用英语交流了，这倒是对所学英语的最好应用。在学生相互交流时，全体老师集中在会议室，经过相互介绍后，按学科分组进行教学交流。这时，我陪同日方校长到各班去转一转。只见中日学生之间无拘无束地谈得很热烈，由于英语都不太流利，经常还伴随着连比带画的动作。在各班转了一圈后，我陪日方校长回到我的办公室，开始了我们校长之间的交流，当然由翻译来充当中介了。日方校长说："贵校学生给我的印象很好，其中有两点特别突出，一是总体素质比较高，见识广；二是英语比我们的学生强，特别是语音比较标准。"日方校长讲的倒是实情，后来我从老师那里了解的情况也证明了这种判断。我对日方校长说："日方学生给我最深的印象是纪律严明，听从指挥，行动统一，值得我们学生学习。在欢迎仪式上，我在主席台上看到日本学生站立得既严肃又整齐。"我和日方校长还交流了学生教育方面的问题。我说："中国改革开放以后经济发展了，家庭生活条件改善了，许多又是独生子女，孩子的吃苦精神和刻苦学习精神差了，不少学生还产生了骄娇二气，这给中学教学带来了相当的难度"。日方校长说："我们日本从 70 年代起，也是由于经济发展，生活水平提高，子女的教育成了新的课题。"我问日方校长："在这方面你们有什么经验吗？"他说："我们也在研究，也采取了一些方法，比如组织学生参加 100 公里、24 小时连续行走的活动，通过这类体验活动，学生才开始懂得什么叫苦，什么叫累，什么叫团结互助。"我说："是的，光对学生说教是不够的，体验是最好的教育形式。"……

时间过得真快，到了吃午饭时间。午饭是在北大附中食堂里进行的，按中国传统的宴会桌形式进行。每桌 12 个人，一半是中国学生，一半是日本学生，宴会最前面是教师桌和校长桌，也是双方人员各占一半。12 点整宴会开始，首先由我致祝酒词，我拿起酒杯说："尊敬的校长、老师们、同学们，让我们共同举杯，为中日两国人民的友谊，为我们两校师生的交流成功干杯。"全场"干杯！"、"干杯！"声和碰杯声此起彼伏。然后是日方校长拿起杯，走到台前，用日语通过翻译说："尊敬的赵校长，亲爱的老师、同学们，我们到贵校受到热情欢迎，现在又给我们准备好这么丰盛的午餐，我非常感动。让我们为日中文化交流、为我们两校友谊干杯"。"干杯"两字他是用中文讲的，全场响起热烈掌声。食堂为这次宴会作了充分准备，许多反映中国传统文化的菜肴和食品都上了桌。当日方校长吃上饺子的时候，我问他好吃不好吃？他用中文连说："好吃"、"好吃"。宴会进行之中，中日双方学生登台表演节目，北大附中管乐团、舞蹈团同学演出的精彩节目获得全场阵阵掌声。

下午2点，体育比赛开始了，先是中日学生的篮球赛、乒乓球赛、排球赛分头进行。一个小时后，在运动场上进行棒球赛和足球赛，大部分师生都到操场去观看、助威，我也陪日方校长观看中日学生的对抗赛，遗憾的是棒球赛和足球赛，我方都输了。这两场比赛，充分展现了日本学生的整体素质，包括体质、心理素质、团结拼搏精神和团队精神都是不错的。

下午4点半，各项活动全部结束，全体师生再次集合在体育馆，举行欢送仪式。在学校党委书记代表北大附中致欢送词，日本校长致答词后，日方校长由我陪同，日方学生随后，开始向校门走去，这时中方学生赶到学校道路中间用手架起"友谊桥"，让日方师生从"桥下"弯着身子通过。这种别出心裁的告别方式不仅增进了情谊，也给人们留下深刻的印象。当日方师生车队离开北大附中时，挥手、呼喊"再见"的场面真是动人，有的同学还流下了眼泪。一天时间的交流，虽然不算长，但中日青年的友情是长远的。

四天后，日方师生要回国了，特地在友谊宾馆的友谊宫举办了大型的告别、答谢宴会，北大附中参与接待交流活动的师生前往友谊宫送行。在宴会开始前，举行简短的告别仪式，日方带队人首先致辞，他说："我们在中国游学访问收获不小，特别是和北大附中的交流非常成功，明天就要起程回国了，在这里我代表校长和全团成员，向北大附中表示感谢。"他讲完话后，北大附中分管教学的副校长张思明代表中方致答谢词。当张思明用流利的日语讲话时，全场发出阵阵惊讶声和热烈掌声。张校长曾到日本进修近两年，日语讲得非常好。然后，又是我和日方校长分别代表两校敬酒干杯。宴会快结束时，按照惯例，双方学生要唱歌。日方学生唱起早稻田本庄高等学院校歌时，情绪高昂、声音洪亮，也非常整齐，给人一种强大的震撼力；北大附中由于没有校歌，只好唱《歌唱祖国》，但歌唱得缺乏生气，声音也不洪亮，与日本学生群情振奋的精神形成了鲜明的对照。这时，我想起三年前，我参加北京大学访日团后的一些感受。

三年前，即 1994 年 6 月，北京大学应日本大阪法科大学的邀请，并由他们出资，我们一行 6 人（包括翻译）赴日进行为期两周的考察访问。我们先后参观考察了东京大学、早稻田大学、京都大学、关西大学等 12 所大学，当时我在北京大学担任事务行政管理处处长，同去的还有三位副总务长及另一名处长。每到一个学校我们都认真参观校园、建筑和图书馆、体育馆、实验室和教室、学生宿舍等，并同他们学校主管及接待人员讨论许多学校基建、维修、绿化、后勤管理方面的问题。我们在早稻田大学新校区参观时，该校分管校长给我们谈了许多学校的管理理念。参观结束后，我们在总结时，都有一个共同的看法：日本民族具有吃苦拼搏精神，他们讲效率、讲协作、讲奉献，他们国家缺少资源，因而有很强的危机感和竞争意识。这次又亲眼看日本中学生的表现，我心中暗想：日本民族真是一个不可战胜的民族，具有很强的竞争性；我们中华民族，千万不要夜郎自大、故步自封啊！也必须树立起强烈的危机感和紧迫感。爱国主义热情和发愤图强的精神必须从青少年抓起，从娃娃抓起，这也是我们每一位教育工作者当仁不让的艰巨任务和责任！

七、择优聘用干部　充分尊重民意

我刚进附中时，曾向大家宣布：现有中层干部一律暂时不动，经过三个月的了解、考核后，再作调整。这种策略既是基于保持学校的稳定，又给自己留出了解、考查这批干部的时间。很快到了11月，干部调整工作提到了工作日程上。

北大附中设有教务处、德育处、总务处、校长办公室和教科室，共有正副主任8名，大部分都有一定教学任务。干部调整前，先对这些管理机构的设置进行了调整，在认真听取意见的基础上，经校长办公会讨论通过，仍然决定设置三处两室，即教学处、学生处、总务处、校长办公室和教科研室。为什么要将教务处改成教学处呢？我认为，既然学校的中心工作是教学工作，那就应当有一个相应的管理部门，来负责落实学校有关教学的各项工作。教学处除了负责原教务处的学籍、排课、教务、课堂教学秩序检查和其他有关事务外，必须将涉及保证教学质量的诸如招生、教师、教研组、评教、教师考核、图书馆等工作也管理起来。将德育处改为学生处，主要的目的是为了让全校教职工明确，德育工作不单是德育处的事，每一名教师和职工都有德育工作的任务，同时，也是扩大德育处管理范围，凡是涉及学生的活动，除了教学外，全都管起来，包括学生宿舍、食堂就餐、课外活动，周六周日安排以及班主任、年级组的工作等。机构调整方案确定后，接着就研究人员配置。为了落实责任制，减少工作中的扯皮现象，经研究决定实行"一长制"，即设五个主任岗位，各处室不设副主任岗位。考虑到工作的需要不同，决定在教学处设两名干事，一名是教务干事，一名是图书馆馆长，在学生处设一名干事，协助主任抓学生会工作。原来正副主任8人，现要减到5人，怎样来操作呢？我提出"尊重民意，择优上岗"的原则。具体做法就是"工作述职，群众考核，民意调查，择优聘用"。

11月下旬，学校召开新学年度的第二次教职工大会，这次大会来的人也相当整齐。会上，我在向大家说明这次中层干部调整的原则、新机构设置及岗位设置的意见后，特别强调选择干部的标准：一是好人，人品好，愿意为大家服务，而且是认真负责做工作的人；二是能人，是有能力办成事、办成好事的人。我进一步指出：选择时，一定要看干部的主流，不要因为某些一时的不同意见而产生成见，现在两个附中已合并了，选择干部也要在合并后的大范围内考虑。最后讲了操作方法："先认真听取原有干部的述职报告，然后每个人无记名填写一张调查意见表，希望能本着对学校负责的态度，真实地反映你个人的意见，我们在确定聘任干部名单时，一定充分尊重大家的意见。"我讲完话后，由党委书记（兼副校长）主持干部述职，同时每个教职工发一份中层干部考核调查表（表中还留有新推荐人选的地方）。

参加中层干部述职的共13名正副主任，由于两个附中合并，在原二附中、现改为"北校区"工作的还有5名中层干部，也享受同样的待遇。由于事先已对这些中层干部进行了动员，他们有较充分的思想准备，在短短的5~8分钟的述职报告中大多讲得都很精彩，听众不时报以掌声表示支持或认同。两个小时的述职报告，全场秩序很好，我也很受启发，不仅进一步了解了这些干部的思想和工作，而且懂得了他们工作的不易和难度。有的干部讲到为了工作，抱病上班；为了工作，怠慢了家人；为了工作，受了不少怨气。他们为学校工作付出了很多，这是多好的干部啊！有了这些干部，附中工作一定能做好。当然，也有个别干部准备不充分，讲话也很随便，可能平时就是这样随便吧！群众的眼睛是雪亮的，群众的心里有杆秤，孰轻孰重、谁优谁次，其实大家心知肚明。为了给大家充分的选择权，述职会后宣布，干部考核调查表可以拿到办公室填，一个小时以内由个人亲自投入上锁的票箱内。

这次对中层干部的考核和民调工作，大家都很认真，不仅表现在会上，从收到的调查表上看，也说明大家在深思熟虑。有的教职工在表上先用铅笔画了涂，涂了画，最后才用圆珠笔画定，还有不少人，不仅在调查表上打"√"或"×"，而且还写下不少宝贵的意见和建议。在我的亲自主持下，经过计票统计，结果出来了，票数最多的5位中，4位是原北大一附中干部，另一位是二附中干部。原一附中有两位主任得票较低，而且还得到不少具体意见。从工作能力来讲，这两位主任都是"能人"，但从群众关系来讲就差一些，相对来说大家的意见比较多。我们校级班子开会时，也进行了分析，认为这两位干部有他们各自的强项，但由于他们对自身要求不够严格，或是对教职工态度不够好，影响了与群众的关系。"尊重民意"是我们使用干部的一条原则。管理干部都要和教职工打交道，如果大家对你已不太信任，恐怕是该调整的时候了，这也是对干部的真正爱护和教育。经过校长办公会认真讨论后，一致同意前5位被聘为主任。

12月5日，召开全校教职工大会，当我宣布新聘任5位主任的名单，并向他们颁发了为期两年的聘任证书时，全场响起热烈掌声。看得出来，大家比较满意，校长在大会上宣布的"尊重民意"，现在看来是说话算话、动真格的。这种聘任方式，也给全体教职工一种明示：学校尊重大家的权利，学校的工作只要上下齐心，就一定能做好。这种聘任方式，也给干部一种警示：只有努力工作、关心大家、热情服务，才能得到大家的认可。公布干部聘任名单，仅仅是中层干部管理的第一步，接下来的工作是如何明确岗位职责，做到尽责尽职工作。于是，我们举办了为期两天（12月8日—12月10日）的中层干部学习班。学习班由我和党委书记来抓。在学习班上，我首先作了"树立干部新形象"的报告。我在报告中指出，我们这次聘任的中层管理干部全是原来一、二附中的中层干部，虽然岗位变化不大，但新形势向我们提出了新要求，新要求决定我们要树立新的形象。那么要树立哪些新形象呢？一是要树立新的工作作风，那就是准时、诚信、公正、负责、讲效率的工作作风；二是要具有优质的服务态度，那就是热情、主动服务的态度；三是要树立创新的工作精神，那就是勇于开拓、不断进取的创新工作精神。我接着说："管理工作用力去做和用心去做是不大一样的。用力去做，容易出现就事办事，能办就办，一遇到困难可能就不想办。用心去做那就不同了，不仅是要用心力求克服困难，提高办事效率，而且还体现一种教育思想和一种精神力量：针对同学的管理和服务，要达到育人的目的，即管理育人和服务育人；针对教师的管理和服务，要传递一种精神境界，那就是尊重、关心和爱护。"为了更好地履行职责、落实岗位责任制，我起草了各处、室主任的工作任务和岗位职责并交给大家讨论。我讲完话之后，大家围绕新形象、新要求及岗位职责进行热烈的讨论。两天的学习，大家收获很大，不仅明确了要求，而且精神振奋，决心要好好地工作，不辜负领导和全体教职工的希望。

"尊重民意，择优聘任"是我多年安排干部工作遵循的原则。早在1985年，我从北大化学系调动到北大事务行政管理处担任处长时，针对调整五个科长，就按照这个原则取得了成功。当时，一位科长担心民意测验对他不利，特地找我说："处长，平时我要求职工严格，还严厉地批评过几位职工，这次民意测验他们给我打低分怎么办？"我回答说："你放心，要相信大多数人是公正的，个别人的意见不会影响到大局。如果有个别极端情况，在数学上称为离散点的，也能有办法处理。"民意测验结果出来，我一看，这位科长的满意率达86%，符合聘任标准。后来，他对我说："处长，你真行，怎么那样有信心、有把握？"我说："因为那是科学。"我历来主张科学管理，"尊重民意，择优聘用"就是科学管理的重要组成部分。后来，我一直运用这个原则，比较完满地解决了干部、教师的安排、使用、考核等问题。当然，要运用好，事先的思想发动、情况摸底等准备工作要做得充分，不然，出现失误也是有可能的。

八、实施名师工程　培养名师优师

　　第一学期很快就结束了。寒假中，我认真地总结了一学期的工作，总的说来，学校教育教学工作在有条不紊地开展着，特别是抓了课堂教学和干部调整后，学校工作显得很有生气。但是学校要发展，特别是要进一步调动全校教师的积极性，切实提高教育教学质量，恐怕还要有大的动作。在认真梳理老师们的意见，特别是结合自己听课的感受之后，我认为有两项工作必须提到日程上来，一是师资队伍的建设，二是新教学楼的建设。

　　我是一名大学教师，在北大从事一线教学工作几十年，深感教师的人格和水平在很大程度上决定了学校的教学水平。一流的学校需要一流的教师，一流的教师才能培养出一流的学生，高素质的教师才能带出高素质的学生。北大附中的辉煌，特别是培养了那么多优秀的学生，靠的是什么？靠的是一大批优秀的教师。这几年，北大附中教学质量滑坡，高水平教师不足也是重要因素。在我听的课中，我感到满意的可以算为优质的恐怕就是三分之一左右；其他三分之二的课程中，有的属于比较好，但有待提高；还有一部分应当属于比较差的，这样的课若要再上下去，学生就要受影响了。看到这种现象，我心急如焚，并暗下决心，一定要改变这种状况。

　　经过调查研究，我明白了学校师资队伍状况不容乐观的原因。首先是一大批优秀教师，特别是称为"四大金刚"、"十八罗汉"的名师陆续退休，仍留在教学岗位上的已为数不多，而且他们年龄偏大，也都面临退休的问题。北大附中在 1960 年建校时，得到当时北大校长陆平的关怀和支持，从北大各系抽调了大批优秀的年轻助教和讲师来北大附中任教，加上原来104中的骨干教师，组成了北大附中的基本教师队伍。由于他们功底好，层次高，综合素质有明显优势，在"文化大革命"后的80年代，这些处于中年时期的教师为北大附中创造了一个又一个惊人的成就，高考升入北大、清华的学生数在全市名列前茅，获得的中学生国际奥林匹克学科竞赛金牌数居全市榜首，全国各种竞赛一等奖获得者中北大附中几乎占了三分之一。一时间北大附中成了教育高质量的代表，特别是1991年，北大附中走上了辉煌的顶峰。不仅上北大、清华学生的比例高达50%以上，而且在国际奥林匹克数学竞赛中夺取了两金一银的骄人成绩。从1991年以后，随着一批批老教师的退休，北大附中教学质量开始下滑，到1997年，我作为第八任校长上任时，北大附中教学质量已远不如从前。那年上北大、清华学生的比例已降至18.5%，甚至连海淀区教委负责人和我第一次见面时，也毫不客气地对我说："赵校长，你们北大附中要好好抓抓高分段的学生啊！"教学质量的下滑情况与优秀骨干老教师的退休几乎成了一致的曲线。

老教师退休是自然现象，但是没有及时补充青年教师，特别是老教师在未退休之前未能带出一批青年教师，是造成青黄不接、教师队伍整体状况令人担忧的一个原因。由于北京大学控制编制，一些代课的优秀青年教师因此而流失，这恐怕也是很重要的因素。过去，北师大毕业生实习，北大附中是首选，每年各个学科都来不少人，可是到了1997年前后变得越来越少，一些学科如化学，干脆不派人来了。原因是这些学科有的骨干教师很少；有的如化学学科，连一名中学高级教师都没有。可是在80年代末90年代初，北大附中化学学科是很强的学科，好几位老师都很有名气，还获得过奥林匹克化学金牌！青年教师未能及时补充，使北大附中的优秀教师后继乏人啊！

教师教育和培养工作抓得不紧，恐怕也是造成目前这种教师队伍状况的重要原因。校长抓学校工作，重点抓什么？抓德育工作、学生管理，抓筹集资金改善办学条件，抓日常管理、处理各种矛盾，抓对外联系、疏通关系……应当说，这些工作都很重要，都离不开校长去做；但是，我认为校长最应抓的工作，或是说最重要的工作是抓教师队伍的建设，包括教师教育、教师培训、教师使用、教师积极性的调动等。如果校长在这方面重视不够，或工作不力、抓得不实，必然带来教师数量和质量及教师作用发挥等方面的一系列问题。

问题产生的原因弄清楚了，如何去解决这个问题呢？在寒假中我到广东中山实验中学，参加了由教育部设在上海华东师大的校长培训中心召开的关于学校管理工作的座谈会。参加座谈会的，是来自全国各地十个知名中学的校长。会议由校长培训中心副主任陈玉琨教授主持，他说："座谈会主要是研究出一本名校管理经验的书，请你们十个名校各自侧重写一个方面，而且这一方面应是能够反映学校办学管理特色的。"根据座谈会商定意见，北大附中写关于教师队伍建设方面的经验。因为在全国范围内，北大附中师资队伍强是公认的。前任校长在参加校长培训时，也就这方面问题发表了一定的见解，并作了总结，使用的题目就是"名师工程"。我一听"名师工程"几个字，一下子就被吸引住了。我们不仅要用"名师工程"来反映过去北大附中师资队伍的辉煌，而且更要用"名师工程"来建设现在北大附中以名师、优师为骨干的教师团队。于是，我就开始策划和构建北大附中的"名师工程"了。

名师是名校的基础，没有名师就难以成为名校！当年蔡元培担任北京大学校长时，根据他在德国留学的体验和认识，在北京大学提出了"思想自由，兼容并包"的办学思路；同时提出了"囊括大典，网罗众家"的办学策略，在全世界和全国范围内用优惠的条件寻觅和聘用名师。不到三年时间，一大批来自各地的名师便云集北京大学，使北京大学成为精英荟萃、名师向往的高等学府，并为后来北京大学的长足发展和"爱国、进步、民主、科学"传统的形成奠定了坚实的基础。

那么，什么叫名师，名师应当具备什么样的基本素质呢？我认真看了前任校长写的有关文章，我很同意她的许多观点，并结合自己的工作体验，认识到"名师指的是在教师群体中人品高尚、才干超群，在教育教学领域具有较高权威性，并得到同行广泛认可的著名教师"。名师应当是"师德的表率、育人的模范、教学的专家"。他最应具备的素质有："在师德上，具有崇高的事业心和强烈的敬业精神，有高尚的生活目标和道德情操；在业务上，有扎实的功底、渊博的知识，而且精通教材教法，形成独特的教学风格；在能力上，无论是语言表达还是教学艺术都深受学生喜爱；在心理上，有稳定积极的情感和不怕困难、坚韧不拔的毅力，特别是他们拥有淡泊名利、立足奉献、积极进取、勇于创新的精神。""名师还具有很好的领衔作用和示范作用，对于带动教师群体加强师德建设，提高自身教育教学能力和提高教育教学质量无疑具有巨大的激励作用。"榜样的力量是无穷的，名师就是一个榜样，"无论是给教师形成大的心理压力，还是对其产生很强的心理期待，都具有积极的内驱作用"。通过实施"名师工程"，不仅要造就一批名师，更重要的是为了加强教师队伍建设，提高整体师资水平。

如何构建"名师工程"，这是我整个寒假冥思苦想的问题。在认真分析北大附中师资队伍状况的基础上，我们确定了第一阶段（1998—2002 年）的名师、优师培养目标和措施。我们将教师分为三个层次：第一个层次是以特级教师、学科带头人为主体的名师优师。

重点是解决他们的各种困难，充分尊重、信任他们，让他们充分发挥积极作用。第二个层次是一些师德好、教学能力强的中青年教师。主要是给他们搭平台，帮一把、推一把，让他们尽快成为名师、优师。第三个层次是针对一批青年教师。他们有活力、肯努力，这就需要加强师德建设和业务指导来帮助和培养了。用五年的时间，要使得第一层次的教师由现在的不足 10 名发展到 20 名左右；使第二层次的教师由现在的 15 名左右增加到 30 名左右；使第三个层次教师由现在 10 多名上升到 40 多名。有了这样一个金字塔基础，到第二阶段（2003—2008 年），北大附中教师队伍将进入良性循环状态，北大附中也会逐步成为名师优师成长的沃土。

有了目标，就需要制定出一系列实现目标的措施。在认真学习北大附中过去经验的基础上，结合北大附中现状和个人的体验，经过认真的考虑，最后我提出了三个方面的措施。

第一方面是营造名师优师成长的环境，用优良的环境来吸引和培养名师和优师。这种优良环境，既有民主自由的学术氛围，更有宽松和谐的教学氛围。"在学术上，提倡'百花齐放，百家争鸣'；各抒己见，畅所欲言，允许争议，不强求一律。在教学上，主张'教学有法，教无定法'，不硬行推行某一教法，鼓励标新立异，创造个人的风格。在教科研上，不强人所难，不用行政手段规定写论文，而是提倡结合教学开展研究；允许自愿结合，鼓励冒尖；也允许暂时落后。在教学评价上，不简单用分数成绩等指标来衡量，而是看重学生综合素质的提高，包括学生掌握知识和创造性思维能力的提高。"

第二方面是发挥名师和优秀老教师传、帮、带作用，为中青年教师创造成长条件。北大附中有一个由特级教师和有名的老教师组成的优秀教师群体，虽然他们大部分已经退下来，但有一批身体好的，经返聘仍留在教学岗位上。由于他们有几十年的教学积累，形成了一整套的教学方法技巧和独具风格的教学思路、课程设计和课堂教学艺术，充分开发和利用这些宝贵教学资源来传、帮、带中青年教师，对中青年教师的成长无疑是十分有利的。而且在北大附中历史上也有很多成功的例子。这里，一方面需要给老教师们做工作，希望他们为培养中青年教师作贡献；另一方面也需要给中青年教师做工作，要求他们主动、虚心地去学习；再一个方面要研究传、帮、带的措施，"导师制"、"专题讲座"、"听课"、"评课"、"教学设计讨论"、"教科研指导"等，都是行之有效的方法；为了保证这些措施得到顺利推进，需要成立由几名特级教师组成的"校长顾问组"来协助抓好这方面工作。

如果说前两方面措施，更多的是外部条件或是外因的话，第三方面措施，必须从内因抓起。张思明在成长过程中有一个很深的体会，他说："成材主要靠内动力。这种'内动力'主要来自自己对事业的责任心和使命感，来自对自己的严格要求，来自对困难和厄运的不屈不挠的斗争精神和取胜的强烈欲望和信念。"说得多好啊！成材主要靠内动力，名师成长当然也主要靠内动力。内动力是什么？是一种成长的欲望和坚定的信念，是一种精神力量。动力之源是教师的"师魂"，"师魂"是教师师德中最核心的部分，即强烈的事业心和高度的责任感。有了它，教师就可以不辞辛劳、精益求精；有了它，教师就可以战胜困难、不断进取。采取措施，积极鼓励和调动教师的内动力，是培养名师、优师最根本的途径。加强师德教育，增强教师对教育的热爱和事业心，提高他们对教育的使命感和责任感是最重要的工作。做法上，可以采取办培训班加强学习和案例教育来提高认识，并在实践中高标准、严要求、给任务、压担子；在工作中多关心、多引导、多帮助、多肯定、多支持；还要建立平等竞争、鼓励进取和激励冒尖的机制，使那些内动力强的教师尽快脱颖而出，尽快培养一批中青年优师、名师。我将上述这些构想和思路，整理成一个北大附中"名师工程"实施意见，并在寒假末开学初，经几次校长办公会进行讨论和研究，形成统一认识和意见后，于1998年2月13日正式推出。为了实施"名师工程"，学校还成立了由我担任组长、党委书记和分管教学副校长为副组长的北大附中"名师工程"领导小组，并分别在教研组长会、班主任及年级组长会和中青年教师座谈会上进行宣传和动员。在"名师工程"的推动下，先后有29名青年教师报名参加北京大学、北京师范大学举办的研究生课程班学习，学校为了支持他们学习，特地制定了《关于教师学习、进修经费补贴办法》，使他们受到了鼓舞。为了更有效地坚持在职培训教师，利用我在大学多年工作的关系，与北大英语系、北大心理系先后合作举办三期教师培训班，每一期培训班，都有来自全国各地的教师，每一期我都鼓励大家尽可能参加。我还请张思明副校长负责起草了《北大附中青年教师培训计划》，全面安排青年教师的进修、培训、考核等工作。

"名师工程"推出后，在北大附中及社会上引起了很大的反响，海淀区教委派专家来调查了解，不少中学校长也来取经。这更加坚定了我要把"名师工程"抓实抓好，抓出成效来的信心和决心。

1998年，适逢北京市进行特级教师评审。北京市特级教师是三年一评审，每一次名额有限，竞争很激烈。我们向市、区教委推荐了三名教师为特级教师提名教师。在教师节前夕，经市、区教委审核和市政府审批，我校张思明和柳琪（体育老师）两位老师榜上有名。在教师节的座谈会上，特请他们两位介绍自己的成长经验和成长体会。暑期，我们又鼓励青年教师参加海淀区组织的教师基本功大赛，学校不仅进行认真动员，而且提供很多方便。结果不负所望，姜民（物理老师）、曲小军（化学老师）、汪颖（语文老师），赵心红（生物老师）等9名青年教师取得了优秀成绩，在教师节大会上得到了表彰和鼓励。10月，我们又承办了北京市课堂教学改革研讨会的课堂教学现场会。在会上，我汇报了北大附中课堂教学改革及实施"名师工程"的情况，张思明（数学）和吴祖兴（语文）两位老师上了两堂充满改革精神的公开课，并请专家现场进行"点评"。我们动员北大附中老师尽可能地都参加，使它成为教师学习和提高的一次极好机会。

由于北大附中优质教师严重短缺，除了加速培养外，吸引和积极引进人才也是"名师工程"的重要组成部分。在实施"名师工程"的一年多时间里，报名愿意来北大附中任教和工作的教师达300多名，其中一位年龄较大的特级教师在来信中写道："我对北大附中仰慕已久，对于你们实施'名师工程'更是兴奋不已，我因年龄较大，不可能被招聘，但我愿到贵校'打工'十年。"经我们筛选并报北大批准，先后引进语文特级教师程翔，化学特级教师金钟鸣、卢明，化学国家级青年骨干教师何蕊等。有了这一批名师、优师，就使北大附中一度较弱的化学、语文等学科很快改变了面貌。由于编制的原因，还有许多慕名而来的名师进不了学校编制，只能做代课教师。

"名师工程"对加强北大附中教师队伍建设，发挥骨干教师团队作用，加速培养青年教师，都起到了极大的推动作用。（文中所引，详见北大附中《建设一流的教师队伍，办出一流的高中示范校——北大附中的"名师工程"：认识及实践》）

九、开展多元筹资 改善办学条件

"北大附中，四面透风，暖气漏水，厕所不通……"这是人们形容北大附中办学条件的打油诗。自 1960 年建校以来，近 40 年北大附中基本上没有进行大的基本建设。前任校长看到初中楼已成为危房，为了学生的安全，于 1997 年 3 月把它拆除了。但由于资金困难，至今那儿还是一片空地。而初中学生只好被分散到临建小白楼、图书馆和临建木板房上课。老师们一走到初中楼空地总是感叹地说："新教学楼什么时候动工啊！"有的老师诙谐地说："哪里需要希望工程？不仅是贫困地区需要，北大附中也需要啊！"事情已经很清楚了：在原初中楼地基上实施以盖新教学楼为标志的基建工程，不仅是改善办学条件的需要，而且是增强全校师生员工办学信心的需要，可以说是"众望所归"啊！

根据初步设计，盖新教学楼（13 700 平方米）仅建安费就需要 2500 万元；加上配套设施，至少要 3500 万元。前任校长曾经努力促成北京市、教育部、海淀区和北京大学四家各出一点帮助北大附中盖楼的共识，并由当时的胡兆广副市长、牟阳春副司长、李凤林副区长、马树孚副校长分别代表各方签订了承担部分经费的协议书。到我接任校长时，只有北京市承担的 300 万到账；后通过与教育部打交道，他们同意兑现答应的 400 万元；而海淀区承担的 100 万元，因未上区长办公会讨论，故没有列入预算；至于北大答应的 1000 万元更是空中楼阁，压根儿就是虚的。我仔细分析了一下，真正能拿到的钱只有 700 万元，只是建楼就还缺 1800 多万元；如果加上配套设施，缺口是 2800 万元。而当时北大附中的账上已有 500 万元的债务了。前任校长未动手盖楼是有原因的，现在轮到我了，怎么办？再等一等，等筹集到 2000 万元资金后才动手盖？但是等不起啊，教学等不起，师生也等不起。我到平房去听课，感到教学条件实在太差了，我的心更是等不起。如果马上就动手张罗新楼一事，面临的压力和风险也是很大的。尽管可以采用施工单位先垫一部分资金的办法来启动，但也必须要在 2~3 年以内把债还清，这种负担也是相当沉重的。考虑再三，为尽快改善北大附中办学条件，也为了北大附中的今后发展，最后我下了决心：就用教育部、北京市拨的 700 万元为启动经费，在一年左右的时间里把新教学楼盖起来。我在校长办公会上用坚定的口气说："尽管现在盖新教学楼有很大的困难，资金落实还不到 30%。新楼盖起来后，在旧债还来不及还的情况下，又将背上 1800 万元新债。但是为了学校的发展，我愿意来承担这个责任，甘冒这个风险。我相信，我们这一届领导班子有这个能力和决心，一定完成好这一任务。"经过认真讨论，大家形成一个共识，那就是千方百计筹集资金，尽快建设新教学楼。我和分管基建后勤的副校长立即开始建楼的准备工作，跑北京市设计院、市规委、大学基建处、规划办以及进行招标施工单位等，抓紧做好一系列前期工作。

1998 年 3 月 21 日，迎来了北大附中新教学实验楼开工典礼的日子。这天一大早，开工典礼的横幅就挂在原初中楼工地搭起的临时主席台上，周围彩旗飘飘，学生管乐团奏起欢快的乐曲。9 点整，北京市分管文教的副市长林文漪、北京大学校长陈佳洱及教育部、海淀区、设计单位、施工单位等有关领导上了主席台，台下师生也来了不少。我首先代表北大附中致辞，我在致辞中说："我们全校师生盼望已久的新教学楼，今天终于要开工了。这不仅是北大附中建校史上的一件大事，更是北大附中发展的里程碑。我们要以建新楼为契机，在进行硬件建设、改善办学条件的同时，更要注重软件的建设，进一步提高教育教学质量，决不辜负各级领导的关怀和支持。我们要为北京市、为海淀区培养出更多优秀学生。"各位校领导相继讲话。然后，在响亮的歌声中，在师生们的掌声中，各位领导为新教学实验楼奠基。开工典礼一结束，挖土机的轰鸣声骤然响起，施工的第一道工序——挖土方开始了。

新教学实验楼施工工期为一年零四个月，预计1999年2月结构完工，然后就是进入实验室、教室的装修，7月全部竣工，8月进设备，9月1日开始上课。新教学实验楼设计有24个教室，5个阶梯教室，16个理、化、生、信息实验室及部分专用教室和办公室，建成后将大大改善办学条件。在这次新教学实验楼的设计过程中，我们对学校作了一个整体基建工程规划和设计。规划共分为三期：第一期，除了新教学实验楼外，还包括高中楼改造大约需200万元，操场改造需450万元，共计基建和改造费3150万元，加设施费1000万元，合计4150万元；第二期，将现初中使用的临建平房拆掉，再建一个教学实验楼，同时翻建学生宿舍楼、教师集体宿舍楼和食堂，需资金7000万元左右；第三期，征用学校东南角5.5亩地，盖一个室内体育馆，需经费5000万元（包括拆迁住户53户的房子费用2500万元左右）。北大附中整个基建三期工程用十年来完成，总共需要1.6亿。我争取用五年时间完成第一期和第二期工程，需要筹集1亿资金。

北京市基建施工力量很强，施工进度也很快。关键是资金要到位，首先是第一期工程的资金要尽快落实。虽然新楼已开工，尚缺1800万元，怎么筹集？"筹资"变成"愁资"了。

北大附中是隶属于教育部的学校，经费由教育部通过北京大学，再转拨给北大附中。在两校合并前，一附中每年从教育部获得拨款近300万元，而一年的经费缺口达500~700万元，大部分经费靠自筹；二附中属于北京大学教职工子弟学校，经费从大学福利中拨，每年在200万元左右。两校合并后，这两笔经费都未减少，但总体经费需要量高达1500万元左右，缺口达1000万元以上，如果再加上基建工程需自筹的资金，每年按1000万元计算，北大附中每年必须自筹2000万元才可以过得下去。每年自筹2000万元，这不是一个小数，对于一个普通中学来讲谈何容易？既然我是校长，就必须责无旁贷地担起这个筹资的重任。

我认真地分析了北大附中的地理位置和教育资源优势及其他创收渠道，决定采取多元化筹资的路子解决资金短缺问题。首先利用北大附中地处中关村核心区的地理位置，在新教学楼投入使用后，将腾出来的南门旁两个小白楼出租，再加入原有的可出租房子，实行有效物业管理，每年可收回300万元左右；其次，有效开发北大附中教育资源，与外地合作办校（当时已办了广东汕头分校和北京香山分校），也可以得到每年300万元的回报；再有，每年收择校费和借读生费，也可得几百万元；向上级单位教育部、北京市、海淀区和北京大学申请经费，我想如果我们公关工作做得好的话，每年也可能要回几百万元。这么一来，几个几百万元加在一起每年争取筹集1200~1500万元左右是有可能的。如果胆子再大一些，思路再活一些，办法再多一些，每年筹资2000万元左右，那么北大附中的日子就好过了。于是，按照这个多元化筹资的思路，开始了一项艰巨的、耗费大量时间和精力的、由基建工程演变成的筹资工程。

困难不可怕，可怕的是缺乏自信心和百折不挠的斗志。毕竟办法总比困难多，希望也总是和困难并存。有了坚定的自信心，又有了坚强的意志，就会从困难中看到希望，什么困难都可以克服——这是我几十年来工作的经验，在北大附中筹资过程中也得到验证。

当时有不少教师担心地问我："赵校长，又盖楼又买设备，还听说北大又不给钱，资金缺那么多，怎么办？"我笑了笑说："请放心，面包会有的，你们只要安心教好书就行了，钱的问题我会有办法解决的。"说是这样说，实际上，我心里也很急呀，因为随着工程的进展，需要的钱越来越多，特别是快到春节时，施工单位负责人带着会计就来找我说："赵校长，春节快到了，农民工要回家，能否再拨200万，好给他们发工资啊！"需要200万元，但北大附中账上只有150万元；还要给教职工发工资，哪有钱拨啊！但是，不拨款将影响施工进度，特别是欠农民工的钱，也说不过去呀！这样的情景，从基建工程开始，年年如此，真是躲了初一躲不过十五。我只好说："你们先回去，我想想办法。"于是，我赶快找到大学主管领导说明情况，请求拨款。但是这位主管领导却说，大学也很困难，也没有钱可给。经我反复哭穷，这位领导说："这样行不行？把你们附中明年上半年的预算款提前拨给你们，这样可以解决眼前困难。"我一听，心里叫了一声："天哪！这不是寅吃卯粮吗？"在没有办法的情况下，"寅吃卯粮"也得吃啊，只好先顾眼前，再考虑明春吧！当时，也有干部建议每年多收点高费生来解决经费紧张问题。对于这一点，我持否定态度。我们是搞教育的，教育不像生产产品，加班加点，多生产点、多卖点，就多收回资金。教育是公益性很强的事业，首先要对孩子负责，要对每一个家庭及社会负责，收过多高费生就保证不了教育质量，甚至导致整体教育质量下降，这是不负责的态度。搞教育，首先要把社会效益放在第一位，其次才考虑经济效益，这是我们从事教育的人应当遵循的准则。另外，收高费生也属于教育部禁止的乱收费范围，不是解决学校经费的长远之计。后来，我在多元化筹资的思路指导下，重点突出争取政府支持和兴办教育产业两条路子。

　　争取政府支持还是很有成效的。由于北大附中每年都给有关部委解决一些孩子入学问题，他们也主动提出要想办法帮助北大附中解决经济困难。教育部财务司是我重点工作的对象，每年过"十一"，就约见主管司长或副司长，希望他们多支持。记得第一次见杨司长时，他就说起"北大附中，四面透风……"这首学生常念的打油诗。我当时还十分吃惊地说："杨司长您真了解情况，连这首打油诗都念得出来。"他说："我爱人也是北大附中毕业的，你们学校的条件我清楚，确实需要改善。这几年，国家经济发展了，给教育的经费也多了一些，大的经费还不能解决，少量的还是可以给一些的。从今年开始，每年给我一个报告，说明项目需求，我们争取拨一点儿给你们。"我听了真是喜上眉梢。从此，每年都跑教育部，每次都能带回几百万元，连续几年带回一千多万元。对于北大附中来讲，这点钱犹如"雪中送炭"啊！

　　北京市教委也很关照我们北大附中。有一天开会，我见到分管招生基建财务的耿副主任（后来任市教委主任），就向他说明北大附中亟待改善办学条件，希望市教委给予支持。耿副主任说："北大附中给北京市作了很大贡献，北京市支持是应该的，但是北大附中是由教育部拨款，北京市普通中学是北京市财政拨款，由于拨款渠道不同，要北京市财政对北大附中拨款是很困难的，但是可以用其他方式支持你们。"我接着说："耿主任，不管黑猫白猫，逮住耗子就是好猫，我相信您有办法来支持北大附中。"真的，过了不久，他高兴地来到北大附中，对我说："赵校长，我给你们带来一件校庆礼物。"我忙说："耿主任，什么好礼物让您那么高兴？"他说："我看你们学校的运动操场条件太差，正好有一个公司在给北京市许多中学铺塑胶操场，我给他们讲了，让他们也给你们学校铺，你们只要拿出几十万元的启动资金，其余的300多万元，由我给他们结算。"

我听了十分高兴。北大附中的运动操场与一个农村中学没有两样，下雨是泥潭，刮风灰满面。学生上体育课，或锻炼完，经常是一身泥土。好几次上课间操时刮大风，大家都睁不开眼。我曾多次下决心，早晚要把操场改造成塑胶的，给学生们一个干净的环境。这次耿主任主动提出改造操场，并承担85%的经费，真是件大好事，这个消息传出后，全校师生都皆大欢喜。过了一个月，施工队进场。三个月后，一个现代化的、干净明亮的塑胶运动场展现在北大附中师生面前。北大附中基建第一期工程中的操场改造反而提前到位了。

北大附中基建第一期工程的旧高中楼改造工程，是我让后来成立的"北大附中教育投资有限公司"及"北大四大集团公司"各想一点儿办法，筹集200万元资金来完成的。这样，到2000年9月，在北大附中四十年校庆时，第一期基建工程的三个部分，包括新教学实验楼、塑胶操场、旧高中楼改造全部完成。许多离退休老教师和校友回校一看，都说："北大附中变了，条件更好了，变得更有希望了！"虽然第一期工程完成得不错，但欠下的千万元工程款却是沉重的包袱。尽管如此，我们仍然按预定计划开始谋划第二期工程了。说来也巧，教育部也在考虑帮助直属北京六个附中改造校舍的问题。2001年初，在李岚清副总理的支持下，教育部、财政部共同出资三个亿，完成六个附中高中扩招的基建工程拨款。北大附中得到4500万元，解决了第二期基建工程的大部分资金。从2001年启动施工，到2003年竣工，北大附中面貌又有很大的变化。当然又欠下施工单位一笔债务，又该由新任校长着急了。

十、传承北大精神　争创一流附中

　　1998 年 5 月 4 日，迎来了北京大学 100 周年校庆。在党中央、国务院的关心和支持下，北大校庆活动很有规模，也很有特色。除了大量的学术研讨、教学科研展示外，最重要的是在人民大会堂召开了隆重的庆祝大会。而且中央政治局常委全部到会，党的总书记、国家主席江泽民还特地来北大视察，并发出了要建几个世界一流大学的号召。教育部根据这个讲话，提出创建世界一流大学的"九八五工程"，由中央给北大、清华每校增拨款 18 亿经费，这在中国教育史上是空前的。我念书在北大，工作在北大，对这一系列好事自然是感到非常高兴的。但是，现在我已是北大附中校长，我应当如何借北大校庆之良机推动北大附中的发展呢？这是我应当考虑的问题。想了又想，再结合北大附中的创建和发展过程，我认为最重要的是要继承和发扬北京大学的光荣传统，并用这种传统精神来激发和指导学校全体师生建设和发展北大附中的热情和行动。为此，我们在北大"五四"校庆前后开展了"继承和发扬北大传统精神，建设和发展北大附中"的系列活动。我作为老北大人，又是附中一校之长，更应当在一这活动中发挥积极的作用。

　　我首先向全校师生作了一场以"继承传统，奉献未来"为主题的演讲。我说："北大校庆，百年华诞，庆典隆重，世人注目。北大附中是北京大学的重要组成部分之一。作为北大附中的一名教师和学生，我们应从北大百年庆典中得到什么样的启示呢？我认为最重要的是要'继承传统，奉献未来'。"我接着说："北京大学之所以备受海内外世人关注，是因为她具有一种特殊的精神魅力。这就是她始终坚持以振兴中华为己任，发扬'爱国、进步、民主、科学'的优良传统，树立'勤奋、严谨、求实、创新'的学风，以及奉献社会的精神。"然后我的话锋转到现实："我们要真正继承北大的优良传统，就必须立足现实，着眼未来……我们的现实，对于教师来讲，就是要教书育人、培养人才；对于学生们来讲，就是要学会求知、学会做人，为建设祖国作好人格和能力的准备。"之后我强调指出："大家知道，21世纪是知识经济和高科技竞争的世纪，实际上是人才竞争的世纪。我们的祖国能否在21世纪激烈的竞争中立于不败之地，并能再创辉煌，关键是看我们今天培养的人才是否具有高素质的竞争力。"我进一步指出："所谓人才的高素质，不仅是看他掌握了多少知识，而且更要看他所具有的分析和解决问题的能力，特别是看他的创新能力。"针对北大附中学生，我说道："对于我们北大附中的每一位同学来讲，我们决不能只满足于学习上取得好的成绩，得了多少分数，而要在培养自己的创造性思维、创新能力方面提出更高的要求。"我对老师们讲："培养具有创新能力的高素质人才是我们北大附中每一位教师的艰巨任务，是我们纪念北大百年校庆时提出的新的奋斗目标，也是我们继承和发扬北大优良传统、为祖国的未来作出贡献的最重要的要求。"围绕我的讲话，学校展开了讨论。为了把这种学习活动进一步引向深入，我又提出一个目标："北大要建成世界一流大学，作为她的附中也应当建成一流中学。"

什么是"一流的中学"？通过研究，大家有了共识：一流的中学，就要有一流的教育教学质量；要有一流的教育教学质量，就必须要有一流的教师和一流的生源以及一流的管理。可见教师、生源和管理是创造一流中学最重要的因素，也是学校建设和发展的最重要的基础。硬件条件，只要有资金，建设起来还是比较快的；但教师、生源和管理这些重要软件，并不是一朝一夕就能做到的。北京大学建校已一百年，还只能算是国内一流，离世界一流还有很大差距。看到有关资料，北大、清华排在世界大学的 100 名以外，为此，北大和清华都提出争取用 20~25 年时间跨进世界一流大学行列的目标。作为中学要成为世界一流，路会更长，任务更艰巨。不管怎样，从北大要办成一流大学，引发出中学也要办成一流中学，这确实给了我们一个奋斗的目标和发展的机遇，这样使我们站得更高、看得更远，有了一个长远的打算。

继承百年传统，建设一流大学和中学，这是历史赋予我们北大人和北大附中人的任务，这也是北大百年校庆后留在我们脑子里反复思考的问题。当然，路是一步步走出来的，把我们眼前的每一步走好、走实，就朝最终目标靠近了一步。那么，眼下我们最重要的是要走出哪几步呢？那就是抓好教师队伍建设，提高教育教学质量，办出学校特色来，这恐怕也是北大百年办学的重要经验吧。有一位青年教师曾经问我一个问题："赵校长，您在北大学习和工作了这么多年，您说北大培养的学生有什么特点？"我说："我先给你讲一个故事，外交部李肇星部长是北大西语系毕业的，作为校友经常回校作报告。在一次报告中他讲，每年都有 20 多名大学生或研究生分到外交部工作，他都要和大家见见面，他说他很快就能认出来哪些是北大毕业的。怎么认出来的？他说：'我看那些发言有思想、有个性的人，多半是北大毕业的。'北大学生有思想、有个性，这就是北大培养的学生的特色。"作为北大的附中，我想我们培养的学生也应当是有思想、有个性的。什么样的教师培养什么样的学生。学生的思想和个性，是教师思想和个性潜移默化的结果。实际上，北大附中老师的思想和个性也是比较突出的，对学生的影响也是比较大的。只不过我们是要借北大百年校庆之良机，更自觉地强化这种培养罢了！

　　我始终认为，我们培养的是走向现实社会的人。社会需要的不仅是掌握一定知识和具有一定学历的人，更重要的是需要具有独立工作能力的人。如果我们的学生缺乏能力和个性，就容易被社会淘汰掉。而学生的能力和个性正是创造性的基础，是在基础教育和高等教育过程中形成的，而基础教育阶段是尤为重要的形成时期。纵观我们现在的中小学教育，恰恰与社会的要求有很大的差距。因为我们追求的目标和衡量的标准，仅仅是"知识"和"听话"，而不是"能力"和"个性"，所以我们培养的学生缺乏创新精神和创造能力。鲁迅讲：北大是"常为新"的。北大校训也把创新列入其中，其意义都表示北大要扛起创新的大旗，北大培养的学生要有创新精神和创造能力。北大附中也应这样去努力。这样，我们提出的要成为一流学校的目标，才有可能实现，不然，永远都是跟着别人走。

　　1999年5月8日在科索沃战争中，以美国为首的北约轰炸了我国驻南斯拉夫大使馆，一下子激怒了中国人民，大学生率先上街游行抗议。为了稳定和安全的考虑，市教委和公安保卫系统通知每个中学要加强管理，不要让中学生参与。但是，我很快得到报告，说北大附中的学生也参加了去美国驻华大使馆前的示威游行，保卫干事问我："怎么办？"我说："去就去嘛！我相信，我们的学生是有爱国主义热情的。"后来，听说北大附中学生走在队伍最前面，并且突然打出"北大附中抗议美国暴行"的横幅，所以公安局要来调查。我听了很生气地说："有什么可调查的？中学生能做到这一点是很了不起的，他们走在大学生的前面，敢于亮出横幅，这是很有创造力的体现。"后来，这批同学回来后，非常激动地讲述了他们的活动过程，我听了后说："这就是北大附中培养的学生，有个性的学生。"我又说："这也是实实在在的爱国主义教育，爱国主义教育离不开参与和体验。"过去许多说教式教育，远远没有真正体验更具有感染力和渗透力。这时，我想起 1984 年 10 月 1 日，庆祝建国三十五周年，在天安门游行的北大学生队伍中突然打出"小平您好！"的横幅的情景，那批学生正是我教过的生物系学生。当时也有人说，他们违反了"只准带花，不许带标语"的规定，我说："什么规定不规定？学生表达他们的心声有什么错？"后来，风向一变，《人民日报》记者专门采访他们，他们成为有思想、有创意的典型。

纪念北大诞生一百周年，我想得最多的就是要培养有创造性、有个性的学生。在大学教书时我是这样做的，今天来当中学校长，我也按这个目标来努力。能否把北大建成世界一流的大学，把附中办成一流的中学，最终还要看你培养的学生是否具有鲜明的个性和创新精神，因为这正是一流学校最根本的标志。

十一、改革办学体制　创办北达中学

　　1998 年以来，市、区两级教委反复强调，北京市开始进入申报示范性高中准备阶段，凡是有初中的学校都要对初中进行分离，或者取消初中部。对于这样一个硬性规定，我始终认为不妥。像北大附中这样一个初中教育教学质量在海淀区始终名列前茅的学校，为什么一定要取消呢？为此，我反复找区教委、市教委负责人反映，认为不要"一刀切"，要具体问题具体分析。我还举出日本的例子：日本的中学校长曾经告诉我，他们也走过这条路，但现在总结起来，是有问题的，因此有的高中校又开始恢复初中了。而我得到的答复是：这是教育部的规定。于是我又到教育部，找到基础教育司司长。他说，部里并没有作统一强行规定。返回来，我又找区教委负责人，这位主任说："赵校长，如果北大附中要成为北京市示范高中，可以保留一个小初中。但要申请国家级示范高中，必须坚决取消初中，你就看着办吧！"他还用市教委某负责人的话说明，在这一点上没有商量的余地，真是县官不如现管啊！既然话都说到这个份儿上了，北大附中只能取消初中部了，不然申报国家级示范高中连基本条件都不具备，怎么办？

　　与此同时，北大主管附中工作的副校长也多次告诉我，既然两个附中已经合并，原二附中学生也不太多了，要尽快将学生转到北大附中去，原二附中校址要改建成北京大学文科教学基地。原二附中是一个以初中为主的学校，如果全部合并到一附中校区去，高、初中不但不能分离，而且更是办在一起了，怎么办？

　　上述两个"怎么办"一直困扰着我，班子会研究了好几次也没有一个两全其美的办法。有一天，我碰到海淀区教委一位负责人，我把我的困惑给他讲了，他听完后想了想，然后说："赵校长，我给你出一个主意，如果把原二附中改成一个民办机制的初中，既可以使北大附中高、初中分离，使北大附中变成纯高中，又可以解决北大教工子弟入初中问题，还可以通过收费解决你们经费紧张问题，你看怎么样？"我说："好是好，关键是北大要收回原二附中校址另作他用，不会轻易给我们办民办初中。"这位主任说："赵校长，你在大学工作多年，关系都比较熟，只要找个理由来说服大学领导就成。"这位主任是出于对海淀区基础教育资源的保护，希望不要减少一个学校，从而想出这个办法的。不过，我听后还是很受启发。这位主任讲的思路是对的。俗话说"思路决定出路"，既然有了思路，我想通过我们的努力就会有出路。

我立即成立了一个筹办民办中学的工作小组，开始研究如何说服北大领导同意。最后大家一致认为最好以"办国家级示范高中必须高、初中分离，但要解决北大教职工子女入学需要保留初中校"和"北大附中经费严重短缺，新建教学楼还有2800万元的缺口"为理由来争取。于是，我先找到分管北大附中工作的北京大学林副校长谈。林校长是我的学生，加上我调任北大附中又是他极力主张的，他对我自然既尊重又支持。在听了我的意见后，他说："赵老师（这是他对我的一贯称呼，我也特别愿意他这样叫我），这件事很大。我虽然分管北大附中，但做不了主，需要向校长、书记汇报，请他们拍板。"停了一会儿，他说："赵老师，你看这样行不行：现在书记、校长及有关副书记、副校长正在会议室开会，我带您进去，由您来讲，请他们定夺。"这下，又把球踢给了我。我想了想后说："这样也行，我直接说，比通过你间接说更可以解答他们的疑问。"于是，我们就直奔会议室去了。

到了会议室，我们听到校长、书记们正在热烈地讨论学校的发展问题。林校长在跟正校长说明来意后，说："请各位校长、书记静一下，有一个比较急的事要给大家汇报一下，下面请附中赵校长汇报。"我马上站起来说："各位校长、书记都在，我把涉及北大附中发展的一个重要问题向大家汇报一下，希望能得到领导的支持。"接着，我就把研究好的理由讲了，最后明确表示，用原二附中校址办一个民办机制的初中部是解决北大附中现实困难的最佳方案。各位校长、书记听完后，先是一愣，然后就陆续发表意见。有的说："国家级示范高中就一定要取消初中，这没有道理。"有的说："我们干吗一定要申请什么示范高中，我们就办北大附中。"还有的说："北大也很困难，我们刚讨论的发展问题，钱还没着落，哪里还有钱给附中呢。"听到这里，我立即说："大学没有钱，但可以给政策。"一位副校长马上问："你要什么政策？"我说："通过举办改制后的民办校收费筹集资金。"一位副书记问："你有把握？"我说："我已做了调查，3~5年就可以筹集到上千万的资金。"校长说："要钱没有，给政策我看可以。"他一表态，事情就有门儿了。但是另一位副书记说："我看北大文科基地近几年也不能建起来，先让附中用起来，不过最多用三年。"我一听，虽然同意，但设置了条件。可是仔细一想，三年就三年，先用起来再说；何况，中国的事，经常是计划赶不上变化。于是，我立即表态说："那就先定三年吧！"那位副书记说："就三年，请办公室主任记录下来。"最后，校长说："我看就这么定了吧！"当我听到"就这么定了吧"时，心里的一块石头终于落了地，感到非常兴奋。于是，我和林副校长都高兴地离开了会议室，到他办公室后，他说："赵老师，这下满意了吧！"我回答说："我代表北大附中谢谢你的支持，也感谢大学领导的支持。"

当我赶回附中把这个消息带给民办校筹建工作小组时，大家都异常激动，这时我却严肃地对工作小组成员说："筹建一个民办中学还有许多工作要做，说不准，还有许多想象不到的困难。因此，我们一定要有充分的思想准备，没有拿到办学执照之前，千万不能掉以轻心。"我接着说："北大领导明确表态同意，是一个好的兆头。我相信，只要我们加倍努力工作，什么样的困难都是能克服的。"然后大家便开始研究筹建工作的进程及分工。

办一所民办中学，首先要有办学主体，根据教委规定，北大附中不能成为办学主体，但离退休教职工可以。另外，企业法人也可以。经过分析，我认为找离退休老师不好，将来可能会出现扯皮情况，特别是有效益后，矛盾会更尖锐。找北大校办企业确是一个办法，只要协议上写清楚保证北大附中利益就行了。万一将来出现矛盾，大学领导可以出面解决，不会有大的后遗症。北大校办企业中，我首选的是北大方正集团。方正集团不仅很有实力，也很有名气，办中学还可以取"方正"之名，即叫"北京方正中学"。我正好有一位同学在方正集团担任党委书记兼副总裁，我想他一定会支持我。果然不出所料，我给他说完以后，他表示坚决支持；后来，我又通过他找了其他副总裁，都明确表示支持，我心里真是感到高兴。最后，找到方正集团总裁时，这位总裁说："赵校长，我个人支持你，但作为方正集团是否参与，必须由董事会决定，关键是董事长的态度。"我立即说："那就让我直接跟董事长谈。"这位总裁说："赵校长，真不巧，董事长现在在香港。"我忙问："什么时候回来？"他说："大约一个月以后。"我说："我等他。"我左等右等，终于把这位董事长等回来了。在我把情况跟他说明后，他想了想说："赵校长，办民办中学发展教育产业，我认为是符合市场需要的，但现在方正不能介入。"我忙问："这是为什么？"他说："现在东南亚和亚洲出现了严重金融危机，香港股市下跌得很厉害。在香港上市的几家大陆公司中，只有方正股票还没有下滑。如果我们方正集团介入教育产业，会给股民造成一个错觉，将会影响方正股值。"我说："怎么会呢？搞教育产业也是有效益的呀！"他说："赵校长，股市情况很复杂，你不太了解。"停一下后，他接着说："赵校长，能否这样，再等一段时间后再说。"当我们谈话的时候，已经到了1998年4月中旬，离申报的最后期限只有半个月了，不能再等了，只有另想办法。于是，我想到了北大资源集团。北大资源集团正处于发展时期，它的董事长与我在北大后勤共事了几年，他是从后勤房地产管理处处长调去担任董事长职务的，我想可能性更大一些。于是，我回到附中把情况跟党委书记说明，书记也表示这个办法好。我们俩立即赶到北大资源集团董事长办公室找到董事长，经我们一介绍，他也很感兴趣，立即表示可以合作。同时，他给几位董事、总裁打电话，他们也都表示赞同。前后不到两小时，就基本确定了合作办学的意向。接下来的事情就是要起草合作协议和办学章程。经过几天讨论、磨合，双方都在股权和利益上作一定让步，达成了共识：学校名称为"北达资源中学"。股权结构里资源集团占20%的股份。为了贯彻大学校长、书记们的意见，资源集团同意这部分回报全部用于学校发展；董事长由资源集团董事长担任，北大附中校长任副董事长，注册资金100万元由北大附中提供，资源集团一分钱不出。北大附中虽然让出20%的股份，但学校可以办成也是值得的，何况这20%的实际效益，还是用于学校发展。至于两点让步，即学校名称和董事长职务，我心里是不太痛快的。因为我担心会为学校将来的发展留下隐患，但这也是没有办法的办法。合作总是双方协商妥协的结果，其实质是要照顾双方的利益。双赢是合作的基础。权衡利弊，只要是利大于弊，就可以合作。企图将利益都归自己的合作恐怕是没有的，即使有也是不长久的，想到这里我心里就舒坦多了。

在和资源集团的协议以及办学章程基本谈妥的情况下，我召开
了附中校长办公会，由筹建组汇报筹建情况，并重点汇报与北大资
源集团的谈判情况和初步意见。我向来办事是民主的，何况将来办
起民办中学，还得靠大家支持。因此，在签署协议前再讨论一次，
再听听大家意见还是必要的。在讨论中，多数校级班子成员都明确
表态肯定前期准备工作，并感谢北大领导的支持。但有一位校级班
子成员却提出了不同的意见："我看没有必要办这个民办中学，如果
说主要是为了争取好的生源，我认为更没有必要了，北京四中没有
初中部，不也办好了吗？"这位校级班子成员的意见使在座的校级
班子及筹备工作组成员都吃了一惊。前后进行了几个月的筹备工作，
在校长办公会上也讨论过几次，特别是大学表示同意，资源集团愿
意合作，在这些最困难的步骤都走完的情况下，怎么又出现了不同
意见？于是，会议进入关键时刻，大家都不说话了。由于时间不等
人，没有时间再讨论下去了，必须形成决议。于是我说："大家都表
了态，由于申请截止时间逼近，我们今天必须形成校长办公会决议。
为了充分尊重每个人的权利和意见，我们实行表决制，只要大多数
人同意，就可通过，不同意的可以保留意见。"表决结果通过了。虽
然通过了，但我心里留下了遗憾，对这么好的创意，竟仍然有不同
意见。其实，在现实社会中，由于每个人看问题的角度不同以及各
方面的原因，出现意见分歧也是正常的；那种凡事意见一致、万马
齐喑的现象恐怕是真正的不正常了。以后的事实证明，这次会议的
决断是正确的，那位原先反对的校级班子成员也慢慢认可了。筹备
工作组的同志们及书记都说："赵校长平常看起来挺谦和，很民主，
关键时候表现得有魄力，敢决断。"

筹备工作小组紧张工作，赶在4月底前上报了全部所需材料。
由于区教委主管主任的关照，5月份正式批准的办学执照拿了回来，

筹备工作取得很大成绩，圆满完成了任务。接下来的事情，就是筹建班子，准备招生了。由于有北大附中师资力量作后盾，招生情况很好，除了北大教工子女全部免费入学外，其他一律按每学年 1.4 万元收费。为了加强学校管理，我特地派出校长助理担任执行校长，实行两校一样的基本待遇，外加补贴的办法，在人事上给予执行校长自主权，在经济上实行单独核算。1998 年 8 月 30 日，"北达资源中学"在大学办公楼礼堂举行了隆重的第一届开学典礼，北大领导、海淀区教委负责人、北大附中领导、北大资源集团领导及全校师生，都参加了这个具有里程碑意义的开学典礼，这也是教育体制上的一个创举。改制后的学校充满办学活力。三年下来，毕业生质量得到公认，一半以上考入北大附中高中部。每年除了返还北大附中两百多万元的各种费用外，积累了千万元以上资金。"北达资源中学"进入良性循环，成为海淀区初中名校，成为海淀区乃至北京市家长欢迎和小学毕业生向往的学校；北大附中也受益匪浅，保证了良好的生源又有可观的回报，这都是适应市场需求进行教育体制改革的结果。时至今日，北大附中、北达资源中学的老师们对这种改革都是充分肯定的，也都是这种改革的受益者。我从中也深深地体会到，改革是教育发展的根本出路，尽管改革中会遇到各种困难和阻力，作为校长必须高举改革大旗，克服改革过程中的困难和阻力，改革才能取得成功。

十二、狠抓高三教学　高考成绩喜人

1998 年 9 月 1 日，又迎来了新学年的第一天。经过一年来的实践，特别是暑期教育教学研讨会，使我进一步认识和把握了中学教育的规律，以及教委、家长、老师们对中学教育的要求和希望。中学教育面对的是成长中的青少年，最根本的任务是培养他们学会做人、学会做事、学会求知、学会合作，使他们真正具有健康的身体和心理，具有继续学习和全面发展的能力。但是现实的教育与这种教育目标和任务是不一致的。虽然自上而下都在大谈素质教育、培养能力，但是教育的改革尚处于起步阶段，一些传统的评价标准仍在起着重要的导向作用，比如高考成绩和升学率仍然挤压着每个中学。1998 年，北大附中升学状况比去年有所提高，但幅度不大。像北大附中这样的市级重点中学，教委及家长主要看你 600 分以上的高分人数及"两校率"（升入北大、清华的比例）怎样。在北大附中历史上曾经有过这些"辉煌"。这一年北大附中的成绩虽然比过去的一年提高了 14%，但离教委和家长的期望值仍有很大的差距，作为校长必须高度重视，必须下力气抓出让大家看得见的"成绩"来。今天，是我任职北大附中校长的第二学年度开始的一天，我必须认真思考这个问题，必须在新的学年度要有所作为，真是"时不我待"啊！

从哪里入手？显然，高三是最容易出成绩的年级，也是全校最关注的年级。于是，我决定成立"高三年级工作领导小组"，由我担任组长。在召开的"高三年级工作领导小组"会上，我就明确指出：北大附中社会关注，高三年级全校关注，为了加强领导，解决存在的困难和问题，进一步调动全体高三年级老师的工作积极性，争取有一个更好的成绩，全校将从人力、物力上给予支持和帮助，我作为校长愿意来牵这个头，我希望大家群策群力，共同打好这一攻坚战。在开学后召开的第一次高三年级全体教师会上，我向大家说："教学工作是人心工作，只要我们用心去教学生，我相信成绩会提高的。"我还用校长的人格对大家保证："只要大家真正用心了、尽力了，万一考不好，校长承担责任；如果考好了，校长给大家请功、奖励。"我热情的讲话、信任的眼光，特别是坚定的自信心，给大家以鼓舞，老师们也鼓足劲儿去拼搏了。

思想动员虽是重要的环节，但认真抓好教学的每一个环节更是实实在在的工作。通过教师们反映和我的深入了解，这届高三生的入学成绩还是比较好的，尤其是实验班基础比较扎实，但由于高一、高二抓得不紧，特别是由于个别老师和其他种种原因影响了学生的学习成绩。现在，只有一年时间了，如果采取切实有效措施，还是有希望的。在听取大家意见的基础上，我决定要充实高三年级教师的力量，其中最紧急的是将在高二年级教数学的翁老师抽调到高三年级，通过提高数学成绩来带动整体成绩的提高，但是这项工作说起来容易，做起来却很难。

对于中学教学工作，老师的安排和调动是最重要的工作，也是最难的工作，特别是已到高三了，再调整老师，一般情况下难度都是很大的，更别说要调动像翁老师这样的骨干教师了。翁老师是一个教学能力很强、个性也很强的老师。他有一句名言："要想学好数学，首先要学会做人。"他本人就是用行动来说明"要教好学生，首先要有师德"的典型。他爱人长期卧床不起，瘫痪在家，失去生活能力，但翁老师却把主要精力放在教学上。无论是上课、批改作业，还是课外辅导，他都精力充沛，舍得付出，而且取得很好的教学效果，被学生、老师们称为"一切为学生发展"的优秀教师。但是，由于个性突出，看不惯有些老师为一时的利益对学生不负责任，在教学上马虎、凑合，他经常为此发脾气，甚至"骂人"。另外，北大附中教学是以年级组构成教学团队，采取循环制。从高一至高三，三年一轮回，团队内教师之间由于比较熟悉，互相协调比较好，进行调整比较容易，团队之间进行调整工作难度就大了。可想而知，要动员翁老师从高二到高三，绝不是一件轻而易举的事。但是，教学工作需要，再难也得去做。由于我有很好的思想准备，我和翁老师谈时采取不急于求成的策略。记得第一次约翁老师谈，当我说到请翁老师到高三实验班上课时，翁老师马上就火了，大声说："我坚决不去，他们拉的屎，让我去擦屁股，我才不去干这种事情。"眼看事态发展不顺利，我只好说："请翁老师认真考虑我的意见，你也不要急于马上就给我答复。"过了两天，下班后，我一直等到晚上，去找翁老师，因为翁老师家离学校很近，他吃完晚饭，为爱人擦洗一遍后，又要到学校来看看上晚自习的学生有什么问题，所以在学校找他准没有问题。我把翁老师请到办公室后，问他："翁老师你考虑得怎么样？"翁老师说："我考虑了，还是不去。"态度不像第一次那样坚决了。于是，我认真地分析了这样调动的利弊关系后说："翁老师，这是迫不得已的方案。肯定是有弊，但总起来说，还是利大于弊。那么多老师都支持这个方案，说明它符合实际，凡是符合实际的决策，就容易成功。"我还很有感情地说："翁老师，我们都是北大附中的老师，这么多年来眼看教学质量滑坡，大家都很着急，都希望校长好好抓呀！今天是校长和你共同来努力改变这种局面，我相信翁老师是顾全大局的。"说到这里，我见翁老师不说话了，进一步说："翁老师，我不强迫你，请你再认真考虑一下。"当我第三次约翁老师谈话时，情况就变得好多了，最后他表示服从学校安排，并对高三年级工作提出了许多积极的意见。这是一位多么好的老师，最后仍然以大局为重，而且还以积极的态度去搞好教学工作。当然，也有的干部对我说："赵校长，调动教师是校长的权力，干吗那么费事呢？"我说："我们的目的是要把工作做好，如果强行调动，让老师带着情绪工作，能把工作做好吗？"耐心是对人的一种尊重，俗话说，"精诚所至，金石为开"，恐怕也是相信尊重的力量吧！后来，事实证明翁老师到高三年级发挥了主力军的作用，这个年级高考考得那么好，翁老师是功不可没的。我从这件事体会到，有能力的人个性都比较突出，对个性突出的人，只要对他尊重、宽容，他就会发挥作用、做出成绩。

高三年级教师队伍得到补充和调整后，我把注意力转到学生上来，认真了解和分析学生的状态。经过了解，高三（1）班实验班是从北大附中初中实验班上来的，基础扎实，实力较强，由翁老师教数学，再配上相关老师，这个班的学生有可能多数人能进入高分段，冲刺北大、清华；但其他班参差不齐，问题较多。经过"高三年级工作领导小组"认真研究，决定采取分层次教学。分层次教学是因材施教的一种有效措施，我在大学实验过，效果是不错的。因为它能够较好地解决同一个班里"一部分吃不饱，一部分吃不了"的问题。分层次教学对教学有利，最大的阻力是学生和家长，他们怕在低层次吃亏。要解决这个问题，显然要派优秀老师任教，一方面给学生一个信号，我们不是歧视，而是重视这部分学生的学习，另一方面也让学生和家长放心，并增强信心。翁老师主动提出，他除了上好实验（1）班的课，还带一个层次较低的班。我听了很受感动，因为老师都喜欢上高层次的班，高层次班学生纪律好，老师不用在这方面花精力；高层次班学生学习用功，悟性较高，老师好教，也容易出成绩。低层次班学生既有纪律问题也有基础问题，还有学习方法问题，老师讲起来很费劲，还不易出成绩。翁老师主动提出抓两头，承担最重的任务，实在是难能可贵啊！翁老师讲这个层次，学生和家长不但没有意见，而且感到很高兴。后来的事实证明，分层次教学，特别是数学，对高三年级成绩提高是有较大贡献的。

　　每两周召开一次全年级教师会，重点是备课组汇报教学进度和进行教学分析，对于属于较大的问题的，由我主持每个月召开的一次"高三年级工作领导小组"会进行研究解决。通过这种形式，高三年级的教育教学情况我都很清楚，而且对于存在的问题以及如何改进，都做到了心中有数。我尽量争取参加教师会，以便更直接了解情况，也为教师鼓劲。记得有一次，讨论有几位特别差（属于照顾关系进来的）的学生，很有可能拖全年级平均分的后腿时，有人提出，学习有些学校分一部、二部的做法，把他们的学籍转到原二附中（原二附中合并后还有两届高中生，这是最后一届毕业生）。许多老师反对这种做法，说："这不是在作秀吗？有的学校这样，那是作假，北大附中可是以诚信为本啊！"我听了后说："我同意这些老师的意见，如果把这些学生的学籍转走，我们的平均分可能上去，但对同学是一种伤害，恐怕我们老师心里也不好受。因为它不是真实的，如果教育都失去真实，还能是教育吗？那还是北大附中的传统吗？现在的任务是认真分析这些同学的问题，有针对性甚至是一对一地帮助，学校支持老师做这样细微、扎实的工作。"后来，老师们真是很认真地一科一科地分析，又提出具体帮助措施，这些同学进步也都比较大，虽然考得不是太好，但都上了大学。

　　由于校长亲自狠抓高三，老师们积极性很高，真是做到全力以赴了。一分耕耘，一分收获，学生们的成绩明显有提高。为了调整好心态，年级还开展了一些高三心理讲座和心理咨询活动，组织学生交流学习方法以及注意学生的体育锻炼等。到离高考还有一个月的时间，翁老师和年级组提出提前放假，让学生回家学习，学校设老师值班答疑。一开始，领导小组讨论时，我还不明白，因为别的学校越到临考试越强化训练，而我们却放假了，行吗？翁老师解释说："临考前一个月，主要不是再强化复习，而是应将复习的知识进行消化巩固，主要靠自己有针对性地复习，老师的主要作用不是讲什么，而是让学生有问题来问，有针对性地帮助他们。"提前放一个月假的做法是北大附中的一个创造，也是北大附中把更多时间还给学生学习，包括考试主要靠学生理念的反映。后来，实验证明效果确实不错，把教师和学生都从中解放出来，大大提高了复习效果。到这届学生高考时，老师和学生已是成竹在胸了。

功夫不负有心人。一年抓高三，使我全面了解了老师和学生的辛苦和付出，使我进一步深刻地认识了中国基础教育的现状和存在的问题，我作为校长，收获是很大的。一年抓高三，成绩也是喜人的，平均分名列海淀区第一，上北大、清华的"两校率"又提高了62%，比1997年提高84%，一举扭转了北大附中教学质量下滑的现象，在社会上引起很好的反响，大学领导也很高兴。在一次会上，海淀区教委负责人高兴地对我说："赵校长，这次高考你们放出了一个卫星，给海淀区也作了贡献！"高考成绩突出，给招生带来了很好的效应，许多家长愿意主动把孩子送到学校来。实践告诉我，高考是个指挥棒，也是晴雨表，它直接影响学校的荣誉和发展，难怪全国各个中学校长都是千方百计抓高考。什么题海战术、什么假期补课都应运而生。尽管教育部三令五申，要提倡素质教育，要反对题海战术，要减轻学生负担，但只能是隔靴搔痒，没有多大作用。我陷入沉思，这虽然是中国基础教育的现状，但这毕竟不是方向啊！高考是要考的，但把它看做唯一的选拔标准，是不是太过了？高考越考越难，负担越来越重，已经让校长、老师和学生，甚至家长都那么苦、那么累，但对人才培养的效果呢？就那么有利吗？我不得不进一步思索中国教育存在的问题及其出路。

狠抓高三，取得较好成绩，也给我一个很大的启示：只要用心尽力抓好教师，成绩提高还是很有希望的。从此，我每一年都亲自抓高三，都成立"北大附中高三工作领导小组"，用它来保证和落实提高高考成绩。从"九九"届开始，连续几届学生的高考成绩都表现不俗。有一次，北京四中主管教学的副校长来北大附中谈起工作时，我说："我们要向四中学习，你们的高考成绩不错。"这位校长谦虚地说："我们也要向北大附中学习，你们的师资力量很强，特别是数学、物理。"在谈到高考成绩时，他说："我们今年也不理想，是小年。"是的，一个中学的高考成绩要始终第一不容易，像果树一样，也会出现小年。但是，我们培养的学生千万不要有小年和大年之分啊！如果每个中学都在追求高考升学率，都在追求高考大年，那么我们的教育是不是会走入死胡同？是不是会背离教育的根本任务？

这是一个两难抉择！现实与理想、生存与发展，这是谁都无法回避的问题。不抓好高考，就不能生存；不能生存，何谈教改？看来，教育改革只能在迂回、妥协中推进，这也正是考量中学校长领导艺术的地方。不过，这也促使我进一步去思考中国的教育改革存在的问题，特别是深刻影响中学教育的现行高考制度如何改革的问题。

十三、珍惜爱惜人才　关怀落到实处

1998 年 9 月下旬的一天，海淀区教育科研所教育评价与教育心理专职研究员张怀曾老师给我打来电话，说："赵校长，听说你推出'名师工程'，要引进名师、优师，现在我给你提供一个信息，10 月 2—3 日在北京召开'全国青语会'年会，听说有一批年轻特级教师将云集首都，发表高见，是否愿意去听？看看是否有你需要的人才？"我听后，真是喜出望外，立即表示愿意去，并邀请张老师一同前往。

10 月 2 日，我和张老师一同到会，听了一天他们的"论剑"，发现这 27 位年轻语文特级教师个个有水平，真是喜爱极了。相比之下，那位主持年会的大个子山东人更为出色，他就是"青语会"会长程翔。听他的发言，不仅思路敏捷，而且表达能力很强，具有一种艺术魅力。于是，我向他发出邀请，我说："程老师，我请你到北大附中上一堂课，介绍你的语文教学经验。"他说："赵校长，介绍不敢说，到北大附中这样的名校学习、交流，我很愿意去。"于是，我们说定 10 月 4 日到北大附中上一堂公开课，我立即通知分管教学副校长进行安排。

10 月 4 日上午，程翔老师来到高一（1）班，给同学们上了一节公开课，学校几位校长和语文教研组凡是能来的老师一共十多人都认真地听程翔老师上了课。我记得讲的是朱自清的散文《荷塘月色》。这篇课文已听北大附中老师讲过数遍，可一听程翔老师讲就觉得与众不同，不仅引导学生用自己的语言描绘出荷塘月色的情景，而且引导学生分析朱自清的内心世界和文章表达出的真正含义，特别是程翔老师的教学艺术与风格令听课师生折服。一堂课结束时，同学们报以热烈掌声以示肯定。课后，我又组织听课老师座谈，在请程老师讲完课程设计思路后，大家发言，一致肯定这是一次成功的公开课，也是高水平的示范课。这时，语文教研组组长走到我面前说："赵校长，想办法把程翔老师调到北大附中来！"组长的话，正中我下怀。是的，语文学科缺老师，而且缺高水平的老师。想当年，北大附中语文学科是很强的学科，全国著名的语文教学专家章雄老师就担任语文教研组组长，后来是语文特级教师李裕德……但是现在语文已成为一个较弱的学科了。对，一定要千方百计把这么好的教师调入北大附中，何况他的水平已经得到大家的认可，校内已无阻力了。过去，北大附中调一位教师进来也很不容易，除了"进编"指标有困难外，就是同行是否认可，因为北大附中对教师的要求是很严格的。接下来的工作就是我和程老师谈了。我对程老师说："程老师，你的课和你的教学水平已经得到大家的肯定，我也认为是优秀的，我有意请你加盟北大附中，不知是否有此意向？"程老师回答说："我很仰慕北大附中，也耳闻赵校长推出'名师工程'，也愿意到北京来发展，但我已被调到山东省教委语文教研室工作，恐怕还有阻力。"我说："只要你愿意，其他问题就好解决了。"我请他回去后，马上向他的上级主管提出要求，我也快马加鞭地启动调动程序。

正常的调入程序是首先在头年上报进人计划，因为北大附中人事权在北大人事处，编制归北京大学，等北大人事处审核完，经北大人事工作领导小组批准后，第二年才可以有进人指标；其次，有了指标，还须进行考察，经人事处审查初步同意后，才能发商调函，取回档案，再经审核后，才能发正式发调令，周期大约是6~12个月。听程翔老师讲过，山东省教委正在给他办从山东泰安调到济南的调动手续，我想，我们只有采取超常规的程序，才有可能赶在山东省教委调令到达之前解决程翔的调入问题。于是，我决定由我亲自抓这件事。人才难得，为难得人才花点代价是值得的。

我首先找了北大校长助理陈文生，他兼人事处长，又分管北大附中和附小工作。我说："陈助理，程翔是难得的高水平青年语文特级教师，经过试讲，他的人品和能力都很突出，也得到附中老师的一致认可，他本人也愿意加盟北大附中，北大附中语文教学急需这样的教师，我们能否尽快把他调来？"陈文生听完话说："按程序进行，你们先打报告。"我说："按常规不行，一方面北大附中急需这样的教师，另一方面山东省有的单位也正在调他，我们必须抢在省里调令到达之前，把他的档案提出来。"陈文生想了一会儿说："赵校长，看您这么急，又这么重视，我也被感动了，为了支持您的工作，我就做主了，充分使用校长助理的权利，我马上通知人事处副处长和你们附中人事干部，明天一大早出发，带去商调函，取回档案。"我还担心地问："不经大学人事工作领导小组行吗？"陈文生说："如果我作为校长助理连这个主都不能做，那还叫什么助理？我还可以在人事领导小组会上作一个补报说明嘛！"我连声说："我代表北大附中谢谢你，也谢谢你对我工作的支持！"

第二天一大早，由北大附中出车，北大人事处分管副处长和北大附中人事干部驱车前往山东省泰安市。经过近六个多小时，赶到泰安市教育局人事处，拿出北京大学商调涵，说明有关情况，很顺利地拿回来了程翔的人事档案。这次为什么那么顺利，其中还有一个原因。程翔原是山东省泰安六中校长，他 29 岁时参加全国中学语文教师大赛获一等奖第一名，一下就出了名；31 岁时被评为山东省语文特级教师，这在全国是少有的；后又被选为"全国青语会"会长。由于他才华出众、学识过人，成为全国青年语文教师标杆，号称"四大明星"之一。他的能力和水平，被山东省教委语文教研室吴主任看中，并确定为接班人。两年前，他被借调到省教委工作，协助主任领导管理语文教研室工作。经过考核，认为程翔确实不错，经省教委批准，决定将程翔从泰安市调出。由于是省教委出面调，泰安市教育局也只好同意。这次北大出面到泰安市教育局去调程翔，由于教育局已同意调出，就给了个顺水人情。当我们派的人拿到程翔档案后，他们立即给我打了一个电话，我当时高兴极了。直到晚上 10 点左右，他们才回来，真是一路顺风、一路辛苦。

凡事都不那么容易。正当我们高兴之时，我接到程翔老师的电话，说他的直接领导语文教研室主任不同意他的调动。我听了后感到调一个人还真不容易啊！于是，我直接给这位主任通了近一个小时的长途电话，真正做到晓之以理、动之以情。最后，我问这位主任："程翔到北京来工作，对程翔的发展有利还是不利？程翔在北大附中任教，在全国产生更大的影响力，对中国中学语文教学改革推动是有利还是不利？"吴主任说："当然有利。"我接着说："程翔是您发现和培养的，舍不得他离开，是人之常情，但是程翔到北京发挥更大作用，这也是您的功劳和贡献啊！何况山东省是人口大省，也是教育大省，程翔走了，还可以选择其他人，只是给您增加麻烦和困难了，对此，向您表示歉意，同时也表示感谢。以后北大附中就成了你们的友好合作学校，来北京时，欢迎到北大附中来落脚，我一定热情接待您！"说到这个份儿上，有可能是我的真情感动了他，也可能是为程翔的发展考虑，最后他同意了。只有他表示同意，程翔才能安心在北大附中工作。这一下，我心里的块石头才算真正落地。

接下来的事情是要给程翔解决住房，安排他爱人工作，小孩上幼儿园及解决户口问题。应当说，这每一个具体问题的解决都不是那么轻而易举。好在我在北大担任过几年的后勤党委书记职务,住房问题和孩子上幼儿园问题,经我的努力都解决了。他爱人就安排在附中图书馆工作,因为她本来就是中学管理图书资料的,唯独解决进京户口问题花了很大工夫。开始为了以最快速度解决,我们走北京市这条路,但在审查档案时,发现他爱人缺少转干证明,只有聘干材料。按照北京市规定,凡属教师、公务员等干部编制的由人事局批,其他人员由劳动局批,他爱人的审批材料又不全,还需重新返回原籍办很多手续。我知道情况后,非常着急,于是又与陈文生助理商量,后来,陈文生助理决定将材料转到教育部,动用教育部给北大的进京指标名额,才把这个问题解决。

1998 年 11 月,程翔全家迁到北京,并入住北大蔚秀园。在迁入之前,我安排学校总务部门派人将住房粉刷一新,并认真进行了清扫。搬家那天,我和我爱人特地到他家门口等候他们全家,由于车辆原因,一直等到晚上 10 点多才看到他们来。当程翔的父亲见我们一直在等他们到来时,感动地握着我的手说:"赵校长,这么晚了,你们还等着,真是谢谢您了。"我说:"您的儿子很有出息,是我们引进的人才,我们等等你们是应该的。"看他们的家具和家庭用品都到了,我们才离去。

程翔到了学校,如何发挥他的作用,则是我应当考虑的问题。先安排他上高中的语文课,然后报陈文生助理批准,聘程翔为校长助理,协助校长抓教科研工作,这正是他的强项。后来,程翔教的高三年级语文高考成绩平均高出其他平行班 5 分,并成为海淀区最好成绩,程翔的能力才真正被认可。两年后被聘为北大附中副校长,成为北大附中"名师工程"引进人才的代表。

一次我接待《光明日报》记者采访时,这位记者告诉我,他刚从山东省回来,在山东省流传着北大附中从山东挖走一位名师的故事。为此，这位记者特地走访了省教委一位干部，这位干部说：在人才问题上，我们山东有两条不如北京大学。一是对人才的重视，我们培养的名师被北京大学挖走。二是办事效率，我们也决定调这位名师，可就是卡在他爱人工作安排上，迟迟不能解决，整整拖了两年。而北京大学仅用一个多月，全部问题都得到解决，等我们的调令到达泰安时，人家派专人驱车提前把档案提走了。虽然人才到北大附中，也是为中国教育服务，但说明我们在人才爱惜和作用发挥上有差距啊！

在程翔的影响下，先后又有几名中青年语文特级教师落户北京，分别到了人大附中、首师大附中和 101 中学等校任教。山东人才的大批流失，震惊了省委负责人，决定采取紧急刹车行动。

从引进程翔的整个过程，我深深感到，培养一位名师很难，引进一位名师也不易，更为不易的是如何真正发挥名师的作用。关键的问题是对人才的重视程度。

随后引进的卢明、金钟鸣、何蕊等一批优秀骨干教师，每个人的引进都不是一帆风顺，都有一个曲折的过程，都有一个动人的故事。"世界上怕就怕认真二字"，只要树立起爱惜人才、尊重人才的思想，并认真去做，坚持去做，把对人才的关心关怀落到实处，人才引进的一个个困难总是可以克服的，问题也总是可以解决的。

第三篇　创新

引　言

教育需要创新，创新需要科研，科研需要联合，联合促进发展。

许多事情从"机制"上改革才是最有效的改革，也是成本最低、效率最高的改革。把过去校长管教师变成了教师自己管自己，通过机制来引导教师自己管理自己，那就管住了心。

教育能够培养人、改变人，关键在于教师，在于教师对学生的"伟大的爱"而产生的对学生的高度责任感。一个优秀的教师总是去发现和发掘学生的特长、优点和生命的闪光点，并且用热情的态度去呵护它成长、发展；而一个平庸的教师老是埋怨和盯住学生的缺点、不足和问题，并且用苛刻的态度去训斥和指责。

重能力和综合素质培养的教育理念，带来的效果是把学生塑造成知识的主人，成为具有动手能力和创新精神的新时代的主人。

什么是最好的教育？适合学生健康成长和主动发展的教育是最好的教育。

我们的基础教育难以培养出来一流的学生，培养的多是一流的考生，难道说这是成功的教育吗？从培养人才的角度来讲，"扬长教育"是培养成功人才的教育，扬长可以激活学生的兴趣，扬长可以让学生体验成功的喜悦，扬长可以避短。

文化知识是中学素质教育的基础，培养能力是中学素质教育的重点，提升人格是中学素质教育的目标。学生只有通过自身的感悟、体验、内化、升华的过程，才能将知识上升到能力和素质的更高层次，没有这个过程，创新精神和创造能力就难以形成。

校长要抽出时间去做大量调研工作，找出影响教学质量的主要因素，然后重点抓好教学改革和提高师资队伍水平，只要坚持这样做，学校的教学质量就一定能提高。

思路就是出路，思路决定财路。

一、教育科研联合　展示教学精品

1998 年 11 月，北京寒气逼人，已进入冬季，屋里已开始供暖，但是在昆明却是暖意浓浓，"四季如春"真是名不虚传。"全国中学教育科研联合体"年会在昆明举行，来自全国各地的一百多个中学的教科研代表聚集一堂，在听取教育部基础教育司副司长金学方关于"素质教育"的报告，中国工程院院士、清华大学教授吴纯关于"世界科技发展"的报告以及国家教育科研规划办金宝城副主任关于"开展课题后期研究"的报告后，认真地考察了云南师大附中和玉溪中学。大会的第二项议程是进行理事会的换届选举，鉴于原常务副理事长、原首都师大附中校长霍恩如已退休并提出辞职请求，会议经过选举，一致同意我担任"全国中学教育科研联合体"理事会第二届理事长。原首师大附中教科室主任王文琪继续担任秘书长。

"全国中学教育科研联合体"原名叫"全国知名中学教育科研联合体"（简称"科联体"），是 1993 年 10 月由首都师大附中发起，并联合北京、上海、天津、武汉、昆明、成都、杭州、福州等地 13 所知名中学在北京成立的。第一次会议的名称是"全国知名中学教育科研联合体筹建会"，这次会议得到教育部基础教育司、中国教育学会、教育部中央教科所的支持。这次会议确定了"交流、交友、合作"的办会宗旨，重点开展以教科研交流、考察参观中学为主要内容的活动，后来又承担教育部"九五"重点科研课题。在这次会议上，成立了理事会机构，拟请中央教科所原所长卓晴君为理事长，确定首师大附中校长霍恩如为常务副理事长、该校教科室主任王文琪为秘书长。由于"科联体"适应了许多重点中学开展教科研的需求，又冠以"知名中学"称号，所以申请入会的学校不断增加。经过武汉、上海、大庆、广州几次年会后，"科联体"已发展到200余所学校，形成了具有一定规模和影响力的民间学术团体。

我担任"科联体"理事长后，对"科联体"这个民间学术团体作了一个全面了解，一方面充分肯定它对于重点中学之间开展教科研交流和请一些专家作报告，及参观考察中学的积极作用，另一方面，我又想提升它的办会高度，让它在"探索中国基础教育改革的新思路和新举措"及"推进素质教育，促进各中学教育教学质量的提高"方面发挥作用并作出贡献。于是，我对"科联体"今后的工作重点提出以下三点建议：

1. 认真抓好科研课题的开展和结题工作，用科研来促进各校教育教学的改革。

2. 重点开展"课堂教学"的研究，通过现场展示、交流，来促进各校"课堂教学"质量的提高。

3. 走出国门，到欧美等发达国家进行教育考察，借鉴别国经验，加快我国基础教育的改革和发展。

这些想法得到了理事会的认可，从1999年开始，这些工作一项一项地被推出，并取得了显著成效。

首先推出的是课题开展和结题工作。"科联体"于1996年承担了教育部"九五"重点科研课题，题目是"重点中学实施素质教育的途径与方法的研究"，有上百所学校承担了子课题。按照教育部教育科研规划办的要求，重点课题必须在2000年以前完成结题工作，经规划办专家组评审验收合格后，于2000年开始申报教育部"十五"课题。显然，用一年左右的时间完成课题后续开展和结题工作是很紧张的，必须要下工夫认真抓好。但是，使我没有想到的是，最初参与申请课题和开题工作的人陆续都退休或有了工作调动，

"科联体"秘书长做的更多的是事务工作，显然，结题工作只有我亲自抓了。我时任北大附中校长，校内工作量很大，从早到晚都在学校抓教学和发展工作，要抽出很多时间来抓教科研也是很难的，但我已担当理事长，只能当仁不让，再困难也要把工作做好。于是我找到了北大哲学系毕业的博士陈金芳，她正代表北京教科院与北大附中合作开展教科研工作。由于她的博士论文正是研究人的素质，所以当我请她帮忙来负责结题工作时，她很愉快地接受了。有了结题负责人，我心里就踏实多了。接着，我和她共同研究了结题思路和步骤。首先在北大附中召开一个"科联体'九五'课题结题研讨会"，参加会议的除了秘书长外，还特地邀请十多位理事校代表，就结题思路及方法达成共识，并确定由四位学校代表组成结题小组。结题小组进行分工，每人负责一部分结题任务，秘书处负责将相关资料分发给每个人。四个月后，召开第二次会议，主要是由结题小组成员参加，汇报结题情况，研讨结题内容，达成共识，回校再分头进行整理，一个月后把文字资料寄到秘书处，由总课题负责人陈金芳完成最后一步工作。两个月后，陈金芳写出了结题初稿，我又召开第三次结题研讨会，并请了部分专家参加，请他们提意见，陈金芳根据研讨会专家们的意见进行修改。修改后的文稿，我又认真地审阅一遍。我和陈金芳都基本满意后，把最后文稿交付印刷，准备在福州年会上正式结题。这一项工作前后进行一年多，也占了我不少时间，通过这个过程，深深感到课题开展不容易，课题的结题更难。一方面是这样一个大课题，上百所学校参与，各个学校情况不一样，重视程度和进展情况也不一样，要把他们都统一起来确实有相当的难度；更为困难的是，我和陈金芳都是后来才介入的，对前面的情况及各校课题开展情况都不熟悉，那些了解情况的人在这关键时候都没有介入。课题虽然顺利结题，专家在评审鉴定中也给予充分肯定，但是我的头脑还是比较清醒的，认为只能属于中等水平。结题报告是由我来宣读的，也是经我手进行最后定稿的，其中还有许多内容来不及深入研究，只好到此为止了。不过，通过结题，我对我国中学的科研水平有了一个比较清楚的认识，那就是原创性的东西少，大部分都是格式化的东西。可能是中国教育体制和机制束缚的原因，进行课题研究的学校和教师的大部分认识仍停在表面上，看起来文章不少，真正有启发、有价值的东西不多，这在以后的课题研究中是应当改进的。

我在大学工作时，就随团到日本考察过日本的高等教育。俗话说"百闻不如一见"，耳闻目睹、亲身感受的效果远远大于听报告、看音像资料等方式。因此，我担任"科联体"理事长后，就极力想促成中学校长赴美考察一事。后来，我就同北京大学外事处商量，请他们向教育部外事司正式申请组建中国中学校长访美考察团。一开始，北大外事处处长坚决不同意，他说："北大只管北大各院系，包括北大附中教师、学生出国访问，校外单位不归北大管，因此不能办。"我说："你讲的有道理，但是，这次是'科联体'成员出国，而我又是理事长，我只能找你想办法了。"这位处长又说："你们是属于公派出国考察，不仅要有对方的邀请信，而且要有政府批件，北京大学不可能和那些地方教委打交道。"我想了想后说："这样办行不行？对方邀请信由我来想办法解决。出国考察团以北大名义上报，各地政府由我们"科联体"来疏通，也不让你为难。"他一听，北大外事处只管上报，其他事均不用他们管，觉得这样可以，于是就答应了，但他又补了一句话："赵校长，就只搞这一次，下次我就不管了。"我心想，这次能办成就行，至于下次再说了。

我安排北大附中外事办和"科联体"秘书处具体落实"科联体"首批访美考察团的准备工作。"科联体"秘书处向"科联体"理事校发出报名通知，一开始报名不少，考虑到这是第一批，原则上是选"知名中学"校长，人数控制在 10~15 人左右，最后由于种种原因确定为 13 人。北大附中外事办配合北大外事处写材料，审批名单，落实邀请信，上报审批，最后拿到了给每一个访问者的政府批件和邀请信函。为了确保考察效果，我作为考察团团长，还指定两名校长为副团长，一名负责全程活动指挥，一名负责起草访问提纲和完成访问报告，另外又指定一名年轻校长为秘书长，负责具体事务。这一切准备就绪后，"中国教育访美考察团"的 13 名中国中学校长于1999 年 10 月正式出发了。

这一次访美考察，虽然一开始遇到一些困难，但是收获是很大的。回国后，我们认真进行了总结，写出了具有一定水平的"访美考察报告"（见本书第六篇），并在"科联体"年会上作了汇报。接着，我们又组织第二批、第三批访美考察和第一批访欧考察，都取得了圆满成功，并都写出了"访问考察报告"（见本书第六篇）。不过，后来办理出国考察，都是由"中国教育国际交流协会"帮助办理，没有像以前那么麻烦了！

我提出的"科联体"另一项重点工作是要抓好"课堂教学"研究。这个问题的提出，首先是由于我的体验，我作为一名教师，深感课堂教学的重要性。不论是大学还是中学，学生的主要学习途径仍然是课堂教学。课堂教学抓好了，学生受益，学生不仅学到知识，而且学到思考问题的方法，还从老师的人格魅力中感受到做人的真谛。如果课堂教学有了问题，学生课外是很难补起来的，而且还会带来许多负面影响和损失。因此，一个合格的教师，要做好教学工作，最重要的是要上好课，充分运用课堂这个舞台来引导和培养学生。作为一个学校，课堂教学质量往往是反映学校教学质量的标志。其次，针对目前存在的贯彻落实素质教育、进行教育教学改革普遍感到比较空的现状，我认为最根本的原因是没有下大力气抓好课堂教学主渠道这个关键环节造成的。课堂教学不仅反映教师教学基本功是否扎实，逻辑思维是否严密，而且还反映教师的教学理念、教育观、质量观和学生观。课堂教学评价，更是引领教师落实素质教育以及深入进行教育教学改革的指挥棒。可见，进行教育教学改革，不抓好课堂教学不行；进行教育教学科研，更是不能忽视课堂教学的作用。不论是为了认真抓好北大附中的教育教学工作，还是为了推动全国中学的教育科研，把重点放在"开展课堂教学研究，提高课堂教学质量"才是切中要害的。思想是行动的指南，有了对课堂教学重要性的认识，就要采取必要的措施来落实。经过认真地思索，并在征求大家意见的基础上，"科联体"决定举办一次"全国中学素质教育精品课展示会"，并由北大附中来承办，时间定在 2000 年 5 月 2—3 日。由"科联体"秘书处和北大附中联合成立一个精品课展示会组委会，并由我任主任委员。我给组委会提出要"精心设计、精心准备、精心举办"的"三精"方针，并成立评审组、教务组、会务组和后勤组四个小组，具体负责会议各项工作。

当"科联体"各个理事校成员接到参加"精品课"展示会的通知后，反响强烈，报名积极。按照设计方案，"精品课"展示会分为"录像课"和"现场课"两种方式。考虑到开会时间有限，"现场课"控制在 30 节左右，而且只限于数、理、化、生、语文、英语、史、地、政及综合十个科目。为了保证"现场课"质量，采取由"科联体"各分部推荐，由评审组初审的办法，最后确定 33 节课为参赛课，其余的 100 多节课均进入"录像课"参赛范围。"精品课"展示会在北大附中进行，也是宣传北大附中、扩大北大附中影响力的大好时机，必须高度重视，认真做好各项工作。我亲自给老师们动员，讲明举办这次"精品课"展示会的意义以及对宣传北大附中形象的重要作用。由于要占用第一个长假周（"黄金周"），许多老师要参与服务，许多学生要参与上课，故特别希望大家发扬奉献精神，牺牲休息时间，积极参与并做好学生工作。同时，我还强调，"精品课"展示会是我们广大教师学习的一次极好机会，希望大家尽量多参加。为了使评审工作更具有权威性，我们特地请了全国普通教育评价专业委员会常务理事李吉会研究员为评审委员会（即评审组）常务副主任并主持评审工作，北大附中校长顾问、物理特级教师陈育林老师为副主任，协助常务副主任做好评审工作，另外还从北大、北师大、首师大等学校请了一些资深教授和中学各学科的名师组成各学科评审组。

　　一切准备就绪。2000 年 5 月 2 日上午，"全国中学素质教育精品课展示会"在北大附中新落成的教学实验楼前举行了隆重的开幕式。参加开幕式的有北京市人大常委副主任、教育专家陶西平，教育部全国副总督学郭振有，中国教育协会秘书长郭永福，教育部基础教育司高中处处长郑增议，北京市教委、海淀区、北京大学有关领导以及来自全国各地的 500 多名中学校长和教师。开幕式在雄壮的国歌声中开始，我代表"科联体"和北大附中及组委会致开幕词。我在开幕词中指出："课堂教学的质量和水平是中学教学水平的重要体现，许多学校在教师中大力提倡和树立课堂教学的改革意识、优质意识和精品意识，开展了课堂教学模式的改革，并就如何上好优质课、精品课以及如何评价课堂教学质量进行了大量的研究和实践，这次精品课展示会就是一次很好的交流和总结。我相信这次现场教学交流，一定能促进中学教育教学改革的深入开展，一定能使素质教育更加落实到实处，使广大中学生更加受益，更有利于他们的发展和成长"。陶西平副主任应邀在开幕式上讲话，他说："在五一劳动节期间，大家聚集在北京，以展示和研讨课堂教学的创造性成果来欢度节日，我表示衷心的祝贺。"他在讲话中强调指出："课堂教学的实施者是教师，课堂教学精品是教师教育思想与教育方法的体现，是教师文化素养和教学能力的体现，也是教师职业道德与人格魅力的体现，它应当反映普遍规律，也应当反映教师鲜明的个性。""把教师的热情与精力引导到教学上来，引导到课堂教学上来，引导到课堂教学改革上来，是全面落实素质教育的重要任务。愿这次活动能够进一步促进全国正在兴起的新的课堂教学改革热潮。"陶西平副主任的讲话及其他领导的热情洋溢的讲话，受到参会者的热烈欢迎，不时被掌声打断。

简短的开幕式结束后，几百名校长和教师按教务组安排的课表，自愿选择听课。连续两天，几百人穿梭在各个教室之间，犹如赶庙会一样，热闹非凡。一些特色突出的课，300多人的大阶梯教室也座无虚席。听课的领导和专家不时地称赞道："好课！好课！"听课的校长和教师们也是兴奋不已，还抓紧时间和上课老师讨论有关问题。北大附中的学生和老师们更是受益匪浅，虽然假期没有休息，但从众多精彩的课堂中学到不少东西。一位听课老师激动地写下这样的话："我怀着好奇而来，带着收获而去。'精品课'展示会，不仅让我看到一堂堂优质的好课，更让我懂得教师的追求和责任。'精品课'是教师和学生心与心的交流，是教师和学生情与情的交融，从中可以看到心灵碰撞的火花，看到知识在师生间的互动和升华。'精品课'贵在实践素质教育，贵在师生人文素养的提升。愿更多的'精品课'展现在广大学生面前，愿在'精品课'中不断探索前进。"

经过评审委员会最后评定，评出了现场课特等奖3名，他们是北大附中张思明的数学课和程翔的语文课、上海华东师大一附中刘定一的综合学科课。另外还评出一等奖9名和二等奖15名以及录像课的一、二等奖，并由组委会和"科联体"颁发荣誉证书。

　　"精品课"展示会取得圆满成功，"精品课"光盘销售也很好，参会代表对北大附中也给予很高的评价，对"科联体"的开创性工作给予充分肯定，并寄予很大希望。是的，"科联体"虽然是一个民间学术组织，但由于它具有广泛的群众性和共识性，又有很好的教育资源优势，通过一系列高层次、高水平的活动，我相信它一定能为我国基础教育作出积极的贡献。教育需要创新，创新需要科研，科研需要联合，联合促进发展。我身为理事长，更应该多尽心尽力去发展它，并把它作为整合优质教育资源、推进基础教育改革的良好平台。"精品课"展示会的成功，也给我很大的信心，促使我继续努力抓好"科联体"的各项工作。

二、改革管理机制　实行岗级聘任

许多校长在工作中都会遇到一个棘手的问题，那就是如何让教师全身心地投入到教育教学中去。随着市场经济的发展，随着家长对子女期望值的提高，家教、补课迅速升温，补习班、培训班铺天盖地。许多中学教师，特别是骨干教师被请去从事家教和补习，由于能获得不菲的酬金，许多学校特别是重点中学出现了教师精力外流，影响学校教育教学质量的情况。北大附中虽然情况好一些，但有些现象也让人吃惊。有一位数学骨干教师，由于忙于给社会上办的补习班讲课，对学生的辅导和作业批改就比较马虎。一位学生把数学作业本拿给我看，明明有一道题做错了，可老师却打了一个"√"，显然这是教师没有认真批改。还有一位外语教师，一周有四天在外面上课，学生意见比较大。我一查，原来他的课集中安排在星期二至星期四，这样从星期五开始一直到星期一都有时间外出讲课了。教师精力外流，不仅严重影响学校的教育教学质量，而且给学校带来了不良的影响，使广大尽责尽职的教师心理不平衡，意见也很大。我当校长以后，许多教师对此反映也比较多，我也和其他校长一样，从师德教育和管理制度上采取了许多措施，尽管好一些，但仍未从根本上解决问题。比如，我们规定，教师在工作时间不得从事有偿家教或补课、补习及外出活动，但是有的教师利用晚上、周六、周日时间去，搞得很累，到工作时精力就大打折扣。何况，北大附中实行的是任课教师不坐班制，"工作时间"有时也很难界定。看来常规的管理很难彻底解决这个问题，因此许多校长说，这是一个棘手问题。

随着我担任校长时间的推移，一定要解决"教师精力外流"的决心也越来越坚决，并且一直在思索着什么才是最有效的方法或措施。北大一位经济学家在一次报告中讲的一个故事，给我很大的启示。这个故事讲的是"如何分粥"：有八个人围着桌子喝粥，但粥怎样来分呢？最初，由大家推举一位"德高望重"的人来分粥，一开始还比较均匀，但时间长了，就出现有多有少，引起大家不满，看来采取"人治"的办法是长不了的。后来，大家又商量，要加强管理，成立四人"分粥"委员会，研究并主持如何"分粥"。为防止"分粥委员会"不公，又成立四人"分粥监督委员会"来进行监督。但是实行起来也出现问题，主要是"分粥委员会"内意见不一致，经常是争论不休，粥都凉了还未统一意见。显然靠这种"管理"，成本太大，效率不高。最后，大家再进行研究，决定从"机制"上改革，决定让"分粥人"拿最后一碗粥。这样谁"分粥"都分得比较均匀，因为，如果不均匀，他将喝到的是最少的那碗粥。这个故事告诉我们，许多事情从"机制"上改革才是最有效的改革，也是成本最低、效率最高的改革。解决"教师精力外流"问题，如何从"机制"入手去进行呢？正好北京大学正在开展人事制度改革，并计划于1999年下半年实施"教师岗级聘任方案"。我认真研究了大学的方案后，认为可以借鉴，但是必须结合中学实际情况，特别是中学教师的特点来考虑。

过去，由于我长期在大学工作，接触中学教师很少，故对中学教师工作的特点以及他们的心理状况不甚了解。到北大附中工作两年了，通过与广大教师的接触，听取了他们的意见、建议，特别是进行了比较深入的思想沟通和交流后，我慢慢认识到，中学教师作为一个知识分子群体，与大学教师知识分子群体之间既有共同之处，也有不同之点。共同之处主要表现在需要获得尊重，希望能实现自我价值，渴望有成就感；不同之点是更加务实，希望得到更多"实惠"。我曾经认真地分析过中学教师中出现的"32岁现象"。大学毕业生到中学任教大约是22岁左右，一般说来需要十年左右时间来完成两项任务，一个是教育教学经验的积累，从不成熟到比较成熟，成为一名熟悉教材、掌握教法、具有一定经验的教师；另一个是教师职称评定，从初级、中级晋升到高级。一些中学教师在32岁（有的到35岁左右）完成这两项任务后，觉得自己有了"资本"和"资历"了，便开始"翘尾巴"，工作努力程度不如以前了。"32岁"现象，既有教师自身要求的问题，也有制度和体制方面的问题。中学和大学不一样，中学高级教师职称虽然属于高级职称，但只相当于大学的副教授职称，而大学还设有正教授职称，教授中科研能力强的还可以成为"博导"（博士生导师）。如何提升中学高级教师的期望值，为他们设置更高的目标，以便更好地实现他们的自身价值，同时也带来一定的"实惠"，这就需要从体现机制的制度和体制上来解决。但是，现实的中学教师职称制度是国家制定的，短期内不可能有大的变化，那么，我们能否在这种大环境下有所作为呢？经过我较长时间的思索，一个体现激励中学教师不断奋斗、更好实现自身价值，同时也带来一定"实惠"的改革方案——"北大附中教师岗级聘任制暂行方案"，在我的脑海里逐渐形成，并利用1999年暑期时间写成了讨论文稿。1999—2000学年度一开学，我就征求校级班子及校长顾问们的意见，并先后召开骨干教师座谈会和青年教师座谈会，更加广泛地听取他们的意见和建议；在此基础上，我又认真地进行修改，经过校长办公会讨论，最后提交学校教代会讨论通过，成为北大附中人事制度和教师职称管理改革的一个重要文件。

《北大附中教师岗级聘任制暂行方案》中，把教师工作岗位分为A、B两类七个岗级。A类岗位设A_1、A_2、A_3、A_4四个岗级，B类

岗位设 B_1、B_2、B_3 三个岗级。每一类岗级都有明确的任职条件、严格的职责要求及不同的岗位津贴。A_1 岗级为最高岗级，相当于教育教学专家，考虑到这一岗级的确定具有一定的难度，在改革方案刚刚实施的第一阶段暂时空缺。A_2 岗级定为北大附中各学科的把关骨干教师，在教育教学和管理中有特色、有创新、有成果，具有北京市学科带头人的水平；根据附中实际，岗位数确定为 18 个，占全体教师岗位数的 13%。A_3 岗级定为北大附中骨干教师，具有较强的教育、教学、教研及管理能力，能较好地指导青年教师；岗位数为 23 个，占教师岗位数的 16%。A_4 岗级为北大附中称职的高级教师，或少数特别优秀的初、中级教师，不仅能胜任本学科初、高中教育教学工作，教学效果良好，而且能独立开设选修课；岗位数定为 34 个，占教师岗位数的 24%。B 类岗位的 B_1、B_2、B_3 岗级依次是称职中级、初级及见习教师岗位，共占教师岗位数的 47%。

《北大附中教师岗级聘任制暂行方案》确定的聘任原则是"淡化身份、强化岗位、注重能力、突出贡献"。淡化身份，是指淡化原有的职称身份和年龄身份，也就是说，聘任的教师岗级，突破了职称和教龄的限制，可以低职高聘，也可以高职低聘，为中青年教师脱颖而出创造了条件。强化岗位，指的是强化岗位职责要求，强化在岗位上的表现和业绩。注重能力，是鼓励教师加强学习，不断提高自身教育、教学、教研及管理能力和水平。突出贡献，则是强调教育教学质量效果和做出的成绩。

为了使这次教师岗级聘任真正做到公正、公平、公开，我们采取了一套透明的程序——自愿申报，严格考核，初步确定，公示讨论，允许申述，最后审定，校长聘任，签订责任书。按照这套程序，凡北大附中的教师，都可以根据正式公布的教师岗级任职条件、职责要求及岗级数，自己选择申报，给大家一个公平竞争的机会。严格考核包括自己考核、同行考核（教研组考核）和学生的评教；要有连续三年的考评结果，并且将个人申报及自评结果存放在会议室一周，供大家查阅，真正做到公开。学校岗级聘任组根据考评结果及相关情况，初步确定每个教师岗级聘任的结果，并将聘任名单公示一周，供大家讨论、提意见，以达到真正公正的目的。为了更好地尊重每一位教师的意见，允许教师提出申诉，由学校党委书记、主管校长、工会主席和人事干部组成的申诉接待小组，在接待室值班一周，接待前来申诉的教师。在实施该方案之前，我估计有 10% 左右的教师有可能要申诉，结果是来了 9 位教师，占全体教师人数的 7% 左右。接待申诉小组通过做工作，其中有 7 位教师撤回申诉，主要是近三年内因有病或出国、教育教学工作量不满等原因。但仍有两位教师坚持要申诉，接待小组向聘任组反映。在聘任组认真听取申诉接待小组汇报，并经过认真分析后，认为一位教师提出的申诉理由有合理性，予以部分采纳，对岗级做了微调；另一位教师则因自我评价与同行、学生评价差距过大，而不予受理，但需做过细的工作。由于严格按操作程序进行，当聘任组最后审定的名单公布后，全校反映很好，几乎一致肯定这次岗级聘任是成功的。但是，由于有三位教师考核不合格，在这次岗级聘任中没有被聘上，他们的情绪还是比较大的，我和党委书记及人事干部也对他们做了不少工作。我始终坚持认为，人是有区别的，但对人的人格尊重是没有区别的。虽然这三位教师由于种种原因落聘了，在指出他们各自的问题时，也必须尊重他们的人格，在落聘后的安排上要做到有情有义。其中一位愿意到大学图书馆工作，经我多方联系和努力，他去了北大图书馆文科资料室，后来听说他一年后离开了北京大学；另一位教师，我们给他创造条件，让他去自费学习进修，一年后重新进行考核，确定是否聘任；还有一位教师一气之下写了辞职报告，经过校长办公会讨论同意后，我签署了同意辞职的意见。这位教师自以为自己水平不低，奉行"此处不留爷，自有留爷处"信条，在北京市许多所中学找工作，结果都不理想，我真为这位教师的才华可惜。

这次从 2000 年 1 月 1 日开始实施的《北大附中教师岗级聘任制暂行方案》，由于准备充分、程序严格、操作公开和公正、工作精心和细心，不仅使整个工作得以顺利进行，而且取得了比预期还好的三个效果。

一是引导教师把主要精力放在学校教育教学岗位上。教师岗级聘任制营造了一个良好的机制，它促使教师必须把主要精力放在教育教学岗位上，勤奋工作并取得突出的业绩，才能晋升到更高岗级；反之，如果精力外流，教育教学效果不好，就要降到低的岗级，甚至被解聘。"三年一调整，一年一微调"，给每一个教师多一个期待、多一个目标。虽说，每一个岗级之间的津贴一开始只差了 300 元／月，远不如从事家教、在外面上几节课获得的收入高，但知识分子更看重自己的声誉。如果自己在北大附中岗级比较低，怎么有脸面以北大附中骨干教师身份出去做家教、讲学呢？那位申诉未被受理的教师找到我，说对这次岗级聘任感到心里不痛快，论能力、论水平应在 A_2 级，却被聘在 A_3 级。我告诉他，这次岗级聘任突出了岗位贡献，而这种贡献是经过三年考核的结果，我把学生评教结果拿给他看，学生在评教里对他精力外流、外出讲课意见很大，甚至有的学生提出要调换老师。他看后低下头说："赵校长，请你相信我，我对教学是认真的，从这学期开始，我辞掉校外的邀请，集中精力搞好教学。"这位教师基本素质还是不错的，他真是说到做到，一年下来，学生反映很好，学生高考也取得优良成绩。这样一来，就把过去校长管教师变成了教师自己管自己。教育教学是良心工作，校长靠死规定管理教师，容易只管住人而管不住心；而通过机制来引导教师自己管理自己，那就管住了心，教师就会全身心地投入到教育教学中去。

二是稳定了骨干教师队伍，他们在北大附中既实现了自身价值，又得到了一定"实惠"。一位兄弟学校的校长给我讲了这样一件事，他说："我千方百计想从你们学校挖走一位把关的骨干教师，由于这个学科你们师资多、力量强，故未给您打招呼就找了这位教师，经过我'三顾茅庐'盛情邀请，他心动了，我还答应给他一套房子，让他孩子进实验班，他也进行了体检，后来听说他被聘任为 A_2 级后，他不走了。"后来这位教师也跟我谈了，说学校对他"不薄"。现在社会上出现的中学骨干教师流动现象，除了待遇差别的原因外，还有相当一部分是为寻求发展的机会以实现自身价值。教师岗级聘任就是为教师创造了一个实现自身价值的空间。一个岗级就是一个发展平台，你有多大的本事，都可以发挥出来。把教师稳定在学校内安心工作，最积极的措施就是构建这种发展的机制，使他们有目标感、有成就感。在北大附中，许多教师把 A_2 级作为自己的奋斗目标，被聘为 A_2 级的教师都有一种自豪感和荣誉感，学校也尽量让他们在学校各个场合"亮相"，比如在周一升旗仪式上作"国旗下讲话"，为学生开设名师讲座以及参加学术考察、国际交流等。

三是为青年教师进步成长提供了加速发展的空间。对北大附中实施教师岗级聘任制方案反响最强烈、得到实惠最多的是青年教师。有5位30多岁的青年教师，由于他们自身的努力和取得的突出业绩，被聘任为 A_2 级，而依照传统按部就班的话，他们要达到与一批把关老教师享受同等待遇还得十多年。其中一位教师兴奋地说："北大附中不论资排辈，不强调资历，为我们青年教师创造了发展的环境，增强了我成功的信心，我一定要更加努力工作，做出更大的成绩"。后来的事实证明，这批年轻的 A_2 级教师不负众望，在教育教学中发挥了很大的作用，有的很快被评为特级教师，有的被提升为副校长。另外，还有 4 名不到 30 岁的中级教师定为 A_4 级，享受高级教师的待遇，这不仅加速了他们的进步成长，而且在青年教师中起到了良好的带动作用。

　　教师岗级聘任制的成功实施给我很大的鼓舞，也给我很多启示，为此我写了一篇题为"实行'岗级聘任制'　转变教师管理机制"的论文，并在 2000 年 8 月 12 日召开的一个中学校长论坛会上宣读。我在论文的最后写道："虽然实行'岗级聘任制'还有许多不完善的地方，但是它带来了教师管理机制的改革并显现出的许多可喜的成果，说明这是教师管理制度的一种创新措施。它对教师队伍的建设和管理，对青年教师的成长和脱颖而出，对提高学校教育教学质量都将产生积极的影响，值得继续实践，不断完善。"论坛结束后，不少中学校长来北大附中参观考察，并就如何从机制上解决教师队伍管理问题展开了深入的讨论。我相信，摆在中学校长面前的"教师精力外流"这一棘手问题是可以解决的。

三、教育充满大爱　师生心灵互动

　　1999 年教师节前夕，北京电视台播了一个专题节目：一群学生正热烈地讨论"什么样的老师是我们心目中最好的老师"时，一位年轻女教师从后面走到他们中间，学生们兴奋地说："陆老师！陆老师！陆老师是我们心中最好的一位老师！""陆老师是我们心中最优秀的一位班主任老师！"我仔细一看，学生们说的陆老师，不正是北大附中教数学的陆剑鸣老师吗？

　　陆剑鸣老师是一位个性很强、能力也很突出的老师，给我印象最深刻的是她对教学、对班主任工作的全身心投入，对学生的最真诚的热爱，她曾多次被北大附中评为优秀教师和优秀班主任。陆剑鸣老师不仅是学生心中最好的一位老师、最优秀的一位班主任，而且也是家长们心目中最信任、最放心的老师，在海淀区有很好的口碑。1998 年创办北达资源中学时，我和党委书记商量，一致同意把陆老师派到北达资源中学去做把关骨干教师。由于陆老师一直在初中教数学，又一直担任班主任和年级主任，无论是教学还是教育工作都很出色，派陆老师去"北达资源中学"，我们估计一定会对学校招生和发展有利。陆老师不仅愉快地服从了分配，工作也完成得相当出色，而且带来了超乎预料的效果。许多小学生家长听说陆老师到北达资源中学任教，便闻风而来，陆老师简直成了学生及家长们追逐的"明星"。我当时就想，北大附中教初中数学的老师有好几位，而且有的教得也相当不错，为什么他们崇拜和追逐的却是陆剑鸣老师呢？她到底有什么魅力，迷倒了大批学生和家长呢？后来，我找到了陆剑鸣老师编著的一本书《爱的絮语——14 岁生日礼物》，当我"一口气"把这本书读完后，我找到了答案，那就是她对学生真诚、真挚的爱。

《爱的絮语——14岁生日礼物》是一本书信集，是陆剑鸣老师给全班45名同学写的生日贺信，从第1封到第45封，平均12.3天一封，长达555天。封封贺信，传递爱心，正如国家副总督学陶西平给这本书的题词："娓娓抒爱意，殷殷见真情。"封封贺信，情真意切，发自肺腑，是心与心的交流。学生们爱不释手，校外学生争相传阅，家长们更是深深感动，并主动收集和联系出版社出资正式出版。当我读完这本充满真情实意的书后，我也为之感动，不仅为这位优秀班主任的爱心、耐心和细心折服，而且敬佩她高尚的精神境界和教育品格。我想如果我们学校的每一位老师、每一位班主任都有这样的道德情操，都能为学生的健康成长如此付出，我们的学生将是多么幸福，我们的教育将是多么有力量。它告诉我们，什么是教育，爱就是教育；没有真情实意的爱，就没有真正的教育。

下面，我把陆剑鸣老师给学生写的第一封生日贺信全文转载如下：

赵一亮：

你好！

今天是你14岁生日。14岁，多么美妙的年龄，多么富有诗意的年华！在此我祝你生日快乐，并祝贺你进入了一生中最宝贵的、黄金般的青年时代。

青年，是人生的又一段旅程。青年时期，是人接收新事物、新思想、新观念及获取新知识最多最快的时期；青年，它应表现出深沉的性格，它应充溢着探索的精神，应伴随着对理想和信念的追求。

童年的春天永远是令人向往的，那蓝天，那小草，那小溪，那小鸟……一切一切都那样纯净、美好，没有忧愁，没有烦恼。但人是要长大的，随之而来的青春的烦恼、人事的纷杂、竞争的考验、不解的迷惑，可能有时会使你不安与烦躁。记住：想回避是不可能的，大发雷霆是于事无补的，生闷气是要伤身体的，哭是没有出息的，简单从事是要坏事的。只有不畏挫折的毅力、全面冷静的思考、自我控制的理智，才能战胜一切。

与你相处近一年了，我感受很多很深。

我清楚地记得：你运动会不带小凳，批评你时，你比我还理直气壮；你动不动就发脾气，管你是同学还是老师；找你谈话，你低头不语听不进别人的意见；开学不到两个月，我找你谈了四次。我心急、烦恼，为我选定这样的"班长"而后悔。后来，我急中生智，发动全班同学给你"会诊"，同学们的眼睛是亮的。如出一辙——大家对你的"意见"与我在此之前对你的批评意见完全一致。那一次，你哭了，哭的是那样的伤心、动情，同学们都过来劝你。你变了，变得越来越像一班之长，变得越来越像班上的老大哥。你要好好记住咱们班的这些同学，是他们用一片真诚和厚爱改变了你。

你们当班干部的，工作没少做，时间没少花，可同学的批评挨了不少。这是正常的，就连我有时也不讲理，有时不自觉地用成人的眼光看待和要求你们（希望你们不介意）。人无完人，老师也一样。在以后的日子里，让我们共勉吧！

岁岁年年花相似，年年岁岁人不同。14岁，该是懂事的年龄了……

你的老师　陆剑鸣

1993.6.9晨

　　赵一亮同学收到陆老师的"生日礼物"后，非常感动，立即把贺信仔细地读完，然后提笔给陆老师回了一封信。信中说："陆老师：……您教我知识，教我做人，使我从一个幼稚的顽童变得渐渐成熟起来。我非常感谢您……"

　　陆老师给学生写生日贺信源于当时一度流行的学生之间相互过生日的现象。由于受到社会上一些不良风气的影响，学生过生日时，互相间送礼物、聚餐庆祝之风愈演愈烈，消费档次越来越高。怎样才能扭转这种不良现象呢？正面讲道理，说服力不强，效果也不明显；强行制止，更会引起学生的逆反心理。为了把学生过生日的热情引导到健康向上的轨道上来，陆老师想出了召开生日班会，并给学生写生日贺信的办法。但是陆老师写的生日贺信，不是简单地表示祝贺，提出希望，而是变成一种师生间思想和情感的交流。为了给每一个同学的写好生日贺信，她要对每一个同学的性格、习惯、表现、特长、优点和缺点进行全面分析，并且用字用词要反复斟酌、仔细推敲，她要把自己对学生的真情和热爱，以及对学生的批评和希望都告诉同学。下面再看一封给潘磊同学的信。

潘磊：

　　你好！

　　昨天是你14岁生日，它标志着你已告别童年的一切，踏上了你人生新的征程。就像一艘新造的巨轮告别船坞，要扬帆远航了。你再也不会疑惑太阳为什么总是下到山的那一边，因为你知道地球围绕太阳旋转的缘故；你再也不羡慕别人有一张成熟和长大的脸，因为你也有。在你人生转折的这一重要时刻，作为你的师友，我草草地写下下面这段不成文的字，以代表我的最诚挚的祝贺与祝福。

　　你能言善辩，思维清晰、有深度；你正统，但又不失活泼与顽皮；你是副班长，有较强的工作能力，是老师的得力助手；你富有创造性，鹫峰之行，你领大家"误入歧途"，令同学们终生难忘；你为××同学举办的14岁生日的班会新颖、不落俗套，令同学们赞不绝口；你有主见，对老师的意见时常提出质疑与反驳。

另外，你的逆反心理在我班可堪称之最；你曾因早自习迟到，学习上无高标准，不愿当副班长，看电视过度，想玩不想学，学习水平逐渐下降，不要求入团等问题而接受老师的"再教育"。

然而我批评你时，你的反驳多次使我产生危机感，多次使我对自己的能力产生怀疑，多次使我要摆脱日常琐碎的工作，投入更多的时间和精力去读书、去修身养性。我庆幸能有你这样的学生，我从内心感谢你，因为这样的学生能使我头脑清醒，能促使我思考更多的问题。

当然，我觉得你有时过于固执，做事情过于强调自己的意愿，有些时候，老师和家长给你讲的道理你已经听进去了、点过头了，可事后，你仍不改变自己的初衷。你之所以那么固执己见（哪怕是错的，哪怕最后碰得头破血流），我想是你太相信自己了。以为自己是什么都懂，什么都明白，自己能够把握自己。有这种感觉与自信是正常的。但林语堂先生有过一番如下的经验之谈值得你借鉴："一个人在世上，幼时认为什么都不懂，大学时自认为什么都懂，毕业后才知道什么都不懂，中年又以为什么都懂，到晚年才觉悟到什么都不懂。"看来，人容易在自己"懂之甚少"时产生"什么都懂"的感觉。

你要玩得痛快，你不愿意有来自家庭、学校、老师的过大压力；你要一分耕耘，四分收获；你要享受人生等等，这些是你的一些想法，不全错，但有片面性。人首先是自然的人，因而人要追求美好舒适的生活，人要享受人生，这是无可非议的。但还要看到，人还是社会的人，在向往美好生活的同时，还要想到自己的责任与义务，这就是改造世界，创造人生。这虽然是将来的事，但现在就要作好各种准备。比如，创造人生需要奋斗精神，需要不畏艰苦、正视困难的勇气。这种精神应从现在培养，表现在对学习要不满足于现状、奋发向上。你有能力，可以把学习搞得远比现在好得多。我由衷地希望你把握正确的人生内涵，绝不要在追求快乐和享受中泯灭了自己学习、奋斗、成才的志向。

好了，我不想强加给你任何东西，只是给你提个醒儿。在过去的日子里真没少说你，但我内心深处对你是充满赞誉的：是块好材料，就看日后争不争气了。

最后祝你14岁愉快、充实、进步！

你的老师 陆剑鸣

1994．4．22

尽管陆老师在信中给潘磊同学指出了许多不足，但潘磊同学看完信后十分激动，给陆老师写了一封回信。并在信中说到了对陆老师的看法、评价。信中说：

陆老师：

……

老师，您做学问是一流的，您不仅有严谨认真的作风，更有不耻下问的精神。

……

老师，您的"玩艺"是一流的，您带领我们游玩过的许多地方，不仅开阔了我们的眼界，更使我们体会到青春的美丽……

老师，您做人更是一流的，您一直为人师表，您用自己的言行举止、精神品质去影响学生，使学生懂得是与非、善与恶、美与丑……老师，您就像一层滤纸，把我思想中的污垢全部滤掉……

老师，我真心地感谢您！

潘磊

陆老师给学生的信针对性、目的性都很强，她对热爱武侠小说的同学谈如何科学选择课外读物；帮助迷恋电子游戏的同学分析如何处理学与玩的关系；对受到挫折的同学多给鼓励，并讲述逆境与成才的辩证关系；还针对个别学生的具体情况分别讨论男女同学之间怎样交往等问题。陆老师的每封信都出自内心，语言亲切又朴实，让同学们感到是在心灵深处交流，因而十分珍惜，反复阅读，不断体味，经常是情不自禁地提笔给陆老师写回信，说说自己内心的活动。下面摘录一段李竹同学 16 岁时，再一次给陆老师写的信：

陆老师：

……转眼间两年多已经过去，16 岁的我越来越明显地发现，摆在我面前需要我思考、选择的事情很多……因此，我常常会觉得有些迷茫，总想不清什么该做，什么不该做……再次翻开陆老师的生日礼物，仿佛又看到您在真诚地祝福……眼前的一切开始变得清楚。未来的一切需要我们自己去创造，创造中会荆棘密布。希望我真的能像老师所期望的那样，在生活的锦囊中装满沉甸甸的价值。

李竹
1996. 11

陆老师深受学生爱戴，有那么大的吸引力，还有一个重要的原因，那就是她放下了教师的架子，始终把学生当成朋友，虚心向学生学习，接受学生的批评意见；善于换位思考，设身处地为学生考虑，并敢于向学生暴露自己的思想和弱点，做到了"没有套话，没有说教，没有训斥，没有埋怨"，"以心交心，坦诚相见，无遮无拦，心心相印"。正如一位同学在信中说的："我们班并不是由一位班主任和45位学生组成，而是由46位平等的成员组成，我们互相关心、互相帮助，成为一个亲密的集体。"还有一位同学深有感慨地说道："陆老师不用自己的思想去批评学生，而用学生的思想来检查自己，找出不足并不断提高和完善自己，这事多么难能可贵啊！"我想，如果每一位老师都能像陆老师一样，不时地将自己换位，并不断地向学生学习来完善自我，那该多好！

陆剑鸣老师召开生日班会和写生日贺信的做法，当时在学生家长中也引起了强烈反响，他们也拿起笔给孩子、给老师写信。一位学生家长给陆老师的信中写道："我们感受到了您是用心、用情在写。可以想象，一班45个不同性格、不同表现的学生，每人生日都收到您写的信，该花费您多少个日日夜夜，融进您多少份真真切切的情感，这45封生日的贺信及45个不重样的生日班会，组成了一项了不起的育人工程。它将是孩子们走向成熟、完善自己的成功举措。"这位家长接着写道："我也曾是学生，有过难以忘怀的班主任老师，但我未曾收到过这样情真意切的信；我现在也是老师，有着来自全国各地的学生，但我未曾给他们写过这样催人奋进的信。从这一点讲，您是一位十分称职的班主任老师。"

一分耕耘，一分收获。由于陆剑鸣老师真情投入和无微不至的关爱，她带的这个班形成了很强的凝聚力，团结向上，积极进取，成绩优秀。在全国、市、区各类竞赛中，有近百人次获得各类奖项，特别在初中三年级有 11 人在全国数学联赛中以数学满分成绩获得一等奖，有 3 人在全国物理竞赛中获奖，有 2 人在北京市英语竞赛中获奖，有 6 人考入全国理科实验班，这个班也被评为北京市先进班集体。陆剑鸣本人也荣获北京市班主任最高奖——优秀班主任"紫禁杯"一等奖，荣获"希望杯"数学教育优秀园丁奖。（上面引用的陆剑鸣老师写的生日贺信及有关资料详见教育科学出版社出版的《爱的絮语——14 岁生日礼物》。）

陆剑鸣老师虽然教育教学很优秀，深受广大学生和家长的爱戴，也为北大附中作出了积极的贡献，但是，由于性格上的原因，在处理同事之间关系上显得不够融洽，她有时为此生气，因此想换个环境，规避这些矛盾。她向学校提出过调到 ×× 中学去的要求，为此，我和学校其他领导也做了不少工作。我从北大附中退休后，听说陆老师还是办理了调动手续，离开了北大附中。

对陆剑鸣老师的调走我既感到内疚，又感到惋惜。内疚的是，我作为校长，还有许多工作没有做好，让我们一位优秀教师感到环境对她发展不利。如果我的工作做得更主动些，把存在的矛盾处理得更好一些，恐怕陆剑鸣老师就不会下决心走了。惋惜的是，北大附中失去了一位这么优秀的教师，给学校教育教学带来了一定损失。庆幸的是陆剑鸣老师到了新的教学岗位上，仍然全身心投入，又取得了新的成绩，而且后来被评为北京市数学特级教师。

陆剑鸣老师虽然离开了北大附中，但是她那种真情实意热爱学生的精神，却在北大附中继续发扬。2005 年高考前，一位北大附中学生见到我，还向我借《爱的絮语——14 岁生日礼物》这本书看。我告诉他："高考了，抓紧时间学习吧，等高考完后再看好吗？"这位学生说："可以，但先把书借给我。"高考完后，这位学生来还书时特地告诉我，他们学生争着传阅这本书，为北大附中有过陆剑鸣这样的优秀教师而骄傲。这位学生还能将书中的精彩部分背诵出来。我打开书一看，书中许多地方都被学生们用铅笔画了出来。看得出来，我们的学生太希望我们的老师像陆剑鸣老师那样，用真情走进学生的内心世界，和他们进行心灵的对话。

后来，我在全国各地举办的校长培训班、教师培训班讲课时，都将陆剑鸣老师真情爱生的故事讲给大家听，许多校长和老师都为之感动。记得有一次在河南平顶山讲完课后，一位煤矿中学的老师找到我说："赵校长，我为陆老师的爱心教育所感动，请把《爱心絮语——14岁生日礼物》这本书借给我看一晚上。"我说："真对不起，我马上就要走了，而我手上只有这一本书，等我回北京买一本送给你。"我回北京后，走了几个书店都买不到，我只好复印一本给她寄去。

陆剑鸣老师真情实意关爱学生，开展心灵与心灵对话，这种做法所产生的震撼力量，使我们更加认识到教育能够培养人、改变人的关键在于教师，在于教师对学生的"伟大的爱"而产生的对学生的高度责任感。真情的爱和责任感是教育生命力的基础，也是教师师德灵魂的体现。而教师与学生平等相处，尊重学生人格，虚心向学生学习，则是开启教师与学生心灵交流的钥匙。一旦教师与学生建立了这种真情互动的朋友关系，教育的力量就极大地显现出来。在北大附中，教师热爱学生已经形成了优良的传统，流传着许多师生真情互动的感人故事。我从陆剑鸣这样一个优秀教师身上发现一个规律：一个优秀的教师总是去发现和发掘学生的特长、优点和生命的闪光点，并且用热情的态度去呵护它成长、发展；而一个平庸的教师老是埋怨和盯住学生的缺点、不足和问题，并且用苛刻的态度去训斥和指责。两种教育态度，反映出两类教师的人格，导致两种教育结果。陆剑鸣老师当然属于第一类，她是这样做的，也是这样想的和说的：

　　　　我是你们的朋友，
　　　　我总能从你们身上获得
　　　　一股力量，
　　　　一种感情，
　　　　一缕柔情，
　　　　一种安慰。
　　　　我真切的感受到，
　　　　做你们的老师真好！

　　　　　　　　　　　　　　　　　——陆剑鸣

　　愿我们的老师都能成为热爱学生的良师益友。

四、中美教育比较　他山之石攻玉

　　1999 年 10 月 13 日，由 13 名中学校长组团，并由我任团长的"中国基础教育赴美考察访问团"从北京乘飞机前往美国洛杉矶，开始了我们为期 15 天的访问考察活动。这也是我担任全国中学教育科研联合体理事长后，提出的拓宽、提升科联体活动的三个方面之一，即"加强国际交流，组团出国考察"的第一次活动。因此，不仅考察团成员校都是科联体的理事校，而且都是著名中学校长和副校长，除了北京的北大附中、清华附中、人大附中外，还有成都的树德中学、上海的控江中学、重庆的育才中学、广东的中山纪念中学、陕西的西安中学、河北的唐山一中、福建的福州三中、黑龙江的大庆铁人中学。虽然这些校长或副校长素质都比较高，但是为了考察访问的圆满成功，我们还是做了许多准备工作。

　　首先，我们进行了出国前的外事政策培训。10 月 11 号上午，我请了北大外事处处长给大家详细讲解了中美关系情况、十条外事政策、规定及礼仪要求，还请了美国华盛顿大学客座教授、美中中等教育交流协会会长张晓波博士专程到会介绍了美国社会简况及访问过程中要注意的有关事宜。在他们讲解和介绍后，我强调了几点，一是要明确出国后我们的言行已经不仅是个人问题，而是代表中国的形象问题，故绝不能麻痹大意；二是严格执行纪律，行动一定要听指挥；三是要加强团结、互相关心，主动为全团出访成功作贡献。培训结束后，转入出国考察提纲的讨论。我一向认为，只有认真办事才能把事办成、办好，多年的工作实践使我形成了办事认真的一贯工作作风。校长们参团出访很不容易，不仅要花一笔为数不小的经费，而且前后要花费近二十天时间，我作为团长一定要把握住考察质量关，必须要带着问题去考察，才能做到目的明确、有的放矢。为此，我事先通知成都树德中学的周校长就出国考察提纲作了准备，拿出了一个初稿来给大家讨论，经过大家认真讨论交流后，最后形成了 25 条的考察提纲，复印发给每人一份。为了发挥大家的主观能动性，同时也是为了更好地做好各方面的工作，经过协商决定设立两位副团长，一位负责全团每天活动的安排，另一位负责做好记录，组织研讨，写出出访报告；另外选两位年轻校长为秘书长，一位负责协助副团长和各地接待人员或导游协调落实好每天具体活动，包括吃、住、行等，另一位为副秘书长负责管理好礼品和财务；还给有关校长做了分工。我认为多一个积极性比少一个积极性要好，集体的事大家做，采取分工负责是一个有效的方法。出访前的培训和准备工作用了两天时间，具体的礼品购买、包装，我动用了北大附中校长办公室、外事办公室的有关人员来做。后来的事实证明，准备充分是成功的基础。由于出访目的明确，分工具体，思想和物资准备都充实，到美国后，考察、访问、参观、调研都井井有条，效率很高。正如一位陪同我们访问的导游说的："我带过许多团，像你们这样认真，这样抓紧时间参观、考察那么多学校和地点的还是第一次。"

洛杉矶是我们参观访问的第一站，由我国驻洛杉矶总领事馆教育领事刘万生陪同，考察了一所社区学校，另外还参观了几个景点；第二站在华盛顿，是我们的重点考察地域。10 月 21 日上午由美国中联国际公司总裁孙庆海陪同兼翻译，访问了美国联邦教育部，受到很高的礼遇，部长助理丽莎女士代表部长热烈欢迎我们，热情地接待我们两个多小时，不仅较详细地介绍了美国教育的现状及面临的问题，而且还回答了我们提出的许多问题，最后向我们赠送了有关资料。在华盛顿期间，我们还先后参观考察了以美国第三任总统名字命名的、颇具特色的公立学校——杰斐逊科技高中，和一所很有特色的私立学校——田园式的沙泉友谊学校。在第三站纽约，我们参观考察了享誉全美的豪里斯迈学校。旧金山是我们参观考察的第四站，也是最后一站，我们参观访问了世界著名的斯坦福大学，并从旧金山离美，于 10 月 27 日晚回到北京，顺利、安全、圆满地结束了这次访美之行，我作为团长，也感到如释重负，彻底放松了。

其实在访问途中也出现几次让人揪心的事情，使我感到了团长责任的重大。一次转机时行李少了一件，于是我们去找机场工作人员询问情况，由于我们没有翻译随同，全团成员中又没有一个能用英文进行交流的，当我们跟机场工作人员询问时，互相都听不太懂对方在说什么，连比带画搞了半天才明白他们负责将少的行李送到我们转机后到达的机场，这下才放心。另一次是转机时，有一名校长未随我们到转机候机厅，我们等了半天，也未见这位校长过来，于是副团长立即派人去找，等了一会儿，找的人回来说未见到那位校长。眼看快要登机了，副团长和秘书长问我怎么办，我说："快去机场广播室用中文广播寻人。"一会儿，广播里传来寻找中国校长的声音，连续播了三遍，我们又等了一会儿，仍然没有那位校长的身影，这时大家真的都急了，各种猜测也都出来了。我这个团长更是心急如焚，如果这位校长真的走失了，我要负重大责任啊！开始登机验票了，一辆机场内部电动车急速驶过来，我们仔细一看，正是那位校长坐在上面，大家不约而同地喊"快下来"，一场虚惊才算结束。原来那位校长下飞机后跟错了队，和出机场人员走在了一起，快出机场时才发现不对劲儿，又找不到我们访问团成员，也是急得要命，听到广播后找到机场工作人员，他们用内部电动车把他送到了我们转机所在的候机厅。为了杜绝今后出现类似事情，我和副团长商议，决定将全团分成三个小组，由小组长负责关照几个组员，小组内成员间也互相照应一下。采取这一措施后，再也未出现这种有惊无险的事了。

　　在访美考察总结会上，校长们争先恐后的谈感想、谈收获。总的评价是：开阔了眼界，启迪了心扉，丰富了知识，增进了了解；安排紧凑充实，内容丰富多彩；是一次高层次、高水平、效果好的访问。

　　这次访美考察取得的成功和校长们获得的收获，使我更加感觉到开展"加强国际交流，组团出国考察"活动的必要性。后来，我们又连续组织三批校长赴美、赴欧进行教育考察，都取得了成功。

　　这一次赴美考察，以及我前后赴加拿大、德国、日本等国的教育考察，使我对西方教育有了一个基本的了解，也引起了我对教育的许多思考。实际上每一次参观考察的过程，都是学习、思考的过程。对西方的教育应当怎么看？我认为应当采取理性的态度来分析，既不能认为西方教育什么都好、非常完美，从而主张"全盘西化"；也不能带着有色眼镜，看到问题多多，从而采取"全面拒绝"的态度，在这方面美国人给我们做了个榜样。我们在美国联邦教育部座谈时，部长助理丽莎女士就直言不讳地说："美国教育，特别是基础教育也存在着许多问题。"她列举的第一个问题是"教师短缺"，她说："美国20年内还需要200万名教师，特别是基础科技、化学、化工教师非常缺乏……由于教师行业相对收入低，不吸引人，导致教师队伍不稳。有的地方在降低标准使用教师，影响教育质量，教育部长感到恼火，但也无可奈何。"当她说到这里时，我们代表团中一位校长插问一句话："丽莎女士，美国教师这么短缺，欢不欢迎我们中国教师来任教呢？"丽莎女士肯定地说："当然欢迎了！不过先得过语言关。"丽莎女士列举的第二问题是"教育质量亟待提高"，她说："由于各州教育过于注重社会需求，又无全国性统一考试，导致学生缺乏竞争力，影响教育质量的提高，在参加各项国际大赛中成绩较差，数学与科技方面的竞赛成绩只比非洲高一点。"正是因为美国人看到了教育方面存在的问题，所以布什总统一上台就顺应民意，提出了"不让一个孩子落伍"的教育行动纲领，增加教育拨款，增加教师工资，在移民中征集教师，设立教师特殊奖，加强教师进修、培训，并重点加强了学校数学和阅读课程的建设，提高青少年的数学和阅读能力。在我们征求丽莎女士对中国教育的看法时，她也不客气地说："中国学生基础知识比较扎实是优势，但在培养学生动手能力和创造精神及综合素质方面需要加强。"

通过对西方教育，特别是以美国为代表的西方基础教育的考察、了解和思考，我认为中西方教育，特别是基础教育方面确实存在着很大的差异，都有各自的长处和短处，都需要互相学习和互相借鉴。我很赞成毛主席的话"洋为中用"。我们应当从中国国情出发，吸取西方教育中先进的、科学的东西，来加快我国的教育，特别是基础教育的改革和发展，其中，我认为最值得借鉴的也是最重要的是教育观念的更新。在这次美国访问考察中，几乎每一位美国校长在介绍他们学校时，都要提到他们培养的学生要具有超前意识、领袖意识及某一方面的领导能力，当时我们考察团成员听了都感到吃惊。大家讨论说，培养一个中学生的领导能力要求太高了吧！后来慢慢了解到，这是西方教育重视培养学生能力的一种体现。在西方教育理念中，知识是重要的，但更重要的是应用知识的能力，包括动手能力、解决问题的能力以及做事的能力，如组织能力、合作能力、处理公共关系能力等等。美国作为世界唯一的超级大国，自认为已经占有世界领先地位，因而对他们的学生提出培养领导能力要求就不足为怪了。我们在参观考察中学时，还深入到课堂听了几节课，观察了他们的教学过程，发现他们在教学过程中十分重视学生自主性和个性的发挥，积极引导学生讲出自己的想法和意见，学生在这种宽松活跃的教学氛围中显得十分主动和自信。另外，这些学校开设的艺术课、工艺课以及社会实践活动都很有特色，都贯穿着培养学生能力、个性、特长的教育观念。当我们看到学生们制作的精美陶瓷作品、4米长的小木船，以及与企业或公司合作写的论文或设计方案时，我们都为这些学生的健康成长而高兴。

我们在参观华盛顿一所私立中学时，遇到一位华人女学生，由于这个学校只有她一个人懂中文，故校长让她来接待我们并兼当翻译。她说她是北京和平里中学的学生，随父母来美国读书，一开始在一所公立中学读高一，发现公立学校师资不如私立学校强后，转到私立学校念书，每年要交1.5万美元的学费，现在正在念高二。我问她："对比在北京和华盛顿念书，最大的不同是什么？"她说："最大的不同是教学要求上不同。"我又接着问："能否讲得具体点？"她说："在北京念书的时候，老师讲了许多知识，都要让我们记住，并通过作业、考试达到记住知识的目的；在华盛顿念书，老师也教许多知识，但这种要求不高，他们要求的是如何运用这些知识，老师布置的作业及考试都是为了提高这种运用知识的能力。"我听了后觉得这个女孩子讲得有启发，于是进一步问道："你能否给我们举个例子呢？"她说："可以。"于是，她列举了刚到美国来时上的一堂数学课，老师讲的是概率统计一节，老师讲基本概念和计算方法时，是通过一个实例来讲的，让她觉得概率统计并不枯燥。布置作业时，老师没有像中国那样，给你带一组数据的题去练习，而是让她计算乔丹投篮的概率。她说："当老师要我做这个作业时，我对老师说我不会，乔丹的情况我也不了解。老师说你可以上网查呀！于是我就利用课余时间上网查并收集许多资料，然后再按照学习的知识进行数据处理，最后还是算出来了。"我又问她："通过这种真实的演练，你有什么收获？"她说："我不仅学到了概率知识，而且可以预测某一球队的进球数。"她开玩笑地说："如果乔丹到北京赛球，我只要知道那天的时段、温度、湿度、对手水平以及乔丹的情绪值等可变因素，我就能测算出乔丹的进球数。"我接着问道："概率达到多少？"她说："能到 90% 吧！"听到这里我立即感悟到，重能力和综合素质培养的教育理念，带来的效果是把学生塑造成知识的主人，成为具有动手能力和创新精神的新时代的主人。

西方教育重能力提高、重个性、重特长发展和重综合素质培养的教育理念，除了体现在课程设置、教学过程、课后作业和课外活动中外，还体现在教学评价和高考制度中。他们也有各种各样的考试，也要记分数，但他们把学生的考试成绩只作为对学生评价的一个重要方面，把分数视为高考录取的一个参考值，而不是唯一的分数线。在美国访问考察过程中，我们听到一个关于高考录取重能力重综合素质的案例。有两个学生的英语 SAT 成绩差不多，而数学 SAT 的成绩分别为 760 和 730，相差 30 分，而某著名高校录取参考分数值是 740 分。按照中国高考制度，肯定是录取成绩高的，但这个案例中恰恰是成绩低的被录取了。其原因是他们对学生的评价更看中学生的能力，那位成绩低的学生在自荐材料里介绍了自己参加社会实践活动时，充分发挥主观能动性，创造性地完成了任务，并取得了杰出的成绩；那位成绩高的学生在自荐材料中缺少展示自己才能的资料，该校招生办最终还是选择了能力强的学生。这种重能力的评价和高考制度，指引着整个西方教育的发展，使培养的学生具有较强的综合素质和开拓创新的品质。一位中国高中学生在美国留学一年后，通过他自己的亲身体验和感受，总结出由于教育教学评价的不同导致了中国学生和美国学生品质特点的不同和差异。

中国学生	美国学生
勤奋、踏实、严谨	独立、创新、有个性

中国学生和美国学生之间的差异，正是中西方教育理念差异的反映。为了适应时代发展的要求，我们中国教育应该吸取西方已被证明是先进、科学的教育理念及其教育教学经验，加快中国教育改革的步伐，以期培养出适应时代需要的人才来，这也是我们这次访美考察团成员的一种共识。在访问考察团的总结会上，许多校长除了谈感受、讲收获外，还提出积极建议，希望能在中国建设一所体现新的教学理念的高中，并一致认为最有条件可以进行实验的是北大附中，并表示各学校愿意支持这种改革实验。我听了也很振奋，这个建议一方面说明大家通过这次赴美考察确实收获很大，而且已不局限于口头议论，是到了要真正行动的地步了；另一方面也反映了大家对北大附中的期望，希望北大附中能带这个改革之头，能在教育教学改革中先走一步，走好一步。按照预先设计好的程序，在大家总结座谈收获的基础上，由赴美考察团副团长周洪森校长完成了《全国中学教育科研联合体第一批校长赴美教育访问考察报告》，并在科联体通讯上全文刊登，向200多个成员校校长传递这次访问的收获和信息。我也在北大附中干部会和教职工大会上讲了我的赴美考察体会。另外，根据访问考察团校长们的建议，我组织了一个小组就借鉴美国高中教育成功经验，结合中国实际情况，深化育人模式改革进行了深入广泛的研究，最后形成了《创办四年制高中，构建新型育人模式实践方案》。该方案在培养目标、课程设置和评价指标及方法上都有许多新思想和新理念。为了使该方案具有可行性，我们这个研制小组还写出了《北大附中创办四年制高中构建新型育人模式论证报告》。后来由于多种原因，这个改革方案未能付诸实践，对此，我感到莫大的遗憾。

五、整合教育资源 发展教育事业

压在中学校长身上的三座大山之一是经费短缺。我刚到北大附中当校长时,财务室给我的报表是赤字达500万元,这就是说北大附中要盖楼、要装设备、要改善教职工待遇,不但没有钱,而且还欠工程款500万元。巧妇难为无米之炊,没有钱事情就难办,甚至不能办。钱已经成了制约北大附中发展的另一个瓶颈。

北大附中属于教育部拨款单位,由于这种财务拨款体制的特殊性,北京大学原则上不再给教育经费,北京市和海淀区也不给拨款,而教育部拨款又很少,只相当于北大附中年度财务预算的20%左右,剩余的80%经费,约1500万元左右完全要靠学校自筹来解决,显然难度是相当大的。难怪过去进行的一些工程款由施工单位垫支,使欠款额达500万元了。为了解决经费短缺,历任校长为此也费了不少心思,下了不少工夫。但由于经费缺额太大,学校自筹能力有限,因此成效并不显著。北大附中也曾办过三个校办企业,一个是高压电检测器厂,一个是出租汽车公司,还有一个是经贸公司,由于缺乏资金、缺乏技术,学校又没有精力去经营,效益都不好。我担任校长后,经过充分调研,并经校长办公会讨论同意采取转让、承包等方式,使学校从中解脱,同时也收回了部分资金。20世纪80年代在全国兴起的中小学校校办产业差不多都经历了同样的命运,最后几乎都办不下去,陆续转让、关闭,从学校剥离出去了。后来,随着人们对教育的重视,许多家长千方百计把孩子送到重点中学,不惜付出昂贵的择校费、借读费等,许多重点中学虽然收取不少这种高价生费,缓解了学校经费紧张的状况,但也带来了许多负面影响。一是家长有意见，有些家长并不太富裕，拿那么多钱为孩子上学也不完全心甘情愿，表面上求学校表示愿意多交点费，可心里却在骂学校；二是学校教师有意见，由于交费生大都属于考分不高、学习不是太好的学生，进校后经常是跟不上班级，给老师教学带来困难，有些学生纪律也比较差，更是让教师不满意；三是怕学校背上乱收费的罪名，虽然采取捐资助学美名来移花接木，但作为校长心里也总是在打鼓，生怕教委、工商、物价、税收部门来查，新闻单位来曝光。真是左也不是，右也不是，到底用什么办法来解决北大附中经费严重短缺的棘手问题呢？我又陷入了沉思。

1998 年 5 月北京大学一百年校庆的前夕，曾在北大就读的一位学生来到学校，他听说我在北大附中当校长，便向我问了许多中学教育的情况，当我谈起正为经费短缺苦恼时，他却若有所思地对我说："赵老师，我给您出个主意，您看好不好？"我忙说："什么主意，你快说。"他说："其实您是手端金饭碗却没有饭吃。"我说："你说得具体一些。"他说："其实，我国优质教育资源非常紧缺，如果通过资源整合，形成教育产业，合理地获取回报，北大附中经费短缺问题不就可以解决了吗？"我一听觉得很有启发，但怎么搞教育产业、怎么经营，我心中无数，我请这位学生帮我策划一下，并搞个方案来，我们再仔细商量一下。一周后，他给了我一份"关于组建北大附中教育投资有限公司"的方案，我看后觉得很有思路，又提出一些具体的修改意见，就形成了一个发展北大附中教育产业的意见。

在北大附中发展教育产业，创建北大附中教育投资有限公司，一是要在校级领导班子中达成共识，二是要报北京大学主管部门批准，最后还得在北大附中教职工中进行宣传和说明，取得大家的支持，因此筹建和准备工作困难还是相当多的，但是为了北大附中的发展，也为了探索新的筹资渠道，再困难也要去做，至少可以去尝试一下。于是，我马不停蹄地开始了准备和筹建工作。我首先把校办主任抽出来参与筹建工作并组成筹建小组，包括起草公司章程，准备相关报批材料等；同时又召开领导班子会听取有关问题的介绍和汇报。经过多次认真讨论，我又向分管北大附中工作的北京大学主管领导汇报并听取他的意见。他经过与北大校产办商量后，给了我一个正式答复意见：同意北大附中发展基础教育产业，并成立教育投资有限公司，但必须坚持两条原则：一是北大附中只以无形资产入股，不投资；二是北大附中要控股。这两条原则成为后来北大附中发展一系列教育产业项目的基本原则。北大这位毕业生通过他朋友的关系，引进了 500 万资金与我们合作，我们又从北大房产处开具房地产证明，这样一切基本就绪后，就进入向北京市工商管理局报批的最后阶段了。

1999 年 10 月，这是北京的金秋时节，我从美国出访回国，筹建组的老师就兴奋地告诉我："我们的申请已被市工商管理局正式批准，要法人代表亲自去取营业执照。"于是，我和筹建组几位同事共同到市工商管理局，正式取回了北大附中教育投资有限公司的营业执照正本和副本。我们当时非常兴奋，并高兴地做了分工。三天后，这个分工意见经北大附中校长办公会批准，并同意给教育公司提供几间办公室。我对公司负责人说："万事开头难，希望你们发扬艰苦创业的精神，从一开始就给公司立下好的规矩，建立起好的作风，北大附中将全力支持公司工作的开展。"公司负责人先后提出了几份公司发展的计划和意见，我都仔细阅读批复了。转眼就到了 2000年 2 月份，快过春节了，公司还没有动作，于是，我把公司负责人找来询问情况，他也讲了许多困难和问题，我明确向他指出："有困难不可怕，可怕的是老是犹豫不决，不采取行动。"后来我发现，这位公司负责人很聪明，思维也很敏捷，规划和计划也很有水平，但缺少企业家的魄力和雷厉风行的作风，加上他引进的 500 万资金全是从朋友那里借来的，他生怕有闪失对不起朋友，故十分谨慎。这是导致公司迟迟不能正式启动的重要原因。人才是多种类型的，有的人适合搞策划，有的人适合去实施，要求一个人十全十美，实际是一种苛刻的人才观，也是不切实际的人才观，发挥特长、扬长避短才是科学的也是符合实际的人才观。这位公司负责人是北大毕业的研究生，他的知识和策划能力都很强，但由于缺乏实际锻炼，加上比较内向的个性，放到总裁位置是难为他了，为了北大附中教育产业的发展，重新找一位总裁势在必行。

春节吃团圆饭的时候，孩子问我："爸爸，听说您成立了教育公司，怎么样？"我说不用提了，我正犯愁哪里去找一位公司总裁呢。我说者无心，孩子听者有意。过了几天，孩子让我见一个人，说这个人是他同学的朋友，听说北大附中教育公司缺总裁，他想加盟。我听后说："就约他见见面吧。"记得，在一个晚上，我同这位年轻人见面了。他就是后来领导北大附中教育产业走向辉煌的林浩。

林浩是一位高个子、很有气质的年轻人，当时才 32 岁，比我孩子只大一岁。十年前毕业于上海同济大学房地产专业，分配到北京一个机关工作，看到机关人浮于事、效率低下，就辞职到一个房地产公司从职员岗位做起，由于勤奋刻苦、兢兢业业，业绩突出，不断提升到公司副总位置。他在十年实践中，不仅积累经验，也积累了一笔资金。由于他爱人是一名教师，他对教育情有独钟，一直想转向教育事业，做一项他喜欢而且有深远意义的事业。所以，一听他朋友介绍北大附中教育公司情况，就抱着很大的热情和决心来跟我谈合作的事情。我通过与林浩的交谈，以及后来的了解、观察，认为他是公司总裁的合适人选。而且他还提出，为了把教育产业做大，他建议把公司注册资金提高到 3000 万元，北大附中仍然控股。

后来，经北大附中校长办公会讨论同意，公司进行调整，提高注册资金，批准由林浩出任总裁，原来公司负责人任副总裁。公司调整的具体工作由林浩去处理。到 2000 年 4 月，公司调整工作全部完成，并搬进了南门东侧腾出来的一栋小楼，同时引进了十多名年轻有为、朝气蓬勃的公司员工。

机遇总是为有准备的人提供的。正当北大附中教育投资有限公司作好资金、人员和企划准备的时候，机遇就来了。2000 年春节后，深圳教育局提出要引进优质教育资源来加快深圳市基础教育发展的战略，深圳市几个区的教育局都先后派人来与北大附中洽谈合作办学校的事项。经过我们初步调研，认为深圳市南山区条件最好，作为第一候选合作对象。过去在外地办分校都是校长亲自抓，不仅耗费校长大量时间，而且还有许多工作顾不上做，导致留下很多后遗症。我的前任创办北大附中汕头分校，和我创办的北大附中湖南分校，都是由于没有专门队伍管理，又没有那么多精力去顾问，所以即使分校建立起来了，但监管处于不力状态，许多问题又得不到及时解决，导致分校办得不理想。当时我就想如果有一个机构来操作该多好啊。但是，由于北大附中人员编制十分紧，骨干教师必须安排在一线教学岗位上，很难抽出人力去监管分校，真是心有余而力不足啊！现在，成立的教育投资有限公司，有了一批既不占北大附中编制，又专门从事发展教育产业的人员，而且这批人员年轻有为、朝气蓬勃，把分校的创建和发展交给他们是可以放心的。于是，我把林浩总裁找来，对他说："林浩，我把创办北大附中深圳南山分校的项目交给教育公司来操作，并作为教育公司的第一个启动项目，希望你们精心设计，细心操作，保证教育教学质量，不仅不能给北大附中抹黑，而且要创出品牌，成为既具有北大附中特点，更具有自己特色的名校。我代表北大附中与南山区教育局签订合作协议，但在协议中明确委托北大附中教育投资有限责任公司来实施和管理，而且根据需要，我会派部分北大附中师资予以支持。"林浩明白我的意图和要求后，便率领公司精兵强将从 2000 年 5 月奔赴深圳南山区开展了一系列的创建分校的工作。

北大附中深圳南山分校选址在南山区前海社区，这里新建了大面积的居民楼群，按照规划，在这样大的居民住宅区内要建设相应的中小学。传统的做法是房地产开发商建完配套的中小学校舍后，就交给当地政府，由教育局投入设备，派出校长、教师，并管理这类学校。我在和深圳南山区政府和教育局的主管毛区长和贾局长商谈合作时，他们说："办基础教育也要突破原有的机制和体制，我们实施引进优质资源、依托名校办学的战略，就可以加快我区教育的发展，也让当地孩子尽快享受优质教育。"接着毛区长说了一句让我十分赞赏，从而使我下决心在深圳南山区办学的话，毛区长说："我们欢迎北大附中在这里办学，实行的是'不求所有，但求所在，为求发展'的方针。"我听后很高兴地说："毛区长，有你们这种高瞻远瞩的方针，我想我们的合作一定能成功。"后来，我把毛区长的这段话给北京市海淀区的区委书记朱善璐（后任北京市常委、教工委书记）说过，我说："善璐（他在北大工作时，我就这样称呼他），你看人家深圳人站得多高，对比我们海淀区，尽管北大附中坐落在海淀区，并为海淀区服务，却得不到海淀区所属学校的同等待遇，经常听到有的领导说我们海淀学校、他们北大附中，要分出个所属的不同。"朱善璐听完我的话后，马上说："赵校长你放心，我们海淀区也完全同意这个理念。"后来的事实证明，在南山区办北大附中分校和由北大附中教育投资有限公司来承办是正确的决策。从 2000 年 9 月开学，发展至今天，在校学生 2500 多人，教职工 300 多人，已经成为当地一所教育教学质量一流、特色突出、口碑很好、深受家长欢迎的学校，许多教育专家去考察后都说："这是优质教育资源整合和加快教育发展的一个典型。"北大附中深圳南山分校，是在政府基本不投入的情况下发展起来的，更为可喜的是，现在已进入良性循环，不能不说这是北大附中发展教育产业取得的成绩。

后来，北大附中教育投资有限公司按照深圳分校模式，先后在广东广州、云南昆明、四川成都、重庆等地办了分校或实验学校。几年来这些分校和实验学校发展都很快，都对当地的教育发展起到了积极的促进作用，受到当地教育局、家长和学生的好评。同时由于实行的是民办管理机制，也积累了一定的资产，每年按规定给北大附中一定的经济回报。

北大附中教育投资有限公司在北大附中的支持下，在总裁林浩的领导下走上了快速发展的轨道，除了有计划、有步骤地办了几所分校或实验学校外，还提出了发展远程教育即办网校的想法。一开始我还有些犹豫，认为办网校需要更高的技术和资金支持，不那么容易，何况101网校、四中网校已经办了多年，我们再办能办好吗？能办出自己的特色来吗？后来，林浩率领他的团队进行了广泛和深入的调研，并写出可行性分析报告，我仔细看后，觉得网校空间很大，市场前景很好，表示可以筹建。在经过与联想集团洽谈共同来创办网校后，我的顾虑打消了，联想集团看好远程教育市场，决心从技术和资金两方面予以大力支持，最后我们商定成立北大附中联想远程教育有限公司来承办网校的方案，这个方案经北大附中校长办公会讨论同意后，我们正式签署了合作协议书，并于2000年12月底在北京知春路翠宫饭店举行了隆重的北大附中网校开通仪式。当我代表北大附中，刘晓林代表联想集团，在北大附中网校开通仪式上讲话并按开通电钮时，我的心情也是非常激动的。回想起当年我主动找北大方正集团董事长谈合作创办教育产业遭到的冷遇，回想起北大附中一部分干部和老师对发展教育产业的不理解，再看看现在不仅分校办得那么成效显著，网校也正式开通了，方正集团新任董事长还主动打电话希望与他们合作，北大附中通过创办教育产业收到社会效益和经济效益双丰收的效果，想到这些我怎能不激动呢？我是一个要么不办，要办就要把事办成、办好的人，既然网校已经开通，就要把北大附中网校办成最好的网校。于是，我在校长办公会上、在教研组长会上、在学校教职工大会上，动员大家要支持网校工作，让北大附中优质教育资源在全国传播得更广，让广大青少年能便捷地享受到北大附中优质的教育资源。我还特地派北大附中副校长、特级教师张思明兼任北大附中网校校长，并决定由北大附中各学科教研组长兼任网校教研组长，负责网校教学把关工作，还成立由退休特级教师、校长顾问陈育林老师和附中信息中心主任组成的网校教学管理组来组织相关教学工作。在北大附中的大力支持下，在网校团队的共同努力下，网校迅速发展。三年时间内，全国就有1000多所学校加盟北大附中网校，许多媒体惊呼："北大附中网校后来居上，天、地、人三网合一，特色突出，引领中国基础教育远程教育的发展。"北大附中远程教育取得了突出的成绩。

北大附中教育产业继创办分校或实验学校、开通网校发展远程教育成功之后，又开始进军社区教育。经过调研和协商，并报海淀区教委批准，在海淀区高档住宅小区万柳社区建立了北大附中万柳社区教育中心。这个"始于零岁，伴你终身"的社区教育一出现，就立即受到当地政府、社会的关注，住地家长争着把孩子送来上幼儿园，中小学生放学后到这里来参加各种兴趣活动，成人来这里学习技术或开展各种文娱活动。中央提出的科学发展观、构建学习型社区的理念在这里得到体现，许多专家和参观考察者对这个社区教育中心崭新的教育理念和突出的办学特色以及细致而温馨的教育服务予以高度赞赏，许多大城市的相关领导和或主管表示要引进北大附中教育公司创立的社区教育模式，除了深圳市已经引进外，重庆市及其他一些城市已经进入筹建的阶段。我相信社区教育发展的前景也是十分广阔的。

经过几年的努力，北大附中教育产业逐步形成比较成熟的思路和格局。首先要办好三类教育：一是以举办分校或实验学校为代表的基础教育；二是举办网校为代表的远程教育；三是举办社区教育中心为代表的社区教育。在办好这三类教育的基础上，进行深层次的开发，包括教育模式的开发、课程的开发、师资培训、国际合作办学等一系列的教育资源的整合，形成高层次、高质量、高品位的教育产业。这种教育产业，在追求良好的社会效益的同时，也获得良好的经济效益。产业有了经济效益，就会给北大附中稳定的经济回报。这几年的实践证明，北大附中通过发展教育产业，不但促进了学校教育教学的发展，而且也获得了可观的经济回报。我相信，思路就是出路，只要思路正确，统筹兼顾，提高学校教育教学质量和发展教育产业，不但不矛盾，反而是相得益彰、相互促进。

思路决定财路。如果能根据学校自身的特点形成一个解决经费缺口的好思路，中学经费短缺的财路就有了。当然，基础教育经费的主渠道仍然是靠政府，特别是义务教育阶段应当是政府买单。随着我国经济实力的提高和全社会对教育的重视，我相信中学经费短缺问题会逐渐缓解和解决。但是，也要看到中国是穷国办大教育，恐怕教育经费的真正缓解和解决还是一个相当长的过程。利用学校的教育资源优势，通过整合、优化、辐射、创办教育产业来发展教育，应当说也是一个相当不错的思路。从一定意义上来说，要当好中学校长，除了要学会领导、学会管理外，还要学会经营。如何经营好学校，就成了我们中学校长新的课题，也是不得不面对的课题。

六、构建最好教育　适合学生成长

　　"择校热"成了眼下基础教育中一道"时髦"的风景线，许多家长不惜人力、物力、财力，千方百计地想把孩子送到"名校"学习。我曾问过一位家长："你为什么非要把孩子送到北大附中来学习呢？"这位家长毫不犹豫地回答说："为了让孩子受到最好的教育！"在家长心目中，似乎孩子上了北京四中、北大附中、人大附中这样的名校，孩子就能享受到最好的教育。这种想法，其实有一定的误区，误区就在于对"什么是最好的教育"的理解上。

　　"什么是最好的教育？"我询问过许多人，包括许多家长、教师和一些专家、教授，回答虽说各式各样，但大多是围绕"有好教师、好校风和好环境"这些基本条件考虑的，这样的回答我总觉得不够准确，也不够深刻。后来，我在处理北大附中教工子女上学问题时受到了孩子一句话的启发，使我对这个问题的认识大大前进了一步。

　　事情是这样的：1999年暑期，由于北大附中高考成绩突出，慕名而把孩子送到北大附中的家长特别多，校长在招生期间显得特别忙碌。这时，北大附中有两位教工先后找到我，希望我能照顾他们的孩子入附中学习。经过了解，这两个孩子中考成绩很低，连北大附中照顾子弟分都不够，因此，我未同意入学。这下家长急了，说什么"过去校长都能照顾，为什么你非要卡呢"？我说："我是搞教育的，根据我多年的教学经验，如果学生之间差30分以内，可以在一起学习，而且一些分数低的学生也可能学得很好，但是如果差70分甚至更多，还要坚持在北大附中学习，这不仅违背了学校的有关规定，而且对孩子学习也是不利的。"尽管我讲得有道理，但他们仍然坚持要让孩子在北大附中上学，这下给我出了道难题。我想了想后说："能不能这样来处理，把孩子转到北大附中香山分校去学习，因为香山分校平均比北大附中低 50 分以上，在香山分校学习对孩子成长有利。"我说完后，他们还不表态，似乎还有些担心，于是，我又接着说："如果孩子在香山分校学习觉得'吃不饱'，还有余力，我承诺可以转到北大附中来学习。"可能是我的承诺打动了家长的心，一位家长马上表示同意这样的安排。另一教师却坚持己见，由于是借读生，我只好按借读生办法安排他在北大附中试读一年。

凡事都有规律。符合规律的事一定能得到发展，违背规律的事早晚都会受挫，以至于失败，教育也是如此。到 2000 年 7 月，1999—2000 学年度结束了，教学处主任告诉我，那位坚持要在北大附中试读的借读生，学年考试成绩有五门不及格，明确表态不愿意在北大附中念了，这个学生还说："北大附中不适合我。"而那位转到香山分校学习的学生情况又怎样呢？我找到他父亲，也就是那位让我照顾的北大附中教工，他告诉我他儿子学得不错，也很主动，不仅进了香山分校的前 20 名，而且还当上了学生会副主席，得了奖学金。我对这位家长说："请你向他转告，校长祝贺他取得的成绩，同时问他还想回北大附中学习吗？"过了两天，这位家长告诉我说："我儿子说了，他不转了，他还说香山分校适合他。"后来听说这位孩子一直学习不错，考上了比较理想的大学，后来又考上了科学院的博士。

什么是最好的教育？上面两位学生不约而同地用他们自身的发展回答了这个问题，那就是：适合学生成长和发展的教育才是最好的教育。这种回答之所以具有深刻性和全面性，我认为它突出了两点，一是教育的主体性，二是教育的发展性。学生是受教育的主体，看一个教育好不好，自然要看受教育主体的状况，学校的教师、环境、条件等这些客体再好，而学生主体并未受益，那么相对于主体学生来讲，仍然不是最好的教育。受教育主体是否真正受益要看他们是不是真正健康成长和主动发展了，而不是只看他们表面学了多少东西；老师讲的知识再多、再深，学校管得再严，要求再高，而学生身心未真正健康发展，也不能说这种教育是最好的教育。"适合学生健康成长和主动发展的教育是最好的教育"，这一认识对于我们从事教育工作的每一位校长、教师和教育工作者来讲，具有十分重要的意义。

首先它让我们懂得，学校要办成最好的教育，就要积极创造适合学生健康成长和主动发展的良好条件和环境。对于广大青年学生，特别是那些未成年的中小学生，正处于身心成长和发展的可塑时期，环境和条件的影响十分显著。这里不仅有看得见的硬环境，更有看不见的软环境，特别是校长、教师的教育观念及反映在教育教学及管理中的种种言行，对学生的潜移默化作用是不可低估的。北大附中有一位被学生称为"圣母"的女教师，她是学科教师兼做班主任，她每带一个班，这个班就充满着团结和谐的氛围，师生关系融洽，全班朝气蓬勃，学生身心都得到发展，大家都为成为这个班的一员而自豪。为什么这个班有这么大的吸引力？为什么学生个个心情愉悦？原来是班主任老师倾注了无限的爱，用了大量时间和同学们交谈、交流、交朋友，并通过组织各种健康有益的活动，为全班营造了一种平等、宽松、敢讲真话、互相尊重、彼此关心的优良环境。为了感谢这位女教师的关爱和付出，学生们把"圣母"这个最神圣的称号送给了他们爱戴的老师。但是我们也不能不看到，有个别教师，教育观念落后，对学生不尊重，以"分"看人，甚至冷语伤人，影响学生健康成长和主动发展。教育确实是一把双刃剑，它既可以为学生的健康成长和主动发展提供良好的环境和动力，也可能由于学校和教师教育理念和教育教学方式滞后等原因，在无意之中就阻碍甚至扼杀了学生健康成长和主动发展的积极性和自信心。

其次，它促使我们学校通过教育改革及各项有效措施，大力发展学生的品质、智能、特长和个性，培养和调动学生健康成长和主动发展的积极性，充分发挥学生主体发展的潜力。这样，学生才能享受到最好的教育。其实学生的潜能是很大的，"脑科学"告诉我们，人脑的神经细胞约达 140 亿个，我们平常人只使用了 3%~5%，也就是说还有 95% 以上的脑神经细胞以及整个右脑都在等待开发利用。如果全部开发出来，信息存储量可以达到 1000 亿单位，相当于 50 个北京大学图书馆书籍的信息量，而一个北京大学图书馆就藏有几百万册图书啊！由此可见，人脑的潜力是多么巨大。美国哈佛大学心理学家加德纳教授在 1983 年提出了著名的"多元智能理论"，该理论认为人的智能是多元的，至少由 8 个方面组成，我们通常评价一个学生成绩好不好、聪不聪明，实际上只用了其中两项，即语言表达智能和数理逻辑智能，而学生的其他智能，如空间智能、人际智能、内省智能、自然观察智能、体育运动智能和音乐智能等常被忽略，特别在"应试教育"只看考分的情况下，更是受到排斥和贬低，而这些智能对于一个人的成长、成才及成功都是十分重要的。华裔科学家、诺贝尔物理学奖获得者丁肇中教授一次到清华大学讲学，一个学生向他提了一个很有趣的问题，这位学生说："请问丁教授，您是如何看待学生学习成绩的呢？"丁肇中教授的回答也很巧妙，丁教授说："据我所知，到目前为止，全世界获得诺贝尔物理学奖的有 90 多人，其中没有一个是学习成绩第一、第二名的，但学习成绩为最后几名的倒是有。"丁肇中教授本人凭借他大量的艰苦实验工作和敏锐的观察能力，1974 年在物理实验中发现新"夸克"粒子，后来荣获了诺贝尔物理学奖。但丁肇中小时候学习成绩并不是很好，很爱玩。丁肇中教授的成功，再一次说明大力培养和发展学生多种智能的重要性。尽管整个基础教育还脱离不了"应试教育"的严重影响和束缚，许多学校为了让学生获得高分，学校有高的升学率，不惜牺牲学生的健康成长和主动发展。在北大附中，由于有北京大学的传统精神的影响，有一大批教育观念先进的优秀教师，情况要好得多，比较重视学生个性、特长的培养，潜能的开发和全面发展。最典型的例子是有一位高中学生，学习成绩一般，尤其是数学、物理比较弱，按照传统的教育观，这位学生不属于聪明的学生，要考一个重点大学都有困难，但是这个学生特别喜欢植物和摄影，经常带着相机到大自然中去，把喜欢的花草拍下来。有一天，他给一棵"十字花科"植物拍照时，发现它的叶子长得和书上及老师讲的不一样。通常情况下，我们观察到的植物在生长过程中，总是下面的叶子大，上面的叶子小。但许多植物，比如烟草，我们希望它上面叶子大，下面叶子小。因为如果下面叶子大，离地面太近，容易长虫，容易腐烂。但生物学上讲的"顶端优势定律"认为这是不可能的。"顶端优势定律"告诉我们：植物在生长过程中，顶端有一个生物场，离顶端越近，生物场越大，排斥力就大，叶子也就不易长大；离顶端越远的地方，即离地较近的地方，生物场弱，排斥力弱，叶子容易长大。这位同学把摄下来的照片带回学校并询问生物课老师，北大附中的这位生物课老师采取了一种鼓励和引导的态度，对他说："你再去观察观察，看还有没有类似的情况。"这位学生又利用周六周日到大自然中去寻找，后来，先后观测到至少有五种"十字花科"植物都出现这种"反常"现象。北大附中的这位生物老师认为这位同学观察到的现象很重要，于是立即找到主管科技教育的张思明副校长，向张校长汇报了情况，张校长很快找到我，问怎么处理这件事。我们经过商量，决定首先进行文献检索，看这种现象是否是属于第一次发现，如果是首次发现，在进一步研究的基础上写成论文发表。我当时还表态说："学校支持这位同学的行为，到科学院情报所进行文献检索的费用由学校来承担。"我记得后来花了 1680 元，完成"检索程序"，确认属于首次发现。在老师的指导下，这位学生写了一篇题为"十字花科植物违反顶端优势定律现象的研究"的论文，并获得全国中学生创意大赛的奖励。这种违反顶端优势定律现象的发现虽然与获得诺贝尔奖的杨振宁、李政道两位华裔科学家发现违反宇宙守恒定律现象不能相提并论，但它告诉我们，我们的学生确实具有很大的潜能。我们每一个教育工作者应当用正确的理念、积极的态度和科学方法去爱护、培养和开发他们的多种智能，只有这样去做，我们学生接受的才是最好的教育。

我始终认为，要构建最好的教育，我们每一位校长、教师和每一位教育工作者，必须本着对学生终身发展负责的精神，大力培养学生可持续发展的能力。但是，看看眼前许多学校的教育，急功近利、揠苗助长，畸形发展现象十分严重，他们把基础教育的三大功能——"人生的奠基教育、升学的准备教育和进入社会的指导教育"，畸变成了单一的"应试教育"。这样的教育让学生失掉了学习的兴趣，使学生缺乏继续学习的动力，使学生的潜能得不到开发，个性、特长和多种智能得不到发展。接受这样的教育，学生难以获得可持续发展的能力，没有可持续发展的能力，也就缺乏创造力，更不用说是竞争力了。这就是我们为什么培养了大批的大学毕业生、研究生，但优秀人才却又很匮乏的一个重要原因。我第一次去美国进行教育考察，听到这样的案例，说的是我们国内某一重点大学少年班的一名学生，天资聪明，13 岁进大学，17 岁毕业，考托福和 GRE 成绩都很优秀，被美国一所名校录取读研，并兼助教，由于他辅导的美国大学生无论是年龄还是个头都比他大，因此当地报纸评论说：中国"神童"来美教大学生。十年过去了，这位学生虽然也获得了博士学位，但在科学研究上却没有什么突出的成绩，于是当地报纸又评论说：中国的"神童"缺乏创造力，缺乏可持续发展能力。对于这种现象，美国迈阿密大学华裔博士黄全愈教授有一个分析，他认为我们中国教育由于还没有完全形成适合学生健康成长和主动发展的条件环境，而更多的是跟着中考、高考指挥棒走，结果是"把聪明的孩子培养成了高分的考生，而不是培养成智慧的学生"。高分的"考生"，成绩可能很优秀，但缺乏创造能力，缺乏可持续发展能力；而智慧的学生，学习成绩不一定最好，但是他们身心健康，思想活跃，具有较强的创造力和发展后劲儿。诺贝尔奖获得者、华裔学者李政道教授有一句至理名言："培养人才最重要的是创新能力！"恐怕我们中国教育在这方面还有相当的差距吧！我第二次去美国进行教育考察时，就想从美国教育那里了解他们是怎样构建适合学生发展的教育的。在考察哈佛大学时，他们传递给我们这样一种理念和认识："最有价值的知识是关于学习方法的知识，方法的优劣决定着一个人学习的成败。"他们还认为："在学习中重要的不是你掌握了多少知识，而是你掌握了多少获得知识的途径与方法。"为了让哈佛大学的学生能更多地掌握获得知识的途径与方法，他们很重视案例教学、研究性学习、实践活动以及学生和教师的平等交流、研讨等互动环节。他们还提出：培养学生"不在于博闻强记，而在于开发全脑"。被称为"哈佛的摇篮，天才的熔炉"的美国道尔顿中学，把"发掘孩子的潜力，培养孩子的自信，使其成为一个独特的、不可替代的、充满创造力的人"作为学校的办学理念，通过"道尔顿教育计划"为每一个孩子设计了培养可持续发展能力的学习方案，使每一个孩子都能健康成长和主动发展，不仅全部能考上哈佛、耶鲁这样的一流学校，而且打下了成才、成功的基础。

到美国的两次教育考察以及到欧洲其他国家的教育考察，使我更加坚信，创造适合学生健康成长和主动发展的教育，才是构建最好的教育。

构建适合学生健康成长和主动发展的教育，北大附中是有一定的经验的，许多做法也是有效的，只不过我们需要更加自觉、更加广泛地进行。比如说，对于学习能力相差较大的学生实行分层次教学就是一个很好的例子。虽然从整体上来讲，北大附中的生源是比较好的，但是由于种种因素，学生之间渐形成了 A（上）、B（中）、C（下）三个有明显差异的层次。如果 A、B、C 三个层次的学生在一起学习，固然有相互带动积极的一面，但 A 层次"吃不饱"，C 层次"吃不了"的现象，将变得越来越严重，导致 A 层次学生带动 C 层次学生的提高很困难，而 C 层次学生影响 A 层次学生提高的负面作用却很明显，结果是 A、C 层次学生都难以主动发展。许多学校的经验证明，针对这种情况，实行分层教学是有效的解决办法。我在大学教生物系学生的基础化学时，一开始七个专业的两百多人在一起上大课，不久就出现了不同的声音，有的学生说："老师您讲得太快了，我有些听不懂。"但也有学生说："老师，您可以讲得再快一些、深一些。"作为教师，一般都是针对中上等学生来安排教学进度和难度的，很难完全照顾到两头，如果两头学生人数少，问题还不大，如果人数多了就难办了。于是，我就建议将平均分在630 分以上的生化专业和医预专业（协和医科大学预科班）学生分在一个班成为 A 层次，其余的五个专业平均分在 560~600 分的学生分在一个班作为 B 层次。自从采取这种分层次分班级上课后，"吃不饱"和"吃不了"的现象就大大减少了，绝大多数学生学得都比较主动，教师教学也比较轻松，因而效果也比较好。分层次教学的实质就是为学生创造适合主动发展的平台，也就是因材施教教学方法的具体运用。但是，在中学实行起来还真有难度。记得有一年，年级主任和任课老师都向我建议，针对这个年级学生之间差别较大的情况，希望采取分层次的教学方法。经过认真研究后，决定由主管教学校长及年级主任去研制具体方案，并负责落实。当分层次教学方案确定，并由各班主任开始摸底的时候，许多家长"闻风而动"，或打电话，或找学校反映，生怕自己的孩子分到 C 层次。由于反映比较强烈，我们立即进行了分析研究。经过研究，大家一致认为问题的关键是家长怕学校对 C 层次学生采取卸包袱的态度。为了体现分层次教学是为学生主动发展创造适合的平台，是对学生发展真正的负责，经商量决定，由最优秀教师来上 C 层次课，这些老师在上一个 A 层次班的同时，再上一个 C 层次班的课，并在全年级分层次动员大会上向全体同学作了详细的说明，并且允许个别同学在自己认为适合的层次上试读一个月。各学科备课组长还将教学计划、安排及要求向同学们交了底。看来，家长们也是通情达理的，动员大会后，家长们便"风平浪静"了。由于学校和年级组及各位老师的精心工作和认真教学，分层次教学取得显著的成效，原来那些学习较差的学生提高更为显著，那些学习本来就好的学生，学得更为主动，绝大多数都考上了比较理想的大学。一位家长还特地到学校来表示感激之情，因为她的孩子考上了比较理想的大学。为了更好地让学生主动发展，学校还开展了一系列研究性学习，如坚持了 22 年的语文课"小论文写作"，坚持了近十年的数学课"数学建模"，以及理、化、生等学科的"综合实验"、"微型科研"，等等。在这些研究性学习中，许多学生非常活跃，不仅兴趣浓厚，积极动手动脑，而且还培养了收集处理信息的能力，培养了科学态度和合作精神，学到了分析问题和解决问题的方法，这些对学生终身学习和可持续发展无疑是有益的。学校为了给有个性、有特长、有爱好的学生创造主动发展的空间，投入人力、物力，积极支持四十多个学生社团的活动，全校有上千学生利用课余时间到喜爱的社团去活动、去发展。北大附中管乐团、舞蹈团还先后出访日本、俄罗斯、德国、美国和香港、澳门、台湾等国家和地区，不仅演出成功，而且通过这些活动，同学们开阔了眼界，增长了见识。当我看到同学们出访回来的那种兴奋劲儿，我真为他们的健康成长和主动发展而高兴。当我得知北大、清华、北航、人大等著名学校争相录取我们这些特长突出的学生时，我更是感到"适合学生健康成长和主动发展的教育才是最好的教育"这句话的意义和分量了！

七、庆祝附中校庆　总结办学特色

　　1999 年 10 月初，一位北大附中退休老教师见到我问了一个问题，他说："明年这个时候是北大附中建校四十周年，不知赵校长打算怎么安排，我们这些离退休教师都希望好好庆祝。"我非常感谢这位老教师的提醒。一个人到了四十岁，就进入中年，中年是成熟的年龄，作为一个学校，建校四十年也应当是成熟和很有成就的学校了，所以不仅应当好好庆祝，而且也应当好好总结。于是，我回答这位老师说："请您放心，我们一定要好好庆祝，也一定要好好总结，在这方面我希望我们的老教师要多多参与啊！"从此，校庆活动就提到日程上来，成为我要认真考虑和对待的工作之一。

　　对于一项重要工作，我总是一方面自己要认真思索、反复思考，另一方面要广泛征求大家的意见，集思广益，这就是我在长期工作中形成的工作方法。如果自己不冥思苦想，就很难形成独立的见解和清晰的思路。如果不广泛征求大家的意见，或者对不同意见不认真听取，就不了解群众的真正想法，就收集不到群众中鲜活的思想和建议。听取大家意见的过程，实际上也是发动群众的过程，是调动群众积极性的过程。于是，我委托校办安排了"骨干教师座谈会"、"青年教师座谈会"和"离退休教师座谈会"等，认真听取大家对四十周年校庆的意见和建议，同时向学校教职工发了调查表，更广泛地收集大家的意见和建议。经过对座谈会和调查意见、建议的疏理，一百多条意见和建议放到了我的办公桌上。当我仔细看完这些整理出来的意见后，我的第一个感觉是：真是太好了。它不仅反映出大家对四十周年校庆的关心和重视，而且也体现了北大附中教职工的主人翁精神和高度责任感。我想只要充分地依靠大家，校庆活动就一定能搞好。我在大家建议和意见的基础上，形成了四十周年校庆活动的指导方针：隆重、节俭、特色。四十周年是大庆，必须隆重热烈，这也是大家共同的心愿；节俭是指一定要少花钱多办事，讲效率，办实事，千万不要造成不必要的浪费，北大附中也没有钱去做那些花样文章；特色是指要体现北大附中传统办学精神和办事特点，要高品位、与众不同。随着这个指导方针的形成，我又进一步思索并提出了体现特色的三个方面：一是突出主题——发扬传统，再创辉煌；二是要高品位——举办世界著名中学校长国际论坛，共同研讨中学教育的发展问题；三是充分展示——展示教师在教育、教学、教改及学生在德、智、体、美诸方面取得的成绩。有了这些思考和工作思路，我就动手起草了《北大附中四十周年校庆活动的工作意见》，并提交校长办公会讨论，经过校长办公会认真讨论、补充修改后，作为北大附中四十周年校庆的第一个文件正式下发。

按照《北大附中四十周年校庆活动的工作意见》，首先成立了"北大附中四十周年校庆筹备委员会"，由我担任主任，学校党委书记和主管后勤工作并兼校友会秘书长的副校长任副主任，委员有各方面代表12人。筹委会下设校庆办公室，聘请两位对北大附中历史很熟悉的教师任正、副主任，并配备了几名专、兼职的办事人员。1999年11月，在方针明确、机构建立、人员到位后，校庆筹备工作就全面启动了。首先，召开了由全校教工参加的动员大会，在动员报告中，除了讲清校庆活动的方针、突出的特色及要开展的几项活动外，我重点讲了要把校庆活动变成北大附中办学经验、办学传统、办学特色以及在新形势下如何发扬成绩、再创辉煌的大总结、大讨论。北大附中的办学经验、办学传统和办学特色是北大附中几代人

创造出来的，来之不易，是无价之宝，通过大讨论、大总结，不仅
能形成优质的教育资源，而且能为今后的发展打下良好的基础。大
讨论、大总结的文字成果要体现在计划出版的《北大附中教师论文
选》、《北大附中校庆纪念刊》和《北大附中学生小论文选》三本书
及纪念画册中。为更有效地领导师生的大讨论、大总结，决定由张
思明副校长和校长顾问陈建刚负责，校庆办来具体组织。三本书及
一本画册的主编分别由代理副校长程翔和老教师陈刚白及美术老师
何秉钊承担。由于工作思路清楚、大家重视、分工明确、责任到位，
校庆的这第一项工作进展比较顺利，完成得也比较好，北京大学出
版社出的这几本书质量是比较高的，受到校内外师生的欢迎和肯定。

　　校庆的第二项工作是筹备召开"世界著名中学校长论坛"，考虑
到工作的难度，由我亲自负责抓，将在下一节"举办国际论坛　主题
合作创新"中介绍。校庆的第三项工作是要展示办学成果，展现师
生风采，决定重新布置校史馆，组织一场精彩的文艺演出，分别由
新组建的"校史编制组"和艺术教育中心来承担。校庆的第四项工
作是要筹办两个大会，一个是以在校师生为主体参加的庆祝大会，
另一个是以返校校友为主体参加的庆祝大会，决定由校庆办来负责。
校庆工作除了上述一系列工作外，还有一项很艰巨的工作，那就是
经费的筹集工作。北大附中新教学实验楼已于 1999 年下半年竣工并
投入使用，为四十周年献了一大礼；市教委副主任耿学超代表市教
委送给北大附中的校庆礼物——北大附中塑胶操场也于 2000 年 5 月
完工，为校庆增添了不少光彩和氛围。相比之下，已使用四十来年
的教学南楼需要好好改造，经预算需经费至少也得一百多万元，加
上其他校园改造及校庆活动，最节俭的预算也得 150 万元。北大附
中本来经费就十分紧张，建新教学实验楼欠资又达 1500 万元，校庆
经费只能独辟蹊径了。我从北京大学校庆一百周年筹资中受到启发，

决定开展校庆捐赠筹资活动，并成立"筹资小组"来进行公关和运作需要的资金。功夫不负有心人，经过我们强大的宣传和公关工作，北京大学四大校办产业集团——方正集团、青鸟集团、资源集团和未名集团，共捐赠 60 万元，校外公司和个人捐赠 50 万元，北大附中教育投资有限公司正式亮相就捐赠 100 万元，共收到捐赠款 210 万元，应当说筹资成绩不小，另外北京大学出版社还捐赠价值 2 万余元的图书。当时，有人建议动员师生及校友捐赠，考虑到当时的实际状况，故没有作为重点来倡导，但对于主动捐赠的款项还是欢迎的。

随着校庆筹备工作有条不紊地进行，我就有时间重点抓好"世界著名中学校长论坛"主题发言的起草工作和以总结北大附中四十年办学经验、办学特色及发扬传统、再创辉煌为主题的文稿起草工作，后者要放在《北大附中校庆纪念刊》里，并作为代序，同时为庆祝大会的发言作基础准备。我之所以要亲自抓这些文稿起草工作，是因为我把文稿起草过程看成是学习和提升的过程，看成是形成指导今后工作思路的过程。为了抓好文稿起草工作分别成立了两个专题小组，两个专题小组有分有合地进行学习、研讨，在提高和统一认识的基础上，形成提纲，再分头去完成起草工作。为了抓好起草工作，我首先想到的是要访问创办北大附中的原北京大学校长陆平。通过了解，他正在北京医院住院治疗，于是，我约了当年创办北大附中时被陆平校长派到北大附中担任常务副校长的刘美德（当时校长由北京大学副教务长兼任）一同前往看望陆平校长。我们看到 86 岁的陆平校长精神还不错时，心里也很高兴，向他送了鲜花后，我就向他简要地汇报了目前北大附中的情况。当我们告诉他由他创办的北大附中很快就要迎来四十周年时，他十分高兴地说："好啊！四十年了。"接着他比较详细地询问我北大附中师资、生源及经费情况后，说："当年创办北大附中时，我就明确要从各个系挑年轻的优秀教师去北大附中任教。"他指着刘校长问："是不是这种情况？"刘校长回答说："是这种情况，当时您还告诉我，这些教师到了北大附中后，不胜任的可以退回北京大学，重新再挑。"我听了这些，心里想难怪北大附中的师资那么强，原来有北大校长的高度重视和授予的"尚方宝剑"。接着陆平校长又说："办学校要保证生源的质量，我当年就主张通过考试择优录取，不同意照顾各种关系。"陆平校长当时是这样说的，也是这样做的。听说，当年他的一个孩子报考北大附中因分数不够只好去了海淀区的另外一个中学，给当时的北大附中教师以很大的教育。陆平校长还谈到学校还要有基本的经费保证，以保证学校教育教学工作的正常运行。考虑到陆平校长的身体状况，我们的看望到此结束，尽管时间不长，但印象很深刻。他强调办好学校的三大元素：教师、生源和经费。不仅是突出了重点，也反映了他当年创办北大附中时的主导思想。半年后，陆平校长因癌症复发而去世。消息传到北大附中，教职员工都十分悲痛，大家十分怀念这位北大附中的创始人。有一位老教师深情地对我说："学校建立初期，陆平校长经常来北大附中指导工作。记得一次开学典礼，陆平校长在讲话中还特别鼓励教师要勇于开拓，为国家培养人才贡献力量，勉励同学为革命刻苦学习，勇攀科学高峰。"还有一位当年的学校干部对我说："陆平校长还十分关心北大附中建校初期存在的困难。记得开学后的第一个冬天即将到来时，陆平校长得知北大附中还没有买到供暖用煤，立即决定把大学的煤先运一部分到附中以解'燃煤'之急，这些事我们都非常感动。"陆平校长之所以这样关心北大附中的成长和发展，除了作为北京大学的校长的责任外，更重要的是他对基础教育的重视。当年他就率先提出"小学、中学、大学本科、研究生院四级火箭"的教育构想，通过举办北大附中来尝试更好地解决大学与中学教育衔接的问题。陆平校长的高瞻远瞩和超前的教育思想，至今仍是北大附中的宝贵教育财富。校庆四十周年就是要好好将这些宝贵教育资源和财富认真地进行总结和提高啊！

在大家总结和讨论的基础上，随着调查研究的逐步深入，我对北大附中的办学经验、办学特色和办学传统的了解也越来越清楚，逐步形成了题为"回顾与展望——北大附中校庆四十周年纪念"的文稿提纲。这个提纲交给起草小组讨论，经修改后，决定由两位教师去完成初稿。初稿完成后，经讨论，大家又提出补充意见，由我来统稿。统稿完成后又经几位教师反复修改，最后由我来定稿。就这样，在起草小组的共同努力下，也在我的精心操持下，完成了这篇能体现和概括北大附中四十年办学经验、办学特色和办学传统的文章，并作为《北大附中建校四十周年校庆纪念刊》的开篇文章。文章一开始就写道："走进北大附中校园，迎面'勤奋、严谨、求实、创新'八个大字格外醒目，这是北大的校风，也是北大附中的校风。"文章继续写道："四十年来，我们全校师生经过艰苦的努力，共同把北大附中建设成为一个勃勃生机的校园，民主、进步的校园，开放、创新的校园；成为积淀优秀传统文化，具备优良校风、教风、学风和时代科学精神的校园。"文章第一部分题为"四十年的风雨艰苦创业 塑造魅力"，重点总结了北大附中四十年形成的两条办学思想。一是"育人为本，重在发展"；二是"德育为首，全面育人"。前一条概括了"打好基础，提高能力，发展个性，提高素质"的教育教学方针和"四重一主"的教育教学原则；后一条突出了全面贯彻执行党和国家教育方针，树立"大德育观"，实行"规范行为，优化品质，树立理想，完善人格"的德育工作原则。文章第二部分以"四十年的奋斗 特色突出 硕果累累"为题，全面概括和阐述了北大附中的办学经验和办学特色：一是师资队伍的高水平、高素质；二是培养学生的高层次、高质量；三是育人环境的高起点、高品位。文中特别介绍了"北大附中教学环境开放、民主，积极开展丰富多彩的教育、教学、教研活动，为发展学生个性和特色，为教育教学的改革和探索创造了良好的空间和氛围；培养的学生思想活跃、富于理想、个性活泼、善于合作、敢于创新、综合素质强，受到大学的欢迎"。文章第三部分以"展望 21 世纪 迎接挑战 再创辉煌"为题，重点讲到了北大附中在新世纪的办学目标是成为"国内基础教育界具有高质量、高效益，有特色、有示范功能的一流名校"。为了实现这个办学目标，应当重点做好三项工作：一是要更新教育观念，二是要构建新型育人模式，三是要实施五项工程。更新教育观念就需要树立"教育要为提高民族素质，为社会主义现代化服务的目标观"；"面向全体学生，提高综合素质、发展个性特长的教育质量观"；"主体参与，师生平等，因材施教，学习知识与培养能力和提高素质相统一的教学观"；"德、智、体、美全面发展，培养具有创新精神、实践能力和可持续发展的人才观"。为了构建"德育为首，能力为重，知识为基础，高素质为目标"的新型育人模式，就需要深化课程结构和课堂教学的改革，创设宽松和谐的教学氛围，实行启发式、讨论式和开放式的教学方法，积极探索"学生主体参与，师生讨论探索，学生自主实践"的教学模式，努力培养个性突出、全面主动发展、具有创新品质和实践能力的优秀人才。实施的五项工程是：一、在教师队伍建设上的名师优师工程（简称"名师工程"）；二、在加强学生的教育及管理上的全员育人工程（简称"育人工程"）；三、在提高教学质量上的精品优质工程（简称"精品工程"）；四、在克服办学经费困难上的筹集资金工程（简称"筹资工程"）；五、在动员和调动全校教职工办学积极性方面的"凝聚力工程"（简称"人心工程"）。文章最后说："四十年的奋斗、四十年的积累，为北大附中新的腾飞和再度辉煌创造了条件，打下了良好的基础。虽然我们面临新世界的挑战，还有不少问题和困难，任务也很艰巨，但是只要我们奋发图强、不断进取，充分调动全校教职工的积极性、主动性，北大附中的办学优势和办学特色就能进一步得到强化和发挥，办学中的困难和问题就能逐步得到克服和解决……成为在国内外有影响力的一流名校，为中国的基础教育事业作出积极的、更大的贡献。"我们坚信，"北大附中将迎来新的辉煌，北大附中任重而道远"。

　　"精心设计，细心操作"是我惯用的工作方针。在这个方针的指导下，校庆各项工作进展顺利，全校师生参与工作的积极性很高。校园面貌一天天发生变化，各项准备工作也基本完成。眼看倒计时已不到半个月了，还是发生了一件始料不及的事情。在审批为校庆四十周年而准备的文艺演出经费报告时，发现舞台背景灯光照明经费太多，加上其他经费，导致一场文艺演出的成本过高，不符合"节俭"的方针，故经校庆筹委会讨论不予批准，但考虑到演出的需要，还是同意背景灯光控制在 5000 元内。但是这位提出经费报告的教师坚持己见，而且还提出如果学校不批准他的要求，就要以"达不到效果"和"无法与合作者交代"为由，不参加校庆演出活动。当张思明副校长向我报告这一情况后，我非常生气地说："这哪里像北大附中的老师？"但是，为了顾全大局，保证校庆演出，我还是告诉思明说："先去做点儿工作，争取让这位教师以校庆大局为重，继续做好演出的准备工作。"同时，我提醒思明，"凡事要有两手，一手争取好的，一手准备坏的，要做好那位教师撂挑子的预案。"因为思明负责校庆协调工作，所以他一方面给教师做工作，另一方面和艺教中心的老师共同商量，并制订了最坏情况的预案。这位教师大耍"权威"脾气，用撂挑子来威胁的做法，引起全校教职工的强烈不满，尽管后来演出时他还是参加了，但是，还是给校庆准备工作带来了一定的负面影响。这种缺乏工作责任感的做法是北大附中绝对不能允许的。这位教师的这种表现及其他有关情况导致了他在岗级聘任中落聘，后来就离开北大附中了，我真为这位很有才华的教师可惜！

　　校庆准备工作一切就绪。从2000年10月4日起，校庆活动一个一个地按计划有序进行，先是10月4—5日的"世界著名中学校长论坛"在北京大学国际交流中心召开；接着是10月5日晚的"北大附中校庆四十周年文艺演出"在北京大学百年纪念讲堂举行。10月6日校庆活动进入高潮，这一天，校园内张灯结彩、彩旗飘飘，"热烈庆祝北京大学附属中学建校四十周年"的横幅悬挂在校门外最醒目的地方，经过装饰和治理后的校园干净整洁，宣传栏新颖的版面让人驻足观看，中心花园新制作的别具一格的一排排名人名句牌更给人以赏心悦目的感觉，校门内大道旁各年级设立的一个个校友接待站更是热闹非凡，不时传来校友们见面时发出的阵阵欢声笑语，数千名校友返校，令校园沉浸在欢乐的气氛之中。上午9点半，以在校师生为主体的庆祝大会在北京大学百年纪念讲堂隆重举行。除了教育部、北京市、海淀区和北京大学有关领导参加外，还特地邀请了一位全国政协副主席出席，参加"世界著名中学校长论坛"的中外校长也应邀出席了庆祝大会。教育部、北京市人大常委会副主任陶西平、全国中学教育科研联合体理事会，以及几十个知名中学及学术团体发来了贺信。庆祝大会在庄严的国歌声中开始，在我作了一个主题为"发扬传统，再创辉煌"的讲话后，领导、来宾代表及师生、校友代表相继表示祝贺并讲话。多位国外校长在大会上向北大附中校庆赠送了礼品，大会进入高潮，当我接过礼品并和一个个世界著名中学校长握手拥抱时，全场掌声雷动，情绪高涨。大会是以展示学生风采的节目结束的。短短90分钟的庆祝大会让人耳目一新，给人以许多回想。11点半，以校友为主题的校庆大会在北大附中新建的塑胶操场进行，我们把历任校长书记、特级教师和德高望重的老教师都请到主席台上和校友们见面。我致欢迎词后，几位老校长和校友代表先后讲了话，半个小时后，学校艺术团为校友们演出了精彩节目，大会后他们分年级到教室活动，或参观校史馆、实验室。有的校友在留言簿上写道："北大附中这几年变化太大了，我为学校取得的成绩而骄傲，祝愿学校更上一层楼。""感谢学校对我的培养，我忘不了北大附中，我们共同的家园。""风华少年，欢聚一堂，同窗切磋，师友情长。这儿有熊熊的炉火，锻造着钢铁的意志；这儿有指挥的钥匙，开启科学的殿堂。亲爱的北大附中，哺育我们健康成长。"校友们的情感和心声，不仅反映出他们对母校的热爱，更反映出这所著名中学四十年的办学业绩和留给社会的宝贵财富。

北大附中四十周年校庆活动画上了圆满的句号。前后一年的策划、准备和举办，确实花了我不少心血，但我也从中学到了不少东西，不仅更深刻地了解了北大附中的办学理念和办学特色，特别是她蕴藏的丰富优质的教育资源，而且也增强了进一步办好北大附中的信心。尽管我的人事关系并不在北大附中（在北大化学院），我仍在北大化学院领取工资，但是，通过几年来在北大附中的工作，特别是这次校庆活动，使我更加热爱北大附中了，我已经和北大附中建立了一种难以割舍的情谊！

八、举办国际论坛　主题合作创新

　　2000 年 10 月 4 日上午 9 点，为庆祝北大附中校庆四十周年而举办的"世界著名中学校长论坛"（简称"国际论坛"）在北京大学国际交流中心隆重举行。出席开幕式的有国家教育部、北京市教委、海淀区和北京大学的有关领导。来自美国、加拿大、英国、法国、澳大利亚、日本、新加坡、俄罗斯和香港、澳门等国家和地区的 20 多位著名中学校长与来自内地 80 多所著名中学的校长以及教育界的专家、学者 100 多人参加了开幕式及为期两天的论坛大会发言和分组研讨。论坛开幕式简短紧凑，首先由北京大学常务副校长迟惠生教授代表北京大学致欢迎词，然后由我代表论坛组委会致开幕词。迟校长的欢迎词和我的开幕词都突出了这次论坛的主题：研讨 21 世纪中学教育的发展方向，特别是在培养创新人才、改革教育模式、构建课程体系和建设师资队伍几方面的战略和思路。开幕式结束，参会人员合影留念后，论坛开始进入大会发言，第一个是我作的主题发言：《合作·创新——培养 21 世纪创新人才》。

　　为了开好这个大会，也为了作好大会主题发言，我和北大附中部分人员筹划和准备了差不多十个月。从 1999 年的 11 月决定成立校庆筹备委员会和校庆办开始，我就想要借校庆之机举办"世界著名中学校长论坛"，但是论坛主题是什么，北大附中作为东道主要作主题发言，重点应当讲什么，都需要认真策划和准备。于是，除了成立论坛会务组外，还专门成立了论坛专题组。论坛会务组主要是负责邀请国内外著名中学校长及办理相关手续、接待工作等，北京大学外事处为我们邀请这么多国外著名中学校长参加大会做了大量细致的工作。论坛专题组成员由校长顾问、北大附中前校长陈建刚，校长助理、代理副校长、语文特级教师程翔，语文高级教师王保成，教育公司派来协助校庆工作的某报社兼职记者周小丹以及三位博士（北大理学博士陈庭礼、北大哲学博士陈金芳和中科院心理学博士王文忠）组成并由我亲自负责。论坛专题组又分设两个小组，一个小组由陈建刚负责，主要任务是确定论坛的主题和分题。陈建刚是一位素质很高、很有见解的数学特级教师，又曾经担任过北大附中校长，因此不到一个月时间，他就拿出了初步方案，经过大家讨论完善后，就正式将"研讨21世纪中学教育发展方向"作为论坛的主题，并将人才培养、教育模式、课程体系和师资队伍作为分题供各位参会校长参考。另一个小组主要是起草大会主题发言，经过几次讨论后，分别由一位博士和一位教师起草。在讨论这份发言草稿时，出现了一些分歧，而且我始终找不到那种满意的感觉。其实这位博士和老师为了起草这份主题报告，真是用了不少时间，不仅查阅许多资料，而且在文字上也下了很大的工夫。之所以大家还不太满意，主要是主题还不太突出，而且缺乏新意。我在认真听取大家意见的基础上，经过认真思考提出了"合作、创新、发展"六个字的主题思想，我说："合作是发展的基础，创新是发展的动力，发展是我们共同的目标。什么样的合作、什么样的创新，就决定了什么样的发展。因此，我建议我们这个主题发言要紧紧围绕这六个字所代表的思想来修改。"经过讨论大家取得了共识，一致同意请程翔完成最后一稿。程翔不仅语文功底扎实，而且知识面很广，调来北大附中之前也担任过校长，把主题报告交给他来完成，我很有信心。一个半月后，程翔不负众望，把初稿交给了我，我一看就感到比较满意，并立即召开小组会进行讨论。大家对于程翔在文稿中从"环境与个性、环境与人格、合作与育人、创新与育人"四个方面出发，并结合北大附中经验来论述"合作、创新、发展"的思路，给予充分的肯定，同时也提了一些具体的意见和建议，程翔根据大家的意见和建议又进行了认真的修改。论坛主题报告定稿了，我心里的一块石头才算落了地。论坛专题组前后花了半年多时间，活动组织了十次，除了有一次我出差在外，其余几次我都亲自参加并主持学习、讨论活动。由于专题组成员思想都很活跃，特别是三位博士思想更是处于前沿，因此每一次活动我都收获不少。记得有一次在讨论如何培养青少年创新能力时，王文忠博士说："我查阅了一些资料，国外科学家做过这方面的研究。"他接着说："心理学上把人的智力分为液态智力和固态智力（又称晶体智力）两种，前者主要反映人的思维敏捷度，他随人的年龄变化而变化，大约 14 岁左右时达到最高峰，然后开始降低；后者主要反映人的分析和理解问题能力，并随人的年龄和知识、经验的积累而增加，这两条变化曲线交接处，应当是人创造能力的最佳时期。"他指着两条曲线的变化图说："大家看一看，这个交界处的范围大约是人在 22~26 岁之间。"听王文忠这么一讲，我心里马上联想到我们的教育，如果从小就注意培养青少年的创新精神和创造能力，当他们在 22~26 岁左右进入创造力高峰期时，就容易出成果，国外一些科学家的重大发明创造大多产生于这个年龄段也是一个很好的证明。但遗憾的是，我们的教育忽视了这种培养和积累，而把这种培养重点放在大学毕业阶段和研究生阶段，等他们掌握研究方法和经过一定训练后，创造力的高峰年龄就过了，导致许多原创性的东西难以形成。这些讨论对我启发很大，使我从另一个视角来认识如何培养学生的创新精神和创造能力。论坛专题组实际上已经成了学习、研讨、提高组，大家都觉得，既完成了构建论坛主题和主题发言稿的任务，又拓宽了眼界，提高了认识，收获不小。当这个组完成任务宣布解散时，大家都依依不舍。

　　办任何事情都不会一帆风顺，在邀请国外著名中学校长参会过程中也遇到不少麻烦。最难忘的是俄罗斯莫斯科十一中学校长尼古拉耶夫经历了一波三折才赶到论坛会场。尼古拉耶夫对中国一直很友好，2000年陈水扁在台湾选举赢得胜利后，曾邀请时任俄罗斯总统的叶利钦参加他的就职仪式，遭到拒绝后，又专门邀请尼古拉耶夫校长参加，尼古拉耶夫说："我支持一个中国，反对台湾搞独立。"还当着众人面把邀请函撕了。对于这样友好的名校长我当然希望他能来参加校长论坛，但是，邀请信发出很长时间了，还不见他的回复。后来，经过了解才知道由于学校经费十分紧张的原因他不便来参会。其实这次校长论坛已经免去会务费，参会代表只承担住宿费和来回的交通费，于是，我又通过邮件告诉这位俄国校长，在北京的一切费用全免。过了几天仍未见回函，只好再一次由外事部门了解情况，原来他希望来回的飞机票都帮他解决。经过商量，考虑到当时俄罗斯的经济状况的特殊性，同意为他报销飞机票，当把这个决定告诉他时，离开会只有两三天时间了。我想无论怎么快也很难在这么短时间内办完签证、购票、乘飞机等。但奇迹还是发生了，3号晚上，这位俄罗斯校长到了北京。外国校长的接待工作由张思明副校长负责，并全部安排在燕山大酒店，当思明把这位校长安排好后，已经很晚了。后来，尼古拉耶夫校长告诉我们，他在俄罗斯有很高的威望和影响力，是叶利钦的好朋友，外交部、内务部、教育部等许多部门的高官与他都很熟，当他得知同意报销飞机票的消息后非常高兴，立即去了主管部长办公室办好签证就出发了。上了飞机后还闹了个笑话，由于他的个子特别大，也特别胖，飞机座位根本容不下他，空姐见此情形，特地把他的邻位空出来，让他一人坐两个位子才解决问题。第二天论坛大会刚一开始，尼古拉耶夫通过他的助理兼翻译告诉张思明副校长，希望尽快把他的飞机票报了。

当思明向我说起这件事时，我让思明告诉他，请他放心，既然我们已同意就不会食言，等大会一完就办理。到了晚上，思明又找我说："赵校长，尼古拉耶夫校长的助理告诉我，还是希望尽快把钱给他。"我想要得这么急，恐怕有什么难言之隐不便说明吧！于是，我立即通知财务室务必于第二天上午把钱给这位俄罗斯校长。后来，我才知道这位俄罗斯校长拿着他和助理的往返机票款 1000 多美金，当天下午就到北大附中附近的当代商城购买了彩电、冰箱、洗衣机等几大件，并办了托运到莫斯科的手续。这使我想起了 80 年代我国许多出国访问者及留学生购买几大件的情景，因为我也曾经有过这样的经历。有一天晚上，我到燕山大酒店去看望参会的外国校长，尼古拉耶夫校长不好意思地说："中国改革开放后，发展很快，我十年前来访问过北大附中，那时你们教师的平均月工资为 100 美元，而我们为 400 美元。今天听说你们教师的工资已达到每月 400 美元，而我们却变成了 100 美元，不过我作为校长还拿 400 美元。"听到这里，我心想真是十年河东、十年河西啊！

10 月 4 日的论坛大会，在我作完主题发言后，还安排了 13 个校长发言，其中 7 个是国外和境外校长的发言，6 个是内地校长的发言。由于准备充分、主题突出，大会发言的质量和水平都比较高，给与会者较深的启发，其中美国纽约道尔顿中学校长理查德·布卢姆索的发言更是给与会者耳目一新的感觉。美国道尔顿中学创办于 1919 年，那时正是美国教育改革的时代，当时的校长为了适应时代的要求，提出了个别（性）化教育的理念，并形成一整套被称为"道尔顿教育计划"的教育改革方案，通过几十年的实践和完善，已经取得了举世公认的成果。这么多年来，道尔顿中学毕业的学生，基本上全部考入哈佛大学、耶鲁大学等一流名校，学校在美国被冠以"哈佛的摇篮、天才的熔炉"的美名。"道尔顿教育"已先后被英国、荷兰、日本、澳大利亚、韩国、捷克、智利以及我国台湾地区等地的 200 多所学校采纳和使用，并取得了积极的成果。理查德·布卢姆索校长在大会发言中简要地介绍了"道尔顿教育计划"的重要内容。他说，"道尔顿教育计划是建立在动机心理学概念的基础上的"，他认为孩子的天性是好奇和好学，"当他们天生的好奇心被激发的时候，就是学习的最好时候"，"当他们感兴趣的时候，他们精神上更敏锐，也更有能力去克服所有在他们学习中出现的困难"。基于这种认识，他们创造了每一个学生要和老师一起制订一个适合学生发展的教学计划来实现教学目标的方法和制度，并将教室变成学科实验室。学生在试验环境中学会相互合作、学会自我约束、学会生活体验、学会解决问题。道尔顿教育计划还对评估体系作了改革，重点是"测试个人的道德和智力结构"。理查德·布卢姆索校长强调指出："道尔顿教育计划的最终目标，简单地说就是让学校变得像游戏一样吸引人、一样有教育意义，最终创造无畏的人才，拥有最敏锐的理解力。"至于道尔顿教育计划的课程体系以及具体做法，这位校长说："都在这本由始任校长所著的书里，记载了许多可借鉴的案例。现在，我把这本书送给赵校长，供你们参改。"我接过这位校长赠送的书后，就想一定要好好研究研究。后来，我请陈金芳博士将书翻译成中文，陈博士通过一年的努力完成了任务，后来得到了道尔顿中学新任校长的授权，由北京大学出版社正式出版。

论坛第二天的活动是分组讨论，中外校长混合编成三个大组，分别由北大附中的张思明、王铮、程翔三位副校长和代理副校长主持。我机动地到各大组听听看看。由于参加论坛的中外校长的层次都比较高，在大会发言的启发下，大家在大组讨论中十分活跃，争先恐后地抢着发言。我到了第一大组时，一位日本校长正在说："我很同意北大附中赵校长的观点，应当把培养学生的合作和创新精神作为重点，我们日本中学也在讨论这样的问题。"当这位日本校长看到我时说："赵校长，我想问一个问题可以吗？"我说："当然可以。"这位日本校长说："我希望能了解怎样才能培养出学生的创新精神。"我说："你这个问题提得非常好，我看大家就这个问题发表各人的见解吧！"看来大家对这个问题太感兴趣了，我刚一说完，大家就兴致勃勃地议论起来，有的校长说要从课程体系改革入手，有的说学校和老师要给学生自由发展的空间和条件，有的说要改革评价机制，有的说要抓好教师素质的提高……这时，一位年轻的中国校长站起来说："我认为我们忽视了一个非常重要的环节。"他接着说："我们的确教给学生不少知识，但大多停留在较浅层次上，学生只有通过自身的感悟、体验、内化、升华的过程，才能将知识上升到能力和素质的更高层次，没有这个过程，创新精神和创造能力就难以形成。想实现这个过程就需要给学生体验和实践的机会，这个环节是培养学生创新精神和创造能力的重要环节。"看得出来，这位校长的总体素质是很高的，是一位有思想、有见解的校长。他发完言后，大家都表示赞同。讨论休息的时候，我对这位校长说："你的发言很深刻、很有水平，对我很有启发。"他忙说："赵校长，真是不敢当，我是北大历史系研究生毕业，论辈分是您的学生，还要请您多指教。"我说："有机会，我一定到你领导的学校去学习，我相信你的学校一定很出色。"这位校长就是山西省太原市有名的省实验中学校长张卓玉。后来，我有机会去太原讲课，我们又见了面。由于他在教育理念和办学业绩方面的突出表现，不久被提拔到山西省教育厅任主管全省基础教育的副厅长，是一位难得的人才啊！由于会期很短，虽然大组讨论还意犹未尽，但也只好告一段落，当天下午就举行了闭幕式，中国教育学会副会长、教育部教育发展战略研究中心原副主任谈松华研究员为大会作了总结性报告。谈副会长从当今教育发展的特点和人才对教育的要求，谈了有关教育创新的几个大家关心的问题，是一个很有价值的报告。谈副会长的报告结束后，我就代表组委会宣布论坛圆满结束。

由于论坛主题突出，代表层次高，发言讨论很有水平，受到社会和媒体的特别关注，《中国教育报》、《中国青年报》、《光明日报》、中央电视台、中国教育电视台等众多媒体，以新闻和专题形式相继报道或发表评论。参会的校长普遍反映论坛办得很成功、很有收获，许多校长回到地区和学校后，还向当地教委汇报，向教师进行传达，甚至把在论坛横标前照的相，也转载在地方报纸或校报上。国外、境外校长也对论坛很满意，甚至纷纷表示希望两年召开一次，香港的苏义有校长还特地来电来信申请第二届论坛的举办权。

由于参会校长来自国内国外，分布五湖四海，又逢北大附中四十周年校庆之际，尽管时间很紧张，我们还是利用两个晚上安排了两次活动。大会的当天晚上，我们将全体代表接到和平门正宗的"全聚德"吃烤鸭，要老外校长们体验一下中国的饮食文化。有人说："美国人是用脑子吃饭，讲究的是营养，只要有面包、奶油、饮料、水果就满足了；日本人是用眼睛吃饭，看重的是菜饭的色调，每顿饭花样不少；法国人是用心境吃饭，重视的是氛围，故强调优雅的环境；而中国人是用舌头吃饭，突出的是菜饭的味道，所以容易吃饱。"这次在全聚德吃饭，边吃边看厨师们片鸭子的高超技艺，边吃边听服务员介绍每一道菜的名称和来历，再学如何拌菜卷饼，通过这一系列的体验，我想老外校长感受到的恐怕不仅是好吃吧！我相信那种源远流长的中国传统和丰富多彩的饮食文化，一定会给他们留下深刻的印象。另一个晚上，让全体参会校长在北大百年纪念讲堂欣赏北大附中艺术团为校庆准备的一台节目。北大附中艺术团由管乐队和舞蹈队组成，他们先后出访过美国、日本和欧洲等国家及香港、澳门、台湾地区，具有相当的水平，这次校庆演出又经过精心准备，因此参加论坛的校长们观看后评价很高，特别是老外校长更是赞不绝口，甚至有的老外校长看后对我说："赵校长，你们学生演得相当不错，我欢迎他们去我国演出，怎么样？"我也诙谐地说："这次论坛，我们校长之间进行了交流，下面该是教师和学生的交流了。"

由北大附中举办、北京大学支持召开的"世界著名中学校长论坛"留给大家的不仅有"合作、创新、发展"的教育发展理念，还有相互学习、相互交流的深情厚谊。

九、名为一流学生　实为一流考生

北大附中有一个全国理科实验班，教育部主办，由基础教育司高中处具体负责，目的是为了探索优秀学生培养及大、中学衔接的方法和规律，并为高校培养一批理科基础扎实，将来有志于从事理科基础研究工作的优秀后备人才。承担全国理科实验班教育教学任务的还有清华大学附中、北师大附属实验中学和上海华东师大二附中。每个学校每一届学生有 20 名左右，由基教司高中处牵头负责组织在全国招生录取，然后均衡地分成四个小组，并由四个承担教育教学任务学校的校长随机抽取。教育部给全国理科实验班学生一个特殊政策，那就是只要品德和学业达到基本要求，可以直接保送上大学，免去高考。北大附中承办的全国理科实验班，由于学生都很努力，这几年来全部都保送上了大学，而且基本上都上了北大和清华。正是由于有了这个免去高考的"尚方宝剑"，极大地解脱了教师和学生过重的作业和考试负担，为教师在教学过程中拓宽知识面、发展学生思维、培养学生能力方面提供了条件，学校也有时间经常组织他们参加各种调研、考察活动，提高了他们的综合素质和实践能力。

2000 年末，学校组织他们去中关村参观美国贝尔实验室在北京的基地，接待我们的基地主任是一位美国博士，他说："我们热烈欢迎北大附中的同学来参观贝尔实验室亚太地区基地。"然后他介绍了贝尔实验室的基本情况和从事的高科技研究及取得的成就。他说："贝尔 1876 年发明电话，为人类文明进步作出了巨大贡献。1925 年为了纪念贝尔发明电话 50 周年，由朗讯公司出资建立贝尔实验室，到目前为止贝尔实验室已发展到 3.5 万人，在世界许多地方都建立了实验基地，亚太地区实验基地就设在北京中关村。"接着这位主任说："贝尔实验室建立起来后，吸引了大批高科技人才，通过几十年的努力取得了一系列重大成果，比如半导体晶体管、激光技术、光导纤维、数字通讯等，还培养了七个诺贝尔奖获得者，其中有两名是华裔的科学家，他们就是获得诺贝尔物理学奖的朱棣文、崔琦。"讲到这里，我看见我们的同学听得那么聚精会神、那么惊奇不已。这位主任也环视了大家一下说："根据许多科学家的评审，最后评选出 20 世纪的 100 项重大科技发明创造，我们贝尔实验室就占了十分之一。"听到这里，我也感到太了不起了，一个只有 3.5 万人的实验室竟然作出了这么大的贡献，真是出乎意料。这时，我联想到我们中国，有百万级数量的科技工作者，在 20 世纪 100 项重大发明创造中，又占多少呢？虽然当时我还没有详细了解，但直觉告诉我基本上不占份额，也就是说中国百万科技大军作出的贡献还不如一个贝尔实验室，真是太遗憾、太惭愧啊！这位主任最后说："根据很多科学家的预测，21 世纪将会有更多重大发明创造出现，20 世纪已经发明的科技成果到 21 世纪后大约只占 20% 的份额，也就是说，还有 80% 的科技成果将在 21 世纪出现，为此，我们贝尔实验室将继续努力，争取获得更多成果。"这位主任用他对未来充满自信、充满希望的语调结束了他的讲话。然后是几位在贝尔实验室工作的博士和我们同学进行对话，回答同学们提的各种问题。这次参观活动对同学们的触动很大，大家收获也很大。在座谈会上，许多同学都在问我："校长，为什么我们中国没有诺贝尔奖获得者？""校长，为什么我们中国的科技成果不如美国一个贝尔实验室？"我对同学们说："你们的问题提得很好、很尖锐，我想关键是我们在科技领域里缺少一大批世界一流的人才啊！"同学们听了我的回答后，接着又问道："我们中国人并不笨，为什么不能成为一流人才？""那些考上北大、清华的学生不都是优秀生、一流学生吗？为什么不能成为一流人才？"……看来同学们并不完全同意我的解释，恐怕我也难以回答得那么清楚，于是，我就对同学们说："让我们共同来思考这些问题吧，当我们把这些问题思考清楚的时候，我们就为中国培养出一流人才找到途径了！"是的，作为一位校长、一名教师、一位从事多年教育的工作者，我们不能不思考，不能不回答同学们提出的"一流的学生进了北大、清华，仍然培养不出一流的人才来"这个问题。我带着这个问题，在北大和北大附中教师中进行过调查，看法虽然有些不同，但多数认为：进北大、清华的学生是一流的，但北大、清华的教师主体还不是一流，因此难以培养出一流的人才。后来，又把其他因素加进去，就形成了这样一句顺口溜，"一流的学生，二流的教师，三流的管理，四流的设备，五流的待遇"，其结果是培养不出一流的人才。对于这种说法，我始终感到不准确，至少感到说服力不强。提到教师水平，应当说北大、清华已经有了一批水平不低、处于世界先进水平的教师，至于管理、设备和待遇也在大幅度改善和提高，为什么还是难以培养出一流人才呢？带着这个问题我继续思考着。

一次，我参加中央电视台"素质教育大家谈"专题节目录制时，遇到了美国迈阿密大学教育学博士黄全愈教授，他是《素质教育在美国》一书的作者。他通过自己的孩子黄矿岩在美国上学的经历和感受，对比讲述中美教育的差异，还通过具体事例介绍了美国重视素质教育、重视学生全面发展的情况。听完黄全愈教授的发言，我很受启发，我也随即谈了素质教育要重视学生能力培养和综合素质提高的看法。在休息时，我和黄全愈教授又进一步交流了许多看法，并邀请他到北大附中给老师们就中美教育比较作一个讲座，黄全愈教授愉快地接受了邀请。我随即向黄全愈教授提了一个问题，我说："黄教授，我向您请教一个问题，为什么我们认为一流的学生，进了北大、清华学习后，却最终没有培养成一流的人才，到底是什么原因？是师资水平低？是环境条件差？还是别的什么原因？"黄全愈教授听到我的问题后，想了想，然后说："赵校长，这个问题我一下难以回答清楚，让我好好思考后回答你，好吗？"我说："当然可以。"我接着说："这个问题首先是我们的学生提出来的，我也思考了好长时间，至今仍没有满意的答案，我希望我们共同来探讨这个问题的答案吧！"

后来，黄全愈教授的另一本书《高考在美国》出版了，为了宣传这本书，出版该书的北大出版社在北京大学举办了一次层次较高的"素质教育与高考改革研讨会"，邀请了许多教育专家和学者参加。黄全愈教授首先对该书的出版表示感谢，接着谈了该书第一页原稿上写道的："我在北京中央电视台录节目时，北大附中校长问了一个问题：为什么考进北大、清华的一流学生没有培养成一流的人才呢？"（后来出版时编辑把这一段话作了一些调整，把北大附中校长改成了某中学校长。）他说："我带着这个问题回美国，进行了很长时间的思考，也和许多专家教授讨论，最后我从教育制度上找到了答案。"他接着说："中国教育评价制度中，太看重学生书面考试成绩的分量，甚至到了'分，分，学生的命根'的程度，许多学生往往是一分之差未能上北大、清华这些著名学校。用这种唯考试成绩来评价和选拔学生的教育制度，必然把学生引向追求考试的分数上来，学校也甚至到了牺牲学生综合素质提高，而片面追求高分的境地。这样培养出来的学生即使考上了北大、清华，也只能称为一流的考生，而不一定是一流的学生。既然，进北大、清华的学生只是一流的考生，而并不一定是一流学生，按一流人才必须具备的创造力、创新精神等综合素质来衡量，必然存在很大的差距。"听他说到这里，我似乎忽然醒悟，原来黄全愈教授是从教育制度、评价标准等这些教育的源头上找到了问题的答案。他接着说："在美国也有'高考'成绩，那就是大家知道的 SAT 测试成绩，满分是 1600 分，是英语和数学两科加和的成绩，每年全美国约有 500 名学生获得满分，那就是相当于中国的状元。但是，美国高校把这个分数只看成是评价和选拔学生的一个方面，另外还要看学生的组织能力、合作能力和创造能力等综合素质，如果这些能力和综合素质比较弱，即使是状元，也要被拒绝，于是出现了许多状元被著名大学拒绝的现象。"他列举了美国哈佛大学 1996 年拒绝 156 名状元的事例后，说："我认为在中国全面实施素质教育，必须对教育评价体系和高考制度进行改革，让教师、学生乃至整个社会都更加关注学生的能力和综合素质的提高。这样培养和选拔出来的学生才具备创造力和创新精神，才是真正的一流学生，他们进了北大、清华等著名大学经过进一步培养，就有可能成为一流人才。"这时全场响起了热烈的掌声，看来参会者多数赞成黄全愈的观点。对比中国著名高校如北大、清华，互相抢状元，在招生资料中不时地炫耀该校录取多少名状元，不能不看出我们的教育评价体系和高考制度存在多么大的差距啊！黄全愈教授的最后一句话："中国的教育评价体系和高考制度制约着中国优秀人才的培养和成长"，至今一直在我的耳边回响着。

回头来看看我们中学的实际情况，何尝不是如此呢？许多北大附中的毕业生告诉我，他们刚进北大附中念高一的时候，觉得很兴奋，也比较轻松，对许多活动很有兴趣。但一进高二，老师就开始加码了，告诉同学们要把高考的学科重点学好。一进入高三就开始拼搏，大量的习题和为考高分的复习资料及考试接踵而来，学生完全沉浸在"复习、考试、分数"的循环中，什么兴趣爱好、什么娱乐活动全部都淡化了。通过这种模式的培养，知识掌握多了，学习成绩也提高了，甚至也如愿以偿地考上了北大、清华，但学习兴趣没有了，身心健康水平下降了，更别提学生的创造能力和创造精神了。从总体上来说，北大附中还是比较宽松、比较注重学生全面发展的一所学校，还没有像有的学校那样，更是通过题海战术拼时间、耗体力来获取高分。这种重知识轻能力、重分数轻素质的教育模式培养出来的学生，说他们是一流考生不假，但说他们是一流学生确实是有差距的。所以，黄全愈教授说教育制度制约着人才的培养是有一定道理的。为了检测我们学生的智商和创造潜力，我们曾经做过两次实验，一次是和美国麻省理工学院合作进行的，另一次是与美国斯坦福大学合作进行的。以后者为例，斯坦福大学派来了5名博士生和硕士生，北大附中从高一学生中挑了10名英语比较好的学生和他们合作，利用一个暑期开展一项最新网络技术设计的研究。大家知道，斯坦福大学是世界著名一流大学，地处美国硅谷，这5位博士生和硕士生带来的最新网络技术也是最先进的。我们的学生在一个月时间里，先用两周进行学习，另外两周进行创造性设计研究，并分成五个小组，每组要完成一个独立的设计课题。一个月下来，学生们虽然很辛苦，但成果很显著。由于这次活动所需经费是惠普公司资助的，因此惠普公司中国分公司总裁和我都参加了学生们的成果汇报会。在认真听取每个小组学生的最新网络设计方案汇报和他们的指导教师，即5位斯坦福大学博士生和硕士生的评价后，惠普公司中国分公司总裁讲了一段让我感到震动的话，他说："我听了北大附中学生五个小组汇报的网络设计方案后，我感到很兴奋，因为每个小组方案中都有新意，都有一定的创造性，说明中国学生是很聪明、很有灵气的，我可以不客气地说，他们的智商不比指导他们的5位博士生、硕士生低，值得好好培养啊！"这位总裁的评价和学生们的实际表现，说明了我们中国的青少年是天资聪慧的，具有很大的创造潜力。可是，通过我们学校的"精心"培养，他们学的知识是多了，做题的速度是快了，但是他们创造能力却没有得到相应的提高。经过大学的"深造"，走出学校后，面对实际问题时，就显得力不从心，在重大科技领域里出成果就成了难事。确实，"教育是一把双刃剑，它既可能为学生创新提供发展的契机，成为发展的动力；也可能阻碍甚至扼杀学生创新意识的形成、创新能力的发挥"。"摧残天资优异而具有创造力的年轻人，比鼓励他们开花结果要容易得多。"面对这些天资优异的青少年，我们的基础教育难以培养出来一流的学生，培养的是一流的考生，难道说这是成功的教育吗？作为一位老教育工作者，我心里感到真不是滋味。我在大学从事几十年教学工作，教了许多高分数考入北大的学生，其中包括各省、市、区的状元和竞赛金牌获得者，应当说这些学生都是很聪明的，智商都不低，但是几十年过去了，很少听到这些学生在科技领域中作出什么突出贡献的消息，更难谈到诺贝尔奖了。根据专家的统计，一个真正独立的国家，平均在 25~30 年左右就可能获得诺贝尔奖，目前全世界已有 35 个国家得过诺贝尔奖，甚至与我们处于差不多发展水平的印度、巴基斯坦都获得过，唯独我们中国建国 60 年了，至今还与诺贝尔奖无缘，甚至连重大科技发明创造都难见，这到底是为什么？许多事例以及北大附中的实验已经证明，我国青少年并不笨，他们天资聪明，具有很大的创造潜能，但是他们长大成人后，未能摘取诺贝尔奖桂冠，在重大科技领域中也难以获得重大突破，虽然说有许多因素，包括政治的、经济的、文化的等等，但是，教育制度的制约，特别是教育评价及高考制度滞后，不能不说是一个重要的因素。

　　深化教育制度的改革，特别是深化教育评价及高考制度的改革，真正培养出一流的学生而不是一流的考生，这一重任就落到我们每一位校长、教师、教育工作者的肩上了，特别是落在那些掌握着教育权力的政府官员的肩上了。我在北大召开的"素质教育与高考改革"研讨会上发言时，已呼吁过："我们的教育主管部门要重视教育评价及高考制度的改革，尽管改革难度很大，也必须克服困难，迈出这一步！它不仅是基础教育的指挥棒，而且直接关系到人才培养的大事。"我在发言的最后说道："当我们北京大学和清华大学从竞争招高考状元转变到也能拒绝某些综合素质相对较低的状元时，我们的教育改革，特别是教育评价及高考制度的改革确实就见成效了，素质教育也就真正落到实处了。"与会者也以热烈的掌声表示赞同我的看法。后来，香港大学在内地招生时就出现了为数不少的状元被拒绝的情况。据了解状元被拒绝的理由，一是用英语交流不行。这些状元能获得高分，英语考试成绩都是不错的，但香港大学许多课是用英语授课，口语和听力达不到交流的程度是难以学习的。另一个理由是这些状元的综合素质未达到要求，虽然这些状元成绩很优秀，但其他能力，特别是动手、实践能力和思维表达、创造能力等有明显的弱势，属于"读死书、书呆子"类型的学生。香港大学招生拒绝某些状元的事例，再一次告诫我们，我们的基础教育，再也不要满足于培养一流的考生了，而要深化改革，培养出大学需要的真正一流的学生。只有这样，我们的教育才有希望，我们的国家才有希望。

十、接受电视采访　纵谈高能高分

2001 年 11 月，中央电视台十频道《当代教育》栏目邀请我去做了一次教育访谈。栏目主持人在开场白中说："如今，教育界的热门话题是'素质教育'，从高分到高能的观念转变，与其说是教育界改变的需要，倒不如说是社会发展的需求。衡量人才的标准是什么？它不再仅仅是一纸文凭，而是能力。前几天《北京青年报》的一则消息说，在深圳大学毕业生找不到工作的大有人在，有些企业宁愿高薪招聘一些具有多年工作经验的中青年职工，也不愿意接受跨出大学校门的学生。"栏目主持人接着说："当然，这不是一个普遍现象，但是从这一点我们或许会品出其中的滋味，让我们看看记者访谈录——'高分更要高素质'。"电视镜头立即切到记者和我的谈话上来。

记者首先说："观众朋友，您好！欢迎收看今天的教育访谈。今天，我们非常高兴地请来了北大附中的校长赵钰琳先生。赵校长上学的时候经历的是让每一个学生都特别羡慕的高考免试，是被保送到学校的。中学是四川最好的成都石室中学，大学是北京大学。"听记者说到这里，我心里在说：记者对我的情况了解得还是真清楚啊！这时记者把话锋一转立即问我道："赵校长，您是否理解今天的学生那么努力地为考一个高的分数而付出的那分辛苦呢？"我说："我理解，因为我作为一校之长，经常要跟同学交流，他们为了考上北大、清华等重点高校，确实是付出了很多很多，甚至可以说到了拼命的状态。客观的来讲，北大附中相对还是比较宽松一些的，至少周六、周日和节假日，学校是不给学生补课的。据了解，外地有的学校的学生更是辛苦，为了考高分，甚至连中国传统的节日大年初一都不能痛快地玩一天。"记者马上问我道："那您认为高分对于一个学生来讲，真的是唯一重要的吗？"这个问题问得好，其实也不止一个人问过我这样的问题，在社会上流传的"分，分，学生的命根"的说法，就是对这个问题的一种回答，我是不同意这种观点的，但又不否认分数的重要性，所以我是这样回答记者的："应当这样来看，作为我们现在教育的一个评价，还离不开分数。分数高，代表一个学生的学习成绩好，但就培养人才的角度来考虑，这个人将来能不能有所作为，光靠分数就不够了，主要是靠能力，靠他的综合素质。"记者巧妙地又向我提出相关的另一问题："那凭您的经验，什么样的学生算是一个好学生呢？"这个问题不是用几句话就说得那么清楚的，所以我只能简明扼要地说："我认为最好的学生应该具备一种可持续发展的能力。"我怕这句话过于简单，不好理解，故又作了一个简单的解释说："中学生的学习能力、独立思考能力、解决问题能力和动手能力等都是可持续发展能力，学校要有意识地进行培养，将来他们工作以后，如果把这些能力发展下去，在各个行业里，就能有所作为、有所创新。所以说具有这些可持续发展能力的学生才是最好的学生。"接着记者问了一个大家最关心的问题，记者说："现在我们全社会都在提倡素质教育，您认为素质和分数之间，应该是什么样的关系呢？"这个问题确实不好回答，因为现实的教育中确实存在着素质与分数之间的许多矛盾。故我只能从更大的范围来回答："应该说素质是我们追求的目标，分数是一个重要的手段。因为现阶段没有高分数上不了重点大学，但是上大学（包括上高中）最终不是为了分数，而是为了综合素质的培养和提高。"记者进一步问了我一个更难回答的问题："那么，一个高素质的人他一定会有高分数吗？"我想我只能从北大附中经验来说，因为我和北大附中的许多优秀骨干教师讨论过这个问题，因此心中有数。但从更高的理论层面上来分析，我认为确实难以回答，特别是现阶段我们对素质教育的理解，以及高招改革尚处在初始阶段，高考指挥棒的作用仍然很大的情况下，还是不要把这个问题绝对化为好。于是，我回答说："根据北大附中的经验，如果一个学生的整体素质和能力都是高的，一般情况下也是高分的，但是并不一定就是第一、第二。"接着我列举了一个实例，在北大附中有一个全国理科实验班，教育部给这个班的学生有一个特殊政策，他们不参加高考，可以全部保送上大学。这样，在学校的教育教学中就可以减少大量解难题的时间，比较好地注重他们能力和素质的培养。他们用两年时间基本学完高中课程后，第三年进入大学和大学生一起学习，使他们有条件拓宽知识面和视野，开展更多研究性学习和课题研究。为了检查他们的学习成绩，每一年高考时，这个实验班高二年级的学生，仍按高考要求做题和评分，结果他们的考试平均分都上了北大、清华的分数线，也就是说，即使他们通过高考上北大清华也没有问题。后来这些学生进入北大、清华之后，大多数都成了学生骨干，大学教授们对他们展现出来的比一般靠高分考上大学的学生更高的那种思想活跃、适应性强等能力和素质予以充分肯定，许多重点高校来信都欢迎理科实验班的学生去他们那里读书。讲完这个例子后，我接着说："我跟北大附中许多老师交谈过，他们认为如果教师的教育理念科学，思想素质好，又重视对学生能力和素质的培养，那么培养的学生一般情况也是高分数，尽管并不刻意地追求高分。"我停了一下说："我同意这样一个观点，高素质学生一般情况下可以获得高的分数，但是反过来说就不一定对应了。"我刚一说完，记者就单刀直入地提了一个具体问题："怎么理解低分高素质的人呢？你承认有这样的人吗？"我沉思了一下说："当然有！"我列举了大家都很熟悉的伟大的物理学家爱因斯坦以及我国的著名作家吴晗、钱锺书等，在他们读书时，从表面的成绩来讲，不一定都很高，钱锺书在 1929 年考清华大学时，数学才得了 15 分，但是由于他们的能力和总体素质高，后来都为人类和社会作出了巨大的贡献。我列举完后说："以高考为标志的评价体系主要是突出了对知识的记忆、掌握和书面知识的检测，它并没有结合实际，也没有强调对知识的应用。而在结合实际和知识的应用过程中，人的能力和综合素质与分数的作用就不完全一致了，甚至出现很不一致的情况。"记者接着问道："那您说在我们现有学校的教育体制下，那批学生怎么办？也许他将来是一个伟大的科学家或是伟大的文学家，可能是因为我们仅仅用分数来评定学生，而不能进名牌大学，也许就是耽误了他的前程。"我回答说："我认为我们现行的评价体系是影响素质教育和教育改革的一个很重要的环节。科学的评价体系应当是综合的，分数只是一个方面，还有他的能力、他的综合素质。在这方面有许多值得借鉴的例子。"我列举美国一所优质学校——位于波士顿的菲利普斯学校，培养了很多成绩优秀的学生，一些还当了总统和科学家，但是也有学习成绩差而成才的典型。其中一位由于组织能力比较强，又喜爱足球运动，后来当了全美足球协会主席，每年还给母校一大笔捐赠款。所以学校认为这样的学生也是很优秀的，尽管他们的考试分数比较低，也应当注重对他们能力和综合素质的培养。其实在我们北大附中也有这样的例子，所以我说："我们学校一直强调开展研究性学习。在研究性学习中，学习好的学生容易开展，学习中等的能不能开展呢？实践证明，同样能开展。因为每个学生都有自己的个性和特长，在研究性学习中，加以积极引导，如果能做到扬长避短，充分发挥好个人的长处，他们的成绩就很突出，他们存在的短处就显得微不足道了。这种扬长教育，我认为可以避免刚才说到的现象，即使分数低一点，也是很有作为的。当然，能不能上理想的大学，还有许多制约因素，特别是还需要高考制度的改革。"这时镜头切回到栏目主持人。

　　主持人说："重能力，充分尊重和发挥学生的个性特长，开展研究性学习，已经成为北大附中日常教学的重要特色。"屏幕上插播事先录好的对北大附中副校长张思明的采访。张思明说："一个老师最重要的是为学生在课堂和学习过程中创造一种激发他们创造性的环境，而研究性学习是一个非常好的载体，在几年的数学应用方面，很多学生取得了很好的成果，他们就是利用自己的眼睛去观察的。"他列举学生对面巾纸盒大小的设计、绿地喷灌中最合理喷灌设计，以及学生把视角投到观察社会上来，做许多跨学科的研究。张思明接着说："我想这都是一种趋势，学生将来的学习，综合性会更强。"画面又切回到主持人，主持人说："应试教育只是片面追求高分数，研究性学习的开展，为避免这一弊端开辟了新的空间，也为结合学生的个性、特长，探索和实施分层次教学打下了基础。"主持人讲完这段话后，画面又切到了记者和我的对话上来。

　　记者问我道："您用什么去搭建一个舞台，或者说怎样给一批分数不高的学生以充分的土壤，让他们的潜质能够发挥出来呢？"我说："现在我们在教学组织中采取了一系列措施，其中有几个主要环节：一是老师讲课要分层次，比如说程度好一点儿的，可以学得快一点，程度差一些的，学得慢一点儿，慢一点儿也没有关系，因为最后都要达到目标。第二是开选修课，让学生选择他喜欢的课。因为兴趣是最好的老师，他喜欢的可能就学得更好。第三是创设许多活动课，让学生在活动中一显身手，在活动中成长。"我举了一个学习成绩一般，但特别喜欢计算机的学生，由于有计算机的特长，老师又积极引导，后来不仅计算机方面做出了成绩，而且在高中尚未毕业时就出版了自己编著的书。我说："这样的学生不也是很好的学生吗？所以，我们对学生既要承认他们的差异，更要承认，只要真正做到扬长教育的话，每一个都同样是可以大有作为的。"记者马上问道："您刚才说的一系列措施和主要环节都已经实施了吗？"我回答说："是的，都在实施中。"我又列举了语文教学中小论文写作已经坚持了22年；数学建模对于学生应用数学知识、训练学生数学思维也发挥了很好的作用。这些学生上大学后都是受欢迎的，清华大学计算机专家吴文虎教授有一次在海淀区教育专家座谈会上说过这样一段话："我连续带的四个博士生都是北大附中毕业的，我认为他们的能力和综合素质比较好。"其实，我们大学的许多教授、专家更看重学生的能力、特长和综合素质，而现在我们的教育在这方面的差距还是很大的，只能说北大附中是相对比较好一些。这时，电视画面上插播了对北大附中毕业生的采访对话，陈烨说："北大附中采取的是自由式教学，我们大家上课都觉得非常有意思，我在这里发挥了自己的特长。"龚咏弦说："我们有许多课外活动，如文体活动、作文交流，我在这里玩得好，学得更好。"王缉思说："我能直接用英语跟人家交谈，而且可以得到人家的表扬，我总是骄傲地说，北大附中的老师教得好。"李铁流说："学校要求不光是思想好、学习好，还要身体好。"于泽荣风趣地说："所以北大附中出来的学生书呆子少。"插播结束，镜头又转向主持人，主持人说："重视分数更重基础，重视分数更重个性，重视分数更重发展，由此形成的教学特色铸就了北大附中四十一年的辉煌。全国人大副委员长许嘉璐曾为北大附中欣然命笔：'巨树依偎四十秋，枝桠蔓蔓已荫稠，海天寥寥任舒展，遍植良材放九州！'题词对北大附中人来说，是总结，是鼓励，更是希望。面对未来，北大附中人对自己的改革和发展有着独到的思考。"镜头又切到记者和我的对话。

记者问我："李岚清副总理不止一次地讲中国教育要改革，您也曾呼吁过，那您认为到底应该怎么改？"其实这是一个综合的问题，教育改革涉及我国的教育制度、教育体制、高招办法、课程体系、教学方式、评价标准、师资队伍、用人制度等一系列问题，我只能就学校本身谈一些看法。我说："我认为有这几个方面，第一是教育观念的更新，我们不能仍停留在传统教育理念上。传统教育理念认为知识越多越好，现在我们认为知识是需要的，但更需要重视一个人的能力和综合素质。知识是能力、素质的基础，就像建楼似的，基础需要多深多厚，要根据这个楼的情况来确定，而不是越深越好。第二，从教学本身来讲，要抓好课程设置、课堂教学和教学评价三个环节的改革。老师在课堂上不能简单地只教结果，而且还要教过程，师生要互动；对学生的评价不能简单地用分数，还要看学生能力、特长及综合素质。这些环节都抓好了，教育改革就能落到实处。"

采访结束了，记者最后特地把我的人生感言告诉观众："赵校长信奉这样的人生哲学——不枉来人世，不虚度一生；在世多栽一棵树，世后多留一片荫。"

这个关于能力、分数、素质的访谈节目，半年内在中央电视台播放了好几次，许多校长、教师、政府官员都看过这个节目。有的还打电话说："赵校长，访谈讲得好，是对现行教育制度的有力批评，也为教育改革提出了很好的思路。"其中的一些观点还被一些媒体转载和引用。早在一年前的 2000 年 7 月，在大连召开的全国高级中学校长年会上，我就"素质教育中的知识、能力、人格的关系"作了一次报告。我在报告中指出："文化知识是中学素质教育的基础，培养能力是中学素质教育的重点，提升人格是中学素质教育的目标。三者又互为依托，相互促进；三者的综合，可以说就是中学素质教育的内容，也可以说是对中学素质教育的要求。"北大附中就是在这种认识和实践的基础上形成了"高能高分，重在素质"的观念和办学特色的。

十一、英语教学改革　注重学用结合

　　2001 年的 10 月下旬已进入北京的深秋，晚上已感到一丝寒意，可是在北大附中教学楼里却正进行着红红火火的"国际职员后备人员英语考试"。"国际职员后备人员英语考试"又称为"国际公务员考试"，是由国家人力资源和社会保障部主办，目的是为联合国推荐达到英语合格要求的后备人选。我国是一个大国，又是联合国安理会常任理事国，可是，中国人在联合国几十个机构、几千名职员中所占的比例太低，据说还不到 2%，不仅和中国的大国地位不相称，而且还远远不如邻国印度。联合国实行的是高薪养廉政策，薪水很高，但对职员的素质要求也很高，特别是对英语的要求，不仅要达到熟练的程度，而且要求能进行英语思维。国家人力资源和社会保障部为了选拔出适合的后备人选，每两年进行一次这种考试。考试分两试进行，第一试为笔试，与我们高考形式一样，也是书面考试加部分听力；第二试为面试，只有第一试通过的人员才能参加，由联合国派人来进行口语测试。通过的人员，如果其他条件具备就获得国际职员后备人员资格，根据联合国的需要随时可以派出。由于国家很重视国际职员后备人员的选拔工作，故由一名主管副部长亲自到考点监督管理，并兼考点的主考官。北大附中是考点的提供单位，除了提供硬件条件外，还派出几十名教师监考，作为校长的我也就成了考点的副主考官。我通过与这位主管副部长的交流，了解到我国外语人才数量和质量严重短缺的现象十分突出，他说："每一次报名参加一试的人都不算少，都在 1000 人以上，一试以笔试为主的考试，通过率比较高，以 1999 年首届考试为例，大约在 80% 左右；但是到了二试面试时，通过率就很低了，没有超过 2%，1999 年这次只有 17 人通过，真成了凤毛麟角。"这位主管副部长见我很惊奇，又说："赵校长，更为让我吃惊的是，当我翻阅这 17 人的基本情况及简历时，发现他们中大部分是从海外回来的。"听到这里，我的心里更是不能平静，难道我们中国的英语教学就不能培养出英语过关、达到国际公务员标准的人才来吗？这位主管副部长见我不理解的表情，便商讨式地说："赵校长，面对国际化、市场化的需要，我们的英语教学是不是应当进行改革呢？"我说："现实已经告诉我们，中国的英语教学必须改革，而且要加快改革。"其实呼吁英语教学改革的大有人在，其中一位就是北大前主管教学的副校长沈克琦教授。

沈克琦教授退休后被聘为我们北大附中与北京市海淀区教委合作办的北大附中香山分校的名誉校长，每一年香山分校开学典礼时都请沈克琦教授参加并讲话，我作为北大附中校长在任职期间也都参加这个活动。每一次和沈克琦教授见面时我都请教他一些教育教学中的问题。沈克琦教授是西南联大物理专业的学生，也是诺贝尔奖得主杨振宁的同学，毕业后又曾教过中学，在北大担任教授期间，一直是我国中学物理教材和大纲的审核专家组组长。他对中学的情况比较了解，也很关心中学的教育教学改革，并对我担任中学校长的工作提了很多积极的建议，使我受益匪浅。一次我们在谈到中学英语教学目标时，沈克琦教授肯定地说："中学阶段达到英语过关是能做到的。"他列举当年在西南联大念书时，许多教授就是用英语授课，学生们用英语记笔记，用英语和教授们进行交流。他说："当年王竹溪教授从英国留学回来在西南联大当教授，讲授'统计热力学'，由于王竹溪教授多年留英，英语讲得非常好，无论是编写的教材，还是上课都是用英文，我们作为学生都能适应。"听到这里，我想起现在北大化学学院，有的留美教授用英语讲授化学专业课时，许多学生都听不懂啊！沈克琦教授接着给讲了一个故事，他说："改革开放以后，王竹溪教授应杨振宁教授的邀请去美国访问，到美国后受到许多著名科学家的欢迎，许多美国科学家都亲切地称他'王老师'。王竹溪教授开玩笑地说：'杨振宁我教过，而你们我没有教过，怎么成了你们的老师呢？'那些著名科学家说：'王老师，虽然您没有直接教过我们，但当年您用英文编写的统计热力学教材，我们都拜读过，那流畅的英文和精湛的科学内容，让我们都成为受益者，所以我们都称您为我们的老师。'"杨振宁教授在回忆录中也对王竹溪教授的人品和学问作了很高的评价，特别是在西南联大学习时王竹溪教授的全英语授课，对他后来的留美深造及科学研究都起到了积极促进作用。七十年前由北大、清华和南开大学组成的西南联大，许多大学课程能做到全英文授课，师生用英语交流，许多学生从中受益，而七十年后的北大、清华却难以做到这一点，这不能不说是一种退步。当然，造成这种现象有多方面的原因，比如，当年大学生很少，许多学生在教会学校学习时就使用英语，故上大学后英语基础就很好。但是这种现象还是折射出我们基础教育阶段的英语教学存在着不少的问题。有的学者说，"中国英语教学基本不成功，学生学了多年英语，仍然是哑巴英语、聋子英语"，这种说法恐怕言辞是过重了些，但中国基础教育阶段的英语教学需要改革恐怕是不争的共识了。那么如何去进行英语教学改革呢？我作为中学校长，应当去研究、去探索、去推进。

其实中国政府是重视英语教学的，现在小学已经开始学英语了，初中和高中英语学时也不少，大学还要学英语，还要考四、六级。但是学了这么多英语，我们的学生仍然不能很好地用英语进行交流，听说仍很困难，这到底是什么原因呢？治病要治根，根就是病因。

我想，要进行英语教学改革，首先要找到造成英语教学成效不大的原因。我本身不是学英语专业的，自身英语也未学好，多次出国访问考察都不敢与外国人交流，可以说英语学习上我也是一个失败者。可正是我的失败，更唤起我对英语教学改革的热情，英语不是我的专长，我可以去请教从事英语教学的教师、教授，请教研究英语的学者、专家啊！于是我开始了长达几年的关于英语教学的调研工作，先后访问、请教了北大外国语学院院长、英语博士程朝翔教授，北师大英语系主任王蔷教授，北京外国语大学程琳教授，中央教科所双脑英语发明人孟万金研究员，留美学者以及北大附中、清华附中、北京欧美外语中学、北京海淀进修学校的英语特级教师、高级教师、教研员等不下几十人。同时，我还主持召开了一系列英语教学改革研讨会，深入课堂听英语课，与学生们座谈听取他们的意见。经过这一系列的调研和思考，逐步弄清了我国传统英语教学存在的主要问题及构建现代英语教学应当重点抓的方面，并形成了初步的改革意见。

首先要从教学观念上进行反思。传统的英语教学在观念上过多地强调英语知识的学习，忽视了英语技能的功能作用。英语的知识层面包括语音、词汇和语法，如果过多地强调知识层面的学习，就会导致学习者觉得枯燥无味，并且学习效率不高，停留在书面语言阶段，难以过语言关。现代英语教学认为，英语不仅是一种知识，而且是一种语言和文化交流的工具，是一种技能，即一种语言文化交流的能力。英语的技能层面包括听、说、读、写、译基本功。北大程朝翔教授认为："学习英语没有什么窍门，如果说有的话，那就是要加强听、说、读、写、译五个基本功的训练。"根据这种理念，只有把英语教学从重知识传授，转变到既重视知识传授，更重视掌握和训练基本技能，才有可能对英语教学进行改革。

其次要从教学方法上进行改革。传统英语教学中强调学生背单词、记语法、看课文，忽视了"用"这个环节。脱离应用学习英语，容易导致学生失去学习兴趣，费时低效。现代英语教学强调学用结合，在学中用、在用中学，加强听、说、读、写、译基本功的训练，进行大量的视听、阅读训练，这样，不仅能提高学生的学习兴趣和效率，而且有利于学生过"语言关"，把书面英语变成实用英语。程琳教授说："对于学英语者，一般采用'听说领先，读写跟上'的做法，听说能力的提高直接有助于理解和写作能力的提高。"程琳教授还引用英国哲学家培根的话告诫我们："阅读使人充实，讨论使人机智，记写使人精确。"

第三，要创造英语教学的语言环境。传统英语教学对语言环境创设的重视是不够的，除了课堂上老师在教学中用英语外，学生用英语交流的体验和感受是不多的，缺少语言环境不仅不利于激励学生学习英语的积极性，而且也不利于学生语言能力的提高。现代英语教学强调学习语言的氛围和环境，除了课堂上尽可能地用英语进行教学和交流、开展情景教学外，在课后要创造丰富多彩的语言环境，让学生在外语环境中多体验、多感受。语言环境对学习语言的重要性恐怕是毋庸置疑的。最典型的例子是把一个中国小学生送到美国小学学习，没有几年，这个孩子的英语就很好了。问题是我们所处的是汉语环境，如何变成有利于学习英语的语言环境呢？北大著名经济学家厉以宁教授讲的故事给了我一个很大的启示。他说，有一个生产梳子的工厂离一个寺庙不远，于是经理就派一个业务员去寺庙推销梳子，由于寺庙里的和尚没有头发，故一个也没有卖出。这位业务员闷闷不乐地从后山返回，途中遇上一个小和尚，由于这个小和尚有一个情人，对梳子感兴趣，于是就买了一把，这个业务员带着只销售了一把梳子的结果回到工厂。第二天经理又派另一个业务员去寺庙推销梳子，这个业务员看到光头的和尚不需要梳子，但有许多进香的香客是女士，有时需要整理头发，他就向这些女士们推销，一天下来也卖了几十把梳子，返回工厂后向经理作了汇报。经理说，我们工厂一天要生产上千把梳子，这点销售量太少。于是第三天，又派出第三名业务员去寺庙推销梳子，这个业务员认真分析了前两个业务员没有打开销售市场的原因，主要是寺庙需求与梳子的功能不一致造成的。于是他想，如果改变梳子的功能，在梳子上刻上"积善梳"，凡是在寺庙里捐款积德行善的人都发一把"积善梳"作为寺庙的馈赠纪念品，不就拓宽了销售市场了吗？他把这创意和寺庙住持一说，住持很高兴地同意合作。结果一炮打响，捐款人很多，梳子的销量也达到每天上千把的水平。厉以宁教授讲的"改变产品的功能，没有市场可以创造市场"的故事，使我想到，英语教学缺少语言环境，只要我们改变教学方式、评价标准，就可以创造出学习的语言环境。

我历来主张"知行合一"，想好的事一定要去做、去实践，在实践中不断完善、不断提高。再好的理念，不去实践，只能是空中楼阁。我对英语教学改革的思考及改革的想法形成后，就开始付诸行动，先后在北大附中和欧美外语中学进行试验性实践，并取得了十分可喜的成绩。

第一步是培训英语教师。教师是教学的主导者，教师的教学理念、教学方法及教学能力直接影响教学效果。因此，教学改革，说到底是教师教育观念的更新、教学方法的改进和教学能力的提高，为此我们和美国巴迪教育基金会合作，利用他们提供的外教在北大附中举办了英语教师培训班。除了北大附中的英语教师全部参加外，还面向社会招收了一批英语教师。在培训班上，外教除了加强英语听说能力的提高外，还就英语教学的新思想、新方法作了介绍，老

师们反映收获很大。后来，应老师们的要求，又办了一期英语教师
高级研修班，进一步提高教师们的语言能力。我征求外教们的意见，
他们普遍反映中国英语教师的知识掌握，特别是语法的把握还是不
错的，但是听、说交流能力相对较弱，一是不敢大胆地讲，二是讲
起来感到很吃力，这就需要加强训练。中国英语教师的英语听、说
能力比较弱，具有普遍性，在教育部举办的"中小学优秀外语教师
出国留学奖学金项目"的测试中，更是定量地说明了这个问题。由
于是出国留学，在测试中除了常规的笔试外，还增加了听力和口语，
总分是 150。没有想到，测试结果平均分为不及格。请看如下测试
效果：

测试时间	参加人数	最高分	最低分	平均分
2001 年	215 人	112.5 分 （74.7）	39 分 （26）	85 分 （56.7）

注：括号内为折合成百分制的分数

我们这些优秀英语教师测试水平这么低，主要原因也是听、说能力
弱造成的。因此，抓英语教师培训是英语教学改革的重中之重、当
务之急。

　　第二步是要抓教材的选择和教学方法的改进。为了加强听力和
口语的训练，在现有英语教材的基础上，要增加有关听力和口语为
主要内容的教材。在这方面，我们的英语教师比较熟悉，在没有
成熟的教材之前，选编一部分还是可以的。教学方法的改进要围绕
"学用结合"的原则，比如实行小班教学有利于师生之间的交流，特
别是外教上的口语课，没有师生之间一对一的交流，收效是不大的；
实行分层次教学有利于处于不同层次学生的提高，通常分为 A、B、
C 三个层次，而且可以滚动前进；实行多媒体教学，增加了视听效
应，对提高学生的听、说能力也是有效果的。现在提倡的任务型教

学和情景式教学都是有效的教学方法。

第三步是要创设语言环境，提高学生学习和应用英语的兴趣，变学习英语的负担为快乐。除了许多学校已经实行的英语沙龙、英语广播、英语作文、英语电影外，开展英语文化节活动是一个受欢迎的举措。在英语文化节期间举行英语歌曲比赛、英语演讲比赛和英语戏剧表演，有条件的可以举办英语冬、夏令营活动，甚至可以到英语国家作短期参观访问，等等。在学校环境建设上也要体现英语氛围，如推行英语日常用语、用英语书写名人警句等。

第四步，在教学评价上要创设一种让学生重视英语听说、不断提高自己口语能力的机制，我们实行过的"中学生英语口语等级测试"是个可行的办法。我请英语教师和专家们设置了一套"中学生英语口语等级测试"的标准，并公布于众，欢迎同学们自愿来检测。每一季度组织一次测试，凡是达到一定等级的都发证书，并对进步大的同学进行张榜表扬，这一下调动了学生学习口语的积极性。学生口语能力提高了，整个英语就容易学好了。

最使我感到欣慰的是，我们创设了一个完全是英语环境的模拟社区。创设英语模拟社区的想法是在一次出国访问考察过程中产生的。当时，我率北大附中代表团到德国一个中学访问并签订友好学校协议书，随团的英文老师是第一次出国，她在办理入关、出关、退税手续及购物、参观等过程中用英语交流，受到很大的启发，她对我说："赵校长，这次出国访问考察，经过用英语交流的体验，我有很大的感悟，我将这些体验和感悟编成教材，我想一定能提高学生学习英语的兴趣，如果有一个模拟国外的环境就更好了。"我听了，顿时觉得眼睛一亮，一位英语教师一次亲身体验就有这么大的收获，而且她提到的模拟环境的想法很有创意。我们没有条件模拟国外大的环境，但可以模拟小的环境，比如模拟一个社区。"模拟社区"，一个学生学用结合的英语实验室，让学生在全英语的环境下进行体验，获得感悟，提高学习英语的能力，这是个多么好的思路啊！后来，我又请教了许多英语教师，他们都支持这种想法，认为可以进行试验。后来，我在北京欧美外语中学担任校长期间将这一想法付诸实施了。我和外教艾瑞克谈了我的想法后，他高兴地说："校长，这是个好主意，我来帮你完成这个设计。"艾瑞克是一个非常聪明的美国纽约人，他大学毕业后，就给自己提出了一个计划，要在 30 岁以前周游世界，然后才结婚、安定下来工作。这次他到中国来，就是要用两年时间，一边从事外教工作，一边在中国旅游。他在外语教学中也非常有创造性，让同学们不仅学到外语知识，而且学会英语思维，比如一次在课堂上他用英语说"热"，并让同学们用英语来描述什么是"热"，有的同学说"有太阳就热"，艾瑞克问："冬天有太阳为什么不热？"……想到这些，我相信艾瑞克的设计一定不错。果然不出所料，一周后，艾瑞克拿出了"模拟纽约社区"的设计方案来，我请英语老师共同来讨论，一致认为设计得不错，讨论中提出一些意见，经修改后就定稿了。艾瑞克还是动手能力很强的人，他列出一个所需购物清单，我叫总务主任派人采购，并派一个木工和一个油漆工听从艾瑞克指挥进行装修和布置。一个月后，一个"模拟美国纽约社区"的英语实验室建立起来了。在这个模拟社区里设置有海关、银行、购物中心、咖啡店、酒店、警察局、邮局、医院、联合国总部、中国总领事馆、时代广场、中央公园、自由女神、帝国大厦等 48 个景区。每一个景区和景点都是用英语来表示和进行讲解的，甚至连城市声音和音乐都是艾瑞克从纽约真实录制下来播放的，进入这个模拟社区，似乎就有一种真的进了纽约的感觉。我们的英语教师还设计了 48 个景区和景点的考核标准及英语口语要求。在首先培训景区、景点的学生考官的基础上，正式向学生开放了。开放那天，我到现场去观看了。学生们非常兴奋，拿着"积分单"到每一个景区、景点去参观并和考官进行对话，并由考官根据学生们的表现打分。学生第一次进模拟社区的"积分点"都比较低，后来随着自己的努力，"积分点"都提高了，当"积分点"到80分后，学生就可以单独去美国纽约了，如果"积分点"大于95分，学生在美国独立生活也没有问题了。"模拟社区"这种生动活泼、体现学用结合的语言环境的创设是成功的，不仅极大地激发了学生学习英语的兴趣和积极性，而且对于提高学生听、说、读、写的能力也是十分有效的。

"学用结合"的英语教学改革实验，在短短的两年时间内就取得了可喜的成果。在北京欧美外语中学，一位学习一般的学生徐丹妮，在这种英语教学改革中激发了学习兴趣，学习能力提高很快，在全国英语口语竞赛中获得了三等奖。在昌平区英语会考中，该中学的英语成绩名列该区所有民办中学之首，甚至超过了该区有的重点中学。我在各种校长培训班、教师培训班上，以"英语教学改革的新观念、新思路"为题，把这些改革成果介绍给了大家。

通过抓英语教学改革使我体会到，作为一位校长要抓好教学工作，提高教学质量，并不是去做大量的日常管理和教务工作，那是主管教学的副校长和教务主任的事情。校长要抽出时间去做大量调研工作，找出影响教学质量的主要因素，然后重点抓好教学改革和提高师资队伍水平，只要坚持这样做，我相信学校的教学质量就一定能提高。

十二、高考改革思路　分层分类分级

　　一次我在江苏省连云港市讲课时，听江苏省教育厅一位副厅长谈起高考升学率与素质教育之间的矛盾。他说，南京市为大力推进素质教育，减轻了学生的学习负担，禁止节假日上课、补课，开展了许多有利于学生身心健康发展的活动。但是几年下来，南京市学生高考成绩和升学率排名逐年下滑，在 15 个地级市中成了倒数第三，对此，南京市的学生家长意见很大，纷纷提出批评，社会舆论也提出了质疑。这种现象带有普遍性，在不少地方和学校，为了应对高考，争取高的升学率，更是出现了"素质教育轰轰烈烈，应试教育扎扎实实"的现象，问题到底出在哪里呢？当然，这里有教育体制的问题，有评价机制的问题，也有高考制度的问题。

　　中国的高考制度的改革已经成为全社会关注的热点，许多专家、学者都提出了许多改进、改革的意见和方案，中学校长、教师和广大学生及家长更是盼望早一点儿进行改革，以便从繁重的学业负担和高考应试中解放出来。但是中国的高考改革却成了两难：取消现行统一考试，采取多元评价和多种录取方式容易导致不公，甚至产生腐败；坚持统一考试和凭分数录取，又容易导致应试教育，使学校在素质教育、学生全面发展、培养学生创新精神等方面落空。许多人士指出，在没有找到更好的替代方案之前，还是不改（或不大改）为好，至少它还是公平的。难道中国的高考改革就走不出两难的困境？中国高考改革的出路在哪里？为此，我进行了相当长时间的思索。

　　思路决定出路。如果我们换个角度来看问题，即跳出教育来看教育，跳出高考来看高考，我们就会形成新的思路，找到高考改革出路。我经过几年的调查研究，并吸取国内外专家的意见及考试的经验教训，逐渐形成了"分层、分类、分级的高考改革新思路及其方案框架"：

一、分层

教育的最基本任务是培养人，为培养社会需要的人才打好知识、能力和人格的基础。社会需要的人才和人自身的发展实际上是分层的。我做过调查，社会对高级人才的需要可以分为三个层次：

1. 第一个层次——研究型人才

研究型人才要求具备厚实的基础知识、敏捷的思维能力和创造能力，具有酷爱科学技术（或学术）和献身事业的人格特征。社会对这种人的需求及其在高级人才中的比例大约是 1% 左右。这种人通常又称为精英人才、杰出人才或拔尖人才。

2. 第二个层次——应用型人才

应用型人才要求具备一定的基础知识、较强的应用知识能力和创新精神，具有热爱专业技术（或专业）和强烈的责任感和事业心的人格特征。社会对这种人的需求及其在高级人才中的比例大约是 20% 左右。这种人通常又称为专业技术人才或专业人才。

3. 第三个层次——实用型人才

实用型人才要求具备适度的基础知识、较强的动手能力、职业技能和创新精神，具有热爱职业技术（或职业）和很强的责任感和事业心的人格特征。社会对这种人的需求及其在高级人才中的比例大约是 80% 左右。这种人通常又称为技能人才。

二、分类

既然人才是分层的，作为培养人才的高等教育相对应地就应该分类，以利于加强人才培养的针对性和实效性。

1. 第一类高校——研究型大学

研究型大学的主要任务是培养研究型人才。研究型大学要有很强的基础学科和前沿学科师资和高水平的科研队伍，有一批大师级专家、教授，有很好的学术氛围，能承担国家重大科研项目并和国际接轨，是开放型、国际化学校。学生通过 6~8 年的学习，培养具备研究型人才的基本素质，大多数获得博士或硕士学位。研究型大学要重在学术水平和研究型人才培养的质量，要严格控制数量和规模，根据我国经济实力，控制在 20~30 所（美国至今也未超过 50 所），每年招生 10 万人左右（不含研究生）。研究型大学归属国立，国家要重点投入。

2. 第二类高校——应用型大学

应用型大学的主要任务是培养应用型人才。应用型大学要有较强的专业学科和应用学科师资及工程设计队伍，有一批资深的工程设计专家、教授，有很好的科学技术氛围，能承担大的工程设计项目并和国际接轨，是开放型、国际化学校。多数学生通过 4~6 年的学习，培养具备应用型人才的基本素质，大多数获得学士或硕士学位。应用型大学要重在科学技术水平和应用型人才培养的质量，要适度控制数量和规模，根据我国国情实际，控制在 600~800 所，每年招生 150 万 ~200 万人左右（不含研究生）。应用型大学归属省（市、区）立，省（市、区）要重点投入，国家积极支持。

3. 第三类高校——实用型大学

实用型大学的主要任务是培养实用型人才。实用型大学要有较强的技能学科和职业技术师资，有一批优秀的职业技术专家、教授，有很好的职业技术氛围，有稳定的实习基地，和社会企业有密切联系并与国际接轨，是开放型学校。学生通过 2~3 年学习和实习，培养具备实用型人才的基本素质，大多数获得职业技能证书。实用型大学要重在职业技能水平和实用型人才培养的质量，根据我国建设实际的需要，要重点发展实用型大学，发展到 2500~3000 所，每年招生 500 万 ~600 万人左右。实用型大学归属地（市）立，地（市）要重点投入，省（市、区）加强指导并部分投入，国家要积极支持。

三、分级

有了对人才分层、高校分类的分析，作为具有选拔功能的高考，自然就不可能用一个统一的、固定的模式来全面、真实地考量学生的知识、能力和潜能水平，为此我提出分级考试的方案（框架）。

1. 一级考试——基础知识考试（或称学业水平考试）

目前我国实行的是会考（毕业考试）加高考的模式，前者比较容易，后者难度较大，导致许多学校（特别是许多重点高中）对会考重视不够，甚至认为参加会考会影响学校教学和高考复习，因而提出不参加会考，把主要精力放在高考上的意见。

我提出的一级考试，是将这两种考试合并在一起的一种既考量学生掌握高中基础知识的水平，又为大学选拔生源提供重要根据的考试。正因为一级考试具有这双重功能，因此它首先必须"完全遵循高中课程大纲"，而不能像现行高考那样"不限于高中课程大纲"，这样，考试难度大约会降低 30% 左右，不再有那些超纲要求的难题、偏题、怪题，学生的学业负担将会大大减轻，有利于学生的全面发展。其次，为便于提高考试成绩的区分度，一级考试的考试难度要比会考提高一些（如 10% 左右）。

一级考试采取四级记分制，即 A（优秀）、B（良好）、C（及格）、D（不及格）（分别占高中毕业生总人数的 10%、30%、50%、10% 左右）。凡是成绩为 A、B、C 级的，就是合格的高中毕业生，可以获得高中毕业证书，并具备上大学的资格，如果上第三类大学就不用再考试了。成绩为 A、B 级的有资格报第二、第一类大学，但必须参加二级考试。对于成绩为 D 级的高中毕业生，要么通过补习，参加下一次考试，要么分流上中等职业学校。

一级考试由各省（市、区）负责，国家只负责指导、协调、监督、检查和评估。有条件的省（市、区）可以实行一年考两次，学生自主决定参考，并可选其中最好成绩为代表成绩。

2. 二级考试——基本能力测试（或称能力水平测试）

二级考试是高考改革的重点，也是充分发挥高考指挥棒作用，指引中小学校落实素质教育，为高等学校输送"优秀学生"而不仅是"优秀考生"的关键环节。

由于基础知识已在一级考试中进行了，因此二级考试中基础知识不作为重点，而把素质教育中强调的，也是人才培养中起关键作用的基本能力及综合素质作为考试的重点。基本能力及综合素质怎么考试？这是高考改革面临的新问题和新挑战。

基本能力及综合素质中的思维能力是基础性能力，它包括逻辑思维能力、综合分析能力、逆向思维能力、联想思维能力、发散思维能力、批判思维能力、创造思维能力等。培养学生的思维能力，不仅需要广博的学科知识，而且还需要丰富的社会知识和实践体验、感悟及积累等。因此，通过重点测试学生的思维能力，就可以考核出学生的基本能力及综合素质。

下面介绍测试学生思维能力的两个例子：

（1）对小学毕业学生的一次游戏活动。让学生围坐一圈，每个学生通过摇动封严了的纸巾盒，猜猜纸巾盒里装的是什么东西，主持活动的老师只回答"NO"或"YES"。活动开始后，大多数学生猜问的是："老师，是不是小刀？""老师，是不是钥匙？""老师，是不是牙刷？"……老师的回答都是"NO"。突然一个学生问："老师，是不是塑料做的？"老师回答"YES"，这一下把猜的范围缩小到塑料小制品。接下去多数学生猜问的是："老师，是不是塑料子小勺？""老师，是不是塑料筷子？""老师，是不是塑料圆珠笔？"……老师回答的又都是"NO"。突然又一个学生问："老师，是不是盥洗用的？"老师回答"YES"，这更把猜的范围缩小到盥洗用的塑料小制品，很快学生就猜出是塑料梳子。从这个活动中我们看出多数学生的思维属于常规的单向思维，而问"是不是塑料做的"和"是不是盥洗用的"的学生，则是非常规的发散思维。后来，我们进一步去了解这两个学生，他们确实比其他学生有更强的能力。

（2）对高中生的一个案例分析。美国旧金山市有一座金门大桥，它是世界上最早的大型斜拉大桥，从 1937 年大桥通车到 20 世纪 80 年代，大桥出了两个问题：一是堵车很严重，当年设计的八车道（进出各四车道），远远满足不了增长了的车流量的要求；二是从大桥跳河自杀的人越来越多，平均每年要死几十人。为了解决堵车问题和减少跳河自杀人数，市政府分别以 1000 万美元的高额奖金，公开征求解决这两个问题的方案。我们在一个高中班，把这一案例给大家介绍后，请同学们提出自己的解决方案。对第一个问题，多数同学提的解决方案是："再修一座更宽的大桥"、"加宽斜拉大桥的桥面"、"把大桥改造成双层通道"……但有一个同学提的解决方案是："改变进出车道的数目，上午上班时增加进城车道数目（减少出城车道数目），下午下班时增加出城车道数目（减少进城车道数目），这样就可以大大缓解堵车问题。"我们进一步问这位同学怎么想出来这个方案的？他说他曾经观察过北京堵车的现象：上班高峰时，进城车很堵，而下班高峰时，出城车也很堵。在思考解决方案时，联想到这种现象就提出来了。显然，这位同学的思维方式和能力与众不同，不是用常规的单向思维，而是用联想思维、发散思维、综合分析思维，也就是创造思维，当然这与他平常善于观察、勤于思索、注重积累是分不开的。这位同学如果在美国是第一个提出这种方案的人的话，一定能获得 1000 万美元的奖励，因为这和真正获得 1000 万美元奖金的那个美国人提的方案及思维方式是相同的。

从这两个例子我们可以看出，学生的思维方式和能力确实存在不同和差异，而且这些不同和差异是可以测试的。假如我们筛选出几十个与中学教育教学要求有关、运用所学知识可以进行综合分析，并适合高中毕业生特点的案例作为二级考试的题目，让考生来回答并提出自己的看法或方案，考生的基本思维能力就可以测试出来了。

二级考试也采取四级记分制，即 A（优秀）、B（良好）、C（及格）、D（不及格）（分别占报考人数的 10%、20%、30%、40% 左右）。凡是成绩为 A、B、C 级的，就具备上第二类大学的资格，第二类大学中的各个大学可以根据考生的一级和二级考试成绩及其有关材料自主进行录取。二级考试成绩属于 A 级（优秀）的考生，有资格报第一类大学并参加三级考试。

二级考试试题由国家教育部考试中心承担（逐渐过渡到由权威的考试服务中心来承担），通过在全国征集案例，并由命题专家组加工成题目，再由各省（市、区）负责组织学生考试。

3. 三级考试——潜能面试

由第一类大学负责组织有关专家、教授对考生逐一进行面试，通过面试可以测试出考生的思维敏捷度和应变能力、分析能力、表达能力、心理素养等综合素质和发展潜力，这些都是研究型人才应当具备的基本素质。凡是面试通过的考生就基本具备了上第一类大学的条件，大学再参考其他有关材料及考生是否适合在本校培养等综合因素进行自主录取。

四、实现条件

分层、分类、分级的高考改革新思路及其方案框架，相对于现行高考模式有很大的变化，由它形成的新高考方案要实行起来可能会有相当的难度和阻力，因此必须创造实现的条件。

1. 观念转变

什么是人才？什么是高级人才？什么是成功的高级人才？不同的人才观，有不同的衡量标准。现实社会中那种重文凭，轻水平，重学历，轻能力，以及那种不顾学生兴趣、特长、个性等人格特征，一味地追逐上重点大学，尤其是一味地追逐上北大、清华的现象，其实都是不科学人才观的反映。科学的人才观认为，人才是各种各样的，只要能充分发挥自己的潜能，并为社会的发展作出积极贡献的都是人才。"人无全才，人人有才，扬长避短，人人成才"说的就是这个道理。无论是上哪类大学，毕业后从事何种工作，只要他继续努力和提高，达到专家级水平（具备高级技术职务水平）的，就是高级人才。高级人才，在他从事的领域里作出突出贡献的，就是成功的高级人才。

科学的人才观将引导广大青年学生更加注重自己对知识的学习和积累、对能力的培养和提高、对人格的修炼和完善，从而能根据自身特点，科学地选择大学和职业。我在西方发达国家考察时发现，他们在这方面已经走在前面了，例如许多德国优秀的高中毕业生就很高兴地选择上第三类大学，毕业后从事技能型职业。

人才观念的转变和更新是高考改革的重要思想基础和舆论环境，为此，必须下大力气做好！

2. 搭建大学立交桥

为了消除上第二类、第三类大学学生的后顾之忧，特别是给那些优秀学生多一次选择的机会，搭建各类大学之间的立交桥是必要的，即学分互认，补上必需的学分，经考核达到要求的，可获得该大学的学位或文凭。其实，西方许多发达国家已经实行了多年，并有成熟的经验，完全可以借鉴。

3. 薪酬制度改革

青年学生选择大学、专业和职业，除了兴趣、目标等因素外，还有一个很重要的因素是为了获得更高的薪酬。传统的薪酬制度恰恰给他们一个误导，似乎念书越多、学历越高，薪酬就一定越多。科学的薪酬制度和科学的人才观念是一致的，应当更看重能力、水平和贡献。无论你是哪类大学毕业的，也无论你是专家、教授、高级工程师，还是高级技师，只要在你从事的领域里作出了贡献，就应当受到尊重、获得奖励，就应当享受到相对差不多的薪酬待遇。西方许多发达国家出现的高级技师薪酬不比教授、高级工程师低，有的还更高的现象就不难理解了。薪酬制度也是一个指挥棒，薪酬制度改革搞好了，千军万马过独木桥的现象将大为减少，因此，薪酬制度改革是高考制度改革能否真正见成效的关键条件。

4. 诚信制度的建设

我在征求中学校长和教师们对该改革思路及其方案框架的意见时，他们普遍反映很好，并表示坚决支持。但是，也提到在三级考试的面试中如何保证公正公平和杜绝走后门的问题，这就涉及我国诚信制度建设的问题。在我国诚信制度建设尚未完全到位之前，可以采取一些有效措施来防范，比如，参加面试的考生随机取号参加分组，由专家、教授组成的面试考官也是随机取号分组，这样考生与考官之间都是随机关系，而且都是隐姓埋名、以号代替的，这样的机制是难以走后门的；我们还要看到研究型大学数量本身就不多，研究型大学的专家、教授们整体素质都比较高，被选为担任考官的都有很好的诚信纪录，要和他们走关系也是很难的；再加上有力的监督、举报措施，以及违纪、违规会付出沉重的代价（不但要被取消考试资格，而且背上不良诚信纪录，有的还要受到纪律和法律的制裁），对于一名研究型大学的专家、教授来说，一定会权衡利弊，选择自律的；研究型大学还可以设置淘汰机制，比如，可以设置一年预科（预科重点学习大一课程，经考核合格的方能转入大学本科二年级），即使有不合格学生进了大学，也容易在一年预科中被淘汰出去；大学还要严把毕业生质量关，对于达不到要求的不准许毕业，但可以转入其他大学继续学习，这可以借鉴世界一流名校哈佛大学的严进严出、每年约有 15% 左右汰淘率的经验。

改革总是有风险的，但不能因为有风险而不改革。我们不能等到我国诚信制度建设完善了才进行高考改革，相反，我们应当把高考改革的过程，作为推动诚信制度建设完善的过程，从思想、舆论到机制、法制上全方位狠抓，风险是可以防范的。为了稳妥推进，可以在部分省（市、区）及部分高校中进行试点，以便取得经验教训。

我坚信，高考改革必将推动我国教育改革进入新的阶段，必将全面提升我国教育水平，有利于培养高素质的各类人才，特别是培养一批杰出人才，真正实现我国由人口大国向人力资源强国转变的战略。当然，我提出的思路和方案框架还是初步的，有待补充和完善，但愿它能对我国的高考改革起到抛砖引玉的作用。

十三、倡导扬长教育　引领成功人生

有一年暑期，我给参加"北京中学生成长夏令营"的几百名中学生作题为"为成功作准备"的报告，报告一开始我就问了大家一个问题："同学们，你们谁知道当代四大发明吗？"我的问话刚一结束，一个男学生立即举手说："我知道！"我问道："你说说当代四大发明是什么？"他理直气壮地说："有指南针。"我说："指南针约在古代战国时期就出现了，离现在已经两千多年了。"另外一同学举手说："还有造纸术。"我接着说："造纸术是古代西汉时期发明的，离现在大约 1900 年了。"这时一个女同学也不甘示弱举手说："还有火药。"我说："火药是古代唐朝时期发明的，离现在也有 1200 年了。"一个个子比较矮的同学，我看他已经举了几次手，我特地站起来说："请这位同学回答"，他高兴地大声喊道："有活字印刷术。"他一说完全场一片笑声。我对大家说："这位小同学回答得很有气魄，但活字印刷术是北宋时期发明的，离现在至少也有近 1000 年历史了。"我看了看大家迷惑的样子，接着说："同学们，你们勇敢回答的精神十分可嘉，我们中国确实有过四大发明，为人类文明作出过重大贡献，但都在古代，而不是当代。当代主要是指 20 世纪，经过科学家们的评议，认为当代的四大发明是晶体管、激光、计算机和芯片。让人吃惊的是，这四项重大发明都在美国，因此，美国成了当代科学技术研发的中心。"我讲到这里，全场一片肃静，好像都在思索："为什么这些发明创造都在美国，而我们中国却一个也没有？"我猜透了大家的心思，说道："同学们，你们可能在想，为什么中国古代有四大发明，而当代却一个也没有？"说到这里，我看大家在点头，意思是同意我的问话。我接着说："自唐宋以来，由于封建社会长期对人的束缚，特别是"八股文考试"为代表的教育制度的影响，以及后来帝国主义的侵略和掠夺，使中国落后了，失去了一个又一个发明创造的机会。"我讲到这里，发现下面有同学在议论，于是叫其中一位同学站起来讲，他说："赵校长您说当代是主要是指20世纪，新中国不是1949年成立的吗？到现在也有50多年了，为什么我国科技还是落后呢？"看来这位同学在动脑筋。于是，我对大家说："同学们，这个同学问得好，说明他在想问题，让我们大家给他鼓鼓掌！"几百双手响起一片掌声。我给学生作报告，一般都是这样开场的，目的是营造一个活跃、互动的氛围。至于这位同学提的问题，我不采取正面回答的办法，即使要回答也很难一下子说得很清楚，而是让他们带着问题听我的报告，等他们把报告听完后，恐怕就有自己的答案了。

国外有一种说法："美国是世界研究院，印度是世界办公室，中国是世界加工厂。"这种说法并不科学，但却在一定程度上反映了我们国家的现状。以生产MP3为例，一个中国生产的MP3，售价为79美元，国外企业以专利费名义拿走47.4美元，占60%；生成及销售成本为30.65美元，占38.8%；中国生产企业只能获得0.95美元，只占1.2%。也就是说，由于我国企业没有掌握专利技术，尽管是我国企业把产品生产出来，也只能获得五十分之一的利益，而掌握专利技术的国外企业却获得高达50倍的利益。难怪社会上有这样一种评论："三流企业卖产品，二流企业卖技术，一流企业卖专利，超一流企业卖标准。"中国绝大多数企业还处于卖产品阶段，而且是以卖技术含量较低的产品为主。

全国人大前副委员长蒋正华讲过一句很有哲理的话，他说："经济决定今天，科技决定明天，教育决定后天。"这句话一方面告诉我们，今天我们的经济相比于西方欧美国家之所以落后，主要原因是由科技不发达造成的，而科技不发达很大程度是教育滞后的结果；另一方面也指出了，只有抓好教育改革，培养出大批具有创造能力的优秀人才，科技才能发展，科技发展了，中国经济才能真正腾飞、真正繁荣、真正发达。正是由于教育科技的重要，中央才特别把"科教兴国"、"人才强国"作为中国的发展战略，并决心将中国这个人口大国转变成人力资源强国。在这个发展战略的转变中，教育担负着重要的历史使命，真是任重而道远！

如何跳出现在"应试教育"的束缚，构建培养优秀人才的教育，是我多年来一直在思考的问题，为此，我认真研究了大批优秀成功人士的案例，从中慢慢地总结出有两条共同的规律。

一是他们的情商都比较高。美国哈佛大学心理学家丹尼尔·高曼在他编著的《情绪智力》一书中指出，一个人的成功，智力因素（又称智商 IQ）的作用只占 20%，而非智力因素（又称情商 EQ）的作用要占 80%。情商是指认识自身的情绪和控制自我的情绪及其能力，自我激励的情绪和认识他人的情绪及其能力，以及处理人际关系的情绪和能力。情商高的人眼光远大，意志坚定，生活比较愉快，自信心强，能保持积极进取的精神，善于处理人际关系，因而成功机会比较大。智商高的人，即很聪明，学习不错，记忆力强，对问题的分析和逻辑推理都很规范，但如果他情商偏低，脾气不好，经常自以为是，工作情绪化，和同事摩擦多、矛盾多，人际关系处理不好，工作老是不称心、不顺心，甚至失掉信心，则难以成功。被称为"当代毕昇"的北大教授王选院士在谈到成功发明"汉字激光照排"技术的时候说道，他的成功因素中情商占 85%，其中特别是为中国人争气的自尊心和自信心，以及艰苦奋斗精神、团队精神等为攻克一个个技术难题提供了强大的精神动力和良好的科研氛围。

美国前总统布什的智商为 89，相对偏低，表现在大学学习时成绩得
C，没有拿到博士学位，后来当总统后，发表演讲时经常出错，为
此，经常被媒体嘲笑。但布什的情商比较高，特别是他性格果断、
自信，敢于负责，有坚定的意志，公关能力强，赢得了美国广大选
民的信任而被推上美国总统的宝座。美国耶鲁大学在授予布什总统
荣誉法学博士学位后，一位记者挑衅地问布什："布什先生，请您谈
谈对学生考试成绩的看法。"布什很诙谐地回答说："成绩好，好啊，
说明他们学得好。成绩不好，也不错，成绩不好可以当总统。"有的
报道还说，布什接下来更是风趣地说："如果成绩不好，大学念不完
就退学的，可以当副总统。"因为他的副总统就是这样的例子。成功
人士情商都比较高，是不争的事实。这对于我们以培养人才为宗旨
的教育来讲，更是一个巨大的挑战。因为我们现行的教育更多的是
注重培养一个人的智商，而且在培养智商时，又集中于其中某一些
智能，更多的还是"应试"的智能，这样培养出来的人才缺乏创造
能力，成功的人不多就不足为奇了。

　　二是他们都走扬长避短发展之路，最典型的例子是比尔·盖茨
的成功。我在第一次访问考察美国教育时，就带着这样一个问题：
为什么世界首富比尔·盖茨出在美国？他成功的最重要的原因是什
么？通过我认真考察和思考分析，我得出的结论是，接受扬长教育
和实施扬长避短战略是他成功的主要原因。比尔·盖茨的父母都是
美国华盛顿大学毕业后从事教育工作的教师和教授，他母亲为了更
好地培养三个孩子，辞去了教师的工作。她在家庭教育中特别注意
培养比尔·盖茨的兴趣爱好和特长，为了激发比尔·盖茨对科学技
术的热爱，特地建了一个家庭图书馆。比尔·盖茨在家庭图书馆里
很有兴趣地读完了"百科全书"、"外星人"等科普读物和科幻小说，
并不厌其烦地就许多科学技术现象与父母进行讨论。他进入湖滨中

学时，正好换了一位教育理念先进的校长，这位校长为了培养学生们对科学技术的兴趣爱好，特地筹集资金，让学生们去参观计算机。70年代初，计算机还是极其稀有的设备，主要用于航天航空等高端技术领域。比尔·盖茨为二进制的计算机的变化无穷而着迷，不仅有极大的兴趣，而且从此结下了一生从事计算机软件事业之缘。比尔·盖茨后来在回忆录中写道，湖滨中学校长先进的教育理念把他引进了科学的大门。比尔·盖茨读的是哈佛大学法律系，恐怕是由于他父亲是著名律师，为继承父业的缘故吧。但比尔·盖茨对法律没有兴趣，一上课就没有精神，经常发困，甚至干脆不去上课，在宿舍里玩扑克，为了应付考试，常借同学的笔记来背，真是"临时抱佛脚"。后来他父亲知道比尔·盖茨不好好学习，非常生气，想和他好好谈谈，希望他学好法律，当一名律师，但由于手上有案子，只好请他的一个大学好友，也是比尔·盖茨最尊敬的一位叔叔去做比尔·盖茨的工作。这位教授从美国西部的西雅图乘飞机飞到美国东部的波士顿，认真地和比尔·盖茨谈了一通宵，比尔·盖茨谈起法律时，觉得枯燥无味，没有任何兴趣，但说起计算机软件时就兴奋不已，很有见解和激情。当这位教授全面听取了比尔·盖茨的想法后，说："我本来是来说服你放弃计算机、好好学法律的，现在听了你的想法，看到你的兴趣特长和优势都在计算机方面，我倒觉得你应当发展你的特长和优势。"这位教授的扬长避短理念，支持了比尔·盖茨下定决心，从哈佛大学退学，和另外一个朋友一道去创业，最后缔造了他的计算机软件王国。比尔·盖茨后来在回忆录中写道："如果我继续学习法律，我最多成为一名不成功的律师。"比尔·盖茨的成功说明扬长教育理论和扬长避短战略对一个人事业的成功是多么重要啊！

　　人的智能因素和结构存在多元性和多维性，人作为生命体又具有多样性，这必然导致人的智能、个性、特长、兴趣、爱好等方面存在差异性，其中有的是长项和优势，有的则是短项和劣势。大量的事实证明，一个人事业的成功总是得益于他智能结构中最突出的地方，即个性、特长占优势的地方和称为"长处"的地方。事实还证明，越是"扬长"越易成功；一个人的"短处"很难变成"长处"，"避短"比"补短"更有利于成功。在这些分析和认识的基础上，我归纳出扬长教育理念的四个基本点：

1. 承认每一个学生都有自己的长处，这些长处往往就是学生个性的体现，也是他将来事业成功的优势和竞争力所在。

2. 学校教育的任务就是要善于发现和发展学生自身的长处，要从多视角来观察、接纳、赏识学生身上的闪光点，发现并挖掘其潜能。

3. 张扬学生的个性，培养具有独立见解、个性鲜活的人，是学校教育的重要责任。

4. 扬长可以激活学生的兴趣，调动学生学习和成长的主动性和积极性；扬长可以让学生体验成功的喜悦，增强学生的自信心和成功感；扬长可以避短，可以克服自身弱点对学习和成长的影响。

"扬长教育"的本质是个性化教育，它突出张扬个性对人才培养和对将来事业成功的重要作用，也是对整齐划一的传统教育的一种挑战。从培养人才的角度来讲，"扬长教育"是培养成功人才的教育，作为基础教育则是为培养成功人才打好基础的教育。按照"扬长教育"理念来看待学生，可以说"人无全才，人人有才，扬长避短，人人成才"。

其实"扬长教育"在我国教育史上有许多成功的例子。例如1929年钱锺书考清华大学时，数学考了15分，英语和文学都考了高分。当时清华大学校长就说："钱锺书当不了数学家，但是可以当翻译家、当文学家。"后来钱锺书走上扬长避短的发展之路，成了著名的翻译家，而且写了名著《围城》，也成为文学家。吴晗考清华大学时，数学考得更惨，得了0分，但也并没有影响他后来成为历史学家。如果用现在整齐划一的标准来要求，钱锺书、吴晗连清华大学录取分数线都不够，怎么能被录取进清华大学培养呢？整齐划一的要求违背了"扬长教育"理念，必然会自觉不自觉地扼杀了像钱锺书、吴晗这样一些大师级人物的成长。在北大附中，许多老师也具有"扬长教育"的理念，因而使一些特长突出的学生能够健康成长。例如计算机特级教师李冬梅老师，不仅由于自己毕业于北京大学数学系，有很深的数学功底，而且对以计算机为代表的信息技术的掌握也很有深度，以她的教学特色及个人影响力，激发起一批学生对计算机的特殊兴趣和爱好。李冬梅老师又积极引导，让学生们逐渐积累知识和经验，后来发展到师生合作编写由北京大学出版社出版的《中学 Internet 教程》、《Visual Basic 入门》等，其中还有几位学生自己单独出版了有关网络技术的书籍，他们中的大多数先后考取了北京大学、清华大学等高校的计算机专业。北大附中还有一位叫李林子的同学，虽然已读到高三年级，仍然不减对经济问题的关注和研究。2001年初，他听说北京市人代会要讨论北京市的"十五"经济发展计划，于是通过电子邮件向北京市人大常委会副主任陶西平发去了他关于北京市经济发展的几点建议。陶西平副主任看了之后非常高兴地回了信，充分肯定了李林子同学对北京市工作的关心以及提出的积极建议，并号召同学们向李林子同学学习。李林子同学在建议中就北京市经济发展要解决农业工业化、农村城市化、农民知识化等问题，提出了自己的主张。应当说，李林子同学对经济发展的见解是有一定深度的，是一位有个性、有特长的学生，应当好好鼓励和培养。为此，我让李林子同学在北大附中全体学生大会上讲话，介绍他的思索和研究成果，我也在大会上对李林子同学这种精神作了充分肯定，并号召同学们向他学习。我在大会上还特别强调，希望同学们一定要针对自己的兴趣爱好，发展特长、发展个性，成为个性鲜明、特长突出、具有独立思维和创新精神的新型中学生。

　　但是，现实的教育制度和体制中，有许多地方是与"扬长教育"理念相悖的。近些年我国的教育取得了很大成绩，特别这几年大学扩招、高中扩招、义务教育免学杂费等一系列举措的实施，为广大青少年接受教育创造了良好的条件。在我国经济还欠发达、教育经费还比较困难的情况下，培养了一大批各式各样的人才，应当说是相当不容易的，谁要是抹杀了这一点，也是不符合事实的。但是，我们从培养的人才的质量层面来看，问题还是相当多的。我们培养的许多人才缺少个性，缺乏活力，特长不突出，创造能力弱，在激烈的人才竞争中没有优势。一方面人才很多，另一方面真正有用的高质量人才又奇缺，这就给我们培养人才的教育提出了一个严肃的问题：为什么培养不出社会需要的高质量人才呢？当然原因很多，也不全是教育的责任，但教育有责任是肯定的，教育必须改革也是肯定的。我积极倡导"扬长教育"，我认为是解决这个难题的一个重要思路，也是当前教育改革的一个重要方略。当然，对于基础教育来说，提倡全面发展是必要的，但也容易陷入平均发展，抑长补短，因而压抑了学生的个性发展。然而，许多重大科技发明者及为社会作出重大贡献的杰出人物，无不是在中学阶段就形成了自己的个性品质，就确定了自己的发展方向。为了充分验证"扬长教育"对培养人才的作用，后来我在北京欧美外语中学任校长期间做了大胆的实验。北京欧美外语中学学生的成绩，与重点中学的学生存在相当大的差距，有的甚至比一般普通中学学生还要差，拿吉利大学一位副校长的话来说，这些学生多数不是一流的，有的也不是二流三流的，但用"扬长教育"的新教育观来看，他们都有长处，都有闪光点，都是可造就的，只不过传统教育把他们耽误了。于是，我组织教师们认真用"扬长教育"理念来武装自己，实施旨在发现、发展学生长处，挖掘学生潜能的"扬长教育工程"。由于这些学生数、理基础较差，成了致命的短处，我们就在英语方面激发他们的兴趣爱好、特长。通过以学用结合和重听说为特点的英语教学改革，及创造英语环境，实行口语等级考试等一系列措施，学生英语学习进步很大，体验到了成功的快乐，也带动了其他学科的进步。在昌平区的统一高中会考中，北京欧美外语中学的会考成绩名列民办中学之首，特别是英语成绩超过了许多公办学校学生的成绩。那位吉利大学副校长对另一位大学领导说："不知道赵校长是怎么搞的，看来那么差的学生，考得那么好！"这位校长不知道，这就是"扬长教育"发挥的威力。先进的教育理念，一定能结出丰厚的教育硕果。大力倡导"扬长教育"，一定能引领成功人生。我从事高等教育和基础教育工作几十年，一直都在探索培养成功人才的途径和方法，"扬长教育"及其实施方略我认为是比较好的一种。

第四篇 论文选

引 言

　　"导学探索、自主解决"教学模式的最终目标是培养高素质和高能力的学生，为培养创新人才打下良好的基础。数学是"做"出来的，不是"教"出来的。一个学生只在课堂上"听"课，没有活动，没有"做"，就不能形成真正的学习。数学教学的过程是师生双方实现自己生命价值和自身发展的舞台。

　　只有教师有创造力，才可能激发学生的创造欲。

　　人格不仅是知识更深层次的内化，而且还是非智力方面的品质，是获得更多知识的潜能，是自身行为的"内驱力"。

　　要努力构建"德育为首，能力为重，知识为基础，高素质为目标"的新型育人模式。努力培养个性、特长突出，全面、主动发展，具有创新品质和实践能力的优秀人才。尊重学生个性就必须解放学生的思想。教师要主动去适应学生，而不是被动地等待学生来适应教师。谁主动地去适应学生，谁就能最好地提高和发展学生。

　　宽松产生和谐，和谐促进合作，合作带来发展。合作的本质是人和人之间的相互依存，学生在合作中懂得做人的道理。怀疑是一种思维品质，没有怀疑就没有创新。合作是创新的必要条件，创新是成功合作的必然结果。合作与创新将成为基础教育的主流。

　　研究性学习不仅改变了传统的学习方式，而且它又体现了现代育人模式重学生能力培养，重学生主体性发挥，重学生个性发展的特点。大力开展研究性学习，不仅是学习方式的一种改革，而且是育人模式的改革。

　　兴趣是最好的老师。人的最大兴趣正是聚焦在自身的"特长"之上，"扬长"教育最容易实现教学最理想的"乐学"境界。忽视学生存在的差异性以及对教育选择性的需求，容易剥夺学生的思维、选择和尝试的权利，甚至会扼杀学生的个性发展和创造力的发挥！

深化课堂教学改革 培养学生创新能力
——谈北大附中特级教师张思明的"导学探索、自主解决"教学模式

　　21 世纪是知识经济和高科技的时代。为了适应时代的要求，科学院系统已经提出建设国家创新体系，并开始实施知识创新工程；教育系统召开了第三次全教会，并提出了创新教育及培养具有高素质创新人才的目标。作为基础教育的中学，为培养具有高素质的创新人才打好基础，全面实施素质教育，培养学生的创新能力，已经成为大家的共识。培养目标及任务的变化，必然要求教学模式的改革。这就需要从单纯传授知识的传统教学模式，转变到在传授知识的同时，更重视学生能力，特别是创新能力培养的新教学模式。北大附中副校长、特级教师张思明提出了"导学探索、自主解决"的教学模式，进行了有益的尝试，并取得了可喜的成果。他先后在北京市及全国数学教学年会上作了示范和报告，美国卡内基基金会代表团的数学专家给予了很高的评价。本文就张思明"导学探索、自主解决"教学模式的基本内容、特点及其对我们的启示，进行简要分析，以此来阐述如何深化课堂教学改革，培养学生创新能力，以及作为校长应如何领导和支持这种改革。

一、"导学探索、自主解决"教学模式的五个环节

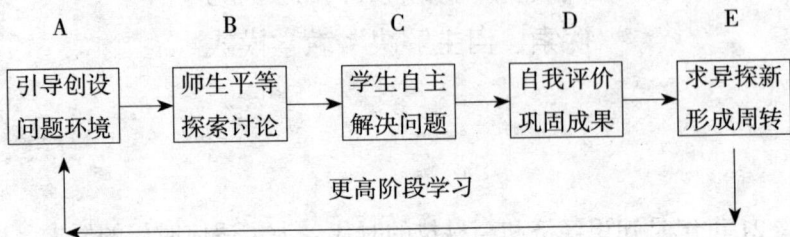

1. A 环节——引导创设问题环境。

根据教学内容，可以采用多种方式引导学生提出、设置问题。问题是思考的起点。教师引导学生围绕教材或课本内容提出或设置需要解决的问题，实际上，就是教师引导学生认真读书，积极思维，激发探索问题的主动性，使学生明确本堂课重点要解决的问题，引导启发学生进行思考。

2. B 环节——师生平等探索讨论。

对 A 提出或设置的问题，教师要通过引导、类比、对比、联想、观察、实验、归纳、化归，形成更数学化、更抽象化的问题；或形成引入探索、有希望成立的猜想；或分解成更小、更具体、更可操作、更熟悉、更清晰，并表现出递进层次的问题，从而使学生的思考更科学化，为培养创造性思维作好必要的思考准备。

3. C 环节——学生自主解决问题。

在 B 的基础上，教师要引导学生应用学过的知识自己解决问题。特别要鼓励学生在自主解决问题中的独创性和创新精神，并使他们得到自主解决的训练和感受成功的体验。

4. D 环节——自我评价巩固成果。

教师引导学生对 B、C 两个环节中探索发现和解决问题的过程

与成果进行自我评价、自我总结。

5. E 环节——求异探新形成（知识和问题的）周转。

教师要引导学生用变维（改变问题的维度）、变序（改变问题的条件、结论）等方式来发散式提出新问题，并将新问题链引向课外或后继课程。需要指出的是，这里引导学生提问题的主要目的是培养学生设问、疑问、想问题的思维方法和习惯，能否最终解决问题，由于受多种条件的限制，已不是最重要的了。最后教师布置三类作业：A 类——不限定格式、方式的作业，如阅读参考书的相关章节，预习或在教科书的边白处写批注、作略解等；B 类——有指定要求的常规书面作业，要"少而精"；C 类——选做性作业，或探索性作业，或微科研小课题等。

张思明通过上述五个环节，运用"导学探索、自主解决"教学模式，进行高中数学教学，不仅使课堂活跃，大大调动学生学习的积极性，激发起学生的探索欲望，而且在探索发现问题、分析归纳问题、尝试解决问题、评价解决问题成果和进一步探索新问题的过程中，学生的思维方式得到科学引导，创新能力得到培养。许多学生反映，上一堂这样的课，不仅学到了许多知识，更重要的是学到了方法，学会了思考。许多专家评价时指出：张思明的课难度大、方法新、信息量大，学生积极思维，老师善于引导；学生既学了知识，又培养了能力，特别是学生在创造性思维能力和创新意识方面有了很大的提高，对于基础好的学生，这是一种值得推广的教学模式。

二、"导学探索、自主解决"教学模式的基本特点

1. 它是实现教学过程"两主"作用有机结合的开放式教学模式。

教师的主导作用体现在创设好的问题环境，激发学生自主地探索解决问题的积极性和创造性上；学生的主体作用体现在问题的发

现、探索、解决上，而且问题的提出和解决程度和方式，由学生自主控制来完成。这种"两主"作用的有机结合，不仅体现在当堂课上，而且和课前课后问题的衔接、扩展、延伸是紧密结合的，并构成了问题链。这种把课前、课中、课后知识和问题组合成类似于食物链的问题链周转，就是一种不局限于单纯课堂教学的开放式教学模式。

2. 它体现了教学过程由以教为主到以学为主的重心的转移。

教师要以培养学生能力，特别是以培养创新能力的目标来组织教学，就不能单纯地在课堂上只传授知识。课堂教学的主要活动也不是简单地只由教师来讲授，而是要通过学生自主地自学探索，教师平等地参与学生的探索和学习活动，来完成教学过程从以教为主到以学为主的重心转移。

3. 它是由他律向自律方向发展的教学模式。

学生的自学能力、探索精神、创新意识、解决实际问题能力的形成需要一个由量变到质变的积累过程，而这个过程正是把教师的外部控制转变成学生自我控制的过程，也就是由他律向自律转变的过程。"导学探索、自主解决"的"导学"是为学生提供一种学习的"模本"或"示范"，是学生完成自学的体验和准备。而学生在"导学"启示下进行探索，学会自学，掌握学习过程和自主解决问题的方法，经历成功与挫折的体验。这种体验对于增强学生学好的自信心，以及意志品质、交往能力的培养都是十分有益的，进而使学生学会"求知"、学会"做人"、学会"合作"、学会"生存"，为"可持续发展"和"终生教育"打下良好基础。这正是"导学"的最终目标，也是这种教学模式的目标和归宿。

以"激励学习为特征，以学生为中心"的"导学探索、自主解决"教学模式，较好地突破了单纯传授知识的传统教学模式，深化了课堂教学的改革，提高了课堂教学效果，使学生的自主学习、独立思考、个性特长及创新能力等方面得到提高和发展。全面推广这种教学模式，为中学适应新形势要求全面实施素质教育、为培养高素质创新人才打下良好基础提供了一个可操作的教学实践模式。

三、"导学探索、自主解决"教学模式给我们的启示

1. 教师转变教育思想和观念是提出和实践这种教学模式的基础。

张思明之所以在多年高中数学教学的基础上提出和实践这种教学模式，是由于他在教学实践中认识到，传统的教学模式把重点放在培养学生的认知能力上，甚至有的还把学生当成"知识容器"，认为教学过程就是从教师这个"缸"里把知识一瓢一瓢地装在学生这个"桶"中。这种模式是难以培养出具有个性特长和创造精神、创新能力的人才来的。他认为数学是"做"出来的，不是"教"出来的，一个学生只在课堂上"听"课，没有活动、没有"做"，就不能形成真正的学习。他还认为，数学教学过程必须重视让学生亲身感受、动手操作、动口交流。在教师的指导下，学生有目标的探索和高度自主解决问题的过程正是形成学生良好认识结构的基础。所以他提出数学教学的目标不仅仅局限于发展学生的认知能力，而更关注学生作为"社会中人"的发展，特别是学生的个性和创造力的发展。他说："数学教学不再是教师单纯地为学生的付出，而是教师创造性生活的一部分。数学教学的过程是师生双方实现自己生命价值和自身发展的舞台。"正是在这种全新的教育思想和观念的指导下，张思明才逐步总结并提出了"导学探索、自主解决"的教学模式。同样，要实践这种教学模式，也要求教师必须建立起新的符合时代要求的教育思想和观念。

2. 教师的高素质和高能力是提出和实践这种教学模式的重要

条件。

"导学探索、自主解决"教学模式的最终目标是培养高素质和高能力的学生，为培养创新人才打下良好的基础。这种高目标势必要求教师也应具有高素质和高能力。张思明本人从一个普通高中毕业生，通过艰苦的自学成才之路，获得硕士学位，成为一名在教育、教学方面都做出突出成绩的优秀教师，其业务功底和独立思考、创造思维能力及敬业奉献精神都达到了较高的程度。正是这种切身的体验和感受、这种自身对高素质和高能力的追求，才使他有可能提出这种新的教学模式。正如张思明所说："只有教师有创造力，才可能激发学生的创造欲；只有教师自己不断学习，自主地钻研探索教学规律，才有可能影响学生自主地学习和钻研；只有在充满生命力与和谐气氛的教学环境中，师生共同参与、相互作用，才能摩擦出智慧的火花，结出创造之果。"同样，要实践这种教学模式，其重要条件是教师必须对自己在素质和能力方面有高的要求，并达到高的境界。

3. 学校领导要为推广和完善这种教学模式创造良好的环境。

"导学探索、自主解决"教学实践模式要求高、难度大，要真正推广和进一步完善，不仅需要广大教师转变教育思想和观念，而且要求教师本身具有高的素质和能力，这样势必带来许多困难。作为学校领导，特别是校长要高瞻远瞩，从迎接 21 世纪挑战和培养高素质创新人才的高度来认识这种模式的重要意义，需要果断地采取有效措施来支持、推广和进一步完善各种教学模式，为各种教学模式的推广创造良好的空间和环境。这里特别需要提到的是在实践这种教学模式过程中，由于学生、教师及其他条件的原因，可能一时出现这样或那样问题，作为学校领导，一定要以一种积极的态度对待。在实践这种模式时，对于某些教师暂时存在的"怕影响学习成绩"、

"怕达不到要求"等担忧，也要正确引导，由点到面逐步扩展。推广这种或那种教学模式的过程，实际上就是深化教学改革的过程，在这方面，学校领导投入较大精力是值得的。

（载《北京教育》1999 年 3 月号和《中小学管理》1999 年 5 月号）

高考改革势在必行

教育部《关于进一步深化普通高等学校招生考试制度改革的意见》（以下简称《意见》），从高考科目、高考内容、高考形式、录取方式等方面提出了改革的意见，我们感到这是一项意义深远的改革，对高等学校选拔人才、中学实施素质教育以及扩大高等学校办学自主权都有积极的推进作用。改革也是为了消除弊端。自从恢复高考以来，我们取得的成绩是明显的，是主要的，但暴露出来的问题也不容忽视，比如中学生文理科偏科，机械学习，能力和素质下降，特长得不到很好的发挥。另外，一次考试定终身，使部分中学生失去了进高校学习的机会。这都说明高考改革势在必行。

教育部的《意见》中指出，用三年左右的时间推行"3 + X"科目设置方案。"3"指语文、数学、外语，为每个考生必考科目；"X"指由高等学校根据本校层次、特点的要求，从理、化、生、政、史、地六科或综合科目中确定一门或几门考试科目。考生根据自己所报的志愿，参加高等学校（专业）所确定科目的考试。从教育部文件中，我们体会到，"3 + X"的趋势是"3 +综合"。因为综合科目在考查学生的能力和素质方面具有单科所不可比拟的优势。这就给中学教育提出了新的要求：（一）中学教育要走文理并重的道路，偏向任何一方都可能导致学生的畸形发展。现代社会发展趋势表明，复合型人才适应能力最强，也具有较强的创造力。（二）强化大理科和大文科意识，更加注重学科间的相互渗透，使学生的知识结构更趋合理。（三）由应试教育彻底转向素质教育，注重培养学生的能力。"3"也要突出能力、突出应用。总之，能力是核心。

关于高考内容的改革，《意见》认为这是高考改革的重点和难点。为了搞好这项改革，我们建议在组织有关人员加强研究和实验的同时，应广泛征求中学教师的意见。《中国教育报》已经发出面向全国征集综合科目试题的信息，这是一个很好的做法，相信广大中学教师会有一些好的意见和建议，特别是在某一学科上能提出具体的方案来。我们认为《意见》中"命题要把以知识立意转变为能力立意，转变传统的封闭的学科观念，在考查学科能力的同时，注意考查跨学科的综合能力"的观点是十分正确的。命题的出发点应是考查学生的能力，将原有的知识点转化成能力点。这涉及学科能力的构成问题。以语文为例。语文能力一般包括听、说、读、写四个方面，每一个方面又可细化为若干个能力点，从而形成一个能力体系。高考应尽量扩大考查的涵盖面，不要注重了这方面的能力而忽略了另一方面的能力。从历年考试的内容来看，语文的考查是侧重读和写，听和说的考查虽然有所涉及，但所占比例很小。这主要是因为语文听和说的考查不容易操作。但在现实生活中，听和说的能力更普遍、更实用。中学生毕业后，不会听不会说的人并不算少数，因此，语文能力的考查不应有所偏废。那么，具体如何操作呢？我们建议《意见》中对高考形式的改革一定要落到实处，尽快实现一年两次考试。一年两次考试不是简单的重复，也不仅仅是给考生多提供一次机会，而是体现考查学生学习能力的不同层次和不同侧面。两次考试各有侧重，合起来便成为一个整体、一个立体。还是以语文为例，第一次考试侧重在读和写上，分数的比例可以略大一点儿；第二次考试侧重在听和说上，分数的比例可以略小一点儿。英语考查听力的做法可供语文学科借鉴。我想，只要我们认真研究，拿出一套可行的方案是完全可能的。

最后，结合我们北大附中的实际情况谈谈我们对这项改革的态度。北大附中是国内一所知名中学，集中了一大批优秀高中生。这些学生的突出特点是：1. 眼界开阔，思想活跃。他们的家长多数是高级知识分子，有着良好的家庭影响，80% 的家庭有电脑，学生大都能熟练操作。2. 有独立见解，富有创造性思维品质。与其他地方的高中生相比，我们的学生少一些盲从。3. 个性特长显著。他们大都有自己的追求，有自己的奋斗目标，有自己的研究领域。比如，他们从高一就开始准备小论文的写作，高二撰写成文，并完成答辩。有许多同学在小论文竞赛中获奖，有的被大学看中，保送入高校。有一名学生酷爱电脑，在附中读书期间就出版了两本电脑方面的专著。"3＋X"考试改革，为北大附中的学生提供了进一步发展提高的空间，一定会受到学生欢迎。我校从 1960 年建校以来，受到北京大学的良好影响，形成了宽松自由的学术氛围，提倡百花齐放、百家争鸣。这一改革必将促进我校学术气氛更加浓厚，一定会受到任课教师的欢迎。

（本文与程翔合作完成，发表于《中国考试》1999 年 10 月号）

浅谈素质教育中知识、能力、人格的关系

江泽民同志关于教育问题重要谈话的发表，教育部关于减轻学生过重学业负担通知的贯彻，使教育"减负"成了全社会关注的热点，也给教育改革带来了巨大的推动力。但是在部分地区和部分人群中也出现了谈"减负"不敢抓学习；学校"减负"，家长"增负"的现象。这里除了有评价体系、升学制度等教育体制等因素外，还有教育观念上的原因，特别是如何认识素质教育中文化知识、能力培养和人格提升之间的关系。本文就这个问题谈一些个人的看法。

一、文化知识是中学素质教育的基础

中学生的素质包括许多方面，但文化知识素质可以说是最基本的素质，抓好中学生文化知识的学习和提高，应当说这是中学素质教育的基础。因此，中学生在中学的主要任务就是要认真学习文化知识，打好扎实的文化知识基础。传统教育也强调学习文化知识，但存在一个"度"和"质"的问题。所谓"度"，是指学生在中学阶段到底要学多少文化知识，是否是越多越深就越好。传统教育在学习文化知识的"量"上是存在一定的问题的，总体说来过重了，也过难了。过重的文化知识学习挤掉了学生休息、娱乐、锻炼和个人兴趣爱好发展所需要的时间，影响了学生的身心健康和可持续发展。因此，必须把过重的学业负担减下来。所谓"质"，是指知识结构优化及把知识学死还是学活的问题。衡量一个人的学习水平，不仅看他学习多少知识，更重要的是看他在多大程度上将这些知识内化为

自身的素质，包括他选择和鉴别新知识，并不断为自己重组知识结构等。必要的、基本的文化知识是需要学习和记忆的，但大量的文化知识都靠死记硬背，就容易把知识学死了。在传统的教育中，往往是只重视书面知识的学习，忽视实践知识的学习；重视学科自身的系统性，忽视学科间的综合性；重视知识的传授，忽视求知能力的培养。要使学生把知识学活，就需要加强学生综合知识、实践知识的学习及求知能力和知识应用能力等的培养。如果能在教学过程中真正做到少而精，"度"和"质"的关系就处理得比较好了。当然，要真正做到少而精是很不容易的一件事，它对教学大纲、教材内容等都有很高的要求，这里需要有一个不断探索和改进的过程。同时，它对教师的素质也提出更高的要求，教师没有扎实的基本功底和对教学大纲、教材内容的透彻把握及高水平的教学能力，是很难做到少而精、深入浅出、举一反三的。要使学生在负担不过重的情况下，真正掌握基本的文化知识，而且能做到少而精、精而优，应当说是教育教学改革的一个艰巨的任务。如何让学生真正掌握好基础的文化知识，虽然需要进行一系列的改革，但是学生必须掌握基础文化知识则是对中学生的基本要求，这是培养中学生其他素质的基础。

二、培养能力是中学素质教育的重点

中学生无论是毕业后继续学习，还是参加社会工作，最终都要面对社会的选择。选择的重要标准之一是能力。知识是形成能力的基础，但知识还不等于能力，能力是知识内化后形成的智力品质的一种表现。人类即将进入的 21 世纪，是一个以知识经济为特征的时代，对人们能力的要求是很高的，尤其是对创新能力、实践能力和合作能力的要求。而这些能力的培养不是一蹴而就的，必须从小就开始培养。传统的教育只重视对学生知识的传授，而忽视了对学生能力的培养，无论是"老师教、学生录"的教学模式，还是单纯用分数来评价教学质量的评价体系，以及凭"考分"录取的升学制度等，都反映出对学生在培养、考核和评价上缺乏对能力应有的重视，似乎是学习成绩好就一切都好，学习成绩差一切都差，缺少全面的、发展的观念。不可否认，学生的学习成绩是学生掌握文化知识多少和程度的重要体现，因此学生和教师都应当重视学习成绩的提高，但学习成绩不能代表学生应当具备的全部能力，比如学生的实践（动手）能力和创造能力，仅仅用分数是体现不出来的，必须通过对学生观察、发现问题，思考、分析问题，以及动手研究、解决问题等一系列过程的考核，才能比较好地确定学生是否具备这些能力。有些学生可能某些学科的成绩稍差一些，但却对其他一些学科特别感兴趣，有天赋，如果加以适当的引导和鼓励，很有可能会大有作为。如果仅用分数来评价，则很有可能把学生的这一天赋和特长给埋没掉了。对一名中学生来讲，分数一时不好，并不能就说他将来一事无成。事实上有相当一部分学生，在学校学习分数一般，但由于注重能力的培养，在实际工作中却是有所作为的人。

面对新世纪的挑战及对人才能力要求的提高，在中学阶段注重对学生的学习能力、思维能力、实践能力、创新能力的培养尤为重要。这不仅要从教育思想上改变单纯重视知识传授的倾向，而且要进行育人模式的改革，进行课程结构和教材大纲、内容和教学方法等一系列的改革，其中要特别突出在学习过程中对学生主体作用的发挥。传统教育把学生看成是接受知识的容器，采用的是一种被动学习的模式，而要培养学生能力，不把学生作为学习主体，不发挥学生主体作用，不调动学习主动性、积极性是达不到目的的。因此，重视学生能力培养，不仅是教学重点和要求的变化，而且是教育观念、教育模式的改变,是教育改革的一项重要内容。今天培养的学生,将是新时期高科技的参与者,他们将面临激烈的能力与水平的竞争,谁的实践能力和创新能力强,谁就能立于不败之地。经济全球化、科技一体化的时代已经来临,培养学生的能力,作为中学生素质教育的重点,已经成为教育界目前十分紧迫的任务。

三、提升人格是中学素质教育的目标

一个人掌握了基础的文化知识,具备了一定基本能力,是否就一定会对社会作出积极的贡献呢?大量事实告诉我们,这仅仅具备了必要条件,还需要具备不可缺少的充分条件,那就是一个人的思想、品质、道德、责任心,以及意志、毅力、情操、健康心态等,这些统称为人格的力量。人格不仅是知识更深层次的内化,而且还是非智力方面的品质,形成了一个人的一种涵养、一种气质、一种精神,是获得更多知识的潜能,是支配自身行为的"内驱力"。完善的人格,对社会有高度的责任感和事业心,有坚韧不拔的意志和毅力,有高尚的品德情操,有健康的心态,才能使个人潜力得以充分发挥,使掌握的文化知识和具备的各种能力发挥到最大的程度,为人类社会作出积极的贡献。完善的人格是科学的世界观、人生观和价值观的重要体现,是人生进步的动力,是人的素质的最高层次,也是我们中学素质教育的目标。为了实现这一最高层次目标,中学教育的重要任务就是要不断提升、逐步完善学生的人格。首先,要求学校要有正确的办学指导思想,那种片面追求升学率和以分数对学生进行排队的做法是与提升和完善学生人格的现代教育思想不相容的。其次,要求教师要有高尚的人格,教师是学生的榜样,所谓"为人师表",教师的言行举止代表了教师的人格、品质,它会对学生产生直接或间接的影响。尤其在中学阶段,中学生处于可塑性最

强的时期，教师的人格魅力往往给中学生以巨大的感染力，对于中学生人格的塑造具有十分重要的影响。第三，学校的校园文化建设对中学生人格的塑造具有不可估量的作用。健康的校园文化，犹如一个大熔炉，它可以熔化不良的思想作风、习惯等各种杂质，培养出道德高尚、作风严谨、思想活跃的优秀人才。优良的校风和学风，是一种规范、一种导向、一种陶冶，它能催人奋进，优化品质，不断提升学生的思想境界，使其逐步达到人格完善的程度。

知识、能力、人格是中学素质教育的基础、重点和目标，三者又互为依托、相互促进。三者的总和，可以说就是中学素质教育的内容，也可以说是对中学生素质教育的要求。有了这种认识，就为我们全面推进素质教育创造了良好的思想基础，也为中学深化教育改革明确了方向和目标。

当今，国际上的经济竞争在很大程度上是科学技术的竞争、民族素质的竞争，归根到底是教育的竞争。谁掌握了面向 21 世纪的教育，谁就能在未来处于战略主动地位，因此中学教育改革任重而道远。

（本文为 2000 年 7 月在全国高级中学校长年会上的报告）

回顾与展望
——北大附中建校四十周年纪念

走进北大附中校园，迎面"勤奋、严谨、求实、创新"八个大字格外醒目，这是北大的校风，也是北大附中的校风。自 1960 年建校以来，北大附中的发展受到北大历届领导的直接关注。北京大学老校长陆平在 20 世纪 60 年代提出了"附小、附中、大学、研究生院四级火箭"的办学构想，并从北大各系选派了四十多名优秀的青年助教和讲师来附中任教，和原 104 中的骨干教师共同创建北大附中，使附中从建校起，就继承了北大的校风和优良的传统——爱国、进步、民主、科学，并成为北大附中办学的重要特色。

四十年来，我们全校师生经过艰苦的努力，共同把北大附中建设成为一个勃勃生机的校园，民主、进步的校园，开放、创新的校园；成为积淀优秀传统文化，具备优良校风、教风、学风和时代科学精神的校园。

四十年来，经过几代师生的共同努力，北大附中已成为北京市花园式学校、北京市科技活动示范学校、北京市青少年科技俱乐部活动基地校、全国体育传统项目学校、全国知名中学教育科研联合体总部所在地和理事长学校，是众多优秀教师和优秀学生向往的北京市重点中学。

四十年的风雨　艰苦创业　塑造魅力

建校以来，历经共和国的风风雨雨，我们始终坚持"育人为本，重在发展"的办学指导思想，继承和发扬北京大学的优良传统，经过几代师生的艰苦努力，营造了"百花齐放、百家争鸣"的学术氛围，创新了开放式、启发式、讨论式等多样化教学方法。在实践中，我们总结出北大附中教育教学的 16 字方针，即"打好基础，培养能力，发展个性，提高素质"。改革开放进入新的历史阶段，在社会主义市场经济逐步建立情况下，我们更加重视教育教学质量的提高，始终把追求一流的教育教学质量作为学校永恒的主题，在新形势下形成了"四重一主"的教育教学原则，这就是：

1. 重基础，即重视学生基础知识和基本技能的掌握；

2. 重能力，即重视学生学习能力、动手能力、思维能力和创造能力的提高；

3. 重个性，即注重学生禀赋、兴趣和特长的培养；

4. 重发展，即重视学生德、智、体、美等综合素质的全面发展和可持续发展。

5. "一主"，是指充分尊重和发挥学生的主体性，使学生生动、活泼、主动地学习和成长。

经过四十年的磨砺，全体师生以创新、创业的精神，共同构建了北大附中的教风、学风和校风，强化了"勤奋、严谨、求实、创新"的传统风格，又赋予它代表先进文化发展方向的时代特色。优良的教风、学风和校风，已经成为北大附中的一种规范、一种陶冶、一种导向，它激励教师敬业爱生、勤奋钻研、教书育人，激发学生尊师爱校、刻苦学习、勇于创新，形成了以提高学生思想政治素质为灵魂，以培养学生创新精神和实践能力为重点的新的育人质量观念。我们在引导学生学习科学理论知识的同时，注重培养学生自学能力、独立思考能力、动手能力、创新能力以及合作精神、社会责任感和坚强意志，从而促进了学生人格的提升和完善，以及人文素养、传统文化素养、时代精神等综合素质的不断提高。

四十年的教育实践，我们认真贯彻执行国家教育方针，树立"大德育"观念，坚持"德育为首，全面育人"的方针，实行"规范行为，优化品质，树立理想，完善人格"的德育工作原则，使我校形成了思想活跃、环境宽松、健康向上的校园文化特色。

我们充分利用北大、清华、中科院、农科院和解放军部队的教育资源，建立爱国主义教育和传统教育基地，建立科技活动和社会实践基地，建立和健全青年党校、团校以及家长委员会和家长学校，形成学校、家庭、社会全方位教育网络，把帮助青少年树立正确的世界观、人生观和价值观作为工作重点，同时积极开展生动活泼、丰富多彩的第二课堂活动和综合实践活动，建立各学科兴趣小组、科技俱乐部、文学社、校刊社、闭路电视台、管乐团、舞蹈团、体育训练队，师生共同创设了体育文化节、艺术节以及小科技训练、"小论文"写作等形式多样、各具特色的校园文化，激发了学生的学习兴趣，培养了学生个性特长，使在某些方面有天赋的学生得到了发挥、发展能力的天地。仅从1990年以来，就有上千位同学在区、市、全国各种科技制作、科技论文、小发明、征文比赛、朗诵、演讲比赛及各类艺术赛中获奖，部分学生公开发表和出版自己的论文和专著，学校也连续9年被评为北京市科技活动先进校。1997年首批成为北京市科技活动示范校，1999年又被确定为北京市青少年科技俱乐部活动基地学校。不断优化的校园文化环境及其整合作用，为同学们德、智、体、美全面发展创造了良好的条件。在北京大学"五四"爱国、进步、民主与科学精神的熏陶下，四十年形成的优良校风、独特的教学风格和活跃的校园文化，使北大附中在中学界独具魅力，犹如一块巨大的磁石，吸引着一批批优秀教师和优秀学生来附中工作和学习、深造和提高。

四十年的奋斗 特色突出 硕果累累

四十年来，伴随着几代教师的辛勤耕耘和历届学生的成长，北大附中在教育事业上取得了累累硕果，并已形成了自己独特的教育风格和办学特色，赢得了社会的赞誉、家长的信赖和学生的热爱，成为"名师的沃土、英才的摇篮"。

陶行知先生说："要有好的学校，先要有好的教师。"北大附中的发展和取得的成绩，关键在于有一支过硬的优秀教师队伍和育人管理队伍。北大附中教师队伍层次高，基本功扎实，思想活跃，视野开阔，治学严谨，教学风格独特，是北大附中办学的重要特色。北大附中全体教师爱岗敬业，教书育人，用自身的人格魅力和学术魅力培养和影响着一代又一代的学生。北大附中现有在岗教师125人，其中高级教师77人，特级教师11人（含返聘6人），大学正高职教师1人。数学特级教师周沛耕是北京市首届"十大杰出教师"之一，数学特级教师张思明是北京市第二届"十大杰出青年"之一，数学、语文、物理、英语、计算机等学科共有北京市中青年骨干教师6人，海淀区"学科带头人"20人。大多数教师毕业于北京大学等综合性大学及重点师范大学，他们在教学教育工作中，注意结合学生的心理、生理发展过程，有针对性地进行师生之间的心理交流、情感交流，做细致的工作，创设宽松的教育氛围，给学生以真情和爱心，从而激发了学生的进取心和创造精神。他们"学为人师，行为世范"，以自己高尚的品德、丰厚的学识、创新的精神、学者的风范在学校育人工作中起着示范作用、激励作用、凝聚作用。正是他们不畏艰辛，辛勤耕耘，使北大附中建校四十年来特色突出，业绩辉煌。

北大附中教学环境开放、民主，积极开展丰富多彩的教育、教学、教研活动，为发展学生个性和特色，为教育教学的改革和探索创造了良好的空间和氛围；培养的学生思想活跃、富于理想、个性活泼、善于合作、敢于创新、综合素质强，受到大学的欢迎，这是北大附中办学的另一个重要特色。北大附中现有高中教学班 27 个，学生 1130 人。其中有"教育部全国理科实验班"，每年面向全国招生 20~25 人，三年毕业后全部保送北大、清华等重点大学。北京大学与附中合办的"大学中学衔接实验班"，每年招收一个班，经考核凡符合北京大学保送条件的可以直升北京大学。80 年代以来，每年高考均取得好成绩，有 85% 以上的同学考入全国重点大学，其中近三分之一的同学考入北大、清华等著名学府。学生参加各类学科竞赛成绩突出，千余人获北京市一、二、三等奖。在国际中学生学科奥林匹克竞赛中，北大附中获奖牌 14 块，其中金牌 9 块。在第一、二、三届北京市"雷达杯"科学英才少年的奖赛中，附中学生连续获得第一名。10 人获北京市中学生最高荣誉奖金帆奖，17 人获银帆奖。独具特色的育人环境使附中的学生在大学及毕业后的学习和工作中具有美好的发展前景。

北大附中实行开放式教育，和国内外著名学校、有特色的学校进行广泛交流，充分学习、借鉴国内外先进教育经验，海纳百川，发展自己，这是北大附中办学的又一特色。四十年来，我们与国内外教育界建立了多种形式的联系。与日本早稻田大学本庄高等学院、熊本县济济黉高等学校、大阪清风学园、法国德比西中学等学校结成友好学校。澳大利亚墨尔本中学、美国吉墨斯河谷（威利）中学以及加拿大、俄罗斯、新加坡等国家的学校与我校建立了友好关系。国际交流活动开阔了师生的视野，培养了学生热爱祖国、放眼世界的胸怀，促进了我校与世界教育文化的交流，扩大了学校的影响。

四十年来，我们努力创造良好的育人环境，把学校的长远建设规划与周围的人文环境融为一体。宏伟的新教学实验楼已投入使用，图书馆进行了改造扩建，增设了新的图书阅览室，配置了电子备课室和多媒体教室，建立了宽频校园网，改造了运动场。校园初步形成了教学区、行政信息区、运动区、文化生活区、发展区。美丽的校园四季常青，现代化的设施已使北大附中具备了现代化示范高中的条件。

近年来，随着教育产业的发展，我校成立教育投资公司，重点发展远程教育网，开办虚拟学校，同时扩展分校规模，继续办好面向全国的中学教师培训，充分利用我校和北大的教育资源发展教育产业，积极探索一条适合时代发展的集团化办学道路，提高办学效益。

四十年的艰苦努力，形成了我校重学生能力培养、重学生素质提高的办学特色。高质量的教育水平和取得的辉煌业绩，受到社会舆论和上级教育部门的充分肯定。1998 年 12 月，海淀区素质教育督导评价组对我校的综合督导评价是："北大附中认真执行教育法律、法规、方针、政策和有关素质教育的规定，继承和发扬了北大的学风和传统，结合学校实际扎扎实实地全面实施素质教育，形成了自己的办学特色，主要表现在：办学目标的高标准，办学思路的高起点，领导班子和教师队伍的高素质，教育科学研究实验的高层次，教育教学的高质量，教学设施使用的高效益。经验丰富，成果显著。"2000 年 7 月，北京市示范高中专家评审组在给北大附中的评审回复中指出："北大附中在历史的发展中建设了一支高水平的教师队伍，积累了丰富的办学经验，形成了良好的教风、学风、校风，为高等院校输送了大批优秀人才。"四十年的奋斗，北大附中为社会作出了重大贡献。

展望21世纪 迎接挑战 再创辉煌

21 世纪是知识经济的时代，是高科技快速发展的新时期。知识经济的发展，归根到底是教育人才的问题。教育是知识经济的基础，人才是知识创新的关键。振兴民族的希望在教育，只有教育才能提高人的素质，造就现代化的合格人才。教育不上去，就谈不上迎接知识经济的挑战。江泽民主席指出："必须转变那种妨碍学生创新精神和创新能力发展的教育观念、教育模式，特别是由教师单向灌输知识，以考试分数作为衡量教育成果的唯一标准，以及过于划一呆板的教育教学制度。"当前，基础教育的一个紧迫任务就是要"深化教育改革，全面推进素质教育"。党和国家的这一政策方针，既是教育改革发展的必然趋势，也是我们直接面临的难得的机遇和挑战。

迎接新世纪的挑战，我们要全面贯彻《中共中央国务院关于深化教育改革，全面推进素质教育的决定》精神，树立教育为提高民族素质，为社会主义现代化服务的目标观；树立面向全体学生，提高综合素质，发展个性特长的教育质量观；树立主体参与，师生平等，因材施教，学习知识与培养能力和提高素质相统一的教学观；树立德、智、体、美全面发展，培养具有创新精神、实践能力和可持续发展的人才观。

迎接新世纪的挑战，我们要努力构建"德育为首，能力为重，知识为基础，高素质为目标"的新型育人模式，深化课程结构和课堂教学的改革，创设宽松和谐的教学氛围，实行启发式、讨论式和开放式的教学方法，探索"学生主体参与，师生讨论探索，学生自主实践"的教学模式，努力培养个性突出、全面主动发展、具有创新品质和实践能力的优秀人才。在教育教学中，特别要正确处理好知识、能力、人格三者的内在关系。文化知识是中学素质教育的基础；要求教给学生的文化知识要少而精、精而优，既要重视学科的系统性，更要重视学科之间的综合性。培养能力是中学素质教育的重点；要在引导学生观察、发现问题，思考、分析问题，以及动手研究、解决问题等一系列的过程中，培养学生的科学思维品质和实践能力、创新能力。提升人格是中学素质教育的目标；我们培养的学生，不仅要掌握基础文化知识，具备基本实践能力，而且要求形成良好的人格，这就是一个人的品质、道德、责任心以及意志、毅力、情操、健康心态等。健全的人格是科学世界观、人生观和价值观的重要体现，是人生进步的动力，是人的素质的最高层次，也是中学素质教育的目标。知识、能力和人格三者有机结合，形成了基础教育的基本内容，三者的总和构成了中学生全面发展的素质要求，同时也为我们创新育人模式明确了目标和方向。

迎接新世纪挑战，我们根据北大附中实际，在总结四十年办学经验的基础上提出了培养高能力、高素质优秀学生的新世纪办学目标，以及为实现办学目标而实施的重要举措（"五项工程"）：

（一）办学目标

1. 把北大附中办成国内基础教育界具有高质量、高效益，有特色、有示范功能的一流名校；

2. 把北大附中建设成名师的沃土、英才的摇篮、科研的基地、文化传播的中心；

3. 力争在 21 世纪初跨入世界一流名校行列。

（二）"五项工程"

1. 在教师队伍建设上实施"名师名优工程"——在充分发挥现有名师和骨干教师作用的基础上，采取加大培养力度和引进人才的方式，加速名师优师队伍的建设；为了优化教师队伍，在加强教师师德建设的同时，改革教师管理机制，实行"教师岗级聘任制"，为名师优师成长创造良好空间和环境，使一批优秀中青年教师脱颖而出，尽快成为教育教学骨干。

2. 在加强学生的教育及管理上实施"全员育人工程"——强调全员、全方位、全过程育人，特别强调教学是育人的重要渠道，名师、优秀教师是育人的楷模；教书育人、管理育人、服务育人，育人为本，贵在落实，重在有效。

3. 在提高教学质量上实施"精品优质工程"——深化课堂教学改革，优化课堂教学效果，向课堂教学要效益，必须使每一节课都要保证质量，并提高优质课、精品课的比例。通过教学研究和教学评价体系的完善，以及评选优质课、精品课等途径，提高教师优质意识和精品意识，调动和奖励教师提高教学质量的积极性，同时，对课堂教学达不到要求的，也要采取积极措施加以解决。

4. 在克服办学经费紧缺上实施"筹集资金工程"——资金是办学的基础，目前国拨资金只占全部经费的四分之一，远远不够需要。解决资金紧缺的途径是多种渠道筹资，包括争取各级政府、管理部门增加拨款，物业管理，捐资助学，合作办学，发展教育产业等。

5. 在动员全校教职工办学上实施"凝聚力工程"——全校教职工都要以创办国内有特色的一流示范高中为动力，加强团结，形成合力，爱校敬业；校领导班子更要率先垂范，成为凝聚全校力量的带头人。

四十年的奋进、四十年的积累，为北大附中新的腾飞和再度辉煌创造了条件，打下良好基础。虽然我们面临新世界的挑战，还有不少问题和困难，任务也很艰巨，但只要我们奋发图强、不断进取，充分调动全校教职工的积极性、主动性，北大附中的优势和特色就能进一步得到强化和发挥，办学中的困难和问题就能逐步得到克服和解决，北大附中就一定能办成"名师成长的沃土、英才辈出的摇篮、教育科研的基地、文化传播的中心",成为在国内外有影响力的一流名校,为中国的基础教育事业作出积极的、更大的贡献。北大附中将迎来新的辉煌,北大附中任重而道远。

（2000 年 10 月《北大附中四十周年校庆纪念刊》代序言）

合作·创新

——培养21世纪创新人才

前　言

21世纪是经济走向全球化的时代，是高科技快速发展、知识经济占主导地位的时代。在这样的时代里，合作成为全球发展的大趋势，创新成为全球发展的主流。与此相适应的中学教育，应当把培养学生的合作精神和创新意识作为培养21世纪人才的重要目标。本文将结合北大附中的实际阐述我们的观点。

北大附中建校于1960年，是北京大学的重要组成部分。四十年来，北大附中以北京大学为依托，继承发扬"爱国、进步、民主、科学"的光荣传统，大力弘扬"勤奋、严谨、求实、创新"的治学精神，勇于探索，甘于奉献，追求卓越，创造辉煌。

中国的教育源远流长，两千多年前的夏、商、周时期就已经出现了官办学校，既有"辟雍"、"泮宫"这样的国学，也有"校"、"庠"、"序"这样的乡学。教育理论也非常发达，《大学》《学记》就是人类教育史上比较早的教育教学著作。孔子，这位几乎和毕达哥拉斯、苏格拉底同时代的伟大教育家，在教育目的、教育原则、教育方法等方面都有精辟论述，对后世产生了深刻影响。1919年，五四新文化运动兴起，人们高举民主和科学的旗帜，是一次思想大解放。北京大学是五四运动的发祥地，蔡元培校长提出的"学术自由、兼容并包"的办学思想，使北京大学成了中国新思想、新文化的辐射中心。1960年，当时的北京大学校长陆平提出"四级火箭"

（小学、中学、大学、研究生院）办学模式，要建一所高水平的附中，成为北京大学"四级火箭"之一。北大附中应运而生了。正是在这样一个历史文化背景之下，北大附中一开始就形成了自己独特的办学风格，并走出了一条富有个性特色的基础教育之路。

第一部分　环境、个性与创新

　　北大附中从建校之日起，就把培养学生的创新意识作为基本的教育理念。随着时代的发展，这个教育理念日益牢固，已经成为北大附中的办学思想。我们认为，培养创新意识一定要张扬学生的个性。个性既是价值的体现，又是培养创新意识的前提。解放个性，首先需要一个宽松的环境。在这样的环境中，学生的个性得到教师的关爱，学生的人格得到教师的尊重，学生的选择得到教师的支持。

一、环境与个性

　　中国封建教育在历史长河中曾经取得了伟大的成就，但也应当看到它压抑个性、束缚思想的消极作用；它扼杀了许多新思想，学生循规蹈矩，个性得不到张扬，创新意识也就无从谈起。联合国教科文组织编著的《学会生存——教育世界的今天和明天》一书中指出："日益增多的知识和传统，几千年来都是教师传给学生的，随着这种情况便产生了严格的、权威的、学院式的纪律，反映了社会本身就是建立在严格的权威原则之上的。这就是树立了具有权威性的师生关系的典型，而这种典型仍在全世界大多数学校里流行着。"该书进一步指出："中国的教育体系开始时比任何其他地方的教育都较为开放和自由……可是后来由于过分强调形式主义和严格的考试评分制度，而使这种教育体系变得死板和僵化了。"对传统教育的反思，使我们认识到尊重学生个性就必须解放学生的思想。在北大附中的课堂上，每当学生发表了与教材、教师不同的观点，都能得到教师的鼓励和肯定。即便学生的观点是错误的，也能得到教师的尊重。学生在课堂上没有任何思想禁锢，可以和教师坦率地交流思想。学生的精彩文章得到教师表彰，还被推荐到报纸杂志上发表。学生的建议和意见受到教师和学校的重视，有很多被采纳。比如新教学楼天井的利用、校门的设计、体育文化节的方案等，都体现了学生的意志和智慧。总之，以人文精神为核心的校园文化建设为学生个性的发展创设了良好的环境氛围。

二、环境与人格

学生的人格能否得到尊重，是检验办学思想是否端正的标尺。北大附中营造了师生在人格上完全平等的环境。学校严禁教师有侮辱学生人格的言行，严禁教师采用粗暴的态度教育学生。在课堂上，教师从不把自己的观点强加于学生。学生有了缺点错误，教师帮助其分析原因，不给学生精神上造成压力。教师在讲课中有不足或出现错误，欢迎学生指出，从而形成了从善如流、教学相长的局面。我们认为，不能单用考试分数来衡量学生，还应该根据学生的个性特长和综合表现进行评价。这种评价不是定性，而是起一个促进作用，促进学生个性的进一步发展。

宽松的学习环境尊重学生的选择，也就是尊重学生的人格。当今社会是一个选择的时代。学生在学习和活动内容上有着很大的差异性，正是这种差异性，才形成了丰富多彩的世界。现代教育观认为，教师要主动去适应学生，而不是被动地等待学生来适应教师。谁主动地去适应学生，谁就能最好地提高和发展学生。为此，我们在课程的设置上，充分考虑了学生的需要，为他们的成长提供优良的服务。目前，我校已开设选修课 60 多门，学生有很大的选择余地。我们还专门成立了科技教育活动中心、体育教育活动中心、艺术教育活动中心、心理健康教育活动中心和信息教育活动中心，为学生的不同选择提供良好条件。我们每学年都征求学生对教师的满意度，并及时反馈给教师本人。

宽松产生和谐，和谐促进合作，合作带来发展。在宽松的环境氛围中，学生之间也互相尊重人格。学生的"伙伴语言"互相启迪，碰撞出耀眼的火花。比如我校"导学探索"教学法、"宽松式教学法"、"小组讨论法"、"激励教学法"等，都集中体现了这样的教育教学思想，并取得了显著效果。可以说，北大附中从成立到现在一直在为学生努力开辟创新的土壤，北大附中的环境是有利于学生的人格健康发展的。

我们所说的宽松，并非忽视纪律。在遵守社会公德、遵守学校规章制度方面，我们的要求是很明确的。我们认为，学生个性的张扬与严格的组织纪律是一个事物的两个方面，二者并不矛盾，是辩证统一、相辅相成的。总结四十年来走过的道路，我们对宽松环境下的教育效果是深信不疑的。北大附中毕业的学生回忆说："我们对母校印象最深的一点就是，老师没有束缚我们的思维，我们的个性得到了尊重、张扬和发展。在北大附中的日子是愉快的、舒心的，北大附中是我们成长的肥沃土壤。"

第二部分 合作、创新与育人

国际 21 世纪教育委员会主席雅克·德洛尔指出，未来教育有四大支柱：学会认知（learning to know）；学会做事（learning to do）；学会共同生活（learning to live together）；学会生存（learning to be）。

其中学会共同生活强调了要培养在人类活动中的参与和合作精神，而 21 世纪有效生存的必要条件是能够创新，所以合作、创新与育人有着必然的联系。

一、合作与育人

合作的本质是人和人之间的相互依存。培养合作精神指的是让学生充分认识到合作是自己存在和发展的必要前提，进而在实践中实现与别人的积极合作。从认识论的角度讲，世界是多元的，每一个人都有认识上的局限性，要想获得健康发展，必须与别人合作来扩大和深化自己。因此，合作的过程就是学习和提高的过程。合作的原则是真诚相见，共享利益和取长补短。合作精神是学生思想品德教育的重要组成部分，它既是教育手段，又是教育目的，应渗透到教育教学的每一个环节之中。在中学，合作精神与团队精神是一致的。它可以增强学生的集体观念，增强责任意识，使学生学会处理人际关系，在合作中懂得做人的道理。将来的世界，国际交流日益频繁，互相依存的关系更加突出，那种闭关锁国、夜郎自大的做法必然是一种自我消亡。基于这样的认识，我们在学校教育中，特别注重对学生进行合作精神的培养。我们给学生介绍苏美两国空间技术从竞争到合作的历史，给学生介绍人类基因组计划的合作规模；让学生参加综合素质训练等活动，让学生一起共建自己的精神家园；让学生合作开展研究型课题工作；让师生共同设计体育文化节、共同出国考察访问……学生通过实践切身体会到合作的重要性，从而主动培养自己的合作精神。

教育者的受教育水平决定着他的教育效果。我们在探讨培养学生的合作精神的同时，必须思考教师的合作精神究竟如何。目前，中国的考试制度和教学制度依然因袭着学科单兵作战的传统，这种体制决定了教师的工作是有很大局限的。一个语文教师可以不管别的学科，只要教好语文，把成绩提高上去，似乎就完成了任务，就可以算是一个优秀的教师。这种教育体制下的教师，合作精神会受到很大的制约。换句话说，教师的合作精神可能不比受教育者强。这大概是目前我国基础教育存在的一个问题。北大附中比较早地认识到这一点，并进行了改革尝试。我们特别强调教师的集体备课，提倡教研组之间的交流合作；注意克服重理轻文，重书本知识轻实践知识，重学科系统性而轻学科间综合性的倾向；提倡教师执教跨学科的公开课，共同探索学科之间的内在联系，培养学生综合各学科知识和解决实际问题的能力。我们始终认为，教学成绩的取得，是众多教师共同努力的结果，是和衷共济的结果。我们相信，随着高考内容和形式的改革，随着课程改革的不断完善，我们教师的合作精神会发扬得更好。

二、创新与育人

谈到创新教育，这是当今中国教育，也是世界教育的热门话题。其实，创新教育并不是一个新话题。中国著名教育家陶行知先生在20世纪40年代就提出了《创造宣言》和《创造的儿童教育》。陶行知说："我们发现了儿童的创造力，认识了儿童有创造力，就须进一步把儿童的创造力解放出来。"他又提出"解放小孩子的头脑"，"解放小孩子的双手"，"解放小孩子的嘴"，"解放小孩子的空间"，"解放儿童的时间"。陶行知的论述早已经把创新教育的途径和方法讲清楚了。基础教育阶段的创新教育主要目的不是让学生搞什么发明创造，而是培养学生有一种创新意识。所谓"解放小孩子的头脑"，就是要鼓励学生独立思考。孟子讲过："心之官则思，思则得之，不思则不得也。"对教材上的观点、对教师的观点、对名人的观点，都必须经过自己的头脑思考一番。学生思考后得出属于自己的结论，这就是创新。解放头脑，就是要鼓励学生大胆怀疑。怀疑是一种思维品质，没有怀疑就没有创新。怀疑，就是要打破偶像，破除迷信，挣脱教条的束缚。马克思以大胆怀疑的勇气研究人类社会，从而创立了共产主义理论。解放头脑，就是要鼓励学生标新立异，标新立异作为一种思考方法，有利于培养学生的创新意识和创新精神；解放头脑，就是从僵化习惯性思维中走出来，教师要引导学生，要警惕和排除以往思维定式对创新的束缚。

我们认为，创新教育在基础教育中，主要体现在培养学生的创新意识上。创新意识培养的主渠道是课堂。通过课堂教学和课外活动培养学生的好奇心、求知欲、怀疑感、创造需要及思维的独立性和创造性思维。

北大附中的突出特点是一贯鼓励学生大胆质疑、标新立异。所以，北大附中没有绝对权威，教师的教学风格百花齐放、异彩纷呈。学生受到各种风格的影响，自然也就形成了丰富多彩的局面。学生在课上自由发言，无拘无束，个个争强好胜。他们不迷信教师，不迷信课本，不迷信名人。他们有自信心，有"超人"精神，每一个人都是一个独特的自我。北大附中一位数学特级教师回忆说，他在课上给学生用三种方法解同一道数学题，一个学生突然站起来说："还有第四种解法。"教师非常高兴，立刻让他到讲台上讲解。最后，这位教师说："这种解法我没有想到，你比我强！"学生受到很大的鼓舞。教师把学生的创新火花看得比得一个高分还重要，学生就被引导到创新的路上去了。

当今社会的发展突飞猛进，没有创新能力的民族将无法面对未来的冲击。江泽民主席说："创新是一个民族进步的灵魂，是国家兴旺发达的不竭动力。如果自主创新能力上不去，一味靠技术引进，就永远难以摆脱技术落后的局面。一个没有创新能力的民族，难以屹立于世界先进民族之林。"北大附中建校四十年来，在创新教育上成绩显著，有上千人次获奖。在国际比赛中，9人获金牌，奖牌总数14枚。学生的科技制作、小论文、小发明等屡屡获奖。有6名学生在高中毕业之前就出版了自己的著作。我们培养了大批优秀毕业生，有相当一部分升入北大、清华。根据我们的追踪调查，这些学生在大学大多数是拔尖的。他们视野开阔，思维活跃，富有批判性。为了学生的发展，北大附中十分重视课程结构的改革，除了国家规定的必修课和选修课之外，还开设了不少独具特色的校本课程和社会实践、科技、文体等活动课程，并充分利用北京大学的智力优势，邀请著名教授来附中讲学，开设研究性课题。我们还通过综合实践活动课、科学探索课，侧重培养学生的动手实践能力和科学探索精神。另外，像环保设计、网页设计、参与人类基因组计划实验室工作、与获诺贝尔奖的著名科学家座谈等活动，充分激发了学生的创新意识。

　　今天到会的各位校长都有自己的教育理念，你们的学校都取得了显著成就。北大附中作为一所有特色、有优势的高级中学，希望在21世纪跻身于世界一流中学的行列，进一步办出特色、办出成效，我们迫切感到向大家学习和借鉴的必要性。合作是创新的必要条件，创新是成功合作的必然结果，合作与创新将成为基础教育的主流。我们真诚希望以这次会议为契机，真正建立起中学之间国际性的联系，定期或不定期地聚在一起，交流切磋，取长补短，共同为人类的教育事业作出贡献。

　　（本文为2000年"世界著名中学校长论坛"主题报告，参与此稿撰写的有几位北大附中老师，其中程翔为主要执笔人）

构建现代学校育人模式，
奠定培养创新型人才的坚实基础

北京要率先实现教育现代化，除了要加快大学、高中等各类教育的发展和资金投入等硬件条件的改善外，教育质量的提高更是十分重要的指标。现代化的教育，不仅要求教育设备、设施的现代化，更重要的是要求教育思想的现代化和符合现代化要求的教育质量，后者往往比前者具有更大的难度。

教育思想的现代化和符合现代化要求的教育质量，从理念上讲要求树立现代教育的教育观、质量观和人才观；从操作层面上讲，要构建培养创新型人才的现代学校育人模式。所以，可以这样说，为了率先实现教育现代化，在我们的基础教育中要着力构建符合现代化要求的现代学校育人模式，为培养一大批创新型人才打下坚实的基础。在 1996 年北京市政府批准建立海淀区教改试验区初期，北大附中就被命名为教育现代化试点学校。在这五年中，北大附中以"构建现代学校育人模式，奠定培养创新型人才的坚实基础"为主题，进一步推动学校教育现代化建设的进程。

一、传统教育育人模式与现代教育育人模式

育人模式是指在一定教育思想指导下，为达到一定的人才培养目标而形成的相对稳定的教育教学组织形式的简称。几十年来，我们广大教育工作者认真贯彻党的教育方针，辛勤耕耘，培养了大批人才，教育事业取得了瞩目的成绩，这是不可否认的事实；但是，

全球经济的发展，特别是高新技术和以信息化为特征的知识经济的到来使我们看到，在充分肯定我们教育取得成绩的同时，也要看到存在的一些不容忽视的问题，特别是在育人模式上存在的问题。这些问题不仅影响了人才培养的质量，也反映了两种育人模式的重要差异。

（一）重知识，还是重能力

传统育人模式，强调基本知识的传授和基本技能的掌握。教育重视基础知识是对的，知识仍然是能力的基础，没有基本的知识，能力也无从谈起。但是，在相当长的一个时期内，在强调基础知识的同时，忽视了能力的培养，而且过重的学业负担、过难的考试试题，以及"老师讲、学生听"，"老师问、学生答"，教师、课堂、书本为中心的教学模式，使得广大学生知识面狭窄、兴趣单一、思想不活跃，养成"唯书"、"唯师"的习惯，缺乏创新精神和实践（动手）能力。

现代教育育人模式，基于培养创新型人才的需要，把掌握基本的、必要的知识作为重要的基础和手段，而侧重于能力的培养，包括学习能力、分析问题能力及动手能力和创新能力的培养，在教学过程中强调发挥学生的主体性和主动性，给学生留下自我学习、自我发展的空间，为学生的可持续发展打下坚实的基础。

（二）重共性，还是重个性

个性是指一个人的禀赋、天性、特长等。个性是一个人实现个人价值和社会价值的重要因素，往往又是一个人有所作为的切入点。但是，在传统教育中，大而统的要求、比较死板的教学模式以及单一的评价体系，特别是经过严格而规范的中考、高考的"拼搏"和"锻炼"，使得活泼向上、富于朝气的青年学生的个性得不到张扬，受到相当程度的束缚和压抑。

现代教育十分重视学生个性的发展，它不仅把发展学生的个性作为重要的教育目标，而且为发展学生的个性创造良好的、宽松的环境和条件；特别强调教师要关爱学生的个性，尊重学生的人格，支持学生的选择，使学生个性鲜明、兴趣广泛、思想活跃，具有勇敢、自信、主动等品质。

（三）重分数，还是重素质

学习成绩可以用分数来表示，但教育质量很难简单地用分数来衡量，对于一个学生的评价也很难用单一的分数来表示。但在传统教育模式中，往往简单地用分数来评价一个学生或一个学校，导致在教学中追求高分，片面追求升学率而忽视学生全面素质培养的倾向。

现代育人模式重视学生综合素质的培养，因而在评价指标和评价方法上强调学生的综合能力和素质，尤其是人格素质和能力素质。重视学生综合素质培养的现代育人模式，有利于发展学生的个性、特长，有利于各个层次学生的发展，有利于开拓型、创新型人才的培养。

二、构建现代学校育人模式的主要途径和环节

（一）树立科学的现代教育思想与办学理念是构建现代学校育人模式的重要前提

一定的育人模式是在一定教育思想和办学理念的指导下形成的，所以，要构建现代学校育人模式，就必须更新教育思想，树立先进的办学理念。北大附中建校四十年继承和发扬了北京大学的办学传统和精神，按照现代教育思想的要求，逐步形成了"育人为本，重在发展"的办学理念。在这个理念的指导下，形成了"德育为首，能力为重，知识为基础，高素质为目标"的现代学校育人模式。在

这个育人模式中，突出了德育的位置，德育管方向、管动力，是核心，居首位；强调了能力是培养的重点，并将知识定位在基础，注重它的基础地位；将高素质、高人格作为培养的重要目标。这样的学校育人模式，既体现了传统教育中的积极成功的方面，又体现了时代精神的要求。

（二）构建创新型教学模式是构建现代学校育人模式的重要基础

教学工作是学校的中心工作，教学过程是实施素质教育的重要渠道。学校育人模式要体现在教学模式上，并通过教学模式来实现。根据现代教育思想的目标和要求，建立有利于培养学生创新精神和实践能力的创新型教学模式是构建现代学校育人模式的重要基础。

北大附中在构建创新型教学模式的过程中，形成并确立了"四重一主"原则：

1. 重基础——重视学生对基础知识和基本技能的掌握；

2. 重能力——重视对学生综合能力的培养，特别是创造能力和实践能力的培养；

3. 重个性——重视学生个性、兴趣、特长的培养；

4. 重发展——重视学生德、智、体、美等综合素质的全面发展和可持续发展；

5. "一主"——充分尊重和发挥学生的主体性，使学生生动、活泼、主动地学习和成长。

在"四重一主"原则的指导下，北大附中在教学实践中形成了一些有效的教学模式，其中具有代表性的是"探究式教学模式"和"主体参与型教学模式"，其要点是："学生主体参与，师生共同探索，学生自主实践。"并通过课程结构改革，开展研究性学习等环节，使这种教学模式产生了积极的效果。

北大附中在语文教学中开展的"小论文"写作，就是这种教学模式的一个代表。

1. 北大附中开展的"小论文"写作是一种超常规语文写作的教学行为，由于它将写作学习、应用和创造结合起来，对传统语文教学写作进行了有成效的改革，大大提高了学生自主学习的积极性，培养了学生的思维能力、提问能力、自学能力、收集资料能力和写作能力，取得了显著效果，从而荣获北京市首届教学成果二等奖。

2. 北大附中"小论文"写作是高二年级的一门必修课，学生要在正常学习的情况下，用近一年时间，在教师指导下完成一篇四五千字到一万字不等、具有一定质量要求的"小论文"。

3. "小论文"写作主要步骤：

（1）自由选题：充分发挥学生知识背景中的优势，激发他们的研究和写作兴趣；

（2）资料收集：定向收集资料，每个学生要阅读20~80万字的资料，并进行资料分类、整理，初步形成论文提纲。

（3）论文写作：在完成论点的确定和安排、论据的选择和论述、语言文字的衔接和过渡基础上，形成初稿，并征求教师意见，进行修改、定稿。

（4）答辩交流：以班为单位，宣读论文和答辩交流；选优秀论文在全年级进行答辩，专家评审。

4. "小论文"写作为学生创造了一个培养创造性思维的环境条件，让学生处于一种兴奋状态，使学生的创造欲望有充足的动力。学生在"小论文"写作过程中，不断超越自我，体会到创造的乐趣，这是使具有研究性学习特点的"小论文"写作坚持了二十多年仍具有生命力的原因。

（三）提高教师的基本素质是构建现代学校育人模式的重要保证

我们有一位特级教师根据多年的实践总结出一句深刻的话，他说："没有教师的创造力，就难以培养学生的创造欲；高素质的学生需要高素质的教师来培养。"青少年具有很大的可塑性，教师的教育思想和教学行为，对青少年的成长具有很大的影响力，甚至起到举足轻重的作用。我们有一位毕业生在给学校的一封来信中写道："我们的数学老师，不仅教给我许多数学知识，更重要的是给了我一个数学脑袋；老师的人格魅力，对我的成长产生了难以磨灭的影响。"学校育人模式的构建要通过教师的教育教学行为来实现，教师的自身素质就成了育人模式的重要保证。

北大附中从培养创新型人才需要出发，在着力构建现代学校育人模式过程中，通过实施"名师工程"，重点抓了教师素质的提高。其中强调了教师要有高尚的师德，并实行师德一票否决制；强调了教师要有坚实的业务功底；特别强调教师创新精神和实践能力的提高，把教师在教育教学过程中是否体现创新精神和实践能力作为优秀教师和名师的重要标准。通过实施"名师工程"，培养和引进一批知识功底扎实、具有创造能力的高素质教师，为构建现代学校育人模式提供了切实的保证。

三、整合资源优势，创建首都教育品牌，加速实现首都教育现代化

着力构建现代学校育人模式，有利于提高教育教学质量，有利于为培养创新型人才奠定坚实的基础，有利于加速实现北京教育现代化。虽然北京有一大批优秀的学校，并各有自己的特色，但是，北京存在部属和市属、区属学校，体制上的不顺使北京的教育资源优势未能得到很好的发挥，学校中存在的困难也未能得到切实的解决，使得一些名牌学校只好到外地发挥作用。为了使北京率先实现教育现代化，我们希望市政府有关部门站在更高的角度，克服体制

障碍，采取有效措施，帮助解决学校在发展中存在的实际困难，整合北京教育资源优势，狠抓现代学校育人模式的构建，创建首都教育品牌，提高教育教学质量，为培养一大批具有创新精神和实践能力的高素质创新型人才，为加速首都的现代化建设和发展作出更大的贡献。

（本文为 2001 年"北京教育发展论坛"专题报告）

大力开展研究性学习　培养学生创造性思维

——谈北大附中开展的研究性学习和开设的研究型课程

教育部《基础教育课程改革纲要（试行）》中明确把"研究性学习"作为课程结构改革的一个重点，作为设置综合实践活动课的重要内容，并强调学生通过这种学习和实践，增强探究和创新意识，学习科学的方法，发展综合运用知识的能力。北大附中先后开展的以"语文小论文写作"、"数学建模研究"和"微型科研"为代表的研究性学习和研究型课程已有 22 年的历史，由于它对培养学生创造性思维和发展学生综合运用知识能力具有重要的作用，并取得了可喜的成绩，从而荣获北京市首届教学成果一、二等奖。下面就北大附中如何开展研究性学习和开设研究型课程的情况及体会加以介绍。

一、开展研究性学习不仅是学习方式的改变，而且是育人模式的变化

教育育人模式（简称"育人模式"），是指在一定教育思想指导下，为达到一定的人才培养目标而形成的相对稳定的教育教学组织形式的简称。传统的育人模式，是在传统教育思想的指导下，以培养学生掌握基础知识和基本技能为重点，以三个中心（教师为中心、书本为中心、课堂为中心）为特征，以单一标准来评价的一种育人模式。它与强调培养学生能力，特别是创造性思维能力、实践能力，突出学生主体性和张扬学生个性，及采用综合评价体系的现代育人模式是有很大的差异的。

研究性学习是指学生在教师指导下，用研究的方法（或探究的

方式）主动地获取知识、应用知识和解决问题的一种学习活动。这种学习活动，不仅改变了传统的学习方式，即从传统的教师讲、学生听，教师问、学生答的被动式学习方式转变成教师指导，学生主体参与，围绕提出的问题积极思维，探究解决问题的主动学习方式，而且体现了现代育人模式重学生能力培养，重学生主体性发挥，重学生个性发展的特点。因此，大力开展研究性学习，不仅是学习方式的一种改革，而且是育人模式的改革。

二、开设研究型课程，培养学生创造性思维，是课程结构改革的重要突破

如果说在传统的学科教学中开展研究性学习是学习方式和育人模式的一种改革的话，那么开设研究型课程则是课程结构的一种改革，是育人模式在更深、更广程度上的变革，也是培养学生创造性思维能力的重要突破。

独立的研究型课程与传统的学科课程相比较有如下几个特点：

1. 综合性

研究型课程是以学生选择的课题为中心来开展的一种突出研究性学习特点的课程。由于学生选择的课题涉及学科面相对都比较广，甚至一个课题涉及多种学科知识，从而使研究型课程在内容和评价标准上都具有综合性的特点。

2. 开放性

研究型课程从学生自由选题，获得信息资料，到处理、论证、探究、交往创造，及检验、修正等过程，在时空上突破了原来课堂上、师生间、校园内等的限制，从而使研究型课程在时空上具有开放性特点。

3. 实践性

研究型课程进行中，学生对选择的课题，都要经过观察（参观）、调查（考察）、实验（模拟实验）等重要环节，这些重要环节正体现了研究型课程的实践性特点。

4. 自主性

研究型课程从学生自由选择课题，制订研究计划和收集资料，调查分析和实验研究，到论文撰写和论文答辩，都是学生自主的行为活动。而且许多课题到底能取得什么成果，对于老师和学生来讲在很大程度上都是不能事先确定的，要靠学生自主去摸索和尝试，教师在这里只能起组织和指导的作用。因此在研究性课程中，学生自主性特点是十分突出的。

5. 探究性

研究性学习最关键的是要进行探究，研究型课程为研究性学习进行的探究创造了最好的条件和环境，提供了发挥学生个性和智能、潜能的平台。无论是课题的预期，还是课题的结果，在很大程度上都是未知的，只能用探究的思维和方法去探索和创造。探究的过程，实际上就是创造的过程。正是由于研究型课程的探究性特征，使其起到培养和激发学生创造力的作用。

正是由于研究型课程具有综合性、开放性、实践性、自主性和探究性等特点，因此对于调动学生主动参与学习的积极性，激励学生乐于探究、勤于实践，培养学生搜集和处理信息的能力、获取新知识的能力、分析和解决问题的能力及合作能力，特别是培养学生创造性思维能力具有十分重要的作用。

北大附中的教师主体来自北京大学，北京大学浓厚的学术研究氛围使得他们比较早就在北大附中注意开展研究性学习和开设研究型课程。22 年前，语文教学专家章熊老师就大胆地将常规的语文写作课改革成"小论文写作"课，成为北大附中开设的第一个研究型课程。后来数学特级教师张思明开设了"数学建模研究"课，成为北大附中另一个受欢迎的研究型课程。近年来又开设了"微型科研"、"综合实践活动课"、"科学探索"等多种研究型课程。研究型课程的开设不仅拓宽了北大附中课程改革的思路，更重要的是在现行教育体制下，对于提高学生学习的积极性，培养他们的学习能力、研究能力，特别是独立思考和创造性思维能力具有很重要的作用。许多学生进入北大、清华等重点大学后，表现出来的适应性强、综合能力和素质好、有后劲儿，不能不说是得益于中学课程改革和重能力、重素质的培养。

三、倡导学生参与"微型科研"，培养学生的科研意识及初步
    研究能力

北大附中为了培养学生严谨的科学作风和科学精神，培养学生一定的科研意识和初步研究能力，充分利用背靠北京大学、地处中关村高科技园区的优势，在北京市科协和青少年科技俱乐部的积极支持和帮助下，成立了北大附中中学生科技俱乐部，积极倡导学生参与"微型科研"活动，并把"微型科研"作为实验班的必修课和普通班的选修课来开设，采用学分制方法来评价学习成绩。

"微型科研"的特点，一是微，是指题目比较小，有的题目虽然不小，但学生只做其中一小部分，以适合中学生年轻和从事研究的精力和时间少的特点；二是研，一定要进行研究，对于中学生来讲，研究成果并不是很重要的，重要的是在研究过程中培养科研意识和研究性的思维方式，学习科学探索的方法和技巧，为今后从事科研奠定初步的研究能力基础。为此，对"微型科研"，我们的老师进行了认真安排：

1. 在选题和确定课题的阶段，通过开设系列科学讲座让学生们了解国际国内科学发展的新动向，向同学们介绍国内外中学生进行课题研究的成功范例，以启发学生的思路和选择。

2. 在制订研究计划阶段，指导学生提出研究的假设和预期，并学习收集所需信息资料。

3. 在实施研究阶段，指导学生对信息资料进行综合分类和提取，设计和进行科学实验，进而归纳总结研究结果。如果学生收集到的信息资料与已选题目相去甚远，或获得的实验结果不能支撑研究的假设和预期，教师要指导学生修改研究计划或重新选题研究。

4. 在研究的各个阶段中，要指导学生学习写"开题研究报告"、"中期研究报告"和"结题研究报告"，最后还要进行论文答辩交流。

北大附中目前学生进行的"微型科研"主要课题有：

·稀土材料的紫外吸收

·对镧系元素 +3 价离子颜色对称性的研究

·利用固相萃取和 GC–MS 测量环境中的痕量有机物

·红土与黄土的比较

·双子叶植物真叶及侧芽生长的研究

·未名湖水体富营养化的研究

·考试前后血清对淋巴细胞的影响

·水稻抗病基因

·环境模型

·恒星运动与高能粒子运动相似性

·建立普氏原羚保护网站

·教室设备优化组合

·SJ–Ⅱ型事件记录器的调试

·智能机器人

·智能化语音键盘系统

· Mouse Voice

· Stytized TTS Application

......

北大附中的学生在"微型科研"中表现出极大的热情和积极性，有的利用星期六、日去请教大学和科学院的专家教授，有的利用寒暑假到国家重点实验室进行有关科学实验，有的利用业余时间充分运用网络资源，进行计算机模拟设计等。特别值得一提的是，一些学习程度属于中等的学生，在"微型科研"中扬长避短，个性、特长得到充分的发挥，促进了学生总体学习能力的提高。如一位低于统招分进来的学生，由于特别喜欢计算机，主动参与"药物分子计算机模拟设计"课题，并表现出一定的天赋。"微型科研"使各种层次的学生、具有各种特长的学生主体性和潜能得到了发挥。"微型科研"对学科教师也是一种促进，老师们为了指导、组织好学生进行未知课题的研究，就得加倍学习，虚心求教，与同学们共同探究，对于提高教师的综合素质和能力具有重要作用。

北大附中大力开展研究性学习，开设研究型课程，积极倡导学生参与"微型科研"活动，不仅使广大学生热爱科学，树立崇尚科学的精神，调动了其学习科学知识的热忱，而且优化了学生的思维品质，使许多学生视野开阔、思想活跃、富于理想、个性活泼、敢于质疑、勇于创新，树立了科学的时代感和社会责任感。高二（8）班的王皓黎同学在高一时参加了清华多媒体重点实验室"智能化语音键盘系统"的研究实验。她说感受最深的是"使自己的思维方式有了很大的改变，原来学习很被动，总是跟着老师的思路走，而现在却学会了主动思索一些问题，将问题提给老师，使思路走在老师前头"。在今年年初，北京市召开"两会"（"人代会"、"政协会"）

期间，高三学生李林子，通过网络向市人大常委会副主任陶西平发出了关于北京市发展教育和经济建设的两篇有一定水平并带有建设性意见的文章。陶西平主任看后非常激动，在回信中高度称赞了李林子同学关心国家大事、积极参政议政和敢于发表意见的开拓进取精神，并号召全市中学生向他学习。李林子同学之所以能够这样做并不是偶然的，他在经过研究性学习和"小论文写作"训练后，就开始纵论国家大事，写了几篇有一定分量的政论文章。李林子同学的表现，正是北大附中广大学生的一个缩影。

（本文为2001年9月"新世纪中学教学论坛"报告论文及2001年10月"全国高级中学校长年会"交流论文）

迎接新世纪挑战，着力构建培养创新型
人才的"现代学校育人模式"

21 世纪是一个经济和科技进一步快速发展的世纪，它需要具有创新意识、创新思维、创新精神和创新能力的创新型人才。培养创新型人才已经成了社会及各级各类学校面临的紧迫任务。作为为培养人才打基础的中学教育来讲，着力构建培养创新型人才的"现代育人模式"就成了中学教育教学改革的重要任务。

一、教育的反思和中外教育的比较

中国的教育事业发展迅速，成绩显著，已为世人瞩目。但是，中国的教育由于受到传统观念的束缚和影响，也存在许多不容忽视的问题。为此，我先后出国考察多个国家的教育，并对大学、中学及出国留学学生情况进行调查；也和一些专家教授进行讨论，还认真学习、研究有关专家教授的见解，形成了我对教育的反思及对中外教育比较的一些认识。

1."两强两弱"现象说明了什么？

我国基础教育存在着"两强、两弱"的现象。

两强：一是指我们重视基础知识的传授，学生学习基础知识比较多、比较深、比较扎实，这是我们的一个强项；二是指学生考试训练比较多，考试能力比较强。

两弱：一是指我们的教育对学生的动手能力和实践能力培养重视不够，学生的动手（实践）能力普遍较弱；二是指学生的创新精神和创造能力也普遍较弱。

"两强两弱"现象既肯定了我们教育的长处，也指出了存在的短处，从而明确了应当坚持的地方和应当改进的地方。

2. 黄全愈博士的惊人之语。

美国迈阿密大学教育学博士黄全愈教授，通过对美国素质教育的研究和对他的孩子在美国学习实践活动的观察，提出一个重要观点：知识可以教给学生，但创造力是教不出来的！这个观点既体现了一种教育理念，也是对传统教育的一种挑战。创造力教不出来，但可以培养出来，它是在掌握一定知识的基础上，经过教育对象的探究、体验、感悟、实践环节和内化过程后，逐步培养出来的。

3. 朱棣文、杨振宁、李政道等专家教授的见解。

华裔诺贝尔奖获得者朱棣文、杨振宁、李政道等教授，根据他们的亲身经历及其取得成功的经验，对中美教育比较发表了重要见解。

朱棣文教授说："中国学校过多地强调学生书本知识学习和书面应试能力，而对激励学生的创新精神则显得明显不足。"

杨振宁教授指出："中国留学生学习成绩往往比美国学生好得多，然而，十年以后，科研成果却比人家少得多，原因就在于美国学生思想活跃，动手能力和创造精神强。"

李政道教授强调："培养人才最重要的是创造能力"。

上述这些见解、体会，从各个侧面说明了中美教育有许多地方是需要互相借鉴和学习的。

4. 中外教育育人模式的差异。

教育育人模式（简称"育人模式"），是指在一定教育思想指导下，为达到一定的人才培养目标而形成的相对稳定的教育教学组织形式的简称。

中外教育在育人模式上的主要差异：

中国：强调知识学习。

美国：强调能力培养。

表现在中国传统教育中存在如下现象：

（1）在教育目标上，重"智商"，轻"情商"；

（2）在教学内容上，重"专深"，轻"宽博"；

（3）在教学方法上，重"灌输"，轻"引导"；

（4）在教学要求上，重"结论"，轻"过程"；

（5）在教学氛围上，重"严格"，轻"赞赏"；

（6）在评价标准上，重"成绩"，轻"能力"；

……

朱棣文教授用如下简语概括中国传统教育模式：教师教，学生录。北京有一位专家修正为：教师苦教，学生苦录。

育人模式的差异，实质上就是教育思想和人才培养目标的差异，也是人才培养方法和途径的差异。

许多专家语重心长地指出："教育是一把双刃剑，它既可能为学生创新提供发展的契机，成为发展的动力；也可能阻碍甚至扼杀学生创新意识的形成、创新能力的发挥！""摧残天资优异而具有创造力的年轻人，比鼓励他们开花结果要容易得多！""那种整齐划一的均衡教育，将会剥夺学生的思维、选择和尝试的权利，甚至扼杀学生的个性发展和创造力的发挥！"

我们提倡的教育应当是以学生发展为本的教育，是适应学生发展的教育；是扬长避短，而不是去长补短的教育；是面向未来，而不是面向过去的教育；是培养具有优良品德、具有创新精神和实践能力的创新型人才的教育。

二、北大附中的教育理念和教学改革

根据现代教育思想的要求，北大附中建校四十多年来，广大教师通过自己的教育实践，逐步形成了自己的办学思想、育人模式及教育教学原则。

1. 北大附中的办学思想：

育人为本，重在发展。

2. 北大附中的育人模式：

德育为首，能力为重，知识为基础，高素质为目标。

3. 北大附中的教育教学原则：

"四重一主"原则（略）。

4. 北大附中在课程结构改革上突出研究性学习。

（1）坚持22年的语文课作文研究性学习——"小论文写作"。

（2）坚持10年的数学课的研究性学习——"数学建模研究。"

（3）坚持多年的"微型科研。"

5. 北大附中在办学过程中实施"五项工程"。

（1）在教师队伍建设上实施"名师优师工程"——加速培养中青年教师和骨干教师队伍成长的一项措施，有四个基本点：

①发挥现有骨干教师和名师的作用——当前要解决工作（生活）条件和精力外用问题。

②加速培养现有中青年教师，特别是青年教师。

a. 师德师风建设和敬业精神的教育，实行师德一票否决制。

b. 业务功底和学历学位的提高。充分发挥大学优势，积极开办各种研究生班。

c. 岗位培养和提高。安排指导教师，进行教学评价，调动内动力（责任意识、事业心、高要求），苦练基本功，开展教科研，加强教学交流等。

③引进骨干教师和名师。

a.新进教师：研究生——提高学历层次，本科生——以北大毕业生为主体。

b.引进骨干教师——特级教师为代表的骨干教师。

逐步在北大附中建设一支汇百家之长的开放式教师队伍，把北大附中办成培养名师成长的摇篮、名师荟萃的基地。

④在教师管理上实行多层次的管理模式。

重点解决一个机制问题，为每位教师设置一个不断努力奋斗的分层次递进的目标，并建立科学的评价体系。

a.实行聘任制——要求教师首先成为一名合格、称职的教师，实行评聘分开，可以低职高聘、高职低聘。

b.对教师的进一步要求——要成为优秀教师，在师德师风和教育教学等方面要达到优秀。

c.实行岗级制——将北大附中教育教学工作分为A类（关键）岗位和B类（基础）岗位，每类岗位根据任务、要求的不同分为若干岗级。按照"淡化身份、强化岗位、注重能力、突出贡献"的原则，进行岗级聘任，与校长签订岗位任务目标责任书，并享受相应岗位津贴。这种强调岗位教育教学工作量和质量的岗级制，有利于引导教师把主要精力放在教育教学岗位上；有利于教师尽职尽责工作，努力提高教学质量；也有利于青年教师的成长，为他们创造一个打破论资排辈，勇挑重担，尽快成为教育教学骨干的空间和机制。

d.最后成为名师——成为社会公认、具有权威性的教育教学方面的专家。

（2）在加强学生教育及管理上实施"全员育人工程"——强调全员、全方位、全过程育人，特别强调教学工作是育人的主渠道。优秀教师、名师的基本条件之一是育人楷模，教书、管理、服务育人要有落实和考核的措施。

（3）在提高教学质量上实施"精品优质工程"——深化课堂教学改革，优化课堂教学效果，向课堂教学要效益，必须使每一节课都保证质量，并提高优质课、精品课的比例。通过教学研究和教学评价的完善以及评选优质课、精品课等途径，提高教师优质意识和精品意识，调动和奖励教师提高教学质量的积极性，积极鼓励教师使用现代教育技术，改进教学方法；同时，对课堂教学达不到要求的，也要采取积极措施加以解决。

（4）在克服办学经费紧缺上实施"筹集资金工程"——资金是办学的后盾，目前国拨资金只占全部经费的四分之一，远远不够所需。解决资金紧缺的途径是多种渠道筹资，包括争取各级政府、管理部门增加拨款，物业管理，捐资助学，合作办学，发展教育产业等。

（5）在动员全校教职员工办学上实施"凝聚力工程"——特别是在两校合并的形势下尤为重要。全校教职工都要以办好北大附中为大局、为"最高利益"，积极妥善处理好诸多矛盾和问题。要制定激励教职工办好附中、加强团结、形成凝聚力、作出贡献的奖励政策和措施；要严肃批评和处理不利于团结、影响办好附中的人和事；尤其是干部、党员更要强化凝聚意识，要以附中整体利益为重，顾全大局、加强团结、齐心协力，保证办学目标的实现。虽然办学过程有不少问题和困难，任务也很艰巨，但只要我们奋发图强、加强团结、爱校敬业、形成合力，充分调动其积极性、主动性，北大附中的优势和特色就能进一步得到强化和发挥，办学中的困难和问题就能逐步得到克服和解决，一定能把学校办成"名师成长的沃土、英才辈出的摇篮、教育科研的基地、文化传播的中心"，成为在国内外有影响力的一流名校，为中国的基础教育事业作出积极的贡献。

6.发展教育产业。

北大附中为了发挥教育资源的辐射作用，针对广大群众对优质教育的迫切需要，同时也为探索在国家少投入或不投入的情况下，用老百姓的钱来办教育的路子，引进资金和企业家合资组建由北大附中控股的北大附中教育投资有限公司，并下设三个子公司：

（1）教育管理公司

一年多来，教育管理公司兴办了深圳南山分校、郑州分校、广州实验学校，这些分校或实验学校均属于民办性质的学校，并都取得了可喜成绩。

（2）远程教育公司

与 IT 高科技企业联想集团合作开办北大附中远程教育网，致力于发展远程教育，目前已成为专业中学网校中的特色和领先网校，并有良好的发展势头。

（3）教育技术公司

为学校教育提供教育技术和硬件建设项目，并已初见成效。

北大附中发展教育产业已收到明显的成效，不仅为各地基础教育发展提供了优质资源，满足了部分群众对优质教育的需求，而且推动了教育教学改革，加强了科研的深入开展，并为北大附中的建设和发展提供了契机和空间，也提供了部分资金支持。今后，我们要继续努力探索一个高质量、高效益发展基础教育产业的路子。

（本文为 2001 年 10 月"全国中学校长教学论坛"报告）

培养教师的创造性能力，是当前教师教育的重要任务

当前以课程改革为重点的教育教学改革正在深入开展。课程改革的目标是围绕着人的培养目标来设计和确定的，它强调了课程功能的转变，在课程结构和课程内容的改革中都突出了培养学生的能力和综合素质的要求。它使《中共中央国务院关于深化教育改革，全面推进素质教育的决定》及《国务院关于加强基础教育改革与发展的决定》的精神落到实处，使素质教育的两个重点——培养学生创新精神和实践能力找到了切入点和突破口。但是，要实现以课程改革为重点的教育教学改革，最重要、最关键的是要有一支能力强、素质高的师资队伍。没有能力强、素质高的教师队伍，就很难深入进行课程改革，也难以培养能力强、素质高的学生。因此，培养教师的创造性能力就成为当前教师教育及教师培训中的重要任务。

一、更新教育观念，是培养创造性能力的重要条件

传统教育重视基础知识的传授，强调教师"传道、授业、解惑"的作用，但忽略学生创造性思维和实践能力的培养，忽略学生主体性作用的发挥和终身学习能力的形成。而教育部《基础教育课程改革纲要（试行）》中有关课程改革目标、课程结构、内容和标准及教学过程等改革的要求，都体现了现代教育的人才观、质量观和学习观等新的教育观念。结合课程改革纲要进行学习和实践，有利于更新教师的教育观念，使广大教师明确现代教育对于培养人才的目标要求、质量要求和终身学习的要求，特别是对于培养学生的创造性

思维和实践能力的要求，以及这些要求对于教师自身能力和素质提出的需求和标准，如此，才能进一步增强广大教师适应现代教育的综合素质。这样，广大教师对提高自身的创造性能力不仅有一个具体的目标，而且有了切实的、紧迫的要求，从而有利于教师自觉地、主动地结合课程改革提高自身的创造性能力。

二、增强体验实践，是培养教师创造性能力的重要途径

　　教育部《基础教育课程改革纲要（试行）》中，强调要开展研究性学习，开设研究型课程，学生通过综合实践活动和自身体验，增强探究和创新意识，学习科学研究的方法，发展综合应用知识的能力。同样，在教师教育中，也必须通过参与研究性课题的实践，通过自身的体验才能培养创造性能力。比较好的办法是参考MBA（工商管理硕士）和MPA（公共管理硕士）的做法，采取案例教学的方式来进行。地方教育部门及学校要在专家的指导下有组织地安排教师参加典型研究性课题或项目案例的分析交流活动，在此基础上，要直接参加研究性学习或研究型课题案例的实践活动，在实践活动中体验如何收集处理信息资料，如何应用所学知识进行探究、发现和创造，如何进行批判反思，如何提出有价值的观点，如何形成成果，如何进行交流和修正、提升等。这个过程就是教师创造性能力提高的过程。增强体验实践，既是培养教师创造性能力的行之有效的方式，也是适应当前教育改革需要来培训教师的重要途径。

三、构建激励机制，是培养教师创造性能力的重要保证

　　目前，教师教育教学任务都很重，他们又习惯于成熟的教学方式，要在教育教学中进行创新，往往有很大的阻力。除了通过组织学习，更新观念，为培养教师创造性能力奠定良好思想基础，及通

过组织参与、实践、体验为培养教师创造性能力提供有效途径外，还要构建一种激励教师努力提高创造性能力的动力机制。这里很重要的是要构建一个对教师创造性能力的评价、考核和奖励机制。一方面要给教师创造一个努力提高自身创造性能力的良好环境和氛围，提供必要的物质条件；另一方面，很重要的是在评价教师的能力、水平和教育教学质量时，要扬长避短，突出教师在培养学生能力和素质方面的风格、特色和成效，并对大胆进行探索和试验的教师及其取得的成果给予积极的肯定和奖励，逐步形成一种使自身创造性能力强，并在培养学生创造性思维和实践能力上有成效的教师得以优先、优惠地聘任重用，反之将受到鞭策的良性机制，以保证培养教师创造性能力的战略措施得以落实，并使基础教育课程改革的目标得以实现。

虽然教师教育涉及的面很大，如教师的师德教育、学历教育、业务提高等也都不能忽视，但是为了适应当前深入开展的教学改革的需要，抓住教师创造性能力培养这个重点来进行，仍然是十分急迫的重要任务。

（载《校长论坛》2001 年 10 月 6 日）

实行"岗级聘任制" 转变教师管理机制

一、问题的提出及改革的思路

在现行体制下，一名大学毕业生到中学任教，按正常晋级，一般情况下，约在 32 岁左右可以评为高级教师。如果是一名男教师，从评为高级教师到退休，约有近 30 年的教学年限。在这近 30 年的教学年限内，如何使这些教师更好地不断进取、不断提高，调动工作的积极性、主动性，努力为中学教育事业作出更大的贡献，是学校最高管理者——校长，在管理工作中最需要考虑和解决的问题。除了加强师德建设，增强广大教师敬业爱岗和对教育事业的奉献精神等措施外，改革教师管理机制，为广大教师设置一个不断递进的奋斗目标和递进的岗级职责要求及相关待遇，是解决上述问题的一个重要思路与途径。

长期以来几乎每一个管理者，都想要克服吃大锅饭和论资排辈的现象，都想要解决干多干少、贡献大小、能力素质高低在待遇上得以区别的问题，即实行多劳多得、优质优酬的办法；但由于体制、机制的原因，无论评职称还是一般的聘任制，都未较好地解决这个问题。如果将教师岗位设置成职责、要求、待遇都有较大差别的不同岗级，通过教师自主申请，公平竞争，择优上岗，平均主义、吃大锅饭的现象就相对比较好解决了。

现在中学实行的教师职称制度，应当说为中学教师业务提高和青年教师成长创造了比较好的条件；但是，由于职称制度的一系列比较机械的规定，特别是对任职时间的规定，也束缚了一些青年教师的脱颖而出。将教师岗位设置成若干个递进的岗级，同时实行"淡化身份、强化岗位、注重能力、突出贡献"的原则，鼓励水平高的教师申报要求高、责任重的岗位，这样，就为青年教师争挑重担、加快成长提供了更好的机会。

"岗级聘任制"就是针对上述问题及其改革思路，在一般聘任制的基础上，针对中学教师群体的实际情况提出来的一种教师管理机制的改革举措。

二、"岗级聘任制"的主要内容及实施办法

1. 主要内容

（1）受聘岗位的设置

根据学校工作需要和实际情况，设置教师 A 类岗位（关键岗位）和教师 B 类岗位（基础岗位）。教师 A 类岗位设置四级，即 A_1、A_2、A_3、A_4 岗位，教师 B 类岗位设置三级 B_1、B_2、B_3 岗位。其中 A_1 级相当于专家级岗位，A_2 级相当于北京市学科带头人（含特级教师）岗位，A_3 级相当于校、区级学科带头人和教学骨干岗位，A_4 级是称职的高级教师岗位。

（2）受聘岗位的条件

首先要符合聘任的必要条件，包括政治思想品质、师德表现等；其次要符合相应岗位的充分条件，包括要完成的教育教学任务及基本工作量，教育、教学、教研等方面的要求及要达到的目标等。其中特别突出了教师的师德及敬业精神，教育、教学、教研的能力和水平，对学校建设、对学生健康发展所作出的贡献和实际取得的业绩。

（3）A、B 类岗位的受聘范围

A 类岗位——新分配到学校的博士、新调入的高级（包括特级）

教师；在学校从事教育、教学、管理的大部分高级、特级教师及部分特别优秀的初、中级教师。

B 类岗位——新分配到学校工作的大学本科及硕士毕业生，新调入的初、中级教师，在学校从事教育、教学、管理的大部分初、中级教师及少数高级教师。

（4）聘任程序

包括个人申报，民意调查，师生考评，聘任小组初定，民主评议，个人申诉，聘任小组最后审定，校长聘任等。

（5）岗级津贴

根据"存量不变，增量拉开差距"和"优质优酬"的原则，B 类岗位要比 A 类岗位有较大的差距，A、B 类岗位中级别之间的级差相对小一些，并根据学校财力情况确定岗级津贴的数额。

（6）缓聘、待聘、不聘和解聘的规定

因事、因病离岗时间较短的原则上缓聘；暂时不能胜任本职工作的可留岗待聘；长期离岗，不胜任本职工作，不服从学校安排，未经校长批准在外兼课影响学校工作以及出现重大失误，给学校造成不良影响的一律不聘或解聘。不聘和解聘人员名单上交大学人才交流中心，并按有关规定处理。

2. 实施流程及办法

（1）制定岗级聘任制方案，交教职工讨论，经教代会通过，由大学批准。

（2）成立由党政工负责人及有关代表组成的聘任小组，制定聘任小组工作原则及纪律要求。

（3）公布各个岗级聘任条件及岗级数目。

（4）在个人申报和考核的基础上，由聘任小组初定岗级名单。

（5）公布岗级名单，进行民主评议，允许个人申诉。

（6）成立申诉小组，在听取个人申诉的基础上，向聘任小组反映意见。

（7）聘任小组在听取申诉小组意见的基础上，最后确定岗级名单。

（8）由校长正式聘任，并签订工作目标责任书。

（9）按聘任岗级工作目标责任书进行检查，按月发岗级津贴（寒暑假不享受，一年发 10 个月）。

（10）每学年度进行一次全面的考核，并进行一次调整。

3. 聘任结果

（1）根据"逐步到位，逐步完善"的原则，考虑到第一年为岗级聘任制试验阶段，故 A_1 级暂缓聘任。

（2）全校 117 名教师岗级聘任情况如下：A_2 级岗位 19 人，占 16%；A_3 级岗位 21 人，占 18%；A_4 级岗位 29 人，占 25%；B_1 级 37 人，占 32%；B_2 级 11 人，占 9%；B_3 级，无。

（3）担任行政管理工作为主的教师，走行政岗级聘任程序。

三、实行"岗级聘任制"产生的效果及影响

1. 激励广大教师积极进取，奋发向上。

由于"岗级聘任制"强化了岗位的职责、任务及要求，突出了被聘任教师的能力、水平及业绩，聘任条件和工作又做到了公开、公正、公平，使被聘到适合本人实际情况岗级的教师，特别是被聘到较高岗级的骨干教师普遍受到了激励。过去大家都是高级教师，职责、要求和待遇差别都不大，因而激励作用也不大；现在虽然都是高级教师，但由于聘任在不同的岗级，要求、职责和待遇都有较大的差别，因而起到的激励作用是较大的。中学教师是一个比较特殊的知识分子群体，既重视自身价值的实现，也比较重视待遇的提

高，"岗级聘任制"比较好地适应了中学教师这个群体的特点。被聘到较高岗级的骨干教师普遍认为这是对自己能力和水平的认定，是对自己多年来教育教学工作成绩的肯定，是对自己提出了更高的要求和希望，因而全力以赴去开展教育教学工作。一批被聘到较高岗级的青年教师，更是受到很大的鼓励，他们认为："'岗级聘任制'是管理制度的一种创新，使不拘一格用人才落到实处，它使我们看到发展的希望，也使我们感到更有奔头。"因而表现出更加积极进取的劲头和奋发向上的精神。

2. 引导广大教师敬业爱岗，精益求精。

由于"岗级聘任制"强化了岗位的职责、任务，突出了被聘教师的能力和水平，以及在校内教育教学的业绩和贡献，这就等于给广大教师一个明示：必须尽快提高自己的教育教学能力和水平，要把主要精力放在校内教育教学任务上。从而提高了广大教师敬业爱岗、不断提高自己的自觉性。一些业务能力和水平比较高的教师，过去由于精力外用，在校外兼职，讲学和编材料过多，影响教学效果，学生、教师评价不高，因而未聘在较高岗级上，在岗级聘任过程中受到很大的触动和鞭策，他们纷纷取消校外活动或家教等，表示要全身心地投入到校内工作，努力提高教育教学质量。许多中青年教师，为了胜任较高岗级的要求，主动参加各种研究生课程班和学位班的学习，利用各种学习机会"充电"，主动向较高岗级老师学习、听课、请教、讨论问题，这对于进一步树立敬业爱岗、精益求精的良好风气起到了积极的引导作用。

3. 鼓励广大教师勇挑重担，多作贡献。

由于"岗级聘任制"中规定了教师必须完成岗位的基本教学工作量和基本教育工作量才能被聘任，而且还对超基本工作量的教师，在岗津待遇及岗级调整等方面作出了优先聘任的规定，这实际上是对广大教师多承担教育教学任务积极性的鼓励和支持，因而有利于调动广大教师勇挑重担、多作贡献的积极性。过去有的教师因各种原因总希望少上课，少担任班主任工作，自实行"岗级聘任制"后，要求多上课，愿意担任班主任的教师越来越多了。许多骨干教师和优秀教师都主动承担了相当繁重的教育教学任务，充分地发挥了教育资源的潜力和优势，使教师紧张状况有明显的改善，对于学校精简人员，提高教育教学工作效益起到了积极的推动作用。

虽然实行"岗级聘任制"还有许多不完善的地方，但是它带来了教师管理机制的改革并显现出许多可喜的效果，说明这是教师管理制度的一个创新措施。它对教师队伍的建设和管理，对青年教师的成长和脱颖而出，对提高学校教育教学质量都将产生积极的影响，值得继续实践，不断完善。

（本文为 2001 年 1 月在"教育部校长培训班"上的报告，载《中小学管理》2002 年 1 月号）

"扬长避短"与教育创新

——兼谈中外教育的差异

教育创新包括教育理念、教育内容、教育模式等一系列教育环节的创新。其中教育理念的创新十分关键。本文试图通过对传统教育的反思和中外教育的比较，提出一种"适合学生发展的教育"和"扬长避短"的教育理念与办学思路，努力探索教育创新之路。

一

建国五十多年来，尤其是改革开放二十多年来，我国的教育事业成果辉煌，为我国的经济建设和社会的全面进步培养了大量各级各类人才。如今，我们已跨入构筑终身教育体系、创建学习型社会的新时代，因而，教育理念的创新成为首要之义。与世界发达国家相比，由于受种种复杂的社会因素及某些传统教育观念的束缚，我国的教育处于相对较落后的状态。

笔者曾先后考察了多个国家的教育状况，并对许多著名大学和中学以及留学生的学习情况进行了详细调查，也和一些著名专家教授进行讨论，认真分析了许多实际情况，初步形成对中外教育差异的一些看法。

美国的基础教育很注重对学生创新精神和实践能力的培养，相比之下，我国的基础教育差距甚远，为"应试"而教，为"应试"而学的现象至今仍占上风。以国际数、理、化"奥赛"为例，我国对其重视程度大概超过了任何别的国家。如某省的一位参赛选手获得了金牌，其所在学校及教育主管部门的领导、教师们组织了极为隆重的欢迎仪式，进行了全程拍摄，在省电视台黄金时段播放，极尽渲染之能事。相比之下，美国的一些中学对此事的态度要淡然得多，有的甚至连正规的辅导也不进行，因为在他们看来，这仅仅是一种考试，是对学生某些能力的测试，远代表不了一个人的创造力。

美籍华裔诺贝尔奖获得者朱棣文、杨振宁、李政道等学者教授结合自己的亲身经历及成功经验，对中美教育的差异发表了非同寻常的见解。

朱棣文教授说："中国学校过多地强调学生书本知识学习和书面应试能力，而对激励学生的创新精神则显得明显不足。"

杨振宁教授指出："中国留学生学习成绩往往比美国学生好得多，然而，十年以后，科研成果却比人家少得多，原因就在于美国学生思想活跃，动手能力和创造精神强。"他还通过自己所指导的一些中国研究生了解到中国学生的某种共性：在考场上得心应手，在实验室里手足无措。他在中国的一次演讲中曾用这样一个生动事例来说明实践能力的重要：背熟了上海交通地图的外地学生和一个没有背上海交通地图的上海学生，对两人进行有关上海交通知识与能力的测试。若在考场上，外地学生的分数一定遥遥领先，但是，若让两人真正进入上海市内交通网络中实地比赛，则外地学生不知要费多少周折才能成功，而上海学生定能轻车熟路速达目的。

杨振宁教授在香港中文大学"大学校长论坛"上列表对比了中美两国学生文化教育的差异：

中国学生	美国学生
·受到严格、坚实的训练；	·接受不规范的训练；
·兴趣集中于相对狭窄的领域；	·随心涉及宽阔的领域；
·谦虚而循规蹈矩，小心谨慎；	·兴趣广泛；
·缺乏自信，学习被动。	·勇敢、自信、主动。

　　一位留美高中学生回国后，在谈到他的体会时，对中美学生的特点和差异作了如下概括：

中国学生	美国学生
勤奋、踏实、严谨	独立、创新、有个性

　　美国迈阿密大学教育学博士黄全愈教授，通过对美国素质教育的研究和对他孩子在美国学习实践活动的观察，提出一个重要观点：可以教给学生知识，但创造力是教不出来的！这个观点既体现了一种教育理念，也是对传统教育的一种挑战。创造力教不出来，但可以培养出来，它是在掌握一定知识的基础上，经过教育对象的探究、体验、感悟、实践环节和内化过程后，逐步培养出来的。

　　李政道教授强调："培养人才最重要的是创造能力。"

　　日本诺贝尔物理奖获得者江崎玲于奈也说过："创造性须由学生自己来捕获，不可能把创造性的东西授予学生。"

　　由此看来，许多人士都深刻地看到了中外教育的巨大不同：一个强调知识学习；一个强调能力培养。

　　在具体的教育实践中．中国传统教育不同程度地存在着"四重四轻"现象。一重知识传授——"满堂灌"曾是经久不衰的授课方法；轻能力培养——仅动手能力即为我们全民族的弱项。二重分数提高——"分，分，学生的命根"这句顺口溜浓缩了多少代学子的苦涩与酸辛；轻人格塑造——不少学生的诚信、意志力、自信心、责任感、合作精神等人格品质亟待提高。这种教育下，不可能有真正的"学生本位"、"人格本位"，只有"分数本位"。一个个学生创造性的火花，常常就在汹涌题海中湮没熄灭！正如经济学家于光远所说："分数这种手段是培养不出建设现代化中国的合格人才的。"三重整齐划一——为了大批量地跨过高考"独木桥"，多少学校、多少教师不厌其烦地给学生补缺拾漏；轻学生个性的张扬——许多学生的兴趣、爱好、特长得不到发展。不少教师喜欢循规蹈矩的学生，有的甚至把具有独立见解，敢于提意见的学生视为不听话的"异端"。中国近代教育改革家蔡元培先生早在 20 世纪初就大声呼吁教育要"尚自然"、"展个性"，坚决反对旧式教育对儿童身心个性的摧残。但是，时至今日，众多学校追求的仍然是"高考状元"、"升学率"，众多教师、学生仍然沉迷于"题海战术"。四重教师的主导地位；轻学生主体性的发挥。其直接后果是，一届届学生的学习兴趣得不到激活，学生的潜能得不到挖掘，学生的个性得不到张扬，学生的创造性得不到鼓励。一届届学生在各种应试的条条框框中小心翼翼，步履维艰！

综上所述，朱棣文教授用如下六个字概括中国传统应试教育：教师教，学生录！北京一位教育专家加以修正为：教师苦教，学生苦录！我们可以从不同侧面强烈地感受到中外基础教育的巨大差异，尤其在教育理念、人才观念及价值观念方面。由此，我们进一步得出了如下几点强烈而又理性的认识：

其一，我国基础教育明显地存在着"两强两弱"现象。"两强"是指我们对学生基础知识的传授全面牢固，对学生考试能力的训练扎实有效。中国学生屡屡在国际数、理、化"奥赛"上摘取金牌即为最好的明证。"两弱"是指我们对学生动手能力和实践能力的培养普遍薄弱，对学生创新精神和创新能力的培养普遍薄弱。

我们既看到了我国基础教育的长处，更看到了存在的严重不足，从而也就明确了继承与改进的关键所在。

其二，我们的基础教育必须为培养具有国际竞争力、具有创新能力的高素质人才打好基础。一百多年前，在"强邻环伺，岂能我待"的危急关头，就连封建科举制的受惠者——晚清进士张之洞都在大声疾呼："科举一日不废，即学校一日不能大兴，士子永远无实在之学问，国家永无救时之人才，中国永远不能进于富强，即永远不能争衡各国。"于是，在中国实行了1300多年的科举制也正是在这些有识之士的口诛笔伐中于1905年终结了。当今的国际舞台，依然风云变幻，依然"强邻环伺，岂能我待"，中国的基础教育难道还能容忍"应试教育"像科举一样绵延1300年吗？

其三，"我劝天公重抖擞，不拘一格降人才。"应试教育中"高考"一锤定音的选拔人才方式也该好好反省了！这座"高考"独木桥也太过狭窄，也太千篇一律了！它怎能容纳得下"千姿百态、风华卓异"的各类人才，尤其那些个性鲜明的"怪才"、"偏才"呢？我们的人才评估机制和选拔机制，与其让各类人才削足适履地"入吾彀中"，何不为人才开创更富有弹性从而更富有科学性的巨大空间呢？近期欣闻全国30多所高校今年首次拥有了5％的自主招生权，将为那些"怪才"、"偏才"们开辟一条特殊通道。在此，我们真诚地希望这盏特殊的"绿灯"持续健康地亮起来！

当然，历史地来看，几十年的高考无疑为社会选拔了大量人才，无疑有着不可抹杀的功绩。就目前来看，高考仍然是可信度最高、客观公正性最强的人才选拔途径。但是，中国已经加入WTO，世界在走向中国，中国在走向世界，在日益"全球化"的时代大潮激荡下，高考这座独木桥的确需要拓宽增容，以改造成适合新世纪各类人才国际化需要的立体交叉桥。只有这样，我们的基础教育才能永远立于不败之地。

二

　　教育创新已成为新世纪中国基础教育的必然选择，然而，我们的基础教育究竟应该选择一种什么样的教育创新理念和教育模式呢？答案必定是多元的，而且可能注定没有最好，只有更好。

　　作为基础教育工作者，笔者在认真反思了中外教育差异的基础上，结合自己多年来对教育问题的学习、调查、研究、思考，谨慎地提出了这样的教育理念："扬长避短"的教育就是既适合学生发展又能充分发挥学生主体性的创新教育。

　　"适合学生发展"，是指学校要为学生的发展创造良好的条件，成为适合学生创造性发展的摇篮。"扬长避短"的教育，是指学校要充分发现、尊重、发扬每个学生的个性与特长，因势利导，让学生在"扬长"中走向成才、成功和创新之路。从习惯观念上说，"扬长避短"是作为"取长补短"的反驳提出的。与其"补短"，不如"扬长"，使长短各依乎自然之理而尽情发挥各自的作用，有道是："凫胫虽短，续之则忧；鹤颈虽长，断之则悲。"（《庄子》）从教育理念上说，"扬长避短"是作为"平均主义"、"整齐划一"的反驳提出的，它立足于学生的个性、特长、创新。从宏观角度讲，每一个人都存在着一定的长处（即优势），同样也存在着一定的短处（即弱势）。我们教育者的任务，就是要善于发现教育对象的优势，并通过各种教育手段，发展并张扬这种优势，为学生将来的成功奠定良好的基础。现行整齐划一的教育，是与"扬长避短"的教育相悖的，因为它忽视学生存在的差异性以及对教育选择性的需求，容易剥夺学生的思维、选择和尝试的权利，甚至会扼杀学生的个性发展和创造力的发挥。

首先，"扬长避短"的教育理念有着广阔的社会学基础。世间万物均有短长。"尺有所短，寸有所长"这句名言，在深刻概括了万物各有长短的客观实际之外，也启发人们要善于发现、发挥万物的长处。

唐代的赵蕤写过一本《反经》，其中有《驭才之术　弃短用长》（任长篇第二）一文，用大量的历史典故论证了一个深刻的道理："自非圣人，谁能兼兹百行，备贯众理乎？"因此，大凡用之道，贵在舍短取长。每个社会都需要不同的社会成员把各自不同的特长尽情发挥出来，只有这样，社会人力资源才能最大程度地调动起来。从个体角度来说，每个人同样需要善于发现、培养、发挥自己的特长，从而最大化地发挥创造主体性，最大化地实现人生价值。"生年不满百"，短暂的人生也实在不允许把大量的时间耗费在无效的弥补缺漏上。"人有不为也，而后可以有为。"（《孟子》）

在分工越来越精细化的现代社会，无论对社会还是对个人，"扬长避短"都有着非同寻常的现实意义。

其次，"扬长避短"的教育理念有着深厚的教育学、心理学依据。"知者不博，博者不知"（《老子》第八十一），这句话包含着很深刻的教育思想：真正的智者一定是精通某一特长的，"千招会不如一招精"，涉猎博杂的人往往是"样样懂，样样不精"，因而成不了真正高明的智者。在这里，大思想家老子从一个特殊角度为"扬长避短"提供了最早的间接论据。当年，报考大学的钱锺书、吴晗均有数学只考了十几分的短处，但独具慧眼的清华园偏偏看中了他们国学功底深厚的长处，破格录取了他们！后来，他们也不负厚望，将自己的特长发挥到极致，成为一代学术大师。这为我们"扬长"

教育提供了最好的教育范例。而"新概念作文大赛"的几位获奖者分别被几所名牌大学破格录取的事实,又为我们提供了最近的案例。

教育心理学反复告诉我们:兴趣是最好的老师。人的最大兴趣正是聚焦在自身的"特长"之上,"扬长"教育最容易实现教学最理想的"乐学"境界。每个人的创造潜力只能蕴藏在他的特长之中,每个人的学习兴趣也自然凝聚在他的特长之中。"扬长"可以让学生充分体验到成功的幸福感;"扬长"可以让学生充分体验到学习的自由感;"扬长"才能真正激活学生的学习兴趣;"扬长"才能真正调动起学生的创造积极性;"扬长"可以克服"平均主义"、"整体划一"对学生个性的扼杀;"扬长"可以拒绝平庸的四平八稳,可以造就新一代的"钱锺书"……因此,"扬长"教育能够最大程度地发挥受教育者的主体性,从而最大程度地发挥教育创新的功能。

当然,我们强调"扬长",并非主张让学生"两耳不闻窗外事,一心专修一门书";并非主张让学生完全置其他基础学科于不顾——那是"瘸腿教育",不是"扬长"教育。

要想真正实施"扬长"教育,教育工作者必须切实做好以下几个方面的工作:

在育人目标上,要树立科学的现代人才价值观。要深刻反思传统"应试教育"的种种弊端;要面向世界,面向未来,面向现代化;要目中有"人",真正把学生当做教育的主体,真正尊重学生的个性与人格,以培养学生的主体精神、创新精神、实践能力为核心。

在教学内容上,变"分数本位"为"人格本位",变"知识至上"为"能力至上",变"应试至上"为"素质至上";重视学生德、智、体、美、劳全面发展,尤其是"特长"的发展。在真正了解学生不同特点、不同爱好、不同需求的基础上,创造性地进行"量身订制"的课程改革,分层次教学,真正实现孔子因材施教的教育思想，把各类"璞玉"、"良驹"塑造成各类创新人才。

在教学方法上，突出学生的主体参与，让学生真正成为学习的主人；广泛采用"启发式"、"自由讨论式"、"自主研究式"等现代科学的教育教学方法；杜绝"满堂灌"、"一言堂"之类漠视学生主体性和创造性的旧式教学法。

在学生的发展方向上，要为各类特长学生开辟用武之地；为学生的终身可持续发展负责，创设宽口径的发展通道。

（载《人民教育》2003 年第 12 期，本文与管然荣合作完成）

第五篇　媒体报道选

引　言

北大附中始终坚持"育人为本，重在发展"的办学指导思想，创建"德育为首，能力为重，知识为基础，高素质为目标"的育人模式，在教学实践中总结出"打好基础，培养能力，发展个性，提高素质"的教育教学方针和"四重一主"的教育教学原则。

北大附中的办学特色集中表现在：教师队伍层次高；教学环境开放、民主；学生思想活跃，敢于独立思考；教师支持、鼓励学生大胆探索创新，注重学生综合素质和个性特长的发展及开展丰富多彩的第二课堂活动和综合实践活动。

赵钰琳校长独创性地却也是极其务实地提出了北大附中的教育理念："育人为本，重在发展"，提出了"以学生发展为本位，为学生发展创造条件，对学生终身发展负责"和"发展学生个性，扬长避短"的教育思想。他指出："21世纪中学教育发展的基础是合作，而发展的动力在于创新。创新就是一种超越，只有经过知识内化、升华、感悟和体验，即实践的过程，才能达到超越的境界，而我们传统的教育恰恰忽略了这个过程。"简单概括的"成功的教育＝充分发挥潜能"，其实是对他的教育理念"扬长避短的教育才是成功的教育，适合学生发展的教育才是最好的教育"最好的阐释。

赵钰琳说："我喜欢创新，现代教育的主题也是创新，与我一生的性格投缘。不管是高等教育还是基础教育，都有相通之处，都是育人为本的事业。""终身教育、育人为本、个性化教育"是他倡导的教育思想，但是，他的最终目的是希望中国也能自己培养出世界级的科技人才。

着力构建新型的育人模式

——访北大附中校长赵钰琳

陈金芳　李石纯

编者按：《人民教育》杂志 2001 年第 10 期刊登了陈金芳博士和《人民教育》记者李石纯联合对北大附中赵钰琳校长的访谈录。访谈是围绕构建新型育人模式问题展开的。赵钰琳校长重点就北大附中的"育人模式"、"办学模式"、"教学模式"的内涵、特点和实施回答了记者的提问。

他来自川西平原的一个农民家庭，虽年过花甲，却有着年轻人般的朝气、活力及干练，更有着学者的儒雅、博学及智慧，他就是北大附中校长、现任全国中学教育科研联合体理事长赵钰琳。

一个春风拂面的日子，记者就中学教育的育人模式问题和北大附中的教育教学改革问题对赵钰琳进行了专访。

记者：赵校长，您是什么时候开始考虑育人模式问题的？

赵钰琳（以下简称"赵"）：任北大附中校长之前，我是北京大学化学系的教师，负责生物化学专业的基础化学课教学。我的教学对象基本上是大学一年级的学生，这些学生都曾是各中学的尖子生，学习成绩很优秀。在教学过程中，我发现这些学生存在"两强两弱"现象，"两强"即基础知识强、考试能力强，"两弱"即创新精神弱、实践能力弱。我还对北京大学生物化学专业的 40 多名出国留学生做了调查，他们在国外也存在同样的情况。由此，我想到我们的课堂教学模式及教材内容（无论中学还是大学）一定存在某些问题，应当着手改革。基于这种看法，结合多年的教学经验，我们编写了一套大学化学教材《现代化学基础》，这套教材打破了传统教材的编写方法，着力于提高学生的学习兴趣与自学能力，便于教师进行启发式教学。担任北大附中校长后，我有机会经常接触国外知名中学的校长，并到一些西方发达国家考察，更深刻地感受到我国基础教育领域育人模式的滞后及其对教育教学质量的制约作用。

记者： 有人认为教育领域不存在"模式"问题，认为所谓"教育模式"本身就是束缚人的东西，因而他的存在是没有意义的，您对这个问题怎么看？

赵： 我认为无论从学术研究的角度还是从客观现实的角度，教育模式无疑都是存在的，也是有意义的，关键在于我们如何去理解，如何去运作。这些年关于这个问题的提法比较多，如教育模式、人才培养模式、育人模式、办学模式等。第三次"全教会"以后，"人才培养模式"的提法多了起来，从一定意义上讲，"人才培养模式"就是教育模式，因为大家比较公认"教育是培养人的活动"，因而人才培养模式的提法较之"教育模式"的提法只不过在含义上更加鲜明而已。"人才培养模式"或"教育模式"是总概念，它还包括若干子概念，如"办学模式"、"教学模式"。另外对于不同的教育阶段，教育模式的提法也应有所区别。中学教育阶段还谈不上出人才，是为出人才打好基础的重要育人阶段，所以，这个阶段提"育人模式"比较合适。我认为"育人模式"就是教育教学诸要素的内在结构和教育教学行为方式，是在一定教育思想指导之下为达到一定的教育目标而形成的相对稳定的教育教学组织形式的简称。在教育教学活动中，育人模式是手段，是杠杆。对一所中学来说，应该在党和国家宏观教育思想的指导之下，在宏观教育模式的统筹之下，努力构建适合自己校情的办学模式与教学模式，否则宏观教育思想和宏观教育模式将无法得到落实。

当然我们不能僵死地去理解育人模式，事实上，育人模式是个相对的、开放的、动态的东西，它是由教育教学诸要素决定的，而教育教学诸要素又是由社会政治、经济发展的需要决定的，我们必须根据社会发展的需要，根据教育教学诸要素的变更，尤其是育人目标的变更不断地进行调整与更新。

记者： 您认为我国中学教育在育人模式方面目前还存在哪些主要问题？

赵： 首先，教育目的观还没有得到根本解决，为"应试"而教、为"应试"而学的做法还没有得到根本扭转。这恐怕不是短时间能解决的问题，也不是某个学校某个部门能独立解决的问题。考试分数固然有其公平的一面，但也有压抑学生个性、限制学生思维能力的发展及使学习方式单一化的一面。国家教育管理部门有必要在小范围内对考试内容和考试方法做改革实验，也有必要给招生单位一定的自主权。

其次，全面育人，让学生主动发展的思想还没有得到真正落实。在教育教学过程中，比较重视书本知识的传授而忽视对学生动手能力的培养与人格的塑造。单纯重视传授知识——教师传授知识，学生学习知识，考试成绩是检验教与学的唯一标准，应当说这种模式有其合理的一面，但存在忽视对学生能力和素质进行培养和提高的一面。弊端是传授知识不能少而精，不能充分考虑学生的成长规律。即使就传授知识本身而言，目前也存在较大缺陷，如注意了学科知识的系统性，对其综合性却注意不够；重视传授知识的结果，忽视传授知识的过程，等等。这样做势必限制学生思维能力的拓展，使学生的思维方式比较单一，缺乏整体、系统的思维结构，不利于学生创造性思维的开发。

最后，课程结构和教材内容还没有得到根本改观。学校课程结构和教材内容的改革受到中考和高考的制约，很难做到少而精、精而优，尤其不利于培养学生的创新精神和实践能力。

记者：与西方发达国家相比，我国近现代以来创造性人才与创造性成果偏少，创造力偏低，您认为与我国的人才培养模式有关吗？

赵：应该说有密切关系。这种情况的出现虽然是由多种因素造成的，但从教育领域自身出发去思考，其中的因果关系便不证自明。所以，目前党和政府倡导改革人才培养模式是完全正确的，人才培养模式是素质教育的关键问题之一，现在到了非改不可的时候了。

记者：一般来说，中学阶段重在打基础，在这个阶段培养学生的"创新精神与实践能力"是否有些不切实际？

赵：中学阶段的确要注重打基础，但仅仅注重打牢知识基础是不够的，还要注重打牢创造性能力发展的基础、健全人格价值取向的基础。其中创新精神和实践能力是基础中的基础。心理学研究表明，14岁以上的青少年已基本具备成年人的智力水平，且在各方面具有极强的可塑性，因而，有必要也有可能在这个阶段培养学生的创新精神与实践能力。当然，中学阶段培养学生的创新精神与实践能力的目的不在于让学生搞什么发明创造或出多少成果，而是在于培养学生的创新意识、创新思维习惯及必要的动手能力。

记者：作为一所全国知名中学，北大附中在育人模式上也存在问题吗？

赵：北大附中有其特殊的历史背景与地理位置，拥有与北京大学的特殊联系，拥有优秀师资与优秀生源等方面的优势。建校四十多年来，无论在升学、国际国内各类学科竞赛、科技制作、小论文、小发明等方面都取得了突出成绩。对北大附中来说，升学率是不成问题的，学生对文化知识的学习与掌握也是不成问题的，而且，北大附中历来具有民主、宽松的教学环境，有利于学生的全面发展和主动发展。我们面临的新问题是：如何更好地促进学生全面发展与主动发展？如何有效地实施培养学生创新精神和实践能力的教育？很显然，过去为"应试"而教、为"应试"而学的育人模式是无法解决这类问题的。因此，我们必须寻找新的途径与方法——构建新型育人模式。

记者：北大附中构建新型育人模式的指导思想是什么？

赵：总的指导思想是党的教育方针以及《中共中央、国务院关于深化教育改革，全面推进素质教育的决定》。同时，结合学校的具体情况，我们还提出了学校自身"育人为本，质量第一，突出特色，全面发展"的办学理念。北大附中的办学目标为：1.把北大附中办成国内基础教育界具有高质量、高效益，有特色、有示范功能的一流名校；2.把北大附中建设成英才的摇篮、名师的沃土、科研的基地、文化传播的中心；3.力争在21世纪初跨入世界一流名校行列。北大附中的培养目标为：1.为培养具有创业精神、创造能力、组织才能和合作能力的高素质人才打下良好的基础；2.为重点大学（特别是北大、清华等）输送一大批基础知识宽厚、思想活跃、人格健全、可持续发展，并有创新意识和爱国精神的优秀学生。思想是行动的先导，北大附中正是在这样的教育教学理念指导之下构建其新型育人模式的。

记者：您能概述一下北大附中的办学模式吗？

赵：可以。"德育为首，能力为重，知识为基础，高素质为目标"是北大附中的办学模式。北大附中集中了一批相对比较优秀的学生，他们智力素质较好，基础知识扎实，且传承北大传统，具有一定的民主与科学精神，有较强的自信心与进取精神。但他们也有他们的弱点。我们在一项调研中发现，这些学生在理想信念、政治思想、文明公德、价值观念、合作精神和学习目的等方面存在不同程度的问题。所以，如何使学生树立牢固的社会主义信念，强化他们的爱国主义精神和培养高尚的道德品质等是我们教育工作者的首要任务，也决定学生自身的发展方向，所以，我们提出必须以"德育为首"。对中学生来说，培养能力是指培养学生的学习能力、创新精神和实践能力，其中学习能力主要是指可持续学习能力，指在学习中发现问题、通过独立思考解决问题的能力及一定的批判思维能力。素质是能力的基础，能力是素质的表现。素质和能力的转化具有一定的对应关系。一般来说，素质高对应能力强，素质全面对应能力全面，智力素质高对应认知能力强，等等。可见，素质高才可能能力强，所以，我们提出应以"高素质为目标"。

记者：您所说的"高素质"包括具备扎实的科学文化知识基础吗？

赵：当然包括，对中学生来说，打好科学文化知识的扎实基础是十分重要的，所以我们在办学模式里特别提出"知识为基础"。我们所说的"高素质"还包括更为全面和深刻的内容。我们培养的学生，不仅要掌握科学文化知识，具备基本实践能力，而且要求形成良好的人格，这就是一个人的品质、道德、责任心以及意志、毅力、情操、健康心态等。健全的人格是科学的世界观、人生观和价值观的重要体现，是人生进步的动力，是人的素质的最高层次，也是中学素质教育的目标。

记者：北大附中是如何构建新型教学模式的呢？

赵：北大附中经过多年教学实践总结出 16 字方针，即"打好基础，培养能力，发展个性，提高素质"，它体现在教学过程中的"四重一主"原则上：

"四重"包括：1. 重基础——重基础知识和基本技能的掌握，这是北大附中的优势，把基础知识打扎实了，学生终生受益。一名优秀的教师，首先要把学科的基础知识讲好，要深入浅出，少而精。2. 重能力——上面提到的多方面能力的培养，特别是创新能力，是学生将来能否有创造力的关键。3. 重个性——重视发展学生的个性、兴趣、特长和潜能，这是学生将来有所作为的切入点，千万不能埋没和扼杀。4. 重发展——重视学生德、智、体、美等综合素质的全面发展和可持续发展。所谓"一主"，指充分尊重和发挥学生的主体性（当然，教师的主导作用也不能忽视），指学生对于教育教学活动的积极性、主动性、自主性和创造性，使学生能生动、活泼、主动地学习和成长。

教学模式涉及每一门课、每一堂课、每一个班的教育教学问题，对此我们提出了"教无定法，教有良法"的总法则，鼓励教师们勇于探索、大胆创新。近年来，北大附中有特点、高效率的教学模式不断涌现，比较突出的有"探索导学、自主解决"的教学法、"宽松教学法"、"小组讨论法"、"激励教学法"、"感染、影响、激发、疏导"的班主任工作模式等。

围绕培养学生的创新精神和实践能力这个重点，我们努力使课程结构趋于合理，努力使教学内容少而精、精而优，这就必然对教师的业务水平和师德风范提出更高的要求。北大附中有一名叫刘建业的数学教师，被学生冠以"留（刘）四题"的雅号，这是为什么呢？原来刘老师上数学课留作业每次不超过四道题，一般是2~3道题。虽然作业量减少，但学生学得活、学得好，并取得了优异成绩。原因就在于虽然学生的负担比较轻，但刘老师在精讲上下了较深的工夫并做到精选习题，学生虽然做题少却做得精。每一单元学完后，他又对教学内容进行精串（串讲），把教学内容的内在规律加以分析、总结、提炼，达到举一反三的效果，由少而精达精而优，学生的负担自然就不太重了。

记者：您认为北大附中构建新型育人模式最关键的因素是什么？

赵：是建设一支高素质的教师队伍。自古有"名师出高徒"的说法，教师是学生成长的引导者、学生发展的领路人，一所学校若不能建设一支高素质的教师队伍，就不可能有真正的新型育人模式。北大附中有一批学者型的名师，他们为学校高水平教师队伍的形成和发展打下了良好的基础。他们思想活跃，眼界开阔，治学严谨，教学方式多样，着眼于学生能力、素质的培养，致力于教材、教法和课程的改革，教学研究风气浓厚。

记者：您认为北大附中的育人模式有哪些相对稳定的特征？

赵：主要有以下几点：1. 全面性特征，指切实关怀每一个学生，让每一个学生在德、智、体、美诸方面得到和谐发展，给学生以充分的选择机会和发展空间，让每个学生达到他应该达到的水平。近年来，北大附中通过改革学校管理模式与课堂教学模式，建立多种活动中心，建立家长学校及开展丰富多彩的校园文化活动，为学生的全面发展和个性发展提供了良好氛围与条件。2. 主体性特征，指学生对于教育教学活动的积极性、主动性、自主性和创造性；指让学生生动活泼、积极主动地发展；指采用灵活多样、寓教于乐的方式进行教学，充分发挥学生的主观能动作用，培养学生独立思考的能力与创新品格。3. 实践性特征，我们在教育教学活动中必须注重理论与实际相结合，与社会建立深入、广泛的联系。这里所说的"实践"主要是指具有教育价值的、面向社会、接触群众、联系实际的各种校内校外活动。与实践相结合的教育对于培养学生健全的个性，促进学生个体的社会化，帮助学生确立正确的职业定位及提高学生的创新能力具有举足轻重的作用。对中学阶段来说，应着手培养学生的创新意识和实践能力，因势利导，减少他们过重的课业负担与心理压力，这样才有助于他们个性特长的发展，有助于他们创造能力的早日形成及创造成果的早日出现。北大附中的领导班子充分认识到了这个问题，我们在总结历年招收全国理科实验班的经验基础上，又在上级主管部门的支持下，每年招收一个北大、清华衔接实验班，并酝酿创办四年制高中，目的就是希望在培养学生的创新意识和实践能力方面走出一条新路子，探索一套新经验。4. 开放性特征，从纵向意义上看，构建新型育人模式必须紧扣时代前进的脉搏，要不断调整、改革与创新；从横向意义上看，构建新型育人模式应善于借鉴他人的成功经验，充分利用一切可以利用的教育资源。近年来，北大附中发扬传统，锐意改革，紧随社会发展与经济转型的步伐，不断调整、改革自身的育人模式；同时坚持"开门办学"的方针，先后与美国、日本、英国、加拿大等国家的十多所知名中学建立了友好学校关系，并充分利用国内的教育资源，与全国二百多所知名中学互通往来，还与全国有关高校、科研院所、部队、社区等建立了一定联系。5. 可操作性特征，育人模式是对学校教育过程、教育结构和各种学校教育行为方式一般特征的概括与抽象，因此，它必然具有相对稳定与可操作的特征，包括具有可操作的规则、可操作的程序、可操作的检验标准。

记者： 您认为北大附中的育人模式已经比较完善了吗？

赵： 远不能这样说。我所介绍的北大附中"德育为首，能力为重，知识为基础，高素质为目标"的育人模式既是对北大附中近年来教育教学实践经验的总结，也是对我们正在进行的工作的一种描述，在某种程度上还可以说是我们对未来事业的一种构想，是否成功，是否完善，还有待时日与实践的检验。

全面培养创新人才　力创世界一流名校

——写在北大附中四十周年校庆之际

《中国青年报》记者　佘维峰　卢红

编者按：在北大附中迎来四十周年校庆的前夕，2000 年 9 月 28 日，《中国青年报》记者以题为"全面培养创新人才，力创世界一流学校"为题，全面报道了北大附中四十年来取得的成绩，重点突出了在教师队伍、育人环境、校园文化、学生质量诸方面的办学优势。

21 世纪是知识经济的时代，是高科技快速发展的新时期。培养高素质、创新型的拔尖人才是推动国家民族发展的战略需要。作为全面培养创新型人才的先进校，北大附中始终坚持"育人为本，重在发展"的办学指导思想，坚持"打好基础，培养能力，发展个性，提高素质"的教育教学指导方针。经过 40 年的努力，北大附中在基础教学和素质教育及特长生培养等方面都取得了令人瞩目的成绩，教育教学改革也上了新的台阶。

能力过硬的教师队伍

陶行知先生说过，"要有好的学校，先要有好的教师"。北大附中多年来教学工作累结硕果，应该说得益于有一支专业基础扎实、知识视野开阔、理论研究深刻、学科全面、年龄结构合理、热爱教育事业、热爱学生、素质高、能力强的教师队伍，形成了层次高、教法精、思路活的教学风格。北大附中现有在岗教师 125 人，其中高级教师 77 人，特级教师 11 人，大学正高职教师 1 人，其中有相当一部分教师在区、市乃至全国教育界享有声望，成为本学科领域的专家和学科带头人。大多数教师毕业于北京大学等综合性大学及重点师范大学，他们"学为人师，行为世范"，以高尚的品德、宽厚的学识、创新的精神、学者的风范在学校育人工作中起着重要的示范作用，为北大附中的教育工作付出了艰辛的劳动与不懈的努力，赢得了社会各界的赞誉、家长的信赖和学生的热爱，使附中成为一块名副其实的"育人沃土"。

一流的教学、育人环境

北大附中的教学环境和谐、开放、民主、宽松，为广大教师发展教学个性与特长，积极开展各种教育、教学、教研活动，进行教育教学的探索和创新的实践提供了良好的氛围。教师支持鼓励学生大胆探索、创新，注重学生综合素质的发展。相对较轻的课业负担，使广大学生有独立思考、独立钻研的时间，各学科的教学都努力为学生主体性作用的发挥和展现他们的创造才能提供舞台和机会。北大附中有教学班 34 个，学生 1500 人。80 年代以来，每年高考均取得佳绩，有 85% 以上的同学考入全国重点大学，其中近三分之一的同学考入北大、清华等著名学府。学生参加各类学科竞赛成绩突出，千余人获北京市一、二、三等奖。有 9 位"奥林匹克"竞赛金牌获得者，28 名学生分别获北京市中学生最高荣誉金帆奖、银帆奖。在北京市"雷达杯"科学英才少年奖赛中，附中学生连续三届获得第一名。

实行开放式教育也是北大附中办学的重要特色，多年来，该校与国内外教育界建立了多种形式的联系，和国内外著名学校、有特色的学校进行广泛交流，充分学习借鉴国内外先进教育经验。与日本早稻田大学本庄高等学院、熊本县济济黉高等学校、大阪清风学园、法国德比西中学等结成友好学校。澳大利亚墨尔本中学、美国吉墨斯河谷（威利）中学以及加拿大、俄罗斯、新加坡等国家的学校与该校建立了友好关系，进行定期互访联谊、学术交流等活动。

学校每年都有师生前往日本、法国、美国等国进行国际交流活动，同时也接待海外中学留学生来华学习，这些活动开阔了师生的视野，促进了学校与世界教育文化的交流，扩大了学校的影响，加速了学校走向世界先进水平的进程。

为了创造良好的育人环境，北大附中把长远建设规划与周围的人文环境融为一体，扩建图书馆，增设了新的图书阅览室，改造了运动场，配置了电子备课室和多媒体教室，建立了宽频校园网和远程教育网，气势宏伟的新教学实验楼已投入使用。美丽的校园绿树成荫、环境幽雅、四季常青、三季有花。置身于北大附中校园内你能深深地感觉到，这是一个青春的校园、民主的校园、开放的校园。这里充满着传统文化与时代科学相结合的气息……

培养高素质、创新型的人才

实施素质教育、创新教育对于培养创新型的拔尖人才具有十分重要的作用。北大附中认识到这一点，并形成了独特的办学思路：在教育思想上实现"两个转变"；在教学过程中实行"四重一主"的原则；在办学措施上实施"五项工程"。其中，"两个转变"是指：第一，在重视传授知识的同时，要重视学生能力培养，培养学生的自学能力、思考能力、动手能力、创新能力；第二，在传授知识的同时更要重视学生综合素质的提高，如人格的完善和提升，培养其人文素养、传统文化精神等。为了转变传统的教学模式，多年来，学校在教学过程中贯彻了"四重一主"的原则，即重基础知识、重能力培养、重个性特长、重全面发展以及学生主体性的发挥。

在办学措施上实施"五项工程"。即在师资队伍建设上实施"名师优师工程"，实行教师岗级聘任制，加速培养中青年教师和骨干教师队伍；在加强学生教育及管理上实施"全员育人工程"，提高育人工作的针对性和实效性；在提高教学质量上实施"精品优质工程"，深化课堂教学改革，优化课堂教学效果，提高优质课、精品课的比例；在拓宽办学经费来源上实施"筹集资金工程"，兴办教育公司；在动员全校教职工办学上实施"凝聚力工程"。多年来，北大附中培养的学生以基础知识扎实、综合素质能力强而受到北大、清华等重点大学教师们的好评。许多学生论文公开发表并获奖，在国际国内各种学科竞赛中摘金夺银，多次为祖国争得荣誉，受到党和国家领导人的接见。

别具风格的校园文化

北大附中深受北大科学与民主精神的熏陶，积极营造宽松活泼的校园学术氛围，其中，丰富多彩的第二课堂活动和综合实践活动是北大附中的又一办学特色。全校目前有各学科兴趣小组、俱乐部和社团40多个，参加的学生有两千多人次。经常组织专家讲座、编辑刊物、演讲辩论等活动。第二课堂的活动形式多样、生动活泼，激发了学生学习兴趣，培养了学生的个性特长，使学生的天赋有了发挥、发展的天地。仅从1990年以来，就有上千名同学在区、市、全国的各种科技制作、科技论文、小发明、征文比赛，朗诵演讲比赛，各类艺术比赛中获奖，学校也连续九年被评为北京市科技活动先进学校。1997 年北大附中首批成为北京市科技活动示范校，1999年又成为北京市青少年科技俱乐部活动基地学校。经过长期的实践，北大附中校园文化已经形成并且独具特色：突出"民主、爱国、进步、科学"的精神；强化"勤奋、严谨、求实、创新"的校风；营造"宽松、活泼、健康、向上"的环境；同时建设一支高层次、高水平、高素质的育人队伍。优质的校园文化使附中学生形成了富于理想、个性活泼、视野开阔、善于合作、敢于创新的特点，有利于人才成长可持续发展。

四十载硕果累累　新世纪再创辉煌

2000 年金秋 10 月，北大附中将迎来 40 岁的生日。经过 40 年的努力，经过几代师生的辛勤耕耘，北大附中已成为北京市花园式学校、北京市科教活动示范学校、北京市青少年科技俱乐部活动基地校、全国体育传统项目学校、全国知名中学教育科研联合体总部所在地和理事长学校，成为一座闻名遐迩的"金牌学校"。

新世纪的到来，将为北大附中这所已经具备了现代化示范高中条件的重点学校带来新的机遇、新的挑战。学校校长赵钰琳教授决意把北大附中建成国内基础教育界具有高质量、高效益，有特色、有示范功能的一流名校；把北大附中建设成名师的沃土、英才的摇篮、科研的基地、文化传播的中心；把北大附中办成世界一流的名校，为中国的教育事业作出更大的贡献。北大附中将迎来新世纪的辉煌，路漫漫其修远兮，北大附中任重而道远。

路漫漫其修远兮　吾将上下而求索

——访北大附中校长赵钰琳

《中国企业报》记者　宋奥　吴研菁

编者按：2000 年 7 月 26 日，《中国企业报》以较大版面刊登了该报记者对北大附中校长赵钰琳的访谈录。赵校长重点从高层次的教师队伍、民主开放的教育环境、思想活跃的学生群体和丰富多彩的第二堂课四个方面论述了北大附中的办学特色。访谈录中还回答了记者关于"比尔·盖茨为什么出现在美国，而不是在中国"等问题。

题记：前一段时间有这样一个争论：比尔·盖茨和保尔·柯察金谁是英雄？这两个人之间有没有可比性我们暂且不谈，就保尔的成长经历来看，他是他所处的那个血与火的时代造就的英雄，而比尔·盖茨，美国电脑神童，一手创立的微软公司，打个"喷嚏"都会惊动全世界，他的成功，恐怕不能不为美国的现代教育记上一功。那么中国会出现"比尔·盖茨"吗？我国教育界面对"比尔·盖茨"的争论在思考什么？近日，我们带着这些问题，走访了北大附中校长赵钰琳。

赵校长不愧为一名优秀的中学校长和教育专家，他的教育理念和教育思想充分体现着现代教育的特性和观点。他对我国现行教育制度、教育模式的弊端有着非常清醒的认识和透彻的分析。他全身心地在思考、在探索改革之路，并形成了一整套的理论体系。更为难能可贵的是他依据自己的理论，实实在在地在做着一系列的实验——如何最大程度地培养和提高人的智慧和能力的实验，誓为改变我国现行教育模式探索出一条光明之路。

记者：赵校长，北大附中凭着自身独特的办学特色与北京大学一样早已蜚声海内外，请您先给我们具体介绍一下北大附中的办学特色好吗？

赵校长（以下简称"赵"）：北大附中是北京大学的重要组成部分，创办于1960年，主要是为北京大学等高等学校提供优秀的生源，并作为北京大学培养人才的"四级火箭"模式的基础，近40年来，她为自己谱写了充满辉煌的光荣历史。

北大附中的办学特色集中表现在教师队伍层次高，有一批学者型的教师为附中教师队伍的形成和发展打下了良好基础。他们思想活跃，眼界开阔，治学严谨，教学方式多样，着眼于学生能力、素质的培养，致力于教材、教法和课程的改革，教学研究风气浓厚。在多年的教学实践中，北大附中培养了一支专业基础扎实、知识视野开阔，理论研究深刻，学科全面，年龄结构合理的教师队伍，形成层次高、教法精、思路活的教学风格，建立了完整的教学研究系统，编写了具有北大附中特色的教学用书。北大附中实施的"名师工程"已取得了可喜的成果，培养和引进了一批优秀青年骨干教师。一批在北大附中一线的优秀数学、物理、语文老师可以说在全国也是有影响力的。

北大附中的办学特色还表现在教学环境开放、民主，为广大教师发展教学个性与特长，进行教育教学探索和创新的实践提供了良好的氛围。如语文课坚持21年的"小论文"写作，体育文化节的创设，学生自己设计的生物实验，理科实验班在大中学衔接方面的探索等。北京大学"五四"爱国进步和民主科学精神的熏陶使北大附中在中学界独具魅力。

北大附中的办学特色更表现于学生在附中的学习氛围中，他们思想活跃，敢于独立思考；教师支持、鼓励学生大胆探索创新，注重学生综合素质和个性特长的发展。这种氛围使得附中成为"优秀人才的摇篮"，北大附中到目前为止共培养出 9 位"奥林匹克"竞赛金牌获得者和 3 位"雷达杯"科学英才少年第一名获得者，28 名学生获北京市中学生最高奖——金帆奖、银帆奖，上千名学生在各级各类学科竞赛中获奖。

丰富多彩的第二课堂活动和综合实践活动是北大附中的又一办学特色。全校目前有各学科兴趣小组、俱乐部和社团 40 多个，参加的学生有两千多人次。仅从 1990 年以来，就有上千位同学在区、市、全国的科技制作、科技论文、小发明、征文比赛等各类比赛中获奖，学校也连续九年被评为北京市科技活动先进校。1997 年北大附中首批成为北京市科技活动示范校，1999 年又被确定为北京市青少年科技俱乐部活动基地学校。（一谈到北大附中，赵校长如数家珍，可以看出，赵校长对北大附中已倾注了全部心血，北大附中已成为他生命不可缺少的一部分。）

记者： 赵校长，谈到这里，我们不禁要问，现在中学生课业负担已经很重了，你们开展这么多活动，会不会给学生增添更多的负担？就目前关于"减负"的问题，你们有什么看法和做法？

赵： 我们北大附中可以说基本上不存在"减负"问题。现在学生学业负担过重的一个重要原因是学生要做大量的作业。我们北大附中的教师一般都力求在课堂上做到讲精、讲透，让学生能"就地消化"，课下作业和练习是少而精，尽量做到举一反三，这样，我们的学生就可能把更多的精力投入到锻炼能力的一系列活动中了。

记者： 赵校长，现在我们常听到这样的议论：比尔·盖茨为什么会出现在美国而不是中国？这与我国的教育体制和模式是不是有一定的关系？

赵：我认为，比尔·盖茨之所以能有今天的成功，主要有以下几个方面的原因：1. 家庭条件；2. 中学培养；3. 社会环境；4. 个人努力和天赋。在他小时候，他的父母就十分注重培养他的好奇心和好胜心，而中学那种超前的教育思想、宽松的教育环境给他的成才奠定了良好的基础。在我们中国，家庭条件好、有天赋的孩子很多，但是他们却很难成为"比尔·盖茨"，其中重要原因之一是我国现行的传统教育模式只重视知识传授，忽视对学生能力和素质的培养和提高，用朱棣文教授的话来说就是"教师教，学生录"。我国教育存在着"两强两弱"的现象：我国基础教育培养的学生基础知识强，考试能力强，但动手（包括实验和实践）能力和创新能力弱。这"两强两弱"现象，不能不引起我们从事教育的校长、教师及政府官员的反思。美国高中实行的四年制高中，在四年高中阶段，加强学生动手能力和研究能力的培养，为他们继续学习和工作及成为开拓型人才打下了良好的基础。我们中学的教改要吸取他们成功的经验。当务之急就是要加快传统教育模式向现代教育模式的转变，我们这些教育工作者每天都在努力做这个工作。当然会有许多困难，这条路也还很长，但是"路漫漫其修远兮，吾将上下而求索"，我充满了信心。（谈话中间，我们得知赵校长已有 61 岁，但一谈到现代教育改革，赵校长却表现出连年轻人都少有的那份执著与热情。）

记者：赵校长，那么北大附中在这方面是怎么做的呢？

赵：我们北大附中在这方面的做法，也就是我们的办学思路可以简单概括成三句话：在教育思想上实现"两个转变"；在教学过程中实行"四重一主"的原则；在办学措施上实施"五项工程"。

1. 在教育思想上实现"两个转变"。我们认为要全面实施素质教育，培养创新人才，就必须在教育思想、教育观念上有新的认识和突破——实现"两个转变"。我们认为在重视传授知识的同时，更要重视学生能力的培养——这就是我们说的第一个转变。同时还要进一步实现第二转变——精神世界方面，包括人格完善和提升，人文素养、传统文化、健康心态等综合素质的提高。根据这种教育理念，北大附中在办学中坚持"育人为本，重在发展"的方针，和"德育为首，能力为重，知识为基础，高素质为目标"的育人模式。

2. 在教学过程中实行"四重一主"的原则。北大附中经过多年教学实践总结出 16 字原则："打好基础，培养能力，发展个性，提高素质"，它体现了教学过程中的四重原则：①重基础——重基础知识和基本技能的掌握，这是北大附中的优势，基础知识扎实，学生终生受益。一名优秀的教师，首先要把学科的基础知识讲好，要深入浅出。②重能力——包括学习能力、动手能力、思维能力和创新能力的培养，特别是创新能力，是学生将来能否有创造、发明的关键。③重个性——重视发展学生的个性、禀赋和潜能，这是学生将来有所为的切入点，千万不能埋没和扼杀。④重发展——重综合素质的全面发展，包括人格素质、道德素质、心理素质、人文素质和身体素质等。"一主"就是充分尊重和发挥学生主体性（当然教师主导作用不能忽视），使学生能生动、活泼、主动地成长和发展。坚持"四重一主"的原则，就能较好地保证在教学过程中全面贯彻落实素质教育，保证教育教学质量的提高。

3. 在办学过程中实施"五项工程"。（1）在教师队伍建设上实施"名师优师工程"——这是加速培养中青年教师和骨干教师队伍成长的一项措施，有四个基本点：①发挥现有骨干教师和名师的作用；②加速培养现有中青年教师，特别是青年教师；③引进骨干教师和名师；④在教师管理上实行多层次管理模式，实行教师岗级聘任制。（2）在加强学生教育及管理上实施"全员育人工程"——强调全员、全方位、全过程育人，特别强调教学是育人的主渠道。优秀教师、名师基本条件之一是育人的楷模，教书、管理、服务育人要落实和有考核的措施。（3）在提高教学质量上实施"精品优质工程"，深化课堂教学改革，优化课堂教学效果，向课堂教学要效益，必须使每一节课都要保证质量，并提高优质课、精品课的比例。通过教学研究和教学评价体系的完善以及评选优质课、精品课等途径，提高教师优质意识和精品意识，调动和奖励教师提高教学质量的积极性；同时，对课堂教学达不到要求的，也要采取积极措施加以解决。（4）在克服办学经费紧缺上实施"筹集资金工程"——资金是办学的后盾，目前国拨资金只占全部经费的四分之一，远远满足不了需要。解决资金紧缺的途径是多种渠道筹资，包括争取各级政府、管理部门增加拨款，物业管理，捐资助学，合作办学，发展教育产业等。（5）在动员全校教职工办学上实施"凝聚力工程"——特别是两校合并的形势下尤为重要。全校职工都要以办好北大附中为大局，为"最高利益"，积极妥善处理好诸多矛盾和问题。这就是北大附中为了实现由传统教育模式向现代教育模式转变的办学思想和措施。

记者：赵校长，我们都知道，阻碍我国教育发展的一个非常重要的因素是经费不足，刚才您也谈到了这一点。现在政府把教育作为一种产业来对待，并提出教育产业的概念，你怎样认识这个问题，又是怎么做的？

赵：教育确实是一个产业、教育要讲成本，这是教育经济学研究的问题。教育走向产业是大趋势，也是中国教育改革的一个重要方面。在美国，办得最好的许多学校是私立学校，这就是一个例子。现在中国的情况是这样，有许多老百姓手中有钱，但国家缺钱。刚才上面也谈到了目前国家拨款只占我校全部经费的四分之一。那么还有四分之三的经费怎么来，这就得充分利用我们的教育资源，向资源要效益。在这方面目前我们迈出了两大步，第一步是合作办学。充分利用北大附中丰富资源优势合作办分校，现在我们已办了北京香山分校、湖南（长沙）分校、广东汕头分校、深圳南山分校和北达资源中学。各分校的开办都得到了当地各方面的支持，学生和家长也表现出了极大的热情，取得了一定的社会效益和经济效益。第二步是成立了北大附中教育投资有限公司。教育投资有限公司目前除了加强分校的管理外，重点创办北大附中网校。我们创办这个网校的目的是想充分利用我校所拥有的三大优势，以实现全国中学教育资源的共享，这三大优势是：一、北大附中的师资优势，特别是数学、物理、语文等学科的教师是很有实力的；二、北京大学的资源优势，北大教授在附中兼职、讲学、指导研究很有成效；三、北大附中是全国中学教育科研联合体理事长单位，通过共同努力，能形成重点中学群体优势。我们北大附中教育产业已初具规模，我们不仅要在教育产业之路上走下去，而且要走得潇洒，为中国的基础教育工作作出应有的贡献。

采访虽然结束了，但是我们还沉浸在赵钰琳校长那种对教育事业的执著热情之中，沉浸在赵校长为我们描述的未来美好的教育前景之中，心情异常激动，久久不能平静。我们想中国的现代教育有了像赵校长这样一批教育工作者，还怕什么？虽然路还很长，但是"路漫漫其修远兮，吾将上下而求索"，中国产生"比尔·盖茨"的日子不会太远了！

打牢创造性人才成长的基础

陈金芳　鲍东明

编者按：2000 年 9 月 26 日，《中国教育报》以"素质教育特别报道"的形式，刊登了陈金芳博士与《中国教育报》记者鲍东明联合到北大附中对赵钰琳校长的采访记录。赵钰琳校长从素质教育目标、民主教学环境和课程结构改革三方面谈了北大附中实施素质教育，打牢创新人才成长基础的理念和做法。

有这样一所中学，在国际中学生学科奥林匹克竞赛中，她的学生获奖牌 14 块，其中金牌 9 块；在第一、二、三届北京市"雷达杯"科学英才大奖赛中，她的学生连续获得第一名；自 1990 年以来，在区、市、全国级的科技制作、科技论文、小发明等各项竞赛中，她的学生上千人次获奖；还是这所学校，有 6 名学生已出版了自己的专著。她，就是北京大学附属中学。北大附中深得北京大学"爱国、进步、民主、科学"的传统精神，秉承"勤奋、严谨、求实、创新"的校训，始终把提高学生思想政治素质作为教育改革的重点，为国家培养了一批又一批创造性人才后备军。

确立科学的素质目标

谈到学生素质的培养目标，北大附中赵钰琳校长提纲挈领地说："知识、能力和人格三者有机结合，形成了中学教育的基本内容，三者的总和构成了中学生全面发展的素质要求。"关于知识、能力、人格三者的关系，赵钰琳校长这样诠释：文化知识是中学素质教育的基础——要求教给学生的文化知识要少而精、精而优，既要重视学科的系统性，更要重视学科之间的综合性；培养能力是中学素质教育的重点——要在引导学生观察、发现问题，思考、分析问题，以及动手研究、解决问题等一系列的过程中，培养学生的科学思维品质和实践能力、创新能力；提升人格是中学素质教育的目标——北大附中培养的学生，不仅要掌握基础文化知识，具备基本的思维品质和实践能力，而且要求形成良好的人格，这就是一个人的品质、道德、责任心以及意志、毅力、情操、健康心态等。健全人的人格是科学世界观、人生观和价值观的重要体现，是人生进步的动力，是人的素质的最高层次，也是中学素质教育的目标。

从这样的素质目标理念出发，北大附中积极构建"德育为首，能力为重，知识为基础，高素质为目标"的育人模式，倡导教师自觉树立"四观"，即树立教育为提高民族素质，为社会主义现代化服务的目标观；树立面向全体学生，提高综合素质，发展个性特长的教育质量观；树立主体参与，师生平等，因材施教，学习知识与培养能力和提高素质相统一的教学观；树立德、智、体、美全面发展，培养具有创新精神、实践能力和可持续发展的人才观。"四重一主"成为教师普遍遵循的教育教学原则。"重基础"，即重视学生基础知识和基本技能的掌握；"重能力"，即重视学生实践能力和创新能力的提高；"重个性"，即注重学生禀赋、兴趣和特长的培养；"重发展"，即重视学生德、智、体、美等综合素质的全面发展和可持续发展。"一主"，是指充分尊重和发挥学生的主体性，使学生生动、活泼、主动地学习和成长。关于培养学生的主体性，赵钰琳校长作了这样的进一步解释："心理学研究表明，儿童从十二三岁开始，已经初步具备了成人的思维品质，他们有能力自主探索，并且他们必须通过与他人的合作，在他人的配合下自主探索，只有这样，青年期的个体才会找到自我的价值和使命，发挥自主性和创造性；否则，如果丧失了这样的机会，那么他们正常的人格发展就会受到威胁。"

开放民主的教学环境

"能得到老师给予的知识是幸运的，能得到老师给予的'头脑'那就更幸运了。北大附中的老师正是给了我们这样思考的头脑。老师教给我们的是他们对所教领域全部知识和感知的结晶。"这是毕业生们回忆老师教学特点时谈到的感受。

北大附中历来重视素质教育，学生的课业负担相对较轻，学校教学环境一向比较宽松、民主、和谐，他们提出了"教无定法，教有良法"的总原则，鼓励教师们勇于探索、大胆创新。数学组就是这样的一个教师群体。这里有号称"四大金刚"、形成不同教学流派的中老年教师，又有教学特征不同、风格各异的"四小龙"中青年教师，更有被称为"留（刘）四题"的刘建业老师。刘老师上数学课留作业每次都不超过四道题，但学生学得活、学得精、成绩好，成为素质教育"减负"的典型。还有"探索导学、自主解决"、"激发式"等有特点、高效率的教学模式不断涌现，为学生主体性作用的发挥和创造才能的展现提供了舞台和机会。

以注重培养学生的主动性和创造性为主要着手点的各个教学模式相互补充，从而形成了北大附中总的课堂教学模式——主体参与，预习先行，精讲精练，讨论探索，活跃思想，自主实践。在此基础上，学校还加强了以下三个方面的探索：一是如何在课堂教学中同时发挥教师的主导作用和学生的主体作用，作为教学主导的教师，重要任务是建构学生在学习过程中的主体地位；二是在课堂教学中如何更有效地培养学生的思维品质，培养学生的设问能力、分析能力和综合能力，培养学生思维的深刻性、敏捷性、批判性和创造性；三是课堂教学怎样培养学生的创造性人格和创新思维习惯，激发学生丰富的想象力和灵感，引导他们形成新颖、独特的思维方式。

与此同时，北大附中还进行了课堂教学评价改革，突出"评价学生"这一项，主要是评价学生在课堂教学过程中的参与程度和活动程度。实际上，就是看教师是否真正发挥了学生的主体性。

突出综合活动课的课程结构改革

北大附中的课程结构由学科基础课和综合活动课两部分构成。两类课程都有必修和选修。必修基础课程实行自主选择的分层次教学，为不同水平的学生创设有效发展的条件。学科基础课中理论课内容要少而精，体现科学性、时代性和创造性；学科基础课中的实验课重点培养学生应用知识的能力和实际操作能力。综合活动课重点加强课程的综合性和实践性，它是以学生自主和直接体验为基本方式，以学生个性养成为基本目标的一种课程。

综合活动课有益于学生对学科知识的理解，并为学科知识的应用提供更多的机会；有益于各种学习之间的有机联系；有益于学科知识与技能的迁移和发展。北大附中综合活动课由两部分组成：综合知识课和综合实践课。综合知识是指学生有必要学习的跨学科边缘性知识或各门学科较少涉及的知识；综合实践是指培养学生实践能力的各种活动，如环保活动、校园设计活动、网页设计活动、参加人类基因组计划的实验等。学校聘请大学教授指导综合课和研究性课题的开发。同学们普遍反映，结合实际上综合实践课，不仅学到了许多有用的知识，而且也激发了创新意识，提高了学习能力和动手能力。

学校重点加强科技课的改革，通过现代科技含量较高的教学内容和手段，为学生科技发明、设计和制作提供发展空间。他们依托与北京大学、清华大学、农科院和中关村高科技园区邻近的优势，开展科普讲座、研究型课题活动。还有，在理科实验班设文科综合课，史地教师同上一节专业课，数学应用与建模的实践活动等一批有特色的学科教学设计相继诞生、发展、成熟。这无疑都有力地培养了学生的科技意识、创新精神和实践能力。为此，北大附中成为北京市科技活动示范校和北京市青少年科技俱乐部活动基地学校。

今年 10 月 6 日是北大附中建校四十周年。四十年来，北大附中充分发挥了重点校的示范作用。对于今后的发展，赵钰琳校长概括道："北大附中要成为名师成长的沃土、英才辈出的摇篮、教育科研的基地、文化传播的中心。"

北大附中"微型科研"，让
学生学会创造性思维

《光明日报》记者　宋晓梦

　　编者按：2001 年 6 月 21 日，《光明日报》在新开辟的《如何开展研究性学习》专栏中首登了记者关于"北大附中开展"微型科研"，让学生学会创造性思维"的报道。文章还介绍了北大附中开展"微型科研"的程序、做法及效果。

　　如果从"语文小论文写作"和"数学建模研究"算起，北大附中开展研究性学习已有 22 年的历史。当年，这两个项目曾获北京市首届教育成果一、二等奖，今天，北大附中的研究性学习又有哪些发展呢？赶去该校进行专题采访的当天，主要负责这项工作的周庆林老师刚刚送五名高一年级的学生去北京大学医学部国家实验室参与"考试前后的免疫能力"课题研究。据周老师介绍，在北大附中，像这五位同学这样进入国家实验室的学生是一小部分，大部分同学是通过被称作"中学生微型科研"的活动进行研究性学习。北大附中领导认为，进行研究性学习应该分层次，对于学有余力并对科研有浓厚兴趣的同学，应该为他们创造接触高层次课题研究的机会；而对于大多数同学，则应在学好基础知识的同时，培养其创新意识和初步的科研动手能力。这种"分层次"的观念还体现在课程安排上。"科学探索"课是北大附中校本课程之一，对于全国理科实验班和本校实验班的学生，它是必修课，对于高一、高二普通班的学生，它是选修课；即便将来都变成必修课，实验班和普通班在内容和分量方面，也会有所区别。

科学探索课分为"大手拉小手"和"中学生微型科研"两部分。前者是由科学家通过专题演讲、答疑，在同学中进行科普教育，目的是在每一个学生心中营造一块萌发创新种子的土壤，为科学探索课程的第二部分"课题研究活动"打基础。

为了使"微型科研"取得最大效果，老师们精心设计：

1. 在确定研究题目阶段，向学生介绍国内外中学生进行课题研究的成功范例，以启发学生的思路；

2. 在制订研究计划阶段，指导学生提出研究假设，学习收集信息资料；

3. 在实施研究阶段，指导学生对信息综合分类，提取有用的东西支撑研究假设，并设计科学实验，进而归纳研究结果。

如果发现有的学生收集到的资料与所选题目相去甚远，或实验结论不能支撑研究假设，教师则再指导学生修改研究计划或重新选题研究。在整个研究过程中，各学科教师还要指导学生学习写"开题研究报告"、"中期研究报告"、"结题研究报告"并进行答辩。

"中学生微型科研"，"微"在题目的小，"微"在研究者的年轻，但步骤却毫不含糊。对大多数中学生来说，他们是在模拟科研的过程中培养研究性的思维方式，学习科学探索的方法与技巧，研究成果并不是很重要。张思明副校长说："在研究性学习中，老师的一个重要任务就是设立'问题场'。比如，我们要学生学会使用软件，老师不是教学生怎样用，而是布置任务，要求学生用计算机绘制出某种精确的图像，至于用哪种软件制作，怎样找到这种软件，这个过程要留给学生去探索。"

北大附中近年来微型科研硕果累累。但学校领导认为，开展研究性学习最大的收获还是高校对北大附中输送的历届毕业生研究能力的肯定。他们下一步的努力目标，是将部分优秀教师"把研究性学习渗透到各学科课堂"的经验在全校推广，并建立起一套更完善的管理和激励机制。

21世纪教师应该是什么角色

《中国教育报》记者 鲍东明

编者按：2000 年 10 月 3—5 日，北大附中在北京大学的支持下，在北京大学国际交流中心举办了"世界著名中学校长论坛"，来自 20 多个国家和地区的 100 余位著名中学校长，围绕"21 世纪中学教育发展方向"展开了热烈的讨论。《中国教育报》于 2000 年 10 月 31 日，重点报道了该论坛关于"21 世纪教师应该是什么角色"专题讨论中中外校长的观点。

本世纪 70 年代，联合国教科文组织编写的《学会生存——教育世界的今天和明天》一书对未来教师角色曾作了这样的描述："现在教师的职责已经越来越少地传递知识，而越来越多地激励思考；教师必须集中更多的时间和精力去从事那些有效果的和有创造性的活动：互相了解、影响、激励、鼓舞。"

在人类即将跨进 21 世纪，我们再次思考教师角色的时候，参加金秋十月由北京大学附属中学发起的"21 世纪中学校长论坛"的中外著名中学校长，对教师角色的这种定位都有着共同的认识和深刻的感受。

英国伦敦美洲学校校长查尔斯·埃伦伯格认为：21 世纪社会以信息化和知识经济的特征，对我们的教育提出了强烈的变革要求，传统的维持性学习方式正在向创新性学习转变，这就要求我们的教师必须从传统的局限于课堂 45 分钟传授知识的角色向教育过程的指导者、组织者、参与者的角色转变，教师要有更大的适应性和灵活性来面对他们的工作。江苏省盐城中学校长周晓林说：为适应人类的知识快速增长和加速更新，教师不能再把单纯的知识传递作为教学的主要任务，而应把形成学生正确的学习态度、方法以及灵活的知识迁移的能力作为主要任务，教师对学生获取知识过程的关心，应甚于对他们掌握知识结果的关心，对于学生掌握知识方法的关心，应甚于对他们掌握知识量的关心。加拿大圣拉考贝中学校长艾伦·伯根则具体介绍了该校教师作为"导师"的职责：帮助学生选择课程、评估课程和制订长期计划；帮助学生理解他们的个人行为，认清实力和弱点，制定目标；帮助学生开拓职业观念和为职业作准备；加强学生对学校活动、服务和管理的关注；提高家长参与孩子教育和职业计划的意识。

中外校长普遍认为，具备多元化的知识结构、一专多能的能力和优良的人格，是教师作为指导者的先决条件。来自我国澳门特别行政区的培正中学校长李祥立说：教师具有丰富的学识和多种能力，不仅能让学生敬佩，对学生有感染力，而且，这也是使教学生动活泼、充满启发性和创造性的必要条件。作为指导者，教师的人格在教育过程中的影响力将会更强，他的敬业精神、责任感和高尚的精神境界，无不对学生产生着潜移默化的示范作用。

作为"指导者"角色的教师，中外校长特别强调，有三种教育观念是他们必须具备的。

首先，应树立以学生发展为本的理念。华东师范大学第二附属中学校长何晓文说：以学生发展为本，就是在教育活动中，必须以学生的身心发展特点和成长规律为出发点，采取有效的方式或手段，把沉睡在每个学生身上的潜能唤醒、激活；不但要重视学生学科知识的培养，而且更要加强学生综合素质的培养，使其具有丰富的精神世界和高尚的道德情操；要重在激发学生对某个学科或某个领域的学习、研究兴趣，而不是单纯地向学生传授现成的书本知识。

其次，树立学生主体的观念。北京大学附属中校长赵钰琳认为，作为指导者，教师应充分尊重学生主动学习的权利，认识到学生是主动的学习者、发展者，而不是教育活动中消极的、被动的适应者。教师要给学生提供学习的条件和机会，帮助学生学会主动参与、主动学习，启发学生提出问题，然后指导、帮助学生分析和解决问题，让学生能够举一反三。赵钰琳特别强调，尊重学生的主体性，教师在思想意识上必须强化一种认识：我们要选择、创造适合学生的教育，而不是去选择适合你的教育的学生。

第三，树立师生平等、民主的观念。确立先进的教育民主化观念是未来教师人格特征的重要内容。来自美国纽约道尔顿学校的校长理查德·布卢姆索联系中国和美国学校教育的实际指出：在美国的学校里，教师是在学生圈子中的，甚至在课堂上你分辨不出哪个是老师；而在中国，老师常常是站在全班学生的面前，成为学生们的中心。在中国的课堂上，学生一般总是回答老师提出问题，回答得好，会得到老师的夸奖，却很少见到学生向老师提出问题；而在美国，老师总是鼓励学生提出问题，要是学生把老师问倒了，老师非但不会不高兴，反而会表扬这个学生。理查德·布卢姆索说，教师表现方式的不同，反映教育观念上的差异。在未来信息化的社会里，学习方式是以创新性学习为主要特征的，老师被学生问倒，用中国老师的话说，老师被学生"挂"在黑板上的现象会经常发生。对老师来说，建立一种民主化的观念是非常重要的，老师甚至也要向学生学习，从学生身上吸取智慧力量。浙江省杭州市学军中学校长任继长谈道，中国教师长期受"师道尊严"思想的影响，不少教师师生民主、平等观念淡薄。为更好地适应未来社会的教育发展要求，突破传统师生关系上的领导与被领导、管理与被管理的状况，建立科学、民主、平等的新型师生关系应是我国广大教师进入新世纪的观念与行为方面的重要转变。

教授级中学校长赵钰琳

《北京晚报》记者 郑勇

编者按：2003 年 5 月 21 日，《北京晚报》的《人才》专栏用一整版的篇幅，以"教授级中学校长赵钰琳"为题，通过全面采访北大附中前任校长赵钰琳教授，突出阐述了以下三个观点：1. 现行教育制度影响了我们创造更多伟大的发明；2. 培养出上北大清华的学生不等于是成功的教育；3. 大学生应具备直接用英语交流的能力。这篇文章见报后，在社会上引起很大反响，许多专家、教师、学生和家长表示支持和赞同。

上周，北大附中网校为网上学习的学生提供了免费大餐，只要输入"BDFZ"的用户名、密码，就能免费上网学习。北大附中能有这么大的魄力，也许应该感谢首创北大附中网校的校长赵钰琳。

前任北大附中校长赵钰琳告诉记者，创办北大附中网校的灵感来自于两个外地人。这两个人来自吉林，在北大附中院内租了个房子，每次北大附中考完试，他们就去千方百计地把题弄到手，再发给全国各地的学校并从中获得好处。就是这个小小的"买卖"竟然在短短的几年内赚取了上百万。这两个人的名片上的地址居然印着"北大附中院内"字样。赵钰琳这才意识到北大附中的教育资源对于社会来说有着巨大的需求，潜力大有可挖。后来，在一次全校教师大会上，赵校长拿着那两个人的名片说："你们看，他们写上了'北大附中院内'就能赚钱，我们名正言顺地挂着北大附中的牌子，为什么就不能获得效益呢？"

1999年，赵钰琳开始寻求合作伙伴，先后谈了120家公司，有的一下子就说要投上亿元人民币合作。但是，他都没有答应。赵钰琳认为，开发教育资源有几个原则，既然是教育公司就要由北大附中控股，我们要始终掌握资源优势，合作公司投多少钱也不行，这样才能保证教育资源常用常新，不会走味儿，不会急功近利。现在，全国有850个学校使用北大附中的网上资源。北大附中白天考试，考题当天晚上就可以上网，全国各地的老师还可以利用网络与北大附中的老师交流教学方法。

别看赵钰琳如今已经过了耳顺之年，但是，常与他在一起的人都说，赵校长的想法甚至比现在的年轻人还新。这也许是赵钰琳最初学习化学专业的缘故，更懂得如何去发现，去重新排列组合。1964年，赵钰琳北大化学系毕业后留校任教，在本系担任教学工作，后来又先后兼任了北大行政处处长、后勤部党委书记等管理的职务。但是，连他自己也没想到，在当了33年大学老师后，却被"降"到了中学，被任命为北大附中的校长。不过，正是从当上北大附中校长开始，赵钰琳才真正找到教育创新的感觉。如今，他算是名声在外，担任了全国中学教育科研联合体理事长、中国教育技术协会中学远程教育技术专业委员会理事长等职务，被人誉为教授级专家型校长。

观点一：现行教育制度影响了我们创造更多伟大的发明

1997年，赵钰琳出任北大附中校长。当时，因为北大附中刚刚实行两个附中合并，教学质量关乎学校的生存之本。因而，赵钰琳一上任首先就狠抓教学质量。仅两年时间，北大附中毕业生升北大、清华两校的比例大幅度提高。然而骄人的成绩，带给他的并不都是骄傲。在一次毕业生座谈会上，一位拿到清华录取通知书的毕业生对他说："校长，您知道为了考上好学校，我们做了一万道习题，现在虽然我上了清华，但是对学习已经没有兴趣了。"这句话深深触动了赵钰琳，也让他找到了他在大学教书时思考的问题的根源：为什么在高中阶段学习成绩非常突出的学生，到了北大、清华反而没有出什么突出的成绩？为什么在 20 世纪 100 项重大发明中没有一项是属于中国？

20 世纪，在世界上 100 项重大发明和 400 多名诺贝尔获奖者中，没有一项是属于中国的，中国人口基数如此之大，但对世界科技进步的贡献那么小。如果在 21 世纪，中国人仍然没有任何重大发明贡献给世界的话，那只能说中国是大国但不是强国。赵钰琳决定做一个实验，由惠普公司（中国）赞助，他请来斯坦福大学的 5 位博士和硕士，分别对 10 名中国学生用英语讲授网络技术的知识。然后，让这些孩子与 5 位博士和硕士针对课题分别进行网络技术的设计。设计结果出来了，惠普公司（中国）总裁说，中国学生的成果不仅不逊色于博士和硕士的设计，而且他们所表现出的高智商有的甚至超过了 5 位博士和硕士。这说明中国的学生绝不是不聪明，他们的创新能力也并不逊色，是中国现行的教育制度使我们错过了一项又一项伟大的发明和发现。21 世纪，中国要真正从大国变成强国，教育改革亟待进行。

2000 年，正逢北大附中建校 40 周年，赵钰琳利用校庆机会面向全世界请来 20 所著名中学的校长，邀请了内地 80 名校长，专门讨论"21 世纪中学教育发展方向"。赵钰琳说："21 世纪中学教育发展的基础是合作，而发展的动力在于创新。创新就是一种超越，只有经过知识内化、升华、感悟和体验，即实践的过程，才能达到超越的境界，而我们传统的教育恰恰忽略了这个过程。"

观点二：培养出上北大清华的学生，不等于是成功的教育

中国基础教育很扎实，相对于美国的学生来说，中国学生掌握的数理化知识多出了很多，这是中国基础教育的一种优势。但是在中国，基础教育的特征是"去长补短"，不管学生的个人兴趣特长，也不管他们对自己未来的设计，一刀切。数学好的学生，多花时间去补补语文，语文有特长的学生就必须用大量的时间去做令他头疼的数学题。这样折腾到上了大学，对学习不产生畏惧才怪，谈何继续钻研，谈何科技创新。

如何改变这种状况，在德国的一次交流考察中，赵钰琳深受启发。德国的中学针对不同的学生分三个学制，对于喜爱学习，日后要从事学术研究的学生，升入13年制的中学，培养目标是学者和学术精英，这部分学生所学知识扎实程度绝不比中国逊色。而未来想成为技术专业人员、工程师的学生进入12年制中学学习。对于那些不热衷学习，更喜欢技能性工作的学生则进入11年制的中学，授予这部分学生应用性很强的知识，培养目标是高级技师人才。而对于那些大器晚成的学生，大学也随时敞开大门。摆在学生面前的路有很多种，学生没有压力，自然会选择一条最适合自己的。

赵钰琳用了一个很恰当的比喻，建摩天大楼和建一般的楼打下的地基是不一样的，我们要提倡以学生发展为本的教育，就应该改变对学生发展不利的教育体制。留美博士、素质教育专家黄全愈有过这样的阐释："对个人，不是说你接受教育就成功了，而是看你这个人的最长处是什么，你的素质是什么，你的潜能是什么，是不是充分发挥出来了……怎样看待成功——自己的最强项、自己的特点、

自己的长处、自己的潜能是不是得到最充分的发挥？这可以简单概括为：成功的教育＝充分发挥潜能。"这其实是对赵钰琳的教育理念"扬长避短的教育才是成功的教育，适合学生发展的教育才是最好的教育"最好的阐释。

赵钰琳说，许多教师和校长在基础教育第一线时间长了，觉得能够多培养出上北大、清华的学生就是成功的教育，其实这是一种误解；基础教育不是着眼于让学生获得高分数，而是在培养高素质人才。我们一定要有培养学生终生学习和可持续发展能力的观念，因为学生在基础教育阶段所接受的教育会影响到他的一生，如果单单传授知识、锻炼做题的技能，而挫伤了他们对未知世界探索的热情，抹杀了他们的创造精神，无疑与教育宗旨是相悖的。

于是，他独创性地却也是极具务实精神地提出了教育理念：育人为本，重在发展；提出了"以学生发展为本位，为学生发展创造条件，对学生终身发展负责"和"发展学生个性，扬长避短"的教育思想。

观点三：大学生应具备直接用英语交流的能力

为什么一个学生从小学开始学英语，中学、大学，学了将近二十年，出国前，却还要到新东方培训学校突击英语？赵钰琳询问了一个在中国任教多年的外籍教师，他说："中国英语教学的模式是先教单词，然后就是语法、句型、课文，却忽视了交流。而语言是什么，语言本身就是交流工具，也是文化的载体，离开了交流，谈何英语学习。"这名外教向赵校长打下包票，如果让他来教英语的话，用新的模式可以让学生高中毕业就能够流畅地与英语国家的人进行交流。他说，他不需要增加学生更多负担，在课堂上，他设计出有趣的情景，让学生参与进来，说英语、听英语，在大量阅读、说用英语的过程中积累词汇，使学生真切地感受英语是学来用的，提高学习兴趣，真正感到学英语乐趣无穷而绝对不是一件苦差事。

好的念头一定要付诸实践，赵钰琳决定联合名校并整合国内的英语教育资源，进行英语教学改革活动。赵钰琳聘请了在全国颇有影响的英语教育家、教育部"国家英语课程标准"研制专家组组长陈琳教授作为英语教改专家组负责人，还聘请北大英语系系主任、博士生导师程朝翔教授以及北师大原英语系主任王蔷教授等作为专家组成员。今年寒假，举办了英语冬令营，专家们亲自给中学生上课、作报告。一位本来对英语很陌生的营员，参加冬令营后，竟然可以用英语记日记了。学以致用、活学活用，教学实践活动达到了预期的效果。

外语教学的实践还仅仅是第一步。赵钰琳说："我喜欢创新，现代教育的主题也是创新，与我一生的性格投缘。不管是高等教育还是基础教育，都有相通之处，都是育人为本的事业。""终身教育、育人为本、个性化教育"是赵钰琳倡导的教育思想，但是，他的最终目的是希望中国也能自己培养出世界级的科技人才。

第六篇　出访报告

引　言

美国的教育管理体制分为四级：联邦政府教育部、州政府、学区、学校。联邦政府教育部主要是指导。美国的教育制度是放权的，而不是集权，各州有高度的自主权，学校也有高度的办学自主权。全国无统一的教学大纲，无统一的教材，也不搞统一的考试，这就为教育发展提供了自由、富有各种特色的办学环境。办学方式大体可分为三类：一是公立学校，这是主要的；二是私立学校，占20%多；三是教会学校。美国的基础教育一般为12年：小学5年，初中3年，高中4年。加上学龄前1年，共计13年全是义务教育。

课程设置是面向社会的需要，灵活性较大，美国基础教育总体上注重学生能力、创新精神的培养，有利于学生个性、素质的全面发展。要求所有学生参加社会实践，为社区服务，每年不少于60小时，高中生则要100小时以上，作为大学录取时的必要条件之一。对老师、对学生、对学校的评估，绝不只看文化考试成绩，重在学生能力的培养过程，学生进入大学及参加工作后的发展情况。对教师的要求是很高的，必须是大学毕业以上学历才能任教，50%以上教师有硕士学位，教师还要通过考试拿到执照后才能任教。在美国不划分行政教学班，学生可根据自己的兴趣爱好选择教室和教师，这是一种开放式市场化的自主教育。教学方法是小班授课，大多采用讨论式和谈话式教学。课堂上没有对学生进行大量的知识灌输，而是引导和培养学生思考问题、寻找答案，学习上鼓励学生们的创新思维，赞扬学生自己思考的一切结论，保护和激励学生所有创造的欲望和尝试，这对培养学生的探索精神、动手能力和思维方式都大有裨益。

全国中学教育科研联合体第一批
校长赴美教育访问考察报告

（一）访问考察时间

1999 年 10 月 13 日至 27 日

（二）访问考察团组成

团长——赵钰琳，北大附中校长

副团长——谢阜东，福州三中副校长

副团长——周洪森，成都树德中学校长

秘书长——陈剑锋，温州龙港高级中学校长

副秘书长——李峪，人大附中副校长

团员——来自北京、上海、黑龙江、浙江、福建、河北、四川、陕西、甘肃、广东等省（市）的 13 名校（副校）长

（三）访问考察单位

美国联邦教育部，华盛顿杰斐逊科技高中、沙泉友谊私立学校，纽约豪里迈斯学校，旧金山斯坦福大学。

（四）访问考察内容

1. 美国的教育体制和管理机制

据美国联邦教育部部长助理介绍，美国的教育制度是放权的，而不是集权的，联邦政府的管理不那么严格。在 1789 年制定的美国第一部大宪法中没有任何条文谈联邦政府负责教育，按其政治体系，

联邦、州、地方政府都有责任，重点是由州政府来管理，这就是美国教育的基本管理特色。因为美国是联邦制，各州拥有较大的自主权，包括立法权。联邦教育部对各州教育没有严格管理控制，但对各州有 5 个原则要求：

（1）保证原则——保证儿童受教育，法律规定 6~16 岁之前必须入学受教育。

（2）监控原则——监控各州儿童入学率、优质率、教育层次等，负责整个数据统计，为超前教育和宏观教育计划制订提供参考。

（3）经费调拨权——联邦政府对中小学每年有 6% 的教育经费拨款，经费发放有各种形式，由州政府提出申请报告，联邦教育部批准下发。

（4）资助经费发放——联邦教育部直接将经费资助到学校、学生个人，1998 年就有 50% 的联邦经费直接发到中学、小学及学生个人。

（5）指导性原则——在教材内容、教师标准等方面对各州提出指导性的要求。

因此整个教育体系的操作和实施基本上由州政府和地方政府来运作，诸如教师聘用、教师培训、校园建设、学生交通问题等。

学校管理机制方面，由于联邦政府教育部为各州制定了极为宽松的、自由的发展的宏观政策，因此各州有高度的自主权，学校也有高度的办学自主权。全国无统一的教学大纲，无统一的教材，也不搞统一的考试，这就为教育发展提供了自由、富有各种特色的办学环境，各州、县地方政府可根据具体情况决定教育体制。课程设置、教材、考试、招生录取等，各个学校也可根据自身条件自主办学，办出特色。

整个社会和各级政府对中小学教育是十分重视的，认为搞好基础教育是十分重要的。现在全国从幼儿园到中学共有 5200 万余人，其中中学生 1400 万余人，教师 300 万余人。全国划分为 15 000 多个教学区，有 113 000 多所学校。

2. 美国的办学方式和学校经费来源

办学方式大体可分为三类：一是公立学校，这是主要的；二是私立学校，占 20% 多；三是教会学校。

由于办学方式不同，办学经费来源也截然不同。

（1）公立学校经费来源可分为四个方面：联邦政府给 6%，州政府给 44%，地方政府给 40%，这三个方面的政府拨款占学校办学经费的 90%，靠各级政府的税收来支持。第四方面来源，即占学校办学经费的 10%，由企业、公司等赞助，这要靠学校校长与社会各方的联系争取得到。

公立学校学生直到高中毕业全部免费入学，学校还为学生免费提供中餐。

（2）私立学校经费来源主要是两个方面：一是靠收取学生高昂的学费（这与我国现在办的私立学校相似），占学校办学经费的 90%，从小学到高中大体收费情况是每生 8000~25 000 美元 / 年，各校又有差异，但收费标准完全由学校自定；二是靠企业、公司等社会各方的赞助，占学校办学经费的 10% 左右，声誉好的学校情况就更好一些。如纽约的豪里斯迈私立学校的校长很自豪地对我们说：最近学校投入 3500 万元建设费，已获一家公司老板许诺赞助 5000 万美元（公司赞助学校可以享受抵税的优惠政策），这种赞助是无回报的，学校所得的赞助也只能用于学校建设。

（3）教会学校经费来源与私立学校相似。因 60% 的美国人信奉宗教，主要信奉基督教、天主教、犹太教等，不少私立学校有教会的参与和支持。私立学校里设有小教堂，允许学生参与宗教活动；

但公立学校不允许教会参与。

3. 学制、课程设置、教师与教学

（1）学制

从小学到高中毕业都是 12 年，但中小学各段不尽相同，大体可分为两种情况：

[1] 中小学 6、6 分段：小学 6 年 1~6 年级，中学 6 年 7~12 年级，其中初中 3 年，高中 3 年，也有初中 2 年，高中 4 年的。

[2] 中小学 5、7 分段：小学 5 年 1~5 年级，中学 7 年 6~12 年级，其中初中 3 年，高中 4 年。

从上面可看出，高中基本上都是 4 年，学生读完 11 年级，到了 12 年级基本上在搞设计，进行课题研究。

（2）课程设置、教师与教学

课程设置是面向社会的需要，灵活性较大，但还是注重打好基础，特别是初中阶段，如洛杉矶的社区学校初中的课程有：阅读（英语）、数学、理科（含理、化、生）、历史、劳作技术、体育等。而杰斐逊科技高中的情况就不同了，无固定的教材，从网上下载或教师自己编定，逐年在变，紧跟时代的发展。在教学上提出了 5 个方面的纲要：

[1] 要求教师的教学与高科技知识相联系，教材内容广泛，要把学生带到整个社会，引向世界高科技领域。

[2] 要把学生的思路引导到把自己看成是社会的一员、高科技发展的一员，树立追求知识最高点的信心，建立主动学习的意识。

[3] 培养学生广泛接触社会信息，与社会部门、公司广泛联络与交往。

[4] 教学纲要、研究项目的设定，有的由教师指导，有的由学生提出，有的是进行案例学习等。

［5］引导学生树立信心，培养某一方面的领袖能力、领袖意识、超前意识。

对教师的要求是很高的，必须是大学毕业以上学历才能任教，50% 以上教师有硕士学位，教师还要通过考试拿到执照后才能任教。对教师的继续教育也抓得很紧，三次考试不合格就要取消任教资格。杰斐逊科技高中的学生来源广泛，每年从推荐来的 2800 名学生中，再经选拔录取 400 名，这说明要上好的公立学校，竞争也是十分激烈的。

好的私立学校对教师的要求更高，如纽约的豪里斯迈学校的教师多数是博士生，至少要有硕士学位。该校高中毕业生 100% 升大学，且大多数升入哈佛、耶鲁等名牌大学，说明还是要看升学率的。这个学校的教师教学 20 课时 / 周，5 天工作日，每天要坐班 8 小时，不过待遇是相当高的，教师平均年薪为 6 万美元，另外还有医疗保险等福利，待遇上较优于公立学校。

（3）关于质量评估问题

几位被访校长都说是一个复杂问题。但对老师、对学生、对学校的评估，绝不只看文化考试成绩，重在学生能力的培养过程，及学生进入大学和参加工作后的发展情况。评估学校也较特别，如纽约的豪里斯迈私立学校，在我们去之前两天刚对学校评估完。评估办法是由市、区等各方面人士 30 人组成一个评定小组，学校先准备好各种材料，评定小组来校先看材料，然后到教师、学生中去了解情况，认定学校材料的准确度，经过 4 天的考察后给分，评定出学校的学术等级。这样的评定每 10 年一次。这次对这所学校 80% 意见是肯定的，校长才松了口气，看来评定过程还是很紧张的。

4. 创新教育及创新能力的培养

（1）学校的教学管理、教育手段和方法都是以培养学生的各种能力，尤其是以培养学生的创新意识为出发点的。

[1]学校的教材内容是面向社会的需求，联系生产实际、现代科技发展来编写的，这一点在杰斐逊科技高中表现得最为突出。

[2]学校的教学手段大多是安排学生自己动手操作，网上查询，实地考察，针对社会需求拟定课题进行探索、研究、实验，在教师指导下写论文，而不是让学生死记书本知识，反复进行书面测试。

[3]教学方法上是小班授课，大多是讨论式的课堂教学模式。学生的课外作业还是比较多的，但大多是通过电脑去完成。

[4]学校开设各种实际操作的课程，如华盛顿沙泉友谊私立学校的艺术课，可以说是包罗万象，每天一节（下午第三节），有木工、钳工、车工、电工、陶瓷制作、织布、音乐、绘画等，这些内容都很实在，不是做摆设的。如学生制作的约4米长的小木船，做工十分精致，一位校友用4000美元买下来送给学校作永久性纪念品。制作出的陶瓷器也很精美。

[5]要求学生参加社会实践，为社区服务，不少于60小时；高中生要100小时以上，这是升入大学的必要条件。

（2）创新教育、创新能力的培养，不仅是学校的问题，而是全社会共同关心、一致努力的问题。

[1]整个社会是一个激烈竞争的社会，是科技高度发展的社会，在客观上要求每一个社会成员要有竞争意识、有竞争能力、有创新精神，这对青年学生来说无疑是一种无形的压力和巨大的动力。

[2]整个社会都非常重视对人的能力和创新意识的培养。教育的投入大，重点保证了教育的发展，法律规定16岁之前必须在学校接受教育，并已普及了高中教育。各地建有一系列反映现代科技发展与实际联系的科技馆、博物馆、航天馆、艺术馆等，免费向全社会开放，展示的内容有古代的，有现代的，也有未来的；有理论的，

更有实物演示和实际操作，鼓励参观者亲自实践、动手操作。在飞机场候机室也安置有沙洲的形成、旋风的形成原理等仪器设备，老少皆宜，兴趣盎然。这些对促进人们了解社会发展，掌握科学技术，激发学习兴趣，培养学生的动手能力和创新精神是大有帮助的，是提高全民族素质的好举措。

[3]家庭教育对孩子的成长影响是很大的，因此十分重视培养孩子的独立能力。对孩子是非包办性的，孩子到了18岁以后，就要独立生活、自力谋生，否则只有靠领救济金过日子，总统的儿子也不例外。这就是促进孩子个人奋斗、学到本领、努力成才的优良催化剂。

（五）访问考察体会及建议：

1. 中美双方基础教育互有值得学习和借鉴的东西。

（1）美国基础教育总体上注重学生能力、创新精神的培养，有利于学生个性、素质的全面发展，但也存在不少困难和问题。正如美国联邦教育部部长助理所说，面临新世纪的挑战，美国的基础教育一是教师短缺，近20年还需200万教师，基础科技、化学、化工教师非常缺乏。由于教师行业相对收入低，不吸引人，导致教师队伍不稳，有的地方在降低标准使用教师，部长也感到恼火，但也无可奈何；二是各州教育过程注重社会需求，又无全国统一考试，缺乏竞争力，影响教育水平的提高，学生在参加各项国际大赛中的成绩差，数学与科技方面的竞赛成绩只比非洲高一点。

针对以上问题将采取新的措施：为稳定教师队伍，将从移民中征集教师；从州至联邦政府设教师特殊奖；发放全国性教师资格证；增加教师工资；为教师提供进修、增长专业知识的机会等措施。呼吁进行全国性联考，像中国一样，向全国性标准化教育发展，组织全国性联考，达到全国性统一标准，以增强竞争力，提高教育质量。

（2）我国的基础教育的底子是比较扎实的，但在全面实施素质教育的过程中，需要努力克服应试教育的弊端，使基础教育也能瞄准高科技领域，而不仅为了参加中考、高考，切实做到在教学过程中注重对学生能力和创新意识的培养，不断改进教学方法与手段，使学生德、智、体全面发展，以提高学生的整体素质。

2. 几点建议：

（1）建议科联体利用我们各校的名牌优势联合举办一所科技高中，类似杰斐逊科技高中那样的学校，探索培养科技人才的新途径。

（2）在全国教育工作会议之后，我国教育面临极好的发展机遇，建议教育行政部门借鉴各国的先进经验，结合我国的实际，加快教育改革的步伐，如办学模式多元化，解决好高考指挥棒等问题。

（3）国家和各级政府要加大对教育的经费投入，大力改善办学条件，改善和提高教师待遇。

（此报告由访问考察团副团长、成都树德中学校长周洪森执笔）

全国中学教育科研联合体第二批
校长赴美教育访问考察报告

（一）访问考察时间

2000 年 9 月 19 日至 10 月 4 日

（二）访问考察团组成

团长——王守愚，北京 15 中校长

副团长——吴传发，上海华东师大一附中副校长

副团长——旷壬林，武汉 6 中副校长

秘书长——王文琪，全国中学教育科研联合体秘书长

副秘书长——杨文焕，北大附中校长助理

团员——来自北京、上海、辽宁、江苏、浙江、湖北、云南、甘肃、山东等省（市）的 19 名校（副校）长

（三）访问考察单位

中国驻洛杉矶总领事馆，洛杉矶南丁格尔中学，纽约斯蒂汶中学（全市三所重点中学之一）、BCCHS 中学（有办学特色的市立大学附中），纽约大学，旧金山 COCSWELL（高科技大学）、斯坦福大学。

（四）访问考察内容

重点访问考察美国的基础教育中普遍关注的几个问题。

1. 美国政府的管理体制

美国的教育管理体制分为四级：联邦政府教育部、州政府、学区、学校。联邦政府教育部主要是指导，向各州下拨教育经费，批准各州搞一些研究项目，同时拨研究经费，它的管理不是那么严格，教育管理权下放到各州。州政府拥有较大的自主权，包括立法权。各州政府制定学习标准，州里安排学生会考。学区有教育委员会，执行州政府的教育立法，学区的教育局长要和校长商量工作，一起作规划。教育局长要向学区的教育委员会定期汇报工作，推荐校长人选。教育委员会根据校长的标准（包括学历、管理水平、财务能力、教学能力等），对局长推荐人选进行调查，最后批准任命。教师由校长推荐，学区任命。学校校长有比较大的办学自主权。

从美国的教育管理体制来看，联邦政府教育部为各州制定了指导性的极为宽松的宏观政策，州、学区和学校有高度的办学自主权。聘用校长和教师、教师培训、校园建设、学生交通等问题，都是由学区来解决的。各州、县地方政府可根据具体情况制定教育体制，决定课程设置、教材、招生录取等。各学校也可根据自身条件，自主办学，办出特色。

2. 美国的办学方式及学校的经费来源

办学方式分为三类：一是公立学校，占85%，是主要的；二是私立校；三是教会学校。私立学校和教会学校共占15%。

这三种不同的办学模式，其经费来源各不相同：

（1）公立学校经费来源主要靠各级政府拨款，联邦政府拨给7%，州政府拨给46%，学区拨给47%，这些经费靠各级政府税收来支持。公立学校从小学到高中全部是义务教育，全部免费入学，学校还为困难学生免费提供中餐。

（2）私立学校经费来源，一是靠收取学生高额学费（这与我国现在办的私立学校相似），占学校办学经费的 90%，各校收费标准不一样，收费标准由学校自定，从小学到高中大体收费标准为每生8000~25 000 美元 / 年；二是靠企业、公司等社会各方的赞助，占学校办学经费的 10% 左右。学校所得的社会赞助只能用于学校建设。

（3）教会学校的经费来源与私立学校相似，大部分经费靠教会支持。美国有 60% 的人信奉宗教，主要信奉基督教、天主教、犹太教等。私立学校里设有小的教堂，允许学生参与宗教活动；但公立学校里不允许学生参与。

3. 学制与课程

（1）学制

美国的基础教育一般为 12 年：小学 5 年，初中 3 年，高中 4 年，加上学龄前 1 年，共计 13 年全是义务教育。

（2）课程

美国教育部制定了英语、数学、科学等各门学科的全国学习标准。纽约大学的唐力行教授说："这个标准有争论，最后仅仅是作为参考，但对学校起了很大的作用，各州都很重视，各州也制定了自己的标准。"各学校开的课程不完全相同，南丁格尔中学开了 5 门必修课：英语、数学、社会科学、自然科学、体育；还开了选修课，如艺术、音乐、计算机、科技等。BCCHS 中学，必须完成四年的英语、数学、科学（含物理、化学、生物、环保）课程，同时要每天阅读 3~5 小时规定的书籍。没有统一的课本，由老师决定教哪些书。高中没有固定班级，只是分学科层次来安排辅导员。

4. 教师与教学

美国学校对教师要求很高，必须是大学毕业以上学历才能任教，50% 以上教师有硕士学位，中学教师要占到 53% 以上。教师要通过考试拿到执照才有任教资格。教师由学区统一聘用。学区制订培养教师的计划，安排教师进修、走出去学习或请老师进来讲课，让教师学习新技术，比如运用电脑教学。教师要掌握好教学艺术，善于指导学生学习，各校还建立了教学反馈制度。南丁格尔中学的教师每天工作8小时：5小时在学校，上5节课；1小时自由安排；2小时在家备课。BCCHS中学学生每年要阅读25本书，4年阅读100本。学生每读一本书要给老师写一封信，对阅读提出一些问题。老师要回信，解答学生提出的问题。教师的工作量很大。学校领导和行政人员对教师的教学进行评估，学生不评估老师。美国对教师的继续教育抓得很紧，三次考试不及格就取消教师资格。

美国的重点中学也要通过入学考试，录取后才能入学。美国还有其他一些考试，纽约大学唐力行教授说："美国各州有会考，考试的例题在报纸上登出来。全州四年级、八年级要统考。九年级以上每年考试一次，没有高考，只有SAT考试，允许学生考2~3次，交最好的成绩，主要考数学、英语、阅读。若要进名校，还要通过分学科的AP考试，自己去报考，全国统一标准。考试合格，在大学可免修这些课程。SAT考试是全国性的有权威性的考试。进大学后，还要进行分班考试。"由此来看，美国这方面的工作抓得比较紧。

5. 创新能力的培养

（1）创造良好的教学氛围，鼓励学生发表意见。

美国的教育管理、教育手段和方法，有利于培养学生的创新能力。学校管理较松，师生关系融洽。教学方法是小班授课，大多采用讨论式和谈话式教学。我们到BCCHS中学听了一堂高中选修课，学生发言踊跃，还不断向我们提问。我们也向学生提出了一些问题，他们都争着抢答，课堂气氛热烈。学生的积极性高，敢于发表不同的意见。老师对学生积极引导，平等相待，教学效果好。

（2）和科研单位挂钩，积极开展科研活动。

中学的学生，特别是一些高年级学生，都能积极开展科研活动。学生自己操作电脑，上网查询，实地考察，针对社会需求拟定课题进行探索、研究、实验。南丁格尔中学的学生直接和太空实验室联系，研究关于火星的问题。在一间教室里，我们看到了各种仪器设备，研究内容包括：测定空气流动模型，检测桥梁压力，有关摄影、录音、医疗、电脑制作等。上课时，每位同学根据自己的爱好选择项目进行学习研究，培养动脑动手能力。从中学时代就开始搞科研，对学生的创新能力培养是一项重要举措。

（3）从中学开始，学生就注重写调查报告和论文。

美国的学生从中学开始就注重写说理性的文章，注重培养语言表达能力，特别是口头表达能力。他们从生活中选择大家关注的问题进行调查和研究，勇于发表不同的见解，创新能力也就大大提高了。

（4）参加社会实践，广泛接触社会。

学校要求学生参加社会实践，为社区服务，初中每年不少于60小时，高中生要100小时以上，而且是升入大学的必要条件。社区要将学生服务情况用书信报告学校。而社区服务的内容是多方面的，学生从多方面广泛接触社会，加强对社会的联系和了解。这对于开启创新智慧之门是完全必要的。

（5）社会为学生创新能力的培养提供良好的外部条件。

美国大力保证教育的发展，法律规定16岁之前必须在学校接受教育，已普及了高中教育。各地建有一系列反映现代科学技术发展与实际联系的科技馆、博物馆、航天馆、艺术馆等，免费向全社会开放，展示的内容有古代的、现代的、未来的；有理论的，也有实际动手操作的，可以丰富学生的知识，激发学生的兴趣，培养学生的动手能力和创新精神，提高素质。

6. 充分发挥家长的作用办好学校

美国的教育注重社区、学校、家长联合起来教育孩子。家长对学校工作的参与很重要，成立了家长委员会，学校设立了家长中心，并且有专门办公的地方。学校帮助家长，训练他们去教育学生。家长关心学校，除配合学校教育孩子外，家长还主动捐钱给学校，解决学校方面的一些困难。南丁格尔中学的家长在学校的家长中心办公室专门为我们作报告，介绍他们的工作情况。

7. 美国教育中存在的问题

教师短缺，特别是缺中年教师。在今后的 10 年中，要增加 200 万新教师。现有的教师，有的达不到要求。因此，培训师资的任务很重。

学生早恋现象严重，甚至发展两性关系。校园中还有暴力事件。对学生的教育有待加强。

（五）访问考察体会及建议

1. 注意发挥多方面的办学积极性，扩大学校办学的自主权。我们应该进一步研究如何发挥社会、学校和家长的积极性，制定一些具体的办法，共同办好学校。在办学过程中，要多给学校一些自主权，让各校结合自身实际办出特色。

2. 我国的办学方式有很多，如公办学校、公办民助学校、民办公助学校、民办学校等。近几年来各种形式的办学也发展很快。在大力办好公办学校的同时，对怎么办好有非公有制成分的学校，要进一步进行研究，要放宽政策，扶植民办学校，使其办得更好。

3. 学校要加强教师队伍的建设，加大全面实施素质教育的力度。实施素质教育关键要有一支高素质的教师队伍，要提高他们的学历，加快培养中青年教师。各级政府要加大教育经费的投入，大力改善办学条件，加速示范学校的创建工作，树立一批全国示范学校，充分发挥他们的示范带头作用。

我国的教育发展很快，形势很好。我们的教育有很多优越的地方是别的国家不能比的。这次访问美国，我们也对美国的教育有了一些了解，经过分析比较，也觉得有值得我们借鉴的东西。中美中学校长学校管理比较是一个大的科研课题，要经过长时间的多方面的研究。这次，我们仅仅是开了一个头，以后还需继续努力研究。

（摘自《中美中学校长学校管理比较团赴美教育考察报告》）

全国中学教育科研联合体第三批
校长赴美教育访问考察报告

（一）访问考察时间

2002 年 1 月 24 日至 2 月 6 日

（二）访问考察团组成

团长——石彦仓，首都师大附中校长

副团长——董灵生，北大附中党委书记

秘书长——马晓虎，全国中学教育科研联合体秘书

团员——来自北京、上海、天津、江西、辽宁、河南、河北、陕西、甘肃、新疆、内蒙古、广东等省（市、自治区）的 24 名校（副校）长

（三）访问考察单位

洛杉矶 Las Florhes 公立学校、华盛顿伦敦私立学校、纽约远程教育中心、李文斯顿私立高中、狄可逊私立学院、旧金山斯坦福大学、圣婴女子教会中学、美国硅谷的 Intel 总部和惠普公司。

（四）访问考察内容

1. 美国的教育体制和学校管理机制

美国共有 51 个州（含一个地区），人口 2.73 亿，其中亚裔人口 1100 万，华裔人口 200 万；小学人数 3180 万，中学人数 1500 万，大学人数 1470 万，研究生人数 1200 万。美国的教育管理机构分四

级：联邦政府教育部、州政府、学区、学校。美国的教育不是由国家统一实施领导的，联邦政府教育部主要是指导，往各州划拨教育经费，批准各州搞一些研究项目，同时拨给研究经费。它的管理不是那么严格，教育管理权下放到各州，州政府拥有较大的自主权，包括立法权。各州政府制定教育标准，州里安排学生会考。美国教育的实际领导机构是学区教育局，每个州分很多学区，管理学区内所属的中小学以及幼儿园，个别学区有区办学院，相当于我们的职业技术学院，学制两年。学区主要是制订学区的学校评估方案，直接对学校进行评估，考核校长的工作，将州下拨的资金分配到各学校和争取联邦政府的专项资金。学区有教育委员会，执行州政府的教育立法，学区的教育局长（或总监）要和校长商量教育工作，一起作规划。教育局长要向学区的教育委员会定期汇报工作，推荐校长人选。教育委员会根据校长的标准（包括学历、管理水平、财务能力、教学能力等），对局长推荐的校长人选进行考核调查，最后批准任命。教师是由校长推荐，学区任命。各学校校长有比较大的办学自主权。

　　美国中学的内部管理也多种多样，基本上由校长决定管理模式。如纽约的李文斯顿私立高中，有学生 1430 名，一名校长负责学校全面的管理，下设 4 名副校长协助校长分别辅导每个年级的学生课业，还有一名副校长辅导学生选择适合他们升入的大学和今后的工作出路；将教师编成若干系，每个系负责几个学科；另外还有若干职员和校工。华盛顿的伦敦学校，实行校董会领导下的校长负责制，学校分为小学部、初中部和高中部，每部设一个校长，各部副校长分系管理学生的学科课程。总之，美国的学校层次不同，课程开设不同，公私立学校的管理也不同。相同之处一是副校长下面都不设处室机构；二是各校都有家长委员会参与学校管理，听取校长工作报告，审查经费收支，组织家长到学校做义工，游说政府和社会各界在经费上支持学校等。

从美国的教育管理体制来看，联邦政府教育部为各州制定了指导性的极为宽松的宏观政策，州、学区和学校有高度的办学自主权，如聘用校长和教师、师资培训、校舍建设、学生文化生活等问题，都是由学区来解决的。各州可根据具体情况决定教育体制，决定课程设置、教材、招生录取等，学校也可根据自身条件自主办学，办出特色。整个社会对中小学基础教育都非常重视。

美国学校、机关、单位几乎都没有围墙，绝大多数学校没有我们中国学校这样的大门，这种高度自主、充分开放、适应市场需求的学校教育的确是美国教育的一大特色。

2. 美国的办学方式及学校的经费来源

办学方式分为三类：一是公立学校，约占80%，这是主要的；二是私立学校；三是教会学校。私立学校和教会学校共占20%左右。

由于办学方式不同，办学经费来源各不相同。

（1）公立学校的经费来源主要靠各级政府拨款，联邦政府拨给6%，州政府拨给46%，学区拨给40%，这些教育经费主要靠各级政府税收来支持。其他约占10%的学校经费主要由企业、公司等赞助。公立学校从小学到高中全部是义务教育，免费入学，学校还为困难家庭学生免费提供中餐。

（2）私立学校经费来源，一是靠收取学生高额学费，各校收费标准不一样，收费标准由学校自定。华盛顿的伦敦私立学校，学费约占学校办学经费的70%，每个学生每年学费2万美元；二是靠学校从社会筹措、基金会捐款，学校所得的社会赞助只能用于学校建设。

（3）教会学校的经费来源与私立学校相似，大部分经费靠教会和个人支持。美国居民多信奉基督教新教、天主教、犹太教和东正教等。学校里设有小的教堂，允许学生参与宗教活动。旧金山圣婴女中校史一百多年，校舍是一个私人捐的住宅，每年每个学生收费1.8万美元。

3. 学制与课程

（1）学制

美国的基础教育学制一般为12年。但各地中小学分级不同，主要有两种情况：一是中小学6、6分段，小学1~6年级6年，中学7~12年级6年，其中初中3年，高中3年；也有的初中2年，高中4年。二是中小学5、7分段，小学1~5年级5年，中学6~12年级7年，其中初中3年，高中4年。美国中小学实行学分制，有的学生读完11年级就修满学分，到12年级基本上让学生自己搞设计，进行课题研究；有的学生在中学选修课还可以拿到大学课程的学分，进入大学可以免修这门课，机制非常灵活。

（2）课程

美国联邦政府教育部制定了英语、数学、科学等学科的课程标准作为参考，各州也制定了自己的标准。各学校开设的课程不完全相同，李文斯顿高中开了5门必修课：英语、数学、社会科学、自然科学、体育。还开设了200多门选修课供学生学习。圣婴女中的神学课是必修课。大部分学校都有中文选修课，主要是因为中国经济近几年高速发展，美国经济面向中国市场发展的需要。课程设置主要面向社会需要，使学生得到全面发展，灵活性较大。初中阶段注重打好基础，高中就非常灵活，多数高中无固定的教材，教材根据需要都是最新、最前沿的知识，有的从因特网上下载，有的由教师自选自编。教学上提出5个方面的纲要：

〔1〕培养学生应用、处理和加工信息的能力，与社会、公司广泛联系与交往。

〔2〕要求教师的教学与高科技知识相联系，教材内容广泛，要把学生带到整个社会，引向世界高新科技领域。

〔3〕要把学生的思维引导到把自己看成是社会的一员、高科技发展的一员，树立追求知识最高点的信心，建立主动学习的意识。

〔4〕教学纲要、研究项目的设定，有的由教师指导，有的由学生提出，有的进行案例分析学习。

〔5〕引导学生树立信心，培养某一方面的领袖能力、领袖意识、超前意识。

4. 课堂教学

在美国不划分行政教学班，学生可根据自己的兴趣爱好选择教室和教师，这是一种开放式市场化的自主教育。一般说来，美国从4年级开始直到大学都是有课无班，教师有固定的教室，学校无固定的班级。因此，学生只有"课"的概念，没有"班"的概念。中小学课堂基本上属于松散型的，课桌椅的摆放不像我国中小学这样整齐规范，一张长方形的课桌，十几个学生面对面坐在周围，教师讲的很少，属于辅导，实行趣味性启发式教学，针对性、实用性强，学生自学讨论的多。我们看到的圣婴女中十几个女生坐在沙发上，老师在给她们上英语课，学生随意性很大。美国的课堂教学是很开放的。他们的教学主要有三个目标：一是给学生机会；二是让学生做课堂的主人；三是使学生喜欢学习。美国的教师"目中有人"，重身教。在教学中，无论学生回答的内容与教学要求相差有多远，在教室里很难听到教师对学生的指责；而回答的与要求接近时，教师则予以鼓励；回答正确时，教师除了表扬还要说声"谢谢"。教师尊重学生的权利体现在许多方面，例如在美国的中小学里，一般听不到教师当众公布分数。一位教师说，当众公布分数，对于没有正常发挥自己水平的学生以及由于自身能力有限而达不到更高成绩的学生来说无疑是一种伤害；对于学习成绩好的学生而言，也是一种巨大的压力。学生拥有许多选择权，每个学生可以根据自己的兴趣来选择活动和课程。同时，美国不像我们把教室、实验室、仪器教学设备严格区分开来，而是将它们合为一体，学生不是光看教师"演示"，而是随时可以亲自动手实验。在美国学校，教育资源被最大程度地综合利用与开发。教室既是课堂，又是实验场所；既是车间，又是展览室。学校的各种设施对学生全天候开放，学生可以自由到阅览室借阅资料，到健身房锻炼身体，到互联网上漫游获取各种信息。中小学基本上都在下午 2 点放学，李文斯顿高中每天 9 节课，45 分钟一堂课，学生在校约 6 个小时，学习时间非常用功，中午边用餐边上选修课。中学教师工作量一般都是每天 5~6 节课，教师的负担还是比较重的。各校对学生的家庭作业都没有一个特殊的规定，一般由任课教师来定，很少布置课外作业。

5. 教师及其工作、待遇

美国中小学对教师的要求很高，必须是大学毕业获得学士学位以上才能任教，50％以上的教师有硕士学位，部分具有博士学位。教师要通过考试才能获得任教资格。在公立学校教师必须有资格证书，而我们参观的华盛顿伦敦私立学校没有教师资格证书的也可以任教。但学校每年采取评聘制，他们用不同的机制评估和考核教师，如教师先自己评估自己，给校长汇报一年来自己最满意的三件事和最不满意的三件事，下一年度需要校长帮助自己的三件事，对学校工作的参与意识和贡献，如何发挥自己的作用，自己在学校工作中为什么重要等。校长去听每一个教师的课，和教师共同商量改进和提高的方法。校长和考核合格的教师每年签订合同，工资的增长也能和考核对应起来。校长解聘教师必须经过一定的程序，收集材料上报给学区，经批准才能退给学区待聘。如果学生参加州里的会考大部分学生不合格，就要解聘校长，重新选聘。他们认为学校办不好是校长管理不行，不追究教师而只追究校长，因为教师是校长聘任的。

美国教师的能力都比较强，一个教师必须要能上 3 门以上的课程，教师每 5 年还要接受有关培训。狄可逊私立学院就是一个培训学校行政管理人员和教师的学校，培训方式上采取教师集中进修或到各学区办班，进修的教师要求在网上学习一门课程；校长培训采取课题研讨、切磋交流及到优秀的学校去体验、实践。中学教师的工资待遇也比较高，平均年薪 4~6 万元，校长是教师的 1.5 倍甚至 2 倍以上，另外还享受医疗保险、社会福利保障等。私立学校待遇一般都高于公立学校，李文斯顿私立高中教师的平均年薪为 6 万元。

6. 会考和高考

美国长期以来对教育采取松散型管理，学校各行其是，基础教育的质量在某些方面已经显得落伍了。因此，在最近几年出台了各学科的全国性的课程标准，供各州参考；各州也定出了自己的学科学习标准，具有很强的权威性；各学区也定了自己的标准，举行统考。考试的要求和例题都登载在当地的报纸上，让家长和社会监督学校。各州一般在四年级（小学）、八年级（初中）进行英文、数学统考。从九年级（高中）开始，每年都必须参加州的统考。

美国的重点中学也要通过入学考试，通过后才能入学。美国没有专门意义上的高考，联邦政府教育部曾经想搞一个类似我国高考的全国统一考试标准，但由于各州意见不一致，只得作罢。大学招生考试主要指教育考试服务中心组织的全国统一 SAT 考试，SAT 只考英文、数学和阅读，全国承认这个考试成绩，学生从高二就可以去考，高三还可以考，可以多次报考，报哪一所大学就把最好的一次成绩交给该所大学。但加州认为这项考试不是很完善。还有其他的考试，要进入像斯坦福大学这样的世界著名大学，除要学校的推荐信外，学生还要通过分学科的 AP 考试，自己去报考，全国统一标准。进入大学后，还要参加入学考试。由此看来，美国这方面的工作抓得比较紧。

7. 创新教育与创新能力的培养

（1）美国的教育管理、教育手段和方法，有利于培养学生的创新意识和创新能力。

美国学校管理较松，师生关系融洽。教学方法是小班授课，大多采用讨论式和谈话式教学。课堂上没有对学生进行大量的知识灌输，而是引导和培养学生思考问题、寻找答案。学习上鼓励学生们的创新思维，赞扬学生自己思考的一切结论，保护和激励学生所有创造的欲望和尝试，这对培养学生的探索精神、动手能力和思维方式都大有裨益。我们分别在洛杉矶的 Las Flores 公立学校和纽约的李文斯顿高中听了一节课，学生发言踊跃，课堂气氛活跃，学生或站或坐听课，课堂参与积极性很高。老师对学生积极引导，平等对待，教学效果非常好。在这样一种和谐的讨论氛围中进行教学，无疑有利于学生更好更快地接受知识。

还有，学校的教材内容是面向社会的需求，联系生产实际，联系现代科技发展等来编写。学校的教学手段大多是安排学生自己动手操作，网上查询，实地调查，针对社会需求拟定课题进行探索、实验和研究，在教师和父母指导下写出论文，不让学生死记书本知识，也不反复进行书面测试。学校开设各种实际动手操作的课程，如汽车驾驶和维修、艺术课、木工制作、电工等。学校还要求所有学生参加社会实践，为社区服务，每年不少于 60 小时，高中生则要

100小时以上，越多越好，作为大学录取时的必要条件之一。高中毕业年级学生要主动与企业或公司合作，与欲升入的大学联系，进行社会所急需解决的课题研究，写出论文或设计方案。升入大学时不仅看学科考试成绩，更主要是看学生在中学时完成课题研究情况及专家教授的平时考查意见，校长的推荐也占很大比例。

（2）学生创新教育、创新能力的培养，不仅是学校的问题，而是全社会共同关心、一致努力解决的问题。

美国是一个竞争激烈的社会，是科技高度发展的社会，在客观上要求每一个社会成员要具有竞争意识、有竞争能力、有创新精神，这对青年学生来说无疑是一种无形的压力和巨大的动力。整个社会都非常重视对人的能力和创新意识的培养。教育投入大，法律规定16岁之前必须在学校接受教育，已普及了高中教育。各地建有一系列反映现代科技发展与社会实际相联系的科技馆、博物馆、航天馆、艺术馆等，免费向全社会开放，展示的内容有古代的、现代的和未来的，有理论的，更有实物演示和实际模拟操作，鼓励参观者进行动手实践。在飞机场的候机室也安置有沙洲的形成、旋风的形成原理等仪器设备，这对促使人们了解社会发展、掌握科学技术、激发学生兴趣、培养动手能力和创新精神是大有帮助的，培养创新意识的社会氛围非常浓厚。在家庭生活上培养孩子的独立能力，不包办，孩子到18岁以后就要独立生活，能自己谋生，否则只有靠领救济金过日子，即使是总统的子女也不例外。这就促使孩子从小培养个人奋斗，学到本领，努力成才的精神和品德。

8. 家长参与学校办学

美国的教育注重社区、学校、家长联合起来教育孩子。家长对学校工作的参与包括学校行政管理、教学、课程和子女培养、募集办学经费等活动，成立了家长委员会。学校设立了家长中心，并且有专门办公的地方。学校帮助家长，训练他们去教育自己的子女。家长关心学校，除配合学校教育孩子外，家长还主动帮助解决学校教学方面的一些困难。有的学校没有资金聘请专职音乐、体育教师，家长为了培养孩子，自己筹集资金为学校聘请专职教师授课，一是解决学校办学经费不足，学校满意；二是提高音乐、体育的授课质量，家长满意；三是培养了学生的学习兴趣，提高了学生的相关技能，学生满意。圣婴女中还组织家长和学生进行联谊活动，让家长了解子女，增进彼此沟通和了解，以此促进学校的教学工作。

9. 美国教育面临的问题

（1）学生数学基础知识普遍差。据美国"国家教育成就评估"小组提供的资料，仅30%的八年级学生能算出一餐花费的小费占总餐费的百分之几。多年来，美国基础教育的国际测评成绩一直不如亚洲和欧洲国家。各州的教育过程注重当地的社会需求，又无全国统考，缺乏竞争力，影响了质量提高。学生的基本知识水平不高是美国基础教育突出的问题。

（2）教师短缺。全国普遍的问题是缺教师，未来20年约需增加和补充200万中小学教师。现有的教师，有的达不到要求。因此，培训师资的任务很重。

（3）移民问题。美国是一个移民国家，占总人口数15%~20%的人有阅读问题。大量移民的涌入，风俗习惯不同，讲的语言不同，要求学校不能只用英语教学，还得用多种语言教学，增加了教学的难度。

（4）美国在人权至上理念指导下，学校管理较松，尤其对差生不敢大胆管理。李文斯顿高中校长最为苦恼的是学生的迟到问题比较严重。

（五）访问考察体会和建议

1. 中美两国基础教育的互补性很强。中国和美国分别代表东方和西方文化的两大教育体系，两者之间的互补性很强，如果双方能排除成见，真诚地取长补短，将两国的教育模式融合成一体，那可能是当今世界最完美的教育模式。有人说中国的基础教育加美国的高等教育等于最好的教育，这也有一定的道理。若能在我国基础教育体制、高考和课程改革的进程中，使基础教育也能瞄准高科技领域，注重培养学生的创新精神和实践能力，改进我们的教学手段和方式方法，使每个学生获得全面发展，那么，我国的基础教育将会更加成熟和完善。

2. 基础教育阶段关注研究性学习对科学探索精神的培养。研究性学习是培养学生创新能力和实践能力的很好载体。只有让学生自主地去完成自己设计的问题，才能真正在研究的过程中培养他们的能力和提高他们的素质。学校教育要着眼于学生的全面发展，不能脱离社会现实；要为学生提供各种不同的选择，让他们自主自立；要为学生确立终身学习的思想，使其掌握终身学习的能力。中国严格规范的教育管理虽然为中小学初级教育打下了基础，但缺乏对学生创造性思维的培养。美国从小学就普遍让学生研究"课题"，让学生自己去查资料，自己去进行研究学习，使学生从小掌握独立学习方法。老师没有进行大量的知识灌输，没有要求学生死记硬背大量的公式和定理，而是教给他们思考问题的方法。主动学习的方法和良好的科学习惯，这对培养学生的探索精神和动手能力非常有益。我们在教学过程中要多给学生的思维发展留些空间，不要把问题限制得过死，有的不能轻易给学生答案，要让学生通过动手、动脑、收集信息、处理信息、归纳总结，在实践中自己去寻找答案，在解决问题的过程中培养学生的能力。

3. 重视社会力量办学的积极性，使我国的教育走向快速、健康发展的轨道。中美两国办学的模式不尽相同，美国私立学校的教育质量比较高，国家基本不投入，主要教育经费用于公立学校。而我国教育经费和教育资源非常有限，在办好公立学校的基础上，应采取各种途径和办法，大力发展各种社会力量办学，促进民办学校快速、健康发展，使我国教育的整体水平得到进一步提高。同时，扩大学校办学的自主权，发挥社会、学校和家长的积极性，使各地各校结合自身实际办出特色。

4. 学校要不断加强教师队伍建设，大力培养具有创新能力的教师。实施素质教育的关键是需要一支高素质的教师队伍，要提高他们的学历，加快中青年教师能力的培养。教师学习的关键是如何培养学生的思考能力。教师的教学要学会把知识以学生可接受的方式讲授，才能实现教与学的有效互动。教师培训的重点是知识的更新和学习体验的交流，要不断地为他们提供各学科最前沿的知识，通过各种讲座、专题讨论及实践性的内容，如案例分析研究、参观学习等，使他们得以补充到更多知识，逐步做到文理兼通。美国的中学教师要求至少能胜任 3 门课程的教学，而我国师范院校培养的师资队伍以单一学科为主，综合能力不足。高考推行的"3 + X"方案、课程的改革，使各学科知识交叉融合，对教师提出了更高的标准和教学要求，因此加强教师队伍建设，尤其是教师知识结构和能力的培养，是当前我们急需开展的主要工作。同时，我们还要大力推行教师资格证书和公开招聘制度，采取竞争上岗的办法，选拔更多的优秀人才到教师工作岗位。

另外，我们出访考察又适逢美国发生"9·11"事件之后不久，最令我们感叹的是美国成功的"爱国主义教育"和"政治思想教育"。美国没有政治思想教育课，没有精神文明这些提法，他们的教育不停留在口头和口号上，而是潜移默化的、全民性的、社会化的。学校、企业、商场和家庭，几乎没有不悬挂或摆放美国国旗的地方，就是行驶的汽车上也挂上国旗。美国是一个法制国家，什么事都用法律来规范。学生从小学起就要开始学习各种各样的法律，这就是他们的"政治思想"课。美国首都华盛顿是美国的政治中心，这座城市的中轴线上就耸立着美国独立纪念碑，周围称独立广场，华盛顿所有的建筑不许超过纪念碑的高度。一般美国老百姓很为自己是美国人而骄傲，强烈的民族自豪感和爱国主义热情可以说是美国的立国之本，也为我们加强和改进德育工作提供了很多借鉴。

还有中美教育的一个最大区别，就是美国教育更注重如何把孩子培养成现实生活的成功者、获胜者，而不是一个虚幻的"天才"。素质教育的宗旨就是最大程度地挖掘人的潜能，让学生的素质得以最全面地发展。面向未来，首先必须树立现代教育理念，确立一切为了学生全面发展的观念，全面推行面向全体学生、使之和谐发展的素质教育。

在一个开放的时代里，不管以前是怎样的思维方式，现在都要变一变，用一种开放的、拥抱的方式迎接整个社会、整个世界，才能适应时代的变化。美国之行，为我们提供了一次良好的学习机会，使我们对现阶段美国教育有了初步认识。我们有自己的国情，不可能照搬别国教育的做法，但可以借鉴其优势和长处，这对振兴和改革我国的基础教育是有帮助的。我们自信，21世纪的中国基础教育将不会落后于美国等西方国家；我国的教育发展态势，必定会为世界文化增添浓墨重彩的一页。

（摘自马晓虎：《全国中学教育科研联合体第三批中学校长赴美教育访问考察报告》）

全国中学教育科研联合体第四批
校长赴欧教育访问考察报告

（一）访问考察时间

2002 年 11 月 19 日至 12 月 2 日

（二）访问考察团组成

团长——郑勇，福州三中校长

秘书长——马晓虎，全国中学教育科研联合体秘书

团员——来自北京、江苏、浙江、福建、内蒙古、新疆、贵州、山东等省（市、自治区）的 21 名校（副校）长

（三）访问考察单位

英国 The Royal Borough of Kensington and Chelsea（伦敦一个区的教育局）、Uxbridge College（一所中等职业学校）、The Herietta Barhett School（一所公立学校）、King's College School（一所私立男中），奥地利教育文化部、维也纳桥梁学校（一所公立学校）

（四）访问考察内容

1. 英国的基础教育

（1）教育行政管理体系：英国教育行政管理的最高层是教育与技能部，相当于我国的教育部，部长属于内阁成员之一。主要功能是制定有关的教育政策和负责教育财政支出。该部下面设各个专业

部门，如资格与课程部、教师培训部、教育标准办公室等；再往下为地方教育局，每个教育局又设有教育委员会。教育委员会人员的构成除教育人士外，还有社会人士和部分家长。该委员会有权决定当地教育资金的使用，决定是否新办学校或关闭学校，负责将教育技能部的拨款根据学校在校生人数进行划分后再下拨给各学校。地方教育局下面是中小学。

（2）义务教育：在英格兰实行5~16岁义务教育制度，即免费教育和强迫教育，这个年龄的孩子不能入学视为违法。在这12年中又分为四个阶段，有四次国家统一考试，分别安排在7岁、11岁、14岁和16岁四个年龄阶段进行。考试结果除7岁以外，都公之于众，以便让公众了解和评价一所学校和地方教育局的成就。

（3）课程：英国原来没有国家的统一课程标准，教授和学习什么课程由学校和教师决定，这样便于个性化教育，能够因材施教，也符合各地各校的实际。但弊端也非常明显，主要的问题就是不能保证基础教育的整体水平。为改变这种局面，经过多年的研究、论证，于1988年和1999年分别颁布了《教育改革法》和《国家课程》。从各级教育行政部门、各校直到教师，都很重视执行《国家课程》，他们的主要课程有英语、数学、科学、信息、设计与技术、历史、地理、外语、艺术与设计、音乐、体育、公民等，宗教也是必学的，除基督教外，还有佛教、印度教等。除国家统一课程外，各校各教师可自主设立选修课程，他们比较重视性教育和公民教育。性教育课程从1960年就开设，为个人卫生课程的一部分。公民课是新设立的，主要内容有三项：一、了解公民的权利与责任；二、研究讨论当前政治局势；三、参与和公民权利、责任有关的活动。开设这门课是因为政府发现，现在年轻人参加选举的积极性比过去低了，社会中强调个人的权利，而个人对社会应尽的义务和责任强调得不够。英国为多元社会，通过教授公民课，可以促进人与人之间的和睦相处。

（4）教师培训和督导：英国很重视教师的培训工作，有专门的机构负责，一是对刚上任的教师进行培训，培训后视其表现，决定其是否成为合格的教师。二是对在职教师的提高性质的培训，培训的内容除相关业务外，主要是信息技术的培训。同时，他们还特别重视教育的督导检查，这项工作由教育标准办公室负责。督导检查原来由皇家督学进行，但人手太少，不能满足需要，所以近年来又增加了许多新督学，共分为注册督学、团队督学和非专业督学三类。一般每所学校每三年接受一次督导检查，检查的人数和时间长短不一，好的学校督学人数少、时间短，差些的学校督学人数多、时间长。检查内容有学生的学习情况、学校教学情况、学校管理情况、学校的整体气氛等。这是综合性的检查，不只看考试成绩，检查结果要写成报告。每次检查前，都要召开家长会，向家庭发放问卷调查，检查后写出报告，在报纸和网上公布，让社会各界、教育管理部门和家长了解学校情况，进行评判和监督。也就是说，其办学水平、教育质量是透明的。不能通过检查的学校，叫做特殊处理学校，这类学校每 3 个月就要接受一次检查，两年内必须有大的改进，否则将开除校长或关闭学校。

（5）特殊教育：原来我们以为是我国对残疾人所进行的那类特殊教育，而实际却不同。英国的特殊教育的对象指身体差、学习能力和学习成绩差、特别淘气的孩子以及因父母无能力教育孩子而使孩子差的学生，把这类学生集中到一个学校进行教育，这类学校叫做特殊教育学校。对这类学生，社会特别关注。接收这样的学生，学校可以得到更多的经费。这类学校除配备专业的教师外，还有医生和心理医生等。这类学生往往是低收入家庭的孩子；有钱人家的孩子往往成绩好，成功率高，因为有钱人学历高、知识丰富、修养好，对孩子的教育影响必然是正面的和积极的（这点似乎和我们正相反）。

（6）教育体制：在英国私立学校占的比例不大，仅10%左右，但师资配备好、设备先进、教育教学质量高，这类学校收费比较高，就学者多为富家子弟，但其中80%可以上大学。公立学校占90%，师资、设备和质量比私立学校低些，上大学的比例也低些。上大学不用考试，高中毕业生凭毕业证就可入大学就学。不能入大学的学生因各校特别重视职业教育，所以绝大部分也可以顺利就业。但不能完成学业的学生即使就业也是比较差的工种，而且薪水很低。

（7）教育管理：英国学校也有开除学生的规定，可以由校长开除，也可以通过法律程序开除。家长也可以为此上诉，由仲裁委员会作出裁决。开除的学生如果能悔过自新，还可以再回到学校。当然也有开除教师的规定，如与学生有性行为或其他方面的重大渎职行为的教师都会被开除。这并不意味着这个教师还可以再到别的学校应聘，一旦有了上述行为，就意味着这个教师在整个英国失去教师资格，不可能再当教师。

（8）几所学校情况：

［1］Uxbridge College：这所学校叫College（学院），实际上不同于我国的二类大学所称的学院，而是一种中等职业学校，但又不是纯职业技术学校，它也开设基础课程，并且学生毕业后可以入大学就读。该校的一位女副校长和市场部经理接待了我们，许多来自台湾、香港和内地的学生以及在此校当教师的中国人听说中国教育考察团到校，也来和我们见面，主动介绍情况，带我们参观校园。

据介绍，在英国这类学校共有450多所，共有学生430多万人，其中53%为16~19岁的青年人，47%为成人，今年英国政府拨款73

亿英镑给这些学校。这所学校是比较大的一所,有 4000 多名学生,其中 3200 名为 19 岁以下,800 名为成人,成人到此就学需交纳学费。学校所提供的课程很多,年轻学生一方面可以学习文化知识,即基础理论性的课程,以不断提高素质;另一方面也可以学习技术性的课程。这些课程由学生自主选择,毕业可以上大学,也可以就业。因为此校处于大伦敦区内,找工作比较容易,失业率不高,学校也特别重视就业方面的指导。学习不好的学生,学校给其第二次学习的机会,以使其达到毕业目标,同时,提供职业选择。该校每年有个纪念日,不聪明的、学习不好的学生如果达到了目标,则开会庆祝,并给这些学生发奖。对于家庭困难的学生可以提供奖学金,而外国的学生到校上学则需要交纳部分费用,一般每年 4000 英镑。成人来校就学属于继续教育,他们已有工作,甚至已工作多年。然而现在是个终身教育、终身学习的时代,新观念、新技术层出不穷,不及时学习,不提高工作能力随时都可能失业,成人学习的内容相当部分都是信息技术方面的。学校的教学和学习方式很灵活,不让学生死记硬背,鼓励学生的独立性和创造性。上课和学习的地点也不仅仅局限于教室、信息中心、图书馆、实验室、活动室,甚至走廊里、餐室里,到处有学习的学生,这一点在我们参观时得到了很好的证明。这所学校的设施很齐全,然而绝不豪华,特别是外墙如英国的绝大部分楼房那样,砖直接裸露,没做任何处理,显得古朴、自然。

[2] The Herietta Barhett School:这是一所公立学校,也是一所女校,综合督导检查的排名处于前列。它位于伦敦北区,学校周围是居民较集中的地方,然而并不是我们楼挨楼、户挨户的那种样子,全部是 2 层至 4 层的别墅,并且也比较分散,到处布满各种花草树木,环境相当优美。这所学校的历史比较悠久,由海瑞艾特

（Herietta）女士于 1894 年创建。综合教学楼不是现代楼宇的方块形，而是四周低，中部逐步增高的一种建筑，有点儿类似教堂，内部的楼梯也显得狭窄。学校没有院墙，除这座楼外，再往里边是操场，这个操场也不是塑胶的。操场那边是一个稍矮些的楼房，两座楼都不气派。这所学校有 600 多名学生，除英国以及欧洲其他国家的外，也有来自中国、日本、印尼、巴基斯坦的学生，班额虽小，却像个联合国。因为是公立学校，所以不交费。它所实施的是 7~13 岁年龄段的教育，课程有英语、数学、物理、化学、钢琴、绘画、泥塑、音乐等很多种。教室、特种教室、楼梯两边、走廊内贴满了学生的绘画作品及其他作业，也有很多照片。上课和下课几乎没有什么区别，学生特别自由，这也许正是其教育理念的外化。学校安排了几个中国来的女孩子带我们参观校园，并介绍情况。她们很热情，也很激动，英语和普通话都讲得很好，并且大方而活泼，后来我们才知道，这是学校有意识地给她们锻炼的机会。据介绍说，她们的压力也比较大，因为要过语言关，还要准备考试。在参观时，我们发现有不少来自各国的女孩子集中在一间大教室做祈祷，问其缘由，我们才知道这所学校如同英国其他地方一样，信仰是自由的。这所学校有信基督的，也有信佛教、伊斯兰教的，完全取决于学生的自愿。

[3] King's College School：在距伦敦市中心比较远的郊区，是一所男校，也是一所私立学校，在私立校中的综合排名位于前列。这所学校的周围都是富人区，入此校仅学费一项每年就要 1 万英镑。这所学校有上百年的历史，建于 1897 年，有点类似我们的学院的附中。两位副校长很友好地接待了我们，热情地介绍学校情况，又带我们参观校园环境，在这儿我们看到了真正的素质教育。这所学校目前有 1100 多名学生，年龄在 7~18 岁。因是私立学校，所以学生

需要交费上学，然而并不是有钱就可以入校，需要进行考试，通过者才能入校。这所学校分两个学段，7~13 岁为初级学段，14~18 岁为高级学段。课程有英语、数学、科学，外语除法语、德语、西班牙语、俄语外，还计划开设非欧洲语言，如日语、汉语等，此外还有体育、音乐、美术以及社会服务等，还有哲学、历史等许多选修课，这些课程有全国统一的，也有自主开发的。他们除参加英国的考试外，还参加国际性的被日内瓦所承认的考试。学校很关注学生的学业，每六周一次小考，每年一次大考，所以该校几乎所有的学生都可以入大学。一般每天早 8 点入校，下午 4 点放学，并且有一个半小时的家庭作业。它们并不寄宿，学生大些的自己回家，小些的我们发现都是父亲或母亲开车来接孩子。当我们问及如何开展道德教育时，他们说，他们并没有专门的道德课，然而对这个问题也是比较重视的，除宗教课外，还特别重视社会活动，在活动中使学生受教育，使其学会做人。同时，有经济能力支付起比较高的学费的家长的素质都是比较高的，也就是说，学生的家教好，而花了不少的钱让学生上私立学校对学生也是一种鼓励和鞭策，这促使学生好好做人、好好学习。当我们问及为什么办独立男校时，他们解释说，如同办专门的女校一样，办专门的男校，使男女分开，这样好处很多，主要是使学生少分心，可以集中精力用于学业。同时我们还了解到这个学校也有来自各个国家的学生，也有来自中国的学生。关于学校的办学机制和管理问题，他们介绍说，私立和公立不同，这所学校属于私立学校，所以校长是由理事会任命并对理事会负责的，校长要依法办事，负责学校的全面工作；理事会一般每年开两次会，决定学校的重大事宜。学校的教师也与公校相同，需接受教育管理部门特别是督学的评估检查，依评估结果决定教师的去留和工资奖金的多寡。私校的性质决定了这所学校必须靠质量求生存、求发展，而欲求高质量，又必须有优秀的教师，所以这所学校的教师的素质都很高，有本科毕业生，也有硕士和博士生，并且很注重培训。教师一般工资比同类公立学校的教师工资要高，但高的比例不是很大，只有 10% 左右。

在参观时，我们明确地感受到这里的教育是真正的素质教育。我们来得很巧，是星期五下午，正是该校每周的活动课时间，我们看到了比国内在开素质教育现场会时那种表演性的活动更好的活动，大概英国人不会浮夸到为我们做表演教育的程度吧。这所学校的设施明显地比前几所我们考察的学校要好，校园的外部环境好，内部的除教室外，微机室、实验室、图书室、舞蹈室、表演室、画室、陶艺室、钢琴室，还有类似于我们的各种劳技教室应有尽有。各种教室内以及走廊两边的墙壁上贴（挂）满了各种照片和师生作品，还有历任校长的画像，有个地方还放有名人雕像，简直是琳琅满目。地面不是木制的就是铺着地毯，内部装修得精致，整洁又漂亮，各类有特长的学生正在室内一展自己的特长，有的自我进行，有的有教师指导，有的由高年级学生带低年级学生。给我们的印象比较深刻的有三点：一是教室与我们不同，他们的教室内没有讲台，由于班额小，所以桌子少，而每张桌子都比较大，桌子没有书洞，少量的学生用书和其他东西放在桌面上，丝毫不见我们的每个教室内六七十人甚至七八十人，以及书洞内、桌面上堆积如山的课本、作业和资料那样的情景。一般教室的后面有个书架，放些参考书或其他用书，也有一台或几台微机，以供学生上网或计算使用。另外还有衣架和教具、学具架，教室四周墙壁上空地很少，全为五颜六色的各种张贴物。二是为残疾人所准备的一个节目，是一出话剧。在演出大厅内，一部分学生在教师的指导下进行排练，另一部分学生在教师的指导下在为这个演出自制道具，有的锯，有的钉，有的画，有的贴，据说，编、导、演以及舞台布置、道具等全由学生在教师指导下进行，这特别有利于学生自主发展。三是在室外除打网球、打篮球、踢足球的学生外，还有穿军服的足足有七八十人的军训大队。英国孩子发育得早，个头高，如同成人，个个穿军靴，很威风。教官有男的也有女的。我们原以为是在搞短期的军训，如同我们开学初的军训，一打听才知道这也是一个特长班，一些学生准备报考军校。而据我所知，我国的学校这样的特长班还没有。

（9）几点启示：

[1] 除有国家统一课程外，同时还应有地方课程和校本课程。我国和英国的状况正好处在两极。他们原无统一课程，虽然促进了教育的多样化发展，却使基础教育不牢固、不扎实，整体素质参差不齐，甚至下降，所以需要统一。甚至他们羡慕我们坚实的基础教育，羡慕我们在奥林匹克竞赛中所获得的一个个奖励，但统一是有限度的，他们并没有一刀切，没有用统一代替多样。我们努力的方向与此相反，原来我们几乎是单一的统一，而排斥了多样性，所以塑造出来的学生一模一样。我们的课程需要改革，要给学校和教师自主权，使课程变得丰富多彩。但千万不可走极端，统一总还是必需的，如果完全自主化、多元化，那么当发现问题再想统一的话，可就难了。

[2] 既重视学生学业成绩，又促进学生全面发展。这一点我们与英国也不完全相同，他们重视学生的全面发展，特别是个性和特长发展，同时也重视学生的学业成绩，公立学校重视，私立学校更重视，全国性的统一考试和检查排名就说明了这一点。近些年英国中小学生的读写和计算能力下降，不能达标的学生比例增加，因而教育界受到社会的责难，教育大臣还因此辞职。重视学生学业恰是我们的强项，排名又是我们的法宝，我们不可放弃这个强项，丢弃

这个法宝，没有了它，我们又靠什么去作为抓教育质量的抓手呢？我们的弱项同样出于这里，因过分强调学业，而忽视和摒弃了其他特别重要的东西，使学生学得死，学得累，负担过重，而又高分低能，创造性不强，除考上大学的学生外，我们似乎造就了一大批失败者。所以，我们应从人文关怀的角度出发，关心每一个学生，特别是学困生，使他们各得其所，找到成功的基点和相对强项，做一个实现自我的成功者。

[3] 应大力发展私立学校。英国私立学校虽然只占10%，然而远远超过我们的比例，英国属于发达国家，教育经费占GDP的比重高，很充足，所以公立学校发展比较平衡，也比较好。而我国人口多，受教育人数众多，经济又不发达，教育经费所占GDP的比重尚不到英国的一半，连发展中国家的平均值4%的比例都达不到，那些少得可怜的经费分配到各个学校不说是杯水车薪，也只能说是捉襟见肘。这就特别需要发展私立学校，或带有私立学校性质的类似公办民助和民办公助的学校，以广泛吸纳民间资金用于这个千秋伟业。可以先放开，有限度地自由竞争，然后再大浪淘沙，自然淘汰部分办得不好、质量低下的私立学校，剩下一些有实力、名气大、质量高的私立学校，这样形成公私并立的学校教育格局。顺便说一下，我们的许多私立学校和公立学校从外表看一点不比英国的差，可我们花钱花错了地方，把大把的钱花到盖高楼、贴花岗石，建高档操场、游泳馆上。英国的教育经费除增设内部设备外，主要应用在提高教师素质的培训上以及信息化的建设上。

[4] 重视学生职业意识和职业能力的教育。英国不论职业学校还是普通学校，都注重这一点。他们的学生在校时间短，只有我们的一半左右，而大部分学生学得比较好、比较活、素质高的原因，不在于课程多么深、多么难，而在于课程的实用性。他们的课程理

论性的内容少，而与生活、与生存密切相关的内容比较多，所以当相当部分学生不能上大学时，就可以务实地直接去就业，几乎不用再专门地进行职业技能培训，因为在走出校门前，他们已培养好了技能。反观我们的职业学校，现在的情况是大部分门前冷落车马稀，而普通学校更是把仅存的劳技课也毫不犹豫地删除了。考不上大学的学生回家，农村的不会务农，城市的不会做工，变得一无是处。

[5]其他方面，如男女分校上学，从生理上、心理上、学业上对学生发展的优势；由社会各界人士以及家长组成教育委员会，对学校的督导检查评估；小班化教学；广泛吸纳外国学生；学校文化建设、活动开展、公民教育、各种外语的开设；教师的资格认证和提高培训等，都给我们以启迪，都有可借鉴的价值。

2. 奥地利的教育

（1）基本情况：奥地利特别重视教育的发展，其国民生活质量排世界第5位。到目前获诺贝尔奖的科学家已有16名，按人均算，是世界上最高的国家，人口的整体素质也很高，这都得益于其发达的教育。奥地利对6~15岁的儿童少年实行9年义务教育，这个阶段的学费、书费以及交通费等全部由国家承担。奥地利的学制为学前教育、初等教育、初级中等教育、高级中等教育和高等教育。这一点与中国相同，而具体的学段时间长短和教育内容与中国有较大差异。9年义务教育中，在学龄前幼儿时期实行1年，其他8年在初等教育和初级中等教育阶段实行。其初等教育即初等小学，学制4年。在初级中等教育阶段分为：高级小学（它是初级小学的继续）；初级普通中学，学制4年。高级中等教育又分为：高级中学，学制4年，这部分学生毕业可以免试上大学；技术学校，学制长短不等，学生学完后可以就业，也可以上大学，但不能进入普通大学，只有进入职业大学。这些学校之间并不是孤立的，学生可以自由转学，上哪类学校和是否转换学校的权利在学生和家长。奥地利的大学与我国的差别比较大，它没有学士教育，学制一般为5年，前2年为基础学习阶段，后3年为专业学习阶段，学生在规定的年限内完成学业，通过考试获得必需的学分，可直接获得硕士学位，并且还可以攻读博士学位。近几年，他们对高等教育也在进行改革，引进学士学位，但到目前只有极少数大学提供学士课程。维也纳大学、雷奥本大学是享誉欧洲乃至世界的著名高等学府。

奥地利与其他发达国家一样特别重视终身教育和信息技术教育，公民意识中认为学习是伴随人一生的事情。现在科技、经济、社会发展很快，原来的对于人的三阶段的分法，即学生、工作人员和退休人员的分法已经过时，现在70岁的老人还上大学就是明证。教育是几代人的混合体，年轻人可以从老人那儿学到经验，而老年人可以从年轻人那儿学到新的科技知识，特别是信息方面的知识。信息技术教育特别重要，必须予以高度关注。在普通中学进行信息技术教育，不是为了培养一代专家，而是为了使青年人了解这门将席卷所有生活领域的新的科学技术。

（2）几个关注的问题：

[1] 考试问题。奥地利中学每年有6次考试和2次口试，然后进行综合评定。不及格的可以补考，再不及格的到夏天后再补考一次，再不及格则要留级。对于高中生要看综合成绩，达到了标准可以毕业，意味着取得上大学的资格，可以进入任何一所大学。留级两次则不能获得毕业证，没有毕业文凭的，必须进大学预科一年，通过考试，可以进入大学，但只能上预科的那类大学和专业，其他的不行。同时，关于上大学的比例问题，过去毕业生有80%进入职业学校，20%进入大学，而近几年却反过来了，进入职业学校的只有25%，其余绝大部分进入了高等学校。这是现代科技的发展所造

成的，例如刷墙的工人，过去只要有体力就可以，而现在不行了，他要了解涂料的化学性质、成分，懂得色彩搭配及涂料对人的健康的影响，等等，这些对于一个普通的刷墙工来说是不可能掌握的，所以必须接受高等教育。过去机械操作多为手工，而现在生产线上无人，全用计算机操作，这需要高水平的有知识的人员去完成。

[2] 道德教育和学生学习发展问题。奥地利主要是开设宗教课程，他们特别重视教师的示范性教育，重视规范，而关于学生的规范的制定，并不由学校和教师单方面决定，而由家长、学校和学生代表三方联合制定。教师无权惩罚学生，教师的职责是引导学生，想方设法提高学生的学习兴趣，使学生更好地完成学习任务，而不是惩罚学生。对于教育者来讲，不是要求下一代学习什么，而是让学生打好三项基础，即读、写和计算，这是学习特别是自学的基础。对于高年级学生来讲，应让其自己选择学习途径，选择适合的教育。

[3] 教师的资格和评估问题。教师必须有相应的学历，每位教师能够担任两门课程教学，由学监人员通过听课以及考察等监控教师的教学，并根据结果决定教师是否胜任工作。校长每年也给教师进行职业鉴定，任教教师在前三年受到的监控很严格，以后则换一个角度进行。这是一个长期的事情，不适合的、有缺点的教师则进行谈话，让其改正提高，再不行则开除出校。教师上岗需进行竞争。校长当然也受到监控，校长的任命很严格，小学、初中的校长任命权在州，而高中校长的任命权直属教育部，校长应由联邦总统提名。

奥地利也重视外语教学，德语是其基本语，在小学开设法语、英语，中学开设的则更多，还有拉丁语、意大利语和俄语等。拉丁语是学好各门语言的基础，打好拉丁语的基础，再学其他语言就比较容易。

与我们大不相同的是学生的在校时间。他们规定每周小学在校时间 20 小时，初中 25 小时，高中 30~32 小时，职业高中 30~42 小时不等。大体上一算，我们学生的在校时间大约是他们的 2~3 倍。

奥地利的教育是统一与多样相结合的教育，在统一课程标准下，有 5 套教材，这些教材是教育部批准公布的，学校或教师可以从中选择一种，因此，全国没有统一考试，命题考试由各学校或教师自己进行。奥地利的教育是敢于说"不"的教育，也就是注重培养学生的独立个性，他们不求整齐划一，不求标准答案，而是让学生用自己的头脑去思考、去判断，有人敢说"不"，有人能说"不"就是成功（这与我们的听话、顺从教育正相反），这也是他们能够不断创新的根本原因。奥地利的教育是务实的教育，他们的课程内容比较简单，理论性的、说教性的很少，相当部分的学习内容和作业内容都是与学生学习、生活密切相关的事情，都是从学生身边再到家庭、到学校、到社会而学起的，例如认识爸妈、老师、同学，测学校到家的距离，过马路遇到红灯绿灯的知识和注意事项等。奥地利的教育是尊重的教育，从教师到家长很少训斥孩子，甚至从来就不训斥孩子。他们对孩子没有过高的要求，更不会逼其考上什么什么样的大学，从来不要求孩子向谁学习、向谁看齐。他们认为每个孩子都有特长，你在这方面突出，他在那方面突出，没有必要强求一律。一篇作文，有的写得洋洋洒洒、精彩纷呈，而有的只写几行也可以，因为后者可能在别的方面比前者强得多。奥地利的教育是法制性的教育，他们法制健全，有法必依，执法必严，没有通融余地，所以孩子从小就受到这方面的教育，遇到受侵害的时候，他们会运用法律来保护自我，寻求公道。例如遇到谩骂、被打，不是回骂还击，而是上法庭打官司。他们教育学生生命高于一切，遇到歹徒跑得越快越好；遇到火灾离得越远越好；家庭被抢，举起手来，打开橱柜，任抢劫者抢拿，之后再报警。如果失去生命或受到严重伤害，去人留物又有什么价值呢？奥地利的教育是生命至上的教育，以人为本在这儿得到了充分的体现。

［4］桥梁学校情况：Br<ckeaschule 学校地处维也纳 23 区，翻译成中文为桥梁学校的意思。正好这所学校横跨一条道路，一边是老校，一边是新校，中间用铁桥相连。这是一所公立学校，办学条件、师资状况、教学质量在维也纳都是比较高的，与我国北京市房山区的一所学校结为友好学校。校长 Winkler，是一位老太太，年龄已近 60 岁，穿一身鲜艳的红套裙，很热情地迎接了我们。他们是有准备的，她站在屏幕前讲解，而摆弄投影仪的是两个男学生。这所学校从小学到高中都有，类似我国一体化的学校，共有 20 多个班级。在校生 500 人，教职工 65 人。有两个方面比较突出，一是课程的丰富性，他们把课程分为几个区，即自然科学区、语言区、艺体区等，每个区又包含许多课程，其中有必修课，也有选修课；二是特别重视实践教育，有专门的教师教授实践课，这与只重视理论课的学校不同。到了高年级还组织学生到工厂等地方去，让学生了解社会。其实践课程，即职业教育课程贯穿于整个教学阶段。学生毕业可获得两个成绩单，即传统的基础课程成绩单和新的实践性职业教育课程成绩单，学生可根据自身的实际情况确定自己的发展方向。学生毕业可以上大学，也可以就业，后者也不必再去接受职业教育。她还介绍说，他们学校正在酝酿改革，将加强天才孩子的培养、学生的职业化倾向指导、外国学生的教育以及不断提高学生人际关系的协调能力等。之后，她友好地带我们参观了学校几乎所有能看的地方，这天正好是这所学校的家长开放日。从外部看，这个学校面积不大，外部装饰也比较朴素，然而内部却相当精致、典雅，各种特种教室、各种设施应有尽有。据校长说，他们学校是重点学校，并不是每所学校都如此，从说话的神情中看得出她非常骄傲。孩子

们个个漂漂亮亮、青春洋溢、大大方方、活泼可爱。教室内、专用教室内、室内体育场、走廊上、楼道内到处都有学生、教师和家长，有的在上课，有的在搞制作，有的在摆弄电脑，有的在用投影仪展示自己的作品。还有一个学生写了两个大大的美术汉字"爱博"，我问她怎么念，她竟还不会。如同英国的学校一样，到处挂满了照片和师生的作品，真可谓琳琅满目。给我们深刻印象的是木地板的室内体育场，可以一分为三，篮球架也是自动的。在各种特殊教室中，有一个专门让学生学做饭的，厨具很多，当然是做西餐用的；教室内没有讲台，孩子可以坐着、站着、趴着上课，可以在课堂上随便讲话，上课简直是玩。女教师可以背着自己的孩子上课。当我们把中国结给孩子们时，他们非常高兴，不住地说"thanks"，并争相围拢过来跟我们合影，特别热情自然，毫不扭怩拘束……校长自己带着几乎所有房间的钥匙，原来他们的学校管理人员很少，包括门卫都需兼很多职务。

（五）对欧洲教育文化考察之行的几点感触和体会

1. 教育的差异在思想。

当我们参观考察教育部门或学校时，我们都赞叹、羡慕他们的教育、他们的学校、他们的学生。固然欧洲国家有他们的国情，我国有我国的国情，发达国家的东西再好，我们也不可一味拿来，生吞活剥，可是也不能因国情不同而拒绝吸纳八面来风。为什么这些年来外国的科学技术可以在中国生根开花，外国的机器设备可以在中国大地上轰鸣，外国的生活方式可以找到热烈欢迎的人群，外语可以延伸到穷乡僻壤，连圣诞节、情人节之类的节日都很快变成了许多国人的习俗，甚至西方的思想也找到了不少认同的人，管理、法制、各种标准也在接轨……唯教育特殊，遭受拒绝的命运呢？其实我们的教育并不是没有一点儿西方味，我们现在不正用西方人发明、创造的计算机、因特网、高速印刷机、复印机、投影仪，高速地、大量地、排山倒海地向学生压作业、压试题吗？这里面固然有体制的原因，有优质教育资源特别是高等教育资源不足的问题，有课程问题、评价问题、就业问题，还有经费问题等，但这些都是次要的、浅近的、表层的问题，关键的还是思想问题。

此次考察，既看到差异，也看到了相同和相近的东西。英、奥等国家和中国一样都有自上而下的教育管理部门，都有从小学到大学的各段学制，都有公办、民办学校，都有普通学校、职业学校，都有重点学校、一般学校，包括重点名牌大学和一般大学，都有考试、评价、督导，都有统一的课程和自主课程，都有校长和教师的任职考核和培训，都重视外语教学和信息技术教育，连读、写、计算这样的基本技能培养都一样。同样也有不合格的学生，有厌学、违规、违纪或校园暴力现象。不同的是课程方案、在校时间的长短、教材的难度、职业教育的状况、上大学的比例等。根本的差异在教育思想，因为共同点也好，不同点也罢，都是教育思想的物化形式和具体体现。在尊重孩子，个性化、多样化、独立性教育，以及人本教育、民主教育，当然还有创造性、务实性、法制教育方面，我们的确不如他们。我们聊以自慰的是我们的孩子知识掌握得好、掌握得多，基础扎实。我们重务虚，轻务实；重理论，轻实践；重统一，轻个性；重继承，轻创新；重灌输，轻启发；重普通教育，轻职业教育；重考试升学，轻实际能力的培养。一句话，我们对孩子的要求过高，想把孩子塑造成"神"，而他们对孩子要求适当，旨在把孩子培养成人。教育观念不转变，即使硬性地降低教材和考试的难度，减少在校时间，不公布考试成绩，不排名次，即使教育资源无限丰富，人人都能上大学，我们也不会培养出具有民主、自由、独立、创造精神和人文关怀的人来。教育观念的转变绝不是一朝一夕的事情，尤其是在传统教育观念根深蒂固的中国。然而教育观念必须变，哪怕是慢慢地变，否则中国的教育没有更大的希望。

令我们不解的是，西方各国强调个体本位，我们强调社会本位，西方的道德教育除宗教外，别的很少，而我们从小学到大学一直有道德教育，并且开的课程还不少，可事实上注重个人本位的西方教育培养的孩子都很关心社会、关注他人，而注重社会本位的中国教育培养的孩子，反而只关注自己，对社会、对他人的关注不够。问题到底出在哪儿呢？

2. 经济、文化、生活在二元化。

从历史上看，从曾创造的辉煌文明看，从古代遗留下来的各种建筑物看，中国比这些国家毫不逊色。影响人类历史的百位名人，不也有中国的 7 位吗？即使从现代城市建设上看，伦敦、巴黎、慕尼黑、维也纳、威尼斯、米兰等一点儿都不比北京、上海、广州、深圳、大连、青岛、宁波等强，从轿车、别墅看，上述我国城市的一些家庭，还有江浙一带、珠江三角洲一带，也不比他们逊色多少。人民币不是硬通货，但却有极强的购买力，1 元人民币在国内的购买力，几乎能赶上这些国家的 1 美元、1 英镑、1 欧元。除汽车外，他们的住房、日用消费品、食品、服装等都贵得令我们咋舌，他们的电视机、VCD、DVD、手机赶不上中国甚至很差。难怪在"入世"谈判时，一些国家想把我国当做中等发达国家对待。再看看各个国家无处不在的中国人，留学的、经商的、考察的、观光的，中国正在变得强大繁荣。

然而，我们的头脑更应该是清醒的，为什么呢？中国是一个二元结构的国家，正因为二元结构，制约了中国的发展，降低了中国的整体发展水平。从城乡发展看，西方是一元的，而中国是二元的。

西方这些国家城中有乡、乡中有城，城中人、农村人的收入、生活差距很小，他们早已完成了城市化，现在是逆城市化，倒是城里人往乡下跑。而中国城市人口少，农村人口比重大，远没有完成城市化，并且这个进程还需要不少时日，所以城乡差别大。我们固然有上述提到的能在世界上站得住脚的城市和地区，然而还有为数众多的落后的农村。从人们的生活上讲，经过改革开放，一部分人富了起来，可还有众多的中低收入家庭和贫困人口，这些人不仅在农村，而且在城市。中国社会结构是金字塔形，上头小，下头大；而西方国家是菱形，中间大，两头小，即中产阶级多，而很富的、很穷的人都少，这是社会稳定的基石。从教育、文化、科技素质看，他们的差距小，我们差距大。我们现在有大批的大学生、硕士、博士，有大批的文化科技队伍，并且有在世界上站得住脚的文化科研技术成果，可低素质的人甚至文盲半文盲所占比例过大，使得我们民族的整体素质不高。这一点在国外同样可以看出来。在国外的中国人，虽然从事科研、文化、行政、商业、企业的也有，然而大部分仍从事一些低级的工作，例如开小餐馆和小商品店等。从中国的生产力看，我们有先进的技术设备，发达的交通和信息技术、航天技术等，可也有牛耕地、驴拉车、小作坊、手工体力做活；有发达的商业、物流，也有自给自足的或半自给自足的经济，也就是说，生产力发展不平衡。从环境上看，南方和东北绿化好，植被覆盖率高，而西北干旱，风沙大，水土流失严重……一句话，中国正处于大变革后的尚不成熟健全而向成熟和健全发展的时期，所以中国是二元社会。而西方这个过程早已过去了几十年、上百年，甚至几百年，他们的社会是成熟的、健全的，变仍在变，然而只是微调，他们是一元的。

中国刚刚崛起，西方人才刚刚认识我们。在这几个国家的每个城市，包括一些小城市，我们看到除美国、欧洲国家的产品外，亚洲的产品主要为日本的和韩国的，有这两个国家的汽车、照相机、摄影机和电视机，而十几天一个"Made in China"的东西都没有见到，也可能见了，例如小玩具之类，可没有注意。除遍布各地的中餐馆外，似乎能让外国人数一下的"中国名牌"还不多。中国还需要大发展，中国需要树立更高更好的形象，这都需要实力，而其中最关键的是提高每个人的素质，这是教育工作者的责任，这是全中国人的责任。

（摘自胡美山、马晓虎：《我们所看到的欧罗巴——赴欧洲教育考察报告》）

中学素质教育管理改革学习
考察团赴欧访问报告

（一）访问考察时间

2002 年 1 月 25 日至 2 月 8 日

（二）访问考察团组成

团长——郭涵，北京 101 中学校长

团长——张继达，北大附中主任

秘书长——陈剑锋，温州龙港高级中学校长

团员——来自北京、上海、黑龙江、浙江、福建、内蒙古、广东等省（市、自治区）的 11 名校（副校）长、主任

（三）访问考察单位

英国 DG Collage，法国电力工程师高等学校（ESIGELEC）和荷兰的 NOVA 学校。

（四）访问考察内容

三所学校的情况：

（1）英国 DG Collage

英国 DG Collage 位于伦敦，是一所兼有初中、高中和语言培训班的私立学校，主要面对到英国求学的海外学生。海外学生到英国读大学，除语言要过关外，还要通过 6 门基础课程的考试。DG Collage 开设的初中、高中和语言培训课程，就是为初到英国，准备

进一步在英国读大学的海外学生准备的。该学校目前共有 145 名学生，都来自海外，学生主要来自非洲和亚洲，也有一些来自中国内地。

该学校在伦敦市内，没有操场及其他可供学生锻炼的场地，教室不大，每个班学生也不多，最多不超过 20 人，较少的不到 10 人。师生围坐在一起，看起来师生的交流比较充分，学生都很轻松，没有什么压力。我们看到的班级授课内容都比较简单。例如在语言课上，教师在给学生讲解 "in、on、at" 的差异。

英国大学目前生源短缺，英国政府和大学都希望开辟海外学生的生源。据 DG Collage 负责人介绍，在该校学习，根据所学课程不同，收费也不同，学习语言大概要 3000 英镑 / 年。如果学习高中课程，大约要 6000~8000 英镑 / 年。在英国大学学习，一般收费要 8000 英镑 / 年；若读医学，则至少要 15000 英镑 / 年。

来自中国内地的学生在 DG Collage 主要是读语言。据 DG Collage 负责人讲，中国内地的孩子长处在数学和计算方面，大多数比较勤奋、可爱、有礼貌，个别的也很懒散。中国的孩子在英国读历史、政治的很少，这与英国或其他国家的孩子有明显的差异。我们想，这可能主要是与语言和文化背景有关。

（2）法国电力工程师高等学校（ESIGELEC）

法国电力工程师高等学校（ESIGELEC）在法国鲁昂（Rouen）。鲁昂在巴黎西北，离海不远。从巴黎开车走高速公路到鲁昂大约需要 2 小时。

在法国电力工程师高等学校，学校主要负责人出面接待了我们，并简单介绍了法国基础教育情况及电力工程师高等学校情况。在法国，孩子从 6 岁开始上小学，小学 5 年学制，初中 4 年，高中 3 年。一般孩子 18 岁高中毕业。法国高中毕业也有会考，会考合格发给毕业文凭（相当于我国的高中毕业证书）。由于法国学生主要在高中阶段分流，因此毕业文凭分为三类：一类是普通高中文凭（包括理科、文科、经济社会学等）；二类是技术类文凭（为在工业企业就职作准备）；三类是社会服务类文凭（为在服务业就业作准备）。负责人介绍说，三类不同的毕业文凭，对应三类不同的高中模式。高中毕业生持有第三类服务类文凭的，可以立即就业（面向服务业）。当然，从目前实际情况来看，持有这类文凭立即就业也比较困难，大多数学生还需要继续深造。在法国，允许就业后再上学深造。愿意早就业者可以在高中学习时间短些，有些技术类或服务类文凭用 2 年时间就可以取得。这些学生可以在就业后进一步到技术类或服务业的高等技术或高等职业学校学习。想直接进入大学学习的学生，一般要进入普通高中学习。这类学生在高中和进入大学后，仍可能分流。一部分可能学习理科、文科、经济社会学类等，另一部分可能分流学习技术类学科。

法国电力工程师高等学校相当于我国的高等工科院校，主要培养高级技术人才。既有从学校招收的学生，也有从企业招收的学生。学校通过董事会实行企业化管理，并且与社区有密切联系。学校另一特点是研究所与大学关系密切，教学与研究紧密相连。

法国电力工程师高等学校为接待我们作了比较充分的准备。学校负责人在介绍了学校情况后，又带领我们参观了学校的实验室、计算机室、教师办公室等。考察团成员与学习负责人在学校共进工作午餐，午餐过程中双方进一步加强了交流和了解。

（3）荷兰 NOVA 学校

荷兰 NOVA 学校是位于阿姆斯特丹的一所初中学校。NOVA 学校负责外事接待的负责人先给我们介绍了荷兰基础教育的情况。在荷兰，小孩 4 岁开始上学，小学（包括学前教育）共 8 年，学生 12 岁进入初级中学学习。荷兰学生在初中阶段开始分流。愿意进一步到高等学校学习的人，进入类似我国的普通初中学习，为今后升入普通高中作准备；想经过初中阶段学习后进入社会参加工作的人，进入类似我国的职业初中学习，主要接受职业教育，更多地为进入社会作生存手段和技能方面的准备。在荷兰，孩子一般在 16 岁就可以进入社会自立。从荷兰全国范围看，大约有 65% 的学生在初中阶段选择职业教育，其余 35% 的学生进入普通初中学习，进入普通初中学习的学生又有多数最终只完成相当于我国大专水平的教育，少数完成大学教育。最终完成大专教育的学生占同龄人全体的 20%，完成大学教育的学生占同龄人全体的 15%。

荷兰 NOVA 学校类似我国的职业初中学校。该校有 2000 余名学生、300 余名教师，开设不同的职业教育课程。例如培养生存能力和面向服务业的烹饪、缝纫、餐饮课程；面向企业的金属加工、汽车维修课程等。听完情况介绍后，考察团参观了学校的烹饪教室、缝纫教室、机加工教室等多间教室。每间教室都有必要的设施，教室内大约有 10~20 名学生上课。课堂气氛活跃，看到有参观者，学生都很兴奋，当知道我们是中国人时，不少学生纷纷要求考察团成员给他们写几个中国字。在考察参观的 3 所学校中，荷兰 NOVA 学校是唯一属于基础教育范围的。在该校，考察团成员与学生的接触最多。

（五）学习考察的体会和感受

1. 欧洲的基础教育与国内的基础教育差异很大，非常突出的一点是对学生的分类分层次教学、教育方面。

不论是法国还是荷兰，在适当的时候对学生进行分流，根据学生的实际情况和需求进行分类教学是欧洲教育的一个重要特点，这也是符合教育规律的。这种教育方式，在欧洲发达国家已经被社会认可，被家长接受。在我国，人们从理论上承认孩子的差异，承认教育应该是分层次的，但在具体操作实行时却困难重重，无法实现，其原因是无法被广大的家长所接受。中国社会的现实是，社会的期望和家长的期望都是望子成龙，因此造成千军万马挤上高考独木桥。对比欧洲，我们觉得造成上述情况有两个主要原因：一是受国家经济发展水平的限制，国内就业渠道狭窄，不通过上大学这条路，很难找到一个较好的工作。而在欧洲发达国家，城乡差异不大，做一般的工作也可以生活得不错。在英国 DG Collage 参观时，负责人介绍现在的英国有些教师就放弃教师职业去开车，因为汽车司机的收入较高。我们觉得，提高国家经济发展水平，减小城乡差异，广开就业渠道才可能从根本上实现分类分层次教育。造成上述情况的另一个重要原因是与民族的传统观念有关。不论是在英国、法国，还是在荷兰，教师和学校负责人的介绍都让我们体会到，欧洲国家的家长普遍认为将孩子健康地抚养到 18 岁，他们就完成了家长应尽的责任；孩子 18 岁以后应该独立生活，不应该再依赖家长了。家长通常不干涉孩子成人之后的生活。这与我们广大家长常常要为孩子考虑、安排他的一生是大不相同的。中国家长对自己的孩子的期望通常是比较高的。为了孩子一生的发展，从小就要对孩子进行早期教育，而其中不少家长由于观念及方法的误差，使得孩子对学习不感兴趣，甚至厌烦。

总之，我们要真正解决教育的问题，一靠国家经济发展；二靠社会观念转变。

2. 国家经济发展和社会观念转变离不开教育，教育要注重受教育者基本素质的提高。

参观荷兰 NOVA 学校对考察团的每一位成员都有一定的启发。荷兰初中教育注重生活基本知识和技能的培养、训练。为了适应走入社会以后的需要，学校不仅开设空调、缝纫、机加工等课程，而且还注重对学生进行心理和生理方面的知识教育（包括性教育）。NOVA 学校的一间教室中，孩子在上烹饪课，教室的墙壁上贴着性教育的宣传图片。这些生活技能和生活常识方面的教育，使孩子从小开始了解生活、了解人生。学校的教育使他们逐渐适应社会，使他们懂得要爱护自己，并且知道如何保护自己。尽管吸食软性毒品（大麻等）和性服务在荷兰通过立法已经合法化，但欧洲的一项调查表明，在荷兰吸食毒品的"瘾君子"比例和性犯罪的比例在欧洲都属于最低的。

中国社会对教育的理解和认识，尤其是对学校教育的理解和认识，很大程度停留在书本知识的传授上。书本知识的传授无疑应该是教育的重要内容之一，但它不能作为教育的全部，更不能作为教育的最终目的；我们的教育应使受教育者具备进入社会必需的基本能力和基本素质，具备在社会生活中不断提高自己所必需的基本能力和基本素质。

对青少年的教育问题是世界各国都面临的问题。青少年思想活跃、敢想敢做，有其长处，但他们又正处在身心发育的阶段，生活常识和社会经验不足，常常会感到迷茫、困惑和烦恼。在欧洲访问的过程中遇到的一些现象表明，各国对青少年的教育过程都会遇到类似的问题。面对如何对中国青少年进行远离毒品的教育和性教育问题，面对中国的基础教育应如何使受教育者具备进入社会生活必需的基本能力和基本素质，对荷兰 NOVA 学校的访问使我们从中受到启发。

3. 如何认识欧洲的基础教育，如何看待中国的基础教育，是考察团成员讨论的一个问题。

尽管对欧洲考察过程中接触的学生不多，但通过导游的介绍和我们自己的接触，对欧洲基础教育问题有一些了解。最突出的感受是相当多的人基本计算能力差。导游介绍，他带过的一个团，有一个人给大家买水，1.5 元 1 瓶，他要买 10 瓶，卖水的小姐没有带计算器，不会做乘法，但她常一次卖两瓶水，知道两瓶水应收 3 元，于是小姐就两瓶、两瓶地将水卖给他。我们团的一位成员，买 0.2 欧元 1 张的明信片，他共买了 5 张，并告诉卖货的人共 1 欧元，卖货的人用计算器再算了一遍，然后告诉我们这位团员："你算得真快，算对了。"弄得这位团员哭笑不得。这些人不会做这些简单的运算，并不妨碍他们把东西卖出去。但他们的数学教育给了学生们什么呢？对比我们的数学教育，即使是最差的学生上述这样的运算恐怕都是小菜一碟。中国孩子的计算能力是世界认可的。我们的校长和教师，从来没有想要通过数学教育将孩子都培养成计算器，那么我们的数学教育目标和目的又是什么呢？由此引出的深层次问题是如何认识和评估我们的教育教学。

如何认识欧洲的基础教育，如何看待中国的基础教育，恐怕是个仁者见仁、智者见智的问题。我们认为，中国的基础教育有其很成功的一面：我们的学生基础相对比较扎实，基本能力（运算、逻辑推理能力）强。当然，也有不足的一面：我们的基础教育注重传授知识，强调共性，而在发展个人特长，培养学生的创造和发展能力方面显然不够。总体看，我们的基础教育传授书本知识多，而培养学生生存和发展能力少，这是值得我们每一个教育工作者认真思考的问题。

4. 教育不仅是学校的工作，教育应该是全社会共同做的工作。

学校是承担教育教学工作的主体，但对学生的教育应该是全社会共同做的工作。法国电力工程师高等学校（ESIGELEC）得到所在社区的大力支持，同时为社区作出应有的贡献。荷兰的 NOVA 学校教室里的性教育宣传画是社会上负责青少年性教育的机构张贴的。当教育由全社会共同来做时，教育效果会明显提高。

5.考虑中国的教育问题，必须结合中国的国情。

欧洲国家学生的压力不大，社会普遍接受学生分流，与欧洲国家经济发达，就业渠道较多，人民生活水平较高有密切关系。尽管欧洲国家经济发达，但我们参观的学校并没有豪华气派的大厅，学校的设施简朴实用。相比之下，倒是国内有些学校的教学楼富丽堂皇、气势宏大。考虑中国的实际情况是人口众多，经济相对落后，教育经费和设施相对不足，必须考虑更加有效地利用教育资源。

中国基础教育向国外学习，应该很好地学习他们先进的教育理念、方法，而在具体实施时，一定要结合中国国情。

（摘自《中国素质教育管理改革学习考察团访欧报告》）

第七篇　大事记

北大附中大事记（1997.7—2001.11）

1997年7月—12月

1. 7月4日，北大党委常委会开会决定任命**赵钰琳**、**董灵生**同志为北大附中新一届校长、党委书记；任命张思明、王铮、任平生和赵聪为北大附中新一届副校长和党委副书记。

2. 7月12日，北大领导在北大办公楼礼堂召开北大一附中、二附中合并后的第一次全校教职工大会，党委副书记岳素兰和主管副校长林均敬，分别代表大学党委、行政宣布新一届校级班子名单，并对新班子和附中的工作提出希望及要求，新班子也在大会上表态，决心进一步建设好北大附中。

3. 8月11日—8月13日召开北大附中**暑期教育教学工作研讨会**，通过研讨，统一认识，明确办学思路，确定了1997—1998学年度工作计划，增强了进一步办好附中的信心。

4. 8月31日，北大附中举行开学典礼暨军训汇报表演。市教工委书记陈大白，北大党委书记任彦申，副书记岳素兰，副校长林均敬、马树孚等领导参加大会，北京电视台当晚播放了有关新闻。

5. 9月18日，原中层干部在全校教职工大会上进行述职报告，并进行民意测验。

6. 9月24日，校长办公会专题研究高三年级工作。在听取南、北校区高三年级工作汇报的基础上，就如何抓好毕业班工作的有关政策、要求提出明确的意见。

7. 10月7日，接待日本早稻田本庄高等学院师生第十三次访华修学旅行团，通过交流活动，增进了两校师生的友谊。

8. 10月11—12日，在北大"五四"运动场，召开北大附中南、北校区及香山分校联合秋季运动会，2000多名运动员参加。

9. 10月29日，召开北大附中青年教师座谈会，学校领导班子认真听取了青年教师关于教师培养及有关生活、工作方面的意见和建议。

10. 12月5日，在全校大会上宣布新聘任的各处、室主任、副主任名单，并于12月8—10日举办了新聘任中层干部学习班，提出了树立干部新形象的要求。

11. 12月31日，召开全校迎新年文艺演出大会，各班组织迎新年联欢活动。

1998年

1. 1月6日，进行职称初评工作，评委按照有关规定要求，公开、公正、公平地对申请高职的15名教师进行评审，初评出12人。

2. 1月24日，召开北大附中历任校长、书记、特级教师春节团拜会，认真听取他们对进一步办好北大附中的意见和建议。

3. 2月13日，为加强北大附中师资队伍建设，推出"**名师工程**"。在实施"名师工程"中，先后又有29名青年教师报名参加北京大学、北京师范大学举办的研究生课程班学习，两名教师被评为北京市特级教师，调进一名特级教师。

4. 3月21日，北大附中13 000平方米的新教学实验楼举行开工典礼，北京市副市长林文漪和北大校长陈佳洱等领导参加了典礼仪式。新教学实验楼预计1999年竣工并交付使用，将大大改善北大附中的教学条件。

5. 3月25日，海淀区"三个面向"教学工作现场会在北大附中召开，北大附中有10名教师上了公开课，其中副校长张思明的数学公开课吸引了200多名校长和教师。

6. 5月4日，北大附中师生积极参加北京大学的一百周年校庆活动。日本清风学园平冈英信校长和济济簧高等学校绪方孝臣校长应邀参加有关校庆活动。

7. 6月16日，由北大心理系和北大附中联办的"中学心理教育培训班"在北大附中举行，著名中外专家教授的讲课使我校参加培训班的干部和广大教师受益匪浅。

8. 7月2日，经北京大学领导决定，由北大校长助理、人事处长陈文申同志负责北大附中工作，林均敬副校长因工作安排变化，不再分管附中工作。

9. 7月20日，由北大英语系、美国巴迪基金会和北大附中联合举办的"中学英语新教材研习班"在北大附中举行。我校大部分英语教师参加了研习班，通过外籍教师授课，对新教材的认识和教法有了很大提高。

10. 7月20日和8月20日，北大附中德育和教学研讨会相继召开，研讨会不仅认真总结了近年来的教育教学工作，而且明确了在新形势下提高教育教学质量的重要性和紧迫性，并提出了具体的改进措施。

11. 8月16日至9月2日，北大附中师生心系灾区人民，踊跃捐钱捐物，向遭受洪涝灾害的灾区人民奉献爱心。南北校区师生共捐款72 231元，捐衣物1997件，以实际行动支援灾区人民抗洪救灾工作。

12. 8月30日，由北大资源集团公司申办、北大附中操办的"北达资源中学"，在经过几个月的努力后，迎来了第一届学生的开学典礼。北大资源集团董事长巩运明出任"北达资源中学"办学董事会董事长，北大附中校长赵钰琳任副董事长，北大附中党委书记董灵生任法人校长，杨文焕任执行校长。

13. 9月1日，我校姜民、曲小军、汪颖、赵心红等9名教师在全区教师基本功大赛中取得优异的成绩。屈强、刘鹏、任其然等252名同学在全国及全市物理、化学、数学、外语、计算机等学科竞赛中取得好成绩，并在开学典礼和教师节大会上相继受到表彰和奖励。

14. 9月9日，为表彰"1997—1998"学年南校区初三年级组在教育教学及管理等方面取得的显著成绩，经校长办公会讨论，决定授予"北大附中先进年级组"称号并奖励一万元奖金。

15. 9月10日，北大附中管乐团在北京音乐厅举办庆祝教师节演奏会，受到有关领导、驻华大使和部分首都教师的肯定与好评。

16. 10月4日，北大附中、北达资源中学、北大附中香山分校联合举办大型田径运动会。由于大家的努力，运动会不仅取得佳绩，而且加强了团结，充分展示了各学校学生的精神风貌。

17. 10月5日和11月15日，我校高中年级学生分别接待了日本早稻田大学本庄高等学院的240名师生第十四次访华修学旅行团和日本济济黉高等学校420名师生访华修学旅行团，并举行了丰富多彩的交流、联欢活动。

18. 10月，北大附中举办新调入和新聘任青年教师培训班。通过培训班学习，不仅使青年教师全面了解北大附中的办学特色和传统，而且学习了北大附中教师的爱校敬业、勤奋创新的精神，还落实了一年实习计划。

19. 10月14日，北京市课堂教学改革研讨会北大附中课堂教学现场会在我校召开。市、区教委领导数十人听了**张思明**老师的**数学公开课**和**吴祖兴**老师的**语文公开课**。赵钰琳校长汇报了北大附中的教学改革情况，与会者一致对张思明的"导学探索、自主解决"教学模式，和吴祖兴的"宽松式"教学模式给予充分肯定。

20. 10月10日，北大附中塑胶篮球场、网球场竣工并投入使用，这个较高水平的塑胶场地的建成，大大地改善了学校体育场地的条件，受到广大学生的欢迎。

21. 10月11日，在德育处和团委会共同安排下，南校区高一、高二年级联手对班级干部进行了培训，并举办"综合素质训练营"活动，增强了学生骨干的责任意识和合作意识。

22. 11月9日，为严肃纪律，经大学批准，给予未经请假擅自离开工作岗位超过三个月的胡峰岩除名处分。

23. 11月，经大学主管同意，杨文焕和程翔两位老师先后被聘为北大附中校长助理，协助校长抓好民办校及教科研等方面的工作。

24. 11月17日，北大附中新一届工会经全校教职工选举后正式成立，赵聪任工会主席，蒋大凤和王学富任工会副主席。

25. 11月20日，在"全国知名中学教育科研联合体"年会上，**北大附中被推荐为理事长单位，赵钰琳**校长被选为**理事长**，联合体总部和秘书处也移至北大附中。

26. 12月6日，由北大数学学院、北大附中和北达资源中学联合举办的第一届"资源杯"数学邀请赛颁奖仪式和第二届"科技冬令营"开幕式在北大附中举行。

27. 12月9日，北大附中团委、德育处与北大团委、校研究生会联合开展的"共建"活动的签字仪式在北大附中举行。北大团委将派出有关博士生及研究生来北大附中开展科技讨论、素质教育讨论等活动。

28. 12月10日，北大附中和万泉河中学"手拉手协定"在万泉河中学签订，范存智出任万泉河中学兼职副校长。

29. 12月13日，北大附中第三届教代会第一阶段会议正式召开。代表们在认真听取和讨论赵钰琳校长作的北大附中教育质量"自评报告"的基础上，一致同意修改后的"自评报告"。

30. 12月17日，海淀区教育质量督导评估检查团一行70人来北大附中进行**督导检查评估**，通过听取校长汇报、听课、查阅资料、座谈、访谈、巡视等方式，对北大附中教育质量进行全面检查和评价。总体认为北大附中教育思想、观念层次高，具有相当的教学实力，但也指出存在硬件设备差，少数教师业务水平需要提高等不足。

1999年

1. 2月，海淀区人民政府督导室就1998年区督导评价组来北大附中督导评价情况，发出《督导结果通知书》，充分肯定北大附中的办学思想和教育质量，并提出了积极的意见和建议。

2. 4月，由北大附中和湖南未名科教发展有限公司联合创办的北大附中湖南分校在长沙成立，首届500名学生于9月份入学。

3. 5月，北大附中学生处、团委、学生会和部分校友认真筹备，成立了"北京大学北大附中校友会"，大家表示愿为附中再创辉煌作贡献。

4. 5月，北大附中师生强烈抗议以美国为首的"北约"轰炸我驻南斯拉夫使馆，同学们喊出了"反对霸权，振兴中华"的口号。

5. 5月，为纪念"五四"运动80周年，北大附中团委举行1998—1999年度优秀团员、团支部表彰大会，表彰了65名优秀团员和5个先进团支部。

6. 6月，北大附中等四所中学被确认为北京市青少年科技俱乐部活动基地学校，我校有21名高中生成为俱乐部的会员。

7. 7月，北大附中毕业班师生经过努力，取得了中考和高考的好成绩，中考成绩名列前茅，高考共有**60多名学生（含保送生）考入北大、清华**学习。

8. 8月，张思明荣获全国数学教学最高奖之一——"苏步青数学教育奖"一等奖。

9. 8月，北大附中管乐团被授予"金帆管乐团"称号，并在北京市比赛中荣获一等奖。

10. 8月，北大附中新教学实验楼竣工。这座建筑面积13 058平方米，耗资3500万元，设备先进的教学实验楼的投入使用，改善了北大附中的教学条件。学生处为此组织开展了"爱我附中"的大型主题教育活动，新楼设计师黄汇专家到校为高中学生作了一场题为"用我们的智慧创造美好家园"的报告，激发了全校师生的爱校之情。

11. 9月，北大附中师生热烈祝贺祖国50华诞。我校舞蹈队20多名师生参加"十一"游行，并承担中心区表演，荣获"优秀表演奖"和"五好表演单位"。

12. 9月，北大附中表彰21名优秀班主任和两个教学先进集体。高三数学备课组和初三理化备课组被授予"先进教学备课组"称号，谭宝增被授予"优秀班主任标兵"称号。

13. 10月，胡蕾荣获第十二届北京市中小学优秀班主任"紫禁杯"一等奖。

14. 10月，北大附**中张思明**的**"数学建模"**和语文组的**"小论文"**分别荣获北京市人民政府颁发的"北京市首届基础教育教学成果"一等奖和二等奖。

15. 11月，北大附中庆祝四十周年校庆办公室成立，柳琪任主任，赵江任副主任，校庆筹备工作正式启动。

16. 11 月，北大附中在认真总结经验，制订建设示范高中规划和教改方案的基础上，接受北京市教委组织的示范高中专家组的论证、评审。

17. 12 月，北大附中"迎澳门回归，迎千禧之年"文化艺术节开幕，在 12 月 30 日的闭幕式上，师生们表演了精彩节目，并有 8 位师生喜获艺术节特别贡献奖。

2000年

1. 1 月 22 日，北大附中教职工**岗级聘任制**正式推出，岗级聘任制体现了"淡化身份、强化岗位、注重能力、突出贡献"的方针，有利于教师队伍的建设，特别是有利于青年教师的成长。

2. 1 月 30 日，北大附中金帆管乐团应邀赴美访问，并在波士顿演出五场，受到当地舆论和群众的好评。

3. 2 月 20 日，开学的第一次全校教职工大会上，赵钰琳校长代表学校表扬了在年初进行的学生评教活动中学生满意率最高的**张宁、翁立强**等 26 位老师，并就学习贯彻江泽民主席关于教育问题的谈话，加强师德建设，加强学生思想政治教育作了动员和部署。

4. 3 月 2 日，为培养学生科技意识，扩大学生知识面，了解最新的科技前沿动态，以全国理科实验班学生为主要对象，北大附中邀请北京大学一批学术造诣较深的教授举办的"现代科学讲座"正式开讲。

5. 3 月 6 日，北大附中学生胥朝涛、北达资源中学学生黄艳荣获北京市银帆奖，在校训大会上，赵钰琳校长向获奖同学颁发了奖状及奖品。

6. 3 月 6 日，北大附中响应中央"西部大开发"号召，与四川省崇庆中学结为友好学校。双方一致认为，结成友好学校符合第三次"全教会"精神，北大附中将充分利用自身的资源优势为西部教育发展作出贡献。赵钰琳校长和周文良校长分别代表两校在协议书上签字，北大副校长林均敬，崇州市委副书记、副市长等领导出席了签字仪式。

7. 3月7日，北大附中党委召开表彰先进大会，受到表彰的有理科党支部、北校区党支部及24名优秀党员。

8. 5月2日，**全国中学素质教育课堂教学精品课展示研讨会在北大附中举行**。全国中学教育科研联合体理事长、北大附中校长赵钰琳致开幕词，北京市人大常委会副主任陶西平在开幕式上作了重要讲话。北京市委常委、北京市教工委书记、市教委主任徐锡安，市教委副主任陶春辉，北京大学副校长林均敬，校长助理陈文申和教育部、海淀区有关领导参加了开幕式。

9. 5月16日，由北大附中党委、共青团委联合召开的"表彰优秀团员和先进团支部暨北大附中青年党校成立大会"隆重举行。北大附中党委书记董灵生、校长赵钰琳到会并作了重要讲话。北大党委组织部副部长周有光参加了大会。

10. 5月19日，北大附中赴内蒙古包头地区固阳县社会考察团一行21人由任平生副校长带队，经过两天行程到达，给兴顺西中学师生们捐赠了教学用品，也送去了北大附中师生对边远地区的关爱之情。

11. 5月20日，北大附中深圳南山分校正式成立，北大副校长林均敬、校长助理陈文申参加了新闻发布会，王铮副校长被聘任为分校校长。

12. 6月16日，海淀区校园文化建设评价组来北大附中进行检查，在听取汇报、参观、座谈的基础上，对北大附中校园文化建设取得的成绩给予很高的评价。

13. 7月6日，北京市教委正式通知同意北大附中进行**示范高中建设**，并转发了评审专家组的书面评价和建议。

14. 9月10日，在全校庆祝教师节大会上，北大附中教育投资公司、深圳江华实业有限公司、北大青岛集团等七家单位向北大附中校庆捐赠资金和物品，对北大附中校庆活动给予大力支持，我校向捐赠单位颁发了荣誉证书。

15. 10月4—5日，为庆祝北大附中建校四十周年举办的"**世界著名中学校长论坛**"在北京大学国际交流中心隆重举行。教育部、北京市教委、海淀区和北京大学的有关领导出席了开幕式。来自世界不同国家和地区的20多位中学校长、80多位内地著名中学的校长以及教育界的专家、学者100多人出席了开幕式和研讨会。

16. 10月4—6日北大附中隆重庆祝建校四十周年，在北京大学百周年纪念讲堂举行了庆典大会和文艺演出，在改造一新的田径场举行了校友返校大会。校友还参观了装修一新的校史馆，对校庆书刊表现出极大的兴趣。

17. 10月11日，日本早稻田大学本庄高等学院第十六次访华修学旅行团师生200多人到北大附中参观访问。在欢迎仪式上，北大附中校长赵钰琳发表了热情洋溢的讲话，早稻田大学本庄高等学院校长山下元致答谢词，北大附中金帆管乐团进行了精彩的演奏。

18. 11月2日，北大附中青年数学教师李宁在教学教研组的帮助下，经本人努力，在全国青年教师说课比赛中荣获一等奖，为北大附中赢得了荣誉。

19. 11月14日，海淀区教委体育卫生检查组莅临北大附中进行检查指导。检查组分别对运动场地、体育课、卫生设施、食堂卫生、眼保健操、课间操进行了检查和评议，对北大附中重视体育卫生工作、重视学生的全面发展、实施素质教育的做法给予充分肯定。

20. 11月26日，"叔频奖学金"第49、50期颁奖大会在北京二中举行，我校余鹏、胡婉铮等18名同学荣获"叔频奖学金"。

21. 11月29日，北大附中远程教育网开通新闻发布会在翠宫饭店举行，北大附中副校长张思明主持新闻发布会。北大附中远程教育网是北大附中与联想集团联合创办的。附中校长赵钰琳与联想集团副总裁刘晓林共同开启了北大附中远程教育网的大门，同时还成立了全国校际联盟。

22. 12月4日，由高二（1）班倡议，学生处组织的"我为学友献爱心"的捐款活动得到了全校师生及家长的支持，共为莫潇燕同学捐款5万余元。全体师生祝她早日康复，重返校园。

23. 12月，北大附中举办了迎接新千年到来的系列庆祝活动。12月27日，工会组织了2001年教工元旦趣味联欢会；12月29日上午"老教协"在学校联欢；12月29日下午全校学生在体育馆举办了"迎接新千年，振兴我附中"的大型文化艺术节。

24. 12月29日，我校学生韩冬参加了中央电视台举办的"三星智力快车"大赛，在周冠军和月冠军决赛中取得了优异成绩，为学校赢得了荣誉。

2001年

1. 1月9日，教育部根据总理办公会会议精神，为满足广大群众对优质高中的强烈需求，决定从今年起实行**扩大高中规模的计划**，并投入一定资金，抓好北大附中等六所部属附中的高中扩招工作。国务院科教办副主任廖晓淇，教育部副部长张保庆，北京市副市长王光涛、林文漪等领导先后多次来北大附中现场办公和检查落实情况。

2. 2月8日，在北京市召开"人代会"和"政协会"期间，我校高三学生李林子通过互联网向大会提交了两千多字的电子邮件，就北京市社会发展需要调整社会结构问题发表自己的观点并提出建议。市人大常委会副主任陶西平看后非常高兴，立即给李林子回信，称赞"李林子同学在邮件中提出了很好的见解，体现了一定的创新意识"，并号召同学们向他学习。

3. 3月20日，区素质教育督导检查组组长王传广代表区督导室来北大附中复查素质教育实施情况，在听了校长的汇报和实地检查后，对北大附中全面推进素质教育及其取得的成绩给予充分肯定。

4. 3月17日，由北大附中牵头负责，全国中学教育科研联合体成员校分头完成的"九五"国家重点科研课题——"重点中学实施素质教育的途径与方法"结题验收会在北大附中举行。经专家组评审，一致认为课题完成顺利，取得了积极成果，同意结题验收。

5. 4月12日，根据北京大学与河南省省校合作协议创办的北大附中河南分校在郑州新郑正式成立，占地200多亩的新校址正式破土动工，北大党委副书记赵存生参加新校址奠基典礼。

6. 5月12日，北大附中举办"中招咨询日"活动。前来参加咨询的家长及考生有四千多人，全校各处室、教研室都参加了咨询接待。家长和考生普遍反映北大附中教育氛围好，接待服务好。北京电视台等媒体还进行了报道。

7. 5月15日，北大附中高三毕业生余鹏、皇婷婷两位同学经北大附中党委第一支部讨论通过，光荣加入中国共产党。党委书记董灵生在会上作了重要讲话，希望有更多的学生参加我们的党校学习，加入到党的行列中来。

8. 6月20日，《中国青年报》以"一心只为学生发展"为题，详细报道了北大附中优秀教师翁立强的先进事迹，其中特别突出了翁老师高尚的师德和敬业爱生的精神。

9. 6月20日起至11月，为了贯彻落实《国务院关于为加强基础教育改革与发展的决定》和教育部关于《基础教育课程改革纲要（试行）》,《光明日报》、中央电视台、中国教育电视台等多家媒体相继报道北大附中开展研究性学习的情况，其中重点报道了北大附中开展的"小论文写作"、"微型科研"等研究性学习和培养学生创造性思维的情况。

10. 7月，北大附中高中扩招基建工程之一——教学西楼及报告厅正式破土动工。该工程建筑面积为14 000平方米，投资3300万元，预计2002年暑期竣工。这座现代化教学楼投入使用后，将满足高中扩招教学的需要。

11. 8月11日，北大附中六名教师和干部组成的访德团，在校长率领下，访问德国玛琳坳学校，并签订友好学校协定。

12. 8月21日至24日，北大附中召开暑期教育教学研讨会，参会人员就北大附中教育、教学、管理及其发展进行了认真讨论，并达成高度的共识，增强了面对新形势挑战，团结协作，进一步办好北大附中的信心。

13. 8月，北大附中数学特级教师张思明被评为全国优秀教师。物理教师张继达、计算机教师李冬梅被评为北京市特级教师。

14. 9月1日，北大附中举行高中扩招后的第一个开学典礼，600多名高一学生经过10天军训，受到良好的纪律作风教育，在军训汇报中表现出色。为了加强人数最多的高一年级管理，学校增强了年级管理力量，第一次在年级设立党支部。

15. 9月1日，北大附中为加强对年轻教师和外聘青年教师的培养和管理，在假期对新上岗教师培训的基础上，举办了青年教师培训班，对青年教师进行系统培训。

16. 9月10日，在北大附中庆祝第16个教师节大会上，表彰了翁立强等26名优秀教师、袁琦等12名优秀班主任和朱娅等7名优秀教育工作者。

17. 10月10日，北大附中举办了与日本早稻田大学本庄高等学院的第十七次交流活动。由于双方的共同努力，既增强了两校师生之间的友谊，又表达了对日本政府伤害中国人民感情的愤慨。

18. 10月20日，在北京大学2001年秋季田径运动会上，北大附中教工代表队夺得团体冠军。

19. 11月20日，海淀区校园环境建设检查组来北大附中进行分组检查。检查组对北大附中校园环境建设取得的成绩给予充分的肯定，对北大附中独具特色的校园文化建设给予很高的评价。

20. 11月24日，教育部和北京市委联合举行的"教育观念更新报告会"在人民大会堂举行，北大附中数学教师张思明是第一报告人，他作的报告《学校环境教学创新实践活动》受到与会者的高度称赞。教育部陈至立部长、王湛副部长，北京市委龙新民副书记等领导出席了报告会。

21. 11月29日，北京大学党委副书记岳素兰在全校教职工大会上宣布**康健**教授任北大附中第九任校长，**赵钰琳**同志因年龄原因不再担任校长。北大校长许智宏、副校长郝平等领导出席大会并作了重要讲话。